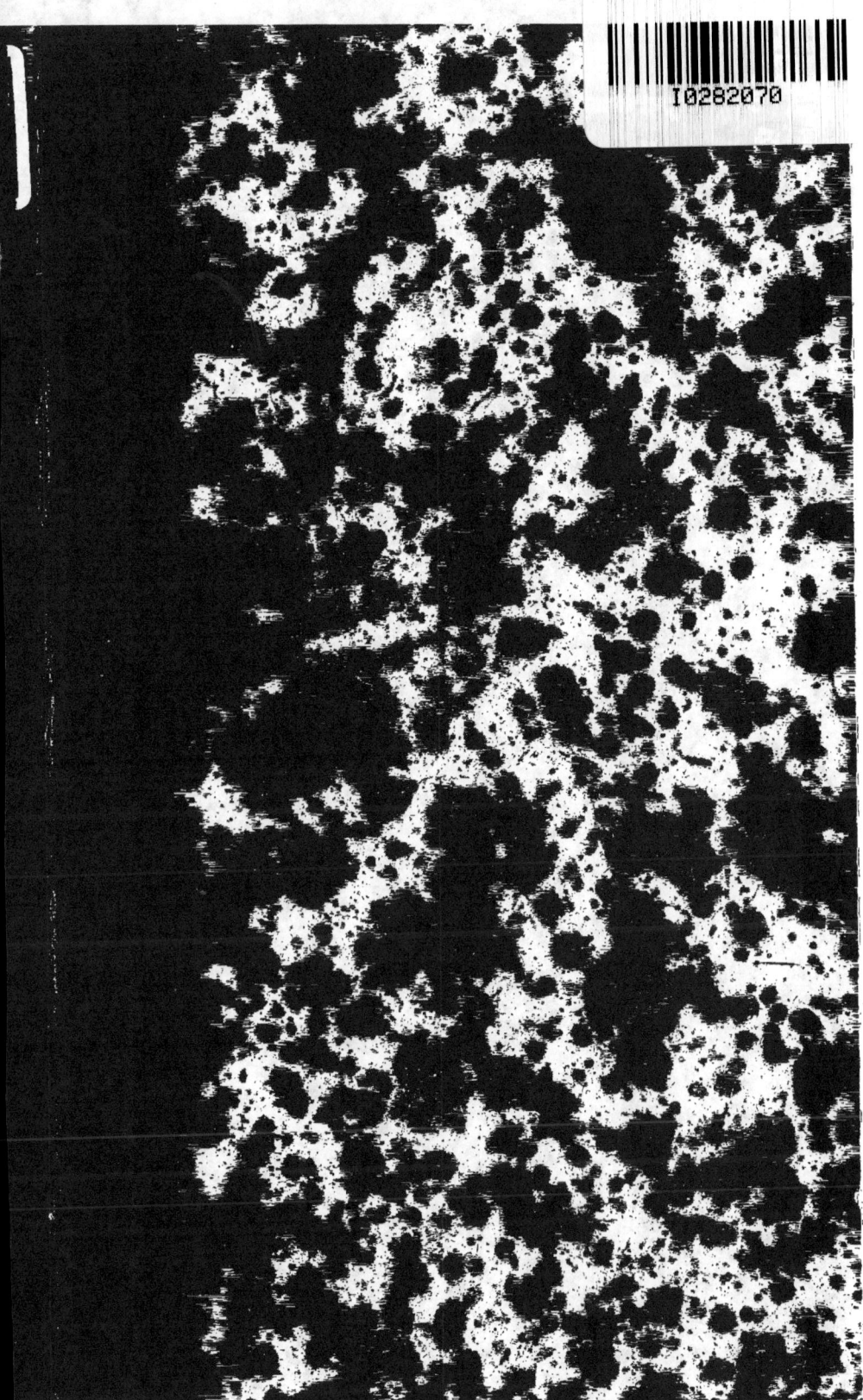

2129.
Bg 3.

C.

1970⁴

ESSAIS

DE MICHEL

DE MONTAIGNE.

ESSAIS
DE MICHEL
DE MONTAIGNE.

NOUVELLE ÉDITION.

TOME TROISIÈME.

Paris,
Hector Bossange,
QUAI VOLTAIRE, N. 11.

IMPRIMERIE DE LACHEVARDIERE,
RUE DU COLOMBIER, N. 30.

1828.

ESSAIS
DE MICHEL
DE MONTAIGNE.

LIVRE SECOND.

CHAPITRE XV.

Que nostre desir s'accroist par la malaysance.

Il n'y a raison qui n'en aye une contraire, dict le plus sage parti des philosophes. Ie remaschois tantost ce beau mot qu'un ancien allegue pour le mespris de la vie, « Nul bien nous peult apporter plaisir, si ce n'est celuy à la perte duquel nous sommes preparez », In æquo est dolor amissæ rei, et timor amittendæ (1); voulant gaigner par là que la fruition de la vie ne nous peult estre vrayement plaisante si nous sommes en crainte de la perdre. Il se pourroit toutesfois dire, au rebours, que nous serrons et embrassons ce bien, d'autant plus estroict et avecques plus d'affection, que nous le voyons nous estre moins seur et craignons qu'il nous soit osté : car il se sent evidemment, comme le feu se picque à l'assistance du froid, que nostre volonté s'aiguise aussi par le contraste;

---

(1) Le chagrin d'avoir perdu une chose, et la crainte de la perdre, affectent également l'esprit. *Senec.* epist. 98.

Si numquam Danaën habuisset ahenea turris,
Non esset Danaë de Jove facta parens ; (1)

et qu'il n'est rien naturellement si contraire à nostre goust, que la satieté qui vient de l'aysance; ny rien qui l'aiguise tant, que la rareté et difficulté : omnium rerum voluptas, ipso quo debet fugare periculo, crescit. (2)

Galla, nega ; satiatur amor, nisi gaudia torquent. (3)

Pour tenir l'amour en haleine, Lycurgue ordonna que les mariez de Lacedemone ne se pourroient practiquer qu'à la desrobbee, et que ce seroit pareille honte de les rencontrer couchez ensemble qu'avecques d'aultres. La difficulté des assignations, le danger des surprinses, la honte du lendemain,

et languor, et silentium,
... et latere
Petitus imo spiritus, (4)

c'est ce qui donne poincte à la saulse. Combien de ieux treslascifvement plaisants naissent de l'honneste et vergongneuse maniere de parler des ouvrages de l'amour? La volupté mesme cherche à s'irriter par la douleur : elle est bien plus sucree quand elle cuict, et quand elle escorche. La courtisane Flora disoit n'avoir iamais cou-

---

(1) Si Danaé n'eût pas été renfermée dans une tour d'airain, Jupiter n'auroit jamais approché d'elle. *Ovid.* Amor. l. 2, eleg. 19, v. 27.

(2) En toutes choses, le plaisir reçoit un nouvel attrait du péril même qui devroit nous en dégoûter. *Senec.* de beneficiis, l. 7, c. 9.

(3) Galla, refuse quelquefois tes amants : car un amour, qu'on nourrit de plaisir sans aucun mélange de peine, est bientôt rassasié. *Martial.* l. 4, epigr. 37.

(4) La langueur, le silence, et des soupirs tirés du fond du cœur. *Horat.* epod. lib. od. 11, v. 13.

ché avecques Pompeius qu'elle ne luy eust faict porter les marques de ses morsures.

> Quod petiere, premunt arctè, faciuntque dolorem
> Corporis, et dentes inlidunt sæpè labellis :
> . . . .
> Et stimuli subsunt, qui instigant lædere idipsum
> Quodcunque est, rabies unde illæ germina surgunt. (1)

Il en va ainsi par tout; la difficulté donne prix aux choses : ceulx de la Marque d'Ancone (a) font plus volontiers leurs vœux à sainct Iacques (b), et ceulx de Galice à Nostre dame de Lorete : on faict au Liege grande feste des bains de Luques ; et, en la Toscane, de ceulx (c) d'Aspa : il ne se veoid gueres de Romains en l'eschole de l'escrime à Rome, qui est pleine de François. Ce grand Caton se trouva, aussi bien que nous, desgousté de sa femme tant qu'elle feut sienne, et la desira quand elle feut à un aultre. I'ai chassé au haras un vieux cheval, duquel, à la senteur des iuments, on ne pouvoit venir à bout : la facilité l'a incontinent saoulé envers les siennes ; mais envers les estrangieres et la premiere qui passe le long de son pastis, il revient à ses importuns hennissements et à ses chaleurs furieuses, comme devant. Nostre appetit mesprise et oultrepasse ce qui luy est en main, pour courir aprez ce qu'il n'a pas :

---

(1) Ils pressent vivement ce qui fait le sujet de leurs desirs, jusqu'à causer de la douleur à la personne aimée, souvent même en lui mordant les levres, pressés par des aiguillons qui les incitent à blesser celle qui excite en eux ces violents transports. *Lucret.* l. 4, v. 1073, et seqq.

(a) Ou Marche d'Ancone en Italie, où est Notre-Dame de Lorete. C.

(b) Saint Jacques de Compostelle en Galice. C.

(c) Ou de Spa, près de Liege. C.

Transvolat in medio posita, et fugientia captat. (1)

Nous deffendre quelque chose, c'est nous en donner envie :

Nisi tu servare puellam
Incipis, iucipiet desinere esse mea : (2)

nous l'abandonner tout à faict, c'est nous en engendrer mespris. La faulte et l'abondance retumbent en mesme inconvenient :

Tibi quod superest, mihi quod defit, dolet : (3)

le desir et la iouïssance nous mettent pareillement en peine. La rigueur des maistresses est ennuyeuse; mais l'aysance et la facilité l'est, à vray dire, encores plus : d'autant que le mescontentement et la cholere naissent de l'estimation en quoy nous avons la chose desiree, aiguisent l'amour et le reschauffent; mais la satieté engendre le degoust; c'est une passion mousse, hebetee, lasse et endormie.

Si qua volet regnare diu, contemnat amantem.

contemnite, amantes ;
Sic hodie veniet, si qua negavit heri. (4)

Pourquoy inventa Poppea de masquer les beautez de son

---

(1) Il néglige ce qui est à sa disposition, et desire avidement ce qui le fuit. *Horat.* sat. 2, l. 1, v. 108.

(2) Si tu ne fais garder ta femme, dit Ovide, elle cessera bientôt d'être à moi. *Amor.* l. 2, eleg. 19, v. 47.

(3) Tu te plains d'avoir trop, et moi, de ce que tout me manque. *Terent.* Phorm. act. 1, sc. 3, v. 9.

(4) Une femme veut-elle régner long-temps sur le cœur de son amant; qu'elle lui fasse essuyer quelques mépris. *Ovid.* Amor. l. 2, eleg. 19, v. 33.—Et vous, amants, faites aussi les dédaigneux : par ce moyen celle qui vous refusa hier, vous accordera tout aujourd'hui. *Propert.* eleg. 14, l. 2, v. 19, 20.

visage, que pour les rencherir à ses amants ? Pourquoy a l'on voilé iusques au dessoubs des talons ces beautez que chascune desire montrer, que chascun desire veoir ? pourquoy couvrent elles de tant d'empeschements, les uns sur les aultres, les parties où loge principalement nostre desir et le leur ? et à quoy servent ces gros bastions dequoy les nostres viennent d'armer leurs flancs, qu'à leurrer nostre appetit et nous attirer à elles en nous esloingnant ?

> Et fugit ad salices, et se cupit antè videri. (1)

> Interdum tunicâ duxit operta moram. (2)

A quoy sert l'art de cette honte virginale, cette froideur rassise, cette contenance severe, cette profession d'ignorance des choses qu'elles sçavent mieulx que nous qui les en instruisons, qu'à nous accroistre le desir de vaincre, gourmander et fouler à nostre appetit toute cette cerimonie et ces obstacles ? car il y a non seulement du plaisir, mais de la gloire encores, d'affolir et desbaucher cette molle doulceur et cette pudeur enfantine, et de renger à la mercy de nostre ardeur une gravité fiere et magistrale : c'est gloire (disent ils) de triumpher de la modestie, de la chasteté et de la temperance ; et qui desconseille aux dames ces parties là, il les trahit et soy mesme : il fault croire que le cœur leur fremit d'effroy, que le son de nos mots blece la pureté de leurs aureilles, qu'elles nous en haïssent, et s'accordent à nostre importunité d'une force forcee. La beauté, toute puissante qu'elle est, n'a pas de quoy se faire savourer, sans cette entremise. Voyez en Italie, où il y a plus de beauté à vendre et de la plus fine, comment il fault qu'elle cherche

---

(1) Cette bergere court se cacher entre des saules, mais elle souhaite d'être vue auparavant. *Virg.* eclog. 3, v. 65.

(2) Et quelquefois elle s'est enveloppée de sa robe pour irriter mes desirs par ce petit obstacle. *Propert.* eleg. 15, l. 2, v. 6.

d'aultres moyens estrangiers et d'aultres arts pour se rendre agréable; et si, à la verité, quoy qu'elle face, estant venale et publicque, elle demeure foible et languissante : tout ainsi que, mesme en la vertu, de deux effects pareils, nous tenons neantmoins celuy là le plus beau et plus digne, auquel il y a plus d'empeschement et de hazard proposé. C'est un effect de la Providence divine de permettre sa saincte Eglise estre agitee, comme nous la voyons, de tant de troubles et d'orages, pour esveiller par ce contraste les ames pies, et les r'avoir de l'oisifveté et du sommeil où les avoit plongees une si longue tranquillité : si nous contrepoisons la perte que nous avons faicte par le nombre de ceulx qui se sont desvoyez, au gaing qui nous vient pour nous estre remis en haleine, resuscité nostre zele et nos forces à l'occasion de ce combat, ie ne sçais si l'utilité ne surmonte point le dommage. Nous avons pensé attacher plus ferme le nœud de nos mariages, pour avoir osté tout moyen de les dissouldre; mais d'autant s'est desprins et relasché le nœud de la volonté et de l'affection, que celuy de la contraincte s'est estrecy : et, au rebours, ce qui teint les mariages, à Rome, si long temps en honneur et en seureté, feut la liberté de les rompre qui vouldroit; ils gardoient mieulx leurs femmes, d'autant qu'ils les pouvoient perdre, et, en pleine licence de divorces, il se passa cinq cents ans, et plus, avant que nul s'en servist (a).

Quod licet, ingratum est; quod non licet, acriùs urit. (1)

A ce propos se pourroit ioindre l'opinion d'un ancien, « Que les supplices aiguisent les vices, plustost qu'ils ne les

---

(a) *Repudium inter uxorem et virum, a conditá urbe usque ad vigesimum et quingentesimum annum, nullum intercessit.* Valer. Max. l. 2, c. 1, §. 4.

(1) Ce qui est permis, est insipide ; et ce qui est défendu irrite plus vivement nos desirs. *Ovid.* Amor. l. 2, eleg. 19, v. 3.

amortissent ; Qu'ils n'engendrent point le soing de bien faire, c'est l'ouvrage de la raison et de la discipline, mais seulement un soing de n'estre surprins en faisant mal » :

Latius excisæ pestis contagia serpunt : (1)

ie ne sçais pas qu'elle soit vraye; mais cecy sçais ie par experience, que iamais police ne se trouva reformee par là : l'ordre et reglement des mœurs despend de quelque aultre moyen. Les histoires grecques font mention des Argippees, voisins de la Scythie, qui vivent sans verge et sans baston à offenser ; que non seulement nul n'entreprend d'aller attaquer, mais quiconque s'y peult sauver, il est en franchise, à cause de leur vertu et saincteté de vie ; et n'est aulcun si osé d'y toucher : on recourt à eulx pour appoincter les differends qui naissent entre les hommes d'ailleurs. Il y a nation où la closture des iardins et des champs qu'on veult conserver, se faict d'un filet de coton, et se treuve bien plus seure et plus ferme que nos fossez et nos hayes. Furem signata sollicitant..... Aperta effractarius præterit (2). A l'adventure sert, entre aultres moyens, l'aysance, à couvrir ma maison de la violence de nos guerres civiles : la deffense attire l'entreprinse ; et, la desfiance l'offense. I'ay affoibly le desseing des soldats, ostant à leur exploict le hazard et toute matiere de gloire militaire, qui a accoustumé de leur servir de tiltre et d'excuse : ce qui est faict courageusement, est tousiours faict honorablement, en temps où la iustice est morte. Ie leur rends la conqueste de ma maison lasche-

---

(1) La contagion du mal qu'on croit avoir extirpé se répand davantage. *Itinerar.* Rutilii, l. 1, v. 397, où le poëte parle des juifs et de leur religion.

(2) Les choses cachetées attirent les larrons.... Un voleur accoutumé à briser les portes néglige d'entrer dans les maisons ouvertes. *Senec.* epist. 68.

et traistresse : elle n'est close à personne qui y hurte ; il n'y a pour toute prouvision qu'un portier, d'ancien usage et cerimonie, qui ne sert pas tant à deffendre ma porte, qu'à l'offrir plus decemment et gracieusement ; ie n'ay ny garde ny sentinelle que celle que les astres font pour moy. Un gentilhomme a tort de faire montre d'estre en deffense, s'il ne l'est parfaictement. Qui est ouvert d'un costé, l'est par tout : nos peres ne penserent pas à bastir des places frontieres. Les moyens d'assaillir, ie dis sans batterie et sans armee, et de surprendre nos maisons, croissent touts les iours au dessus des moyens de se garder ; les esprits s'aiguisent generalement de ce costé là : l'invasion touche touts ; la deffense non, que les riches. La mienne estoit forte selon le temps qu'elle feut faicte ; ie n'y ay rien adiousté de ce costé là, et craindrois que sa force se tournast contre moy mesme ; ioinct qu'un temps paisible requerra qu'on les desfortifie. Il est dangereux de ne les pouvoir regaigner, et est difficile de s'en asseurer : car en matiere de guerres intestines, vostre valet peult estre du party que vous craignez ; et où la religion sert de pretexte, les parentez mesmes deviennent infiables avecques couverture de iustice. Les finances publicques n'entretiendront pas nos garnisons domestiques ; elles s'y espuiseroient : nous n'avons pas dequoy le faire sans nostre ruyne, ou, plus incommodement et iniurieusement [encores], sans celle du peuple. L'estat de ma perte ne seroit de guere pire. Au demourant, vous y perdez vous : vos amis mesmes s'amusent, plus qu'à vous plaindre, à accuser vostre invigilance et improvidence, et l'ignorance ou nonchalance aux offices de vostre profession. Ce que tant de maisons gardees se sont perdues, où cette cy dure, me faict souspeçonner qu'elles se sont perdues de ce qu'elles estoient gardees ; cela donne et l'envie et la raison à l'assaillant : toute garde porte visage de guerre. Qui se iectera, si Dieu veult, chez moy ; mais tant y a, que ie ne l'y appelleray pas : c'est la retraicte à me reposer des guerres. l'essaye de soustraire ce coing à la tempeste publicque, comme ie fois (a) un aultre coing en mon ame. Nostre guerre a beau changer de formes, se multiplier et diversifier en nouveaux partis : pour moy ie ne bouge. Entre tant de maisons armees, moy seul, que ie sçache, en France, de ma condition, ay fié purement au ciel la protection de la mienne ; et n'en ay iamais osté ny cucillier d'argent, ny tiltre, [ny tapisserie]. Ie ne veulx ny me craindre, ny me sauver à demy. Si une pleine recognoissance acquiert la faveur divine, elle me durera iusqu'au bout; sinon, i'ay tousiours assez duré pour rendre ma duree remarquable et enregistrable. Comment? il y a bien trente ans.

CHAPITRE XVI.

De la gloire.

Il y a le nom et la chose : le nom, c'est une voix qui remarque et signifie la chose; le nom, ce n'est pas une partie de la chose, ny de la substance, c'est une piece estrangiere ioincte à la chose et hors d'elle. Dieu, qui est en soy toute plenitude et le comble de toute perfection, il ne peult s'augmenter et accroistre au dedans ; mais

---

(a) Montaigne écrit toujours *ie fois; ie vois* : au lieu de *je fais, je vais* : et Amyot, contemporain de Montaigne, emploie la même orthographe, que j'ai cru devoir conserver dans cette édition, et dont on trouve même plusieurs exemples dans l'édition in-fol. de 1595. Coste a même fait une note sur le mot *ie vois*, au lieu de *je vais*, comme nous écrivons aujourd'hui ; et il a remarqué (chap. 35 du liv. 2, pag. 183) qu'Amyot suit la même orthographe. N.

son nom se peult augmenter et accroistre par la benediction et louange que nous donnons à ses ouvrages exterieurs : laquelle louange, puisque nous ne la pouvons incorporer en luy, d'autant qu'il n'y peult avoir accession de bien, nous l'attribuons à son nom, qui est la piece hors de luy la plus voisine; voylà comment c'est à Dieu seul à qui gloire et honneur appartient : et il n'est rien si esloingné de raison, que de nous en mettre en queste pour nous, car estants indigents et necessiteux au dedans, nostre essence estant imparfaicte et ayant continuellement besoing d'amelioration, c'est là à quoy nous nous debvons travailler; nous sommes tout creux et vuides, ce n'est pas de vent et de voix que nous avons à nous remplir, il nous fault de la substance plus solide à nous reparer; un homme affamé seroit bien simple de chercher à se pourveoir plustost d'un beau vestement que d'un bon repas; il fault courir au plus pressé. Comme disent nos ordinaires prieres, Gloria in excelsis Deo; et in terrâ pax hominibus (1). Nous sommes en disette de beauté, santé, sagesse, vertu, et telles parties essentielles : les ornements externes se chercheront aprez que nous aurons pourveu aux choses necessaires. La theologie traicte amplement et plus pertinemment ce subiect; mais ie n'y suis gueres versé. Chrysippus et Diogenes ont esté les premiers aucteurs, et les plus fermes, du mespris de la gloire; et, entre toutes les voluptez, ils disoient qu'il n'y en avoit point de plus dangereuse ny plus à fuyr que celle qui nous vient de l'approbation d'aultruy. De vray, l'experience nous en faict sentir plusieurs trahisons bien dommageables : il n'est chose qui empoisonne tant les princes que la flatterie, ny rien par où les meschants gaignent plus ayseement credit autour d'eulx; ny macquerelage si propre et si ordinaire à corrompre

---

(1) Gloire à Dieu dans les cieux, et paix aux hommes sur la terre. *S. Luc*, c. 2, v. 14.

la chasteté des femmes que de les paistre et entretenir de leurs louanges : le premier enchantement que les sirenes employent à piper Ulysses est de cette nature :

> Deça vers nous, deça, ô treslouable Ulysse,
> Et le plus grand honneur dont la Grece fleurisse. (a)

Ces philosophes là disoient que toute la gloire du monde ne meritoit pas qu'un homme d'entendement estendist seulement le doigt pour l'acquerir :

> Gloria quantalibet quid erit, si gloria tantùm est? (1)

ie dis pour elle seule; car elle tire souvent à sa suitte plusieurs commoditez, pour lesquelles elle se peult rendre desirable : elle nous acquiert de la bienvueillance; elle nous rend moins exposez aux iniures et offenses d'aultruy, et choses semblables. C'estoit aussi des principaulx dogmes d'Epicurus; car ce precepte de sa secte, CACHE TA VIE, qui deffend aux hommes de s'empescher des charges et negociations publicques, presuppose aussi necessairement qu'on mesprise la gloire, qui est une approbation que le monde faict des actions que nous mettons en evidence. Celuy qui nous ordonne de nous cacher et de n'avoir soing que de nous, et qui ne veult pas que nous soyons connus d'aultruy, il veult encores moins que nous en soyons honorez et glorifiez: aussi conseille il à Idomeneus de ne regler aulcunement ses actions par l'opinion ou reputation commune, si ce n'est pour eviter les aultres incommoditez accidentales que le mespris des hommes luy pourroit apporter. Ces discours là sont infiniment vrays, à mon advis, et raisonnables : mais nous sommes, ie ne sçais comment, doubles en nous mesmes, qui faict que ce que nous croyons, nous ne le

---

(a) *Homer.* odyss. l. 12, v. 184.

(1) Qu'est-ce que la plus grande gloire, si c'est de la gloire et rien de plus ? *Juvenal.* satir. 7, v. 81.

croyons pas, et ne nous pouvons desfaire de ce que nous condamnons. Voyons les dernieres paroles d'Epicurus, et qu'il dict en mourant: elles sont grandes et dignes d'un tel philosophe; mais si ont elles quelque marque de la recommendation de son nom, et de cette humeur qu'il avoit descriee par ses preceptes : voici une lettre (a) qu'il dicta un peu avant son dernier soupir :

Epicurus à Hermachus, salut.

« Ce pendant que ie passois l'heureux et celuy là mesme le dernier iour de ma vie, i'escrivois cecy, accompagné toutesfois de telle douleur en la vessie et aux intestins, qu'il ne peult rien estre adiousté à sa grandeur : mais elle estoit compensee par le plaisir qu'apportoit à mon ame la souvenance de mes inventions et de mes discours. Or toy, comme requiert l'affection que tu as eu dez ton enfance envers moy et la philosophie, embrasse la protection des enfants de Metrodorus. »

Voilà sa lettre. Et ce qui me faict interpreter que ce plaisir, qu'il dict sentir en son ame de ses inventions, regarde aulcunement la reputation qu'il en esperoit acquerir aprez sa mort, c'est l'ordonnance de son testament, par lequel il veult que « Amynomachus et Timocrates, ses heritiers, fournissent pour la celebration de son iour natal, touts les mois de ianvier, les frais que Hermachus ordonneroit, et aussi pour la despense qui se feroit le vingtiesme iour de chasque lune, au traictement des philosophes ses familiers, qui s'assembleroient à l'honneur de la memoire de luy et de Metrodorus ». Carneades a esté chef de l'opinion contraire; et a maintenu que la gloire estoit pour elle mesme desirable : tout ainsi que nous embrassons nos posthumes pour eulx mesmes, n'en ayant aulcune cognoissance ny iouïssance. Cette opinion

---

(1) Traduite fidèlement ici du latin de Cicéron, *de finib. bon. et mal.* l. 2, c. 30.

n'a pas failly d'estre plus communement suyvie, comme sont volontiers celles qui s'accommodent le plus à nos inclinations. Aristote luy donne le premier reng entre les biens externes : « Evite, comme deux extremes vicieux, l'immoderation et à la rechercher et à la fuyr ». Ie crois que si nous avions les livres que Cicero avoit escripts sur ce subiect, il nous en conteroit de belles ; car cet homme là feut si forcené de cette passion, que, s'il eust osé, il feust, ce crois ie, volontiers tumbé en l'excez où tumberent d'aultres, Que la vertu mesme n'estoit desirable que pour l'honneur qui se tenoit tousiours à sa suitte :

   Paulùm sepultæ distat inertiæ
   Celata virtus : (1)

qui est un' opinion si faulse, que ie suis despit qu'elle ait iamais peu entrer en l'entendement d'homme qui eut cet honneur de porter le nom de philosophe. Si cela estoit vray, il ne fauldroit estre vertueux qu'en public ; et les operations de l'ame, où est le vray siege de la vertu, nous n'aurions que faire de les tenir en regle et en ordre, sinon autant qu'elles debvroient venir à la cognoissance d'aultruy. N'y va il doncques que de faillir finement et subtilement? « Si tu sçais, dict Carneades (a), un serpent caché en ce lieu auquel, sans y penser, se va seoir celuy de la mort duquel tu esperes prouffit, tu foys meschamment si tu ne l'en advertis ; et d'autant plus que ton action ne doibt estre cogneue que de toy ». Si nous ne pre-

---

(1) Une vertu cachée differe peu d'une vie fainéante et obscure. *Horat.* od. 9, l. 4, v. 29.

(a) Si scieris, inquit Carneades, aspidem occultè latere uspiam, et velle aliquem imprudentem super eam assidere, cujus mors tibi emolumentum futura sit, improbè feceris nisi monueris ne assideat ; sed impunitè tamen : scisse enim te quis coarguere possit ? *Cic.* de finib. bon. et mal. l. 2, c. 18.

nons de nous mesmes la loy de bien faire, si l'impunité nous est iustice; à combien de sortes de meschancetez avons nous touts les iours à nous abandonner? Ce que Sext. Peduceus feit, de rendre fidelement ce que C. Plotius avoit commis à sa seule science, de ses richesses, et ce que i'en ay faict souvent de mesme, ie ne le treuve pas tant louable, comme ie trouverois exsecrable qu'il y eust (a) failly : et treuve bon et utile à ramentevoir en nos iours l'exemple de P. Sextilius Rufus que Cicero accuse pour avoir recueilli une heredité contre sa conscience, non seulement, non contre les loix, mais par les loix mesmes; et M. Crassus, et Q. Hortensius, lesquels, à cause de leur auctorité et puissance, ayant esté pour certaines quotitez appellez par un estrangier à la succession d'un testament fauls, à fin que par ce moyen il y establist sa part, se contenterent de n'estre participants de la faulseté, et ne refuserent d'en tirer quelque fruict; assez couverts, s'ils se tenoient à l'abri des accusateurs, et des tesmoings et des loix: Meminerint Deum se habere testem, id est (ut ego arbitror) mentem suam (1). La vertu est chose bien vaine et frivole, si elle tire sa recommendation de la gloire: pour neant entreprendrions nous de luy faire tenir son reng à part, et la desioindrions de la fortune; car qu'est il plus fortuite que la reputation? Profectò fortuna in omni re dominatur: ea res cunctas, ex libidine magis quàm ex vero, celebrat, obscuratque (2). De faire que les actions soient cogneues et veues, c'est le pur ouvrage de la fortune; c'est le sort qui nous applique la gloire, selon

---

(a) Que nous y eussions failly : *Ed. in-fol.* de 1595.

(1) Mais il faut se souvenir qu'on a Dieu pour témoin, c'est-à-dire, comme je crois, sa propre conscience. *Cic.* de offic. l. 3, c. 10.

(2) Certainement l'empire de la fortune s'étend sur tout : elle préconise, et obscurcit les choses, par caprice plutôt que par raison. *Sallust.* in Catilin. p. 5, edit. Maittair. Londin. 1713.

sa témerité. Ie l'ay veue fort souvent marcher avant le merite ; et souvent oultrepasser le merite, d'une longue mesure. Celuy qui premier s'advisa de la ressemblance de l'umbre, à la gloire, feit mieulx qu'il ne vouloit : ce sont choses excellemment vaines ; elle va aussi quelquesfois devant son corps, et quelquefois l'excede de beaucoup en longueur. Ceulx qui apprennent à la noblesse de ne chercher en la vaillance que l'honneur, *quasi non sit honestum quod nobilitatum non sit* (1), que gaignent ils par là, que de les instruire de ne se hasarder iamais si on ne les veoid, et de prendre bien garde s'il y a des tesmoings qui puissent rapporter nouvelles de leur valeur : là où il se presente mille occasions de bien faire, sans qu'on en puisse estre remarqué ? Combien de belles actions particulieres s'ensepvelissent dans la foule d'une battaille? quiconque s'amuse à contrerooller aultruy pendant une telle meslee, il n'y est gueres embesongné, et produict contre soy mesme le tesmoignage qu'il rend des desportements de ses compaignons. *Vera et sapiens animi magnitudo, honestum illud quod maximè naturam sequitur, in factis positum, non in gloriâ, iudicat* (2). Toute la gloire que ie pretends de ma vie, c'est de l'avoir vescue tranquille : tranquille, non selon Metrodorus, ou Arcesilas, ou Aristippus, mais selon moy. Puisque la philosophie n'a sceu trouver aulcune voye pour la tranquillité, qui feust bonne en commun; que chascun la cherche en son particulier. A qui doibvent Cesar et Alexandre

(1) Comme si ce qui n'a pas été rendu célèbre n'étoit pas vertueux. *Cic.* de offic. l. 1, c. 4, où Cicéron dit positivement qu'une chose est honnête, quoiqu'elle n'ait point été préconisée, *quod etiamsi nobilitatum non sit, tamen honestum sit* : paroles que Montaigne a détournées de leur véritable sens pour les appliquer à son sujet. C.

(2) La solide, la vraie grandeur d'ame juge que ce n'est point dans la gloire, mais dans des actions vertueuses, que consiste l'honnête qui suit exactement la nature. *Cic.* de offic. l. 1, c. 19.

cette grandeur infinie de leur renommee, qu'à la fortune? combien d'hommes a elle esteincts sur le commencement de leur progrez, desquels nous n'avons aulcune cognoissance, qui y apportoient mesme courage que le leur, si le malheur de leur sort ne les eust arrestez tout court sur la naissance de leurs entreprinses? Au travers de tant et si extremes dangiers, il ne me souvient point avoir leu que Cesar ayt esté iamais blecé : mille sont morts de moindres perils que le moindre de ceulx qu'il franchit. Infinies belles actions se doibvent perdre sans tesmoignage, avant qu'il en vienne une à proufit : on n'est pas tousiours sur le hault d'une bresche, ou à la teste d'une armee, à la veue de son general, comme sur un eschaffaud; on est surprins entre la haye et le fossé; il fault tenter fortune contre un poulailler; il fault denicher quatre chestifs arquebusiers d'une grange; il fault seul s'escarter de la troupe et entreprendre seul, selon la necessité qui s'offre. Et, si on prend garde, on trouvera qu'il advient, par experience, que les moins esclatantes occasions sont les plus dangereuses; et qu'aux guerres qui se sont passees de nostre temps, il s'est perdu plus de gents de bien aux occasions legieres et peu importantes, et à la contestation de quelque bicoque, qu'ez lieux dignes et honorables. Qui tient sa mort pour mal employee, si ce n'est en occasion signalee, au lieu d'illustrer sa mort, il obscurcit volontiers sa vie, laissant eschapper ce pendant plusieurs iustes occasions de se hazarder; et toutes les iustes sont illustres assez, sa conscience les trompettant suffisamment à chascun. Gloria nostra est testimonium conscientiæ nostræ (1). Qui n'est homme de bien que parce qu'on le sçaura, et parce qu'on l'en estimera mieulx aprez l'avoir sceu; qui ne veult bien faire qu'en condition que sa vertu

---

(1) Notre gloire, c'est le témoignage de notre conscience. S. *Pauli* epist. 2 ad Corinth. c. 1, v. 12.

vienne à la cognoissance des hommes, celuy là n'est pas personne de qui on puisse tirer beaucoup de service.

> Credo che 'l resto di quel verno, cose
> Facesse degne di tenerne conto;
> Mà fur sin a quel tempo si nascose,
> Che non è colpa mia s' or' non le conto:
> Perche Orlando a far l'opre virtuose,
> Più ch' a narrarle poi, sempre era pronto;
> Ne mai fù alcuno de' suoi fatti espresso,
> Se non quando ebbe i testimoni appresso. (1)

Il fault aller à la guerre pour son debvoir; et en attendre cette recompense, qui ne peult faillir à toutes belles actions pour occultes qu'elles soient, non pas mesme aux vertueuses pensees, c'est le contentement qu'une conscience bien reglee receoit, en soy, de bien faire. Il fault estre vaillant pour soy mesme, et pour l'advantage que c'est d'avoir son courage logé en une assiette ferme et asseuree contre les assaults de la fortune :

> Virtus, repulsæ nescia sordidæ,
> Intaminatis fulget honoribus:
> Nec sumit, aut ponit, secures
> Arbitrio popularis auræ. (2)

Ce n'est pas pour la montre, que nostre ame doibt iouer son roolle; c'est chez nous, au dedans, où nuls yeulx ne

---

(1) Je crois que le reste de cet hiver Roland fit des choses très mémorables : mais jusqu'ici elles ont été si secretes, que ce n'est pas ma faute si je ne les raconte pas présentement : car Roland a toujours été plus prompt à faire de belles choses qu'à les publier; et jamais aucun de ses faits n'a été divulgué que lorsqu'il a eu près de lui des personnes qui en ont été les témoins. *Ariosto*, cant. 11, stanz. 81.

(2) La vertu, qui ne peut jamais être exposée à un refus honteux, brille d'un honneur qu'elle ne doit qu'à elle-même : et ce n'est point au gré d'une populace frivole et inconsidérée qu'elle prend ou quitte les dignités. *Horat.* od. 2, l. 3, v. 17, et seqq.

donnent que les nostres: là elle nous couvre de la crainte de la mort, des douleurs et de la honte mesme; elle nous asseure là de la perte de nos enfants, de nos amis et de nos fortunes; et quand l'opportunité s'y presente, elle nous conduict aussi aux hazards de la guerre, *non emolumento aliquo, sed ipsius honestatis decore* (1). Ce proufit est bien plus grand et bien plus digne d'estre souhaité et esperé, que l'honneur et la gloire, qui n'est qu'un favorable iugement qu'on faict de nous. Il fault trier de toute une nation une douzaine d'hommes, pour iuger d'un arpent de terre : et le iugement de nos inclinations et de nos actions, la plus difficile matiere et la plus importante qui soit, nous la remettons à la voix de la commune et de la tourbe, mere d'ignorance, d'iniustice et d'inconstance. Est ce raison de faire despendre la vie d'un sage, du iugement des fols? *An quidquam stultius, quàm quos singulos contemnas, eos aliquid putare esse universos* (2)? Quiconque vise à leur plaire, il n'a iamais faict; c'est une butte qui n'a ny forme ny prinse : *nil tam inæstimabile est quàm animi multitudinis* (3). Demetrius (a) disoit plaisamment de la voix du peuple, qu'il ne faisoit non plus de recepte de celle qui luy sortoit par en hault, que de celle qui luy

---

(1) Non pour quelque émolument, mais pour l'honneur qui est attaché à la vertu. *Cic.* l. 1, de finib. c. 10, edit. Gronov.

(2) Est-il rien de plus insensé que d'estimer un corps dont on méprise les membres pris chacun séparément? *Cic.* tusc. quæst. l. 5, c. 36.

(3) Rien n'est si méprisable que les jugements de la multitude.

(a) C'étoit un philosophe cynique, fameux à Rome sous le regne de Néron. Séneque, qui en parle comme d'un homme comparable aux plus grands philosophes de l'antiquité (*de benef.* l. 7, c. 1, 8, 9, etc.) nous a conservé le mot que Montaigne lui donne ici. « Eleganter, *dit-il*, Demetrius noster solet dicere, eodem loco sibi esse voces imperitorum, quo ventre redditos crepitus : quid enim, inquit, meâ refert sursum isti, an deorsum, sonent? *Senec.* epist. 91, sub fine. C.

sortoit par en bas : celuy là dict encores plus, Ego hoc iudico, si quando turpe non sit, tamen non esse non turpe, quum id a multitudine laudetur (1). Null'art, nulle soupplesse d'esprit pourroit conduire nos pas à la suitte d'un guide si desvoyé et si desreglé : en cette confusion venteuse de bruits, de rapports et opinions vulgaires qui nous poulsent, il ne se peult establir aulcune route qui vaille. Ne nous proposons point une fin si flottante et vagabonde ; allons constamment aprez la raison : que l'approbation publicque nous suyve par là, si elle veult ; et, comme elle despend toute de la fortune, nous n'avons point loy de l'esperer plustost par aultre voye que par celle là. Quand pour sa droicture ie ne suyvrois le droict chemin, ie le suyvrois pour avoir trouvé, par experience, qu'au bout du compte, c'est communement le plus heureux et le plus utile : dedit hoc providentia hominibus munus, ut honesta magis iuvarent (2). Le marinier ancien disoit ainsin à Neptune en une grande tempeste : « (a) O dieu, tu me sauveras si tu veulx ; si tu veulx tu me perdras : mais si tiendray ie tousiours droict mon timon ». I'ay veu de mon temps mill' hommes soupples, mestis, ambigus, et que nul ne doubtoit plus prudents mondains que moy, se perdre où ie me suis sauvé :

---

(1) Quoiqu'une chose ne soit pas déshonnête en elle-même, je ne la juge pas exempte de turpitude, si elle est louée par le peuple. *Cic.* de finib. bon. et mal. l. 2, c. 15. Ce qui n'est pas dit si crûment dans cet endroit de Cicéron où il s'agit en particulier de la volupté. C.

(2) La Providence a fait cette faveur aux hommes, que les choses honnêtes leur sont aussi les plus avantageuses. *Quintil.* inst. orat. l. 1, c. 12, vers la fin.

(a) Montaigne se plaît ici à paraphraser ces paroles de Sénèque : *Qui hoc potuit dicere,* Neptune, nunquam hanc navem, nisi rectam, *arti satisfecit.* Epist. 85, p. 360, t. 2, edit. varior. ann. 1672. C.

Risi successu posse carere dolos. (1)

Paul Emile, allant en sa glorieuse expedition de Macedoine, advertit (a) surtout le peuple à Rome « de contenir leur langue de ses actions, pendant son absence ». Que la licence des iugements est un grand destourbier aux grands affaires! d'autant que chascun n'a pas la fermeté de Fabius, à l'encontre des voix communes contraires et iniurieuses, qui aima mieulx laisser desmembrer son auctorité aux vaines fantasies des hommes, que faire moins bien sa charge avecques favorable reputation et populaire consentement. Il y a ie ne sçais quelle doulceur naturelle à se sentir louer, mais nous luy prestons trop de beaucoup:

> Laudari haud metuam, neque enim mihi cornea fibra est ;
> Sed recti finemque extremumque esse recuso
> Euge tuum et bellè. (2)

Ie ne me soulcie pas tant quel ie sois chez aultruy, comme ie me soulcie quel ie sois en moy mesme: ie veulx estre riche par moy, non par emprunt. Les estrangiers ne voyent que les evenements et apparences externes; chascun peult faire bonne mine par le dehors, plein au dedans de fiebvre et d'effroy: ils ne voyent pas mon cœur, ils ne voyent que mes contenances. On a raison de des-

---

(1) J'ai ri de voir que les trompeurs pouvoient être trompés. C'est d'Ovide que Montaigne emprunte les paroles latines, mais en leur donnant un sens tout contraire à celui qu'elles ont dans l'original. *Epist.* Penelopes ad Ulyssem, v. 18. C.

(a) C'est à la fin de la harangue que *Tite Live* lui prête, l. 44, c. 22, C.

(2) Je ne suis pas fâché d'être loué, car mon cœur n'est pas insensible à cette espece de plaisir ; mais je ne regarderai jamais ces acclamations flatteuses, *Ah! que cela est beau! que cela est divin!* pour la fin qu'on doit se proposer en faisant le bien. Pers. sat. 1, v. 47.

crier l'hypocrisie qui se treuve en la guerre; car qu'est il plus aysé à un homme practicque, que de gauchir aux dangiers, et de contrefaire le mauvais, ayant le cœur plein de mollesse? Il y a tant de moyens d'eviter les occasions de se hazarder en particulier, que nous aurons trompé mille fois le monde, avant que de nous engager à un dangereux pas; et lors mesme, nous y trouvant empestrez, nous sçaurons bien, pour ce coup, couvrir nostre ieu d'un bon visage et d'une parole asseuree, quoyque l'ame nous tremble au dedans : et qui auroit l'usage de l'anneau platonique, rendant invisible celuy qui le portoit au doigt si on luy donnoit le tour vers le plat de la main, assez de gents souvent se cacheroient où il se fault presenter le plus, et se repentiroient d'estre placez en lieu si honorable auquel la necessité les rend asseurez.

> Falsus honor iuvat, et mendax infamia terret
> Quem, nisi mendosum et mendacem? (1)

Voylà comment touts ces iugements qui se font des apparences externes sont merveilleusement incertains et doubteux; et n'est aulcun si asseuré tesmoing, comme chascun à soy mesme. En celles là combien avons nous de gouiats, compaignons de nostre gloire? celuy qui se tient ferme dans une trenchee descouverte, que faict il en cela que ne facent devant luy cinquante pauvres pionniers qui luy ouvrent le pas, et le couvrent de leurs corps pour cinq sols de paye par iour?

> Non quicquid turbida Roma
> Elevet, accedas; examenque improbum in illà
> Castiges trutinâ : nec te quæsiveris extrà. (2)

---

(1) Quel est l'homme qui se plait aux fausses louanges, et qui est épouvanté de la calomnie? c'est celui dont la vertu n'est qu'apparente, et qui en effet a le cœur gâté. *Horat.* epist. 16, l. 1, v. 39, 40.

(2) Sans compter sur les jugements que Rome peut faire de

Nous appellons aggrandir nostre nom, l'estendre et semer en plusieurs bouches; nous voulons qu'il y soit receu en bonne part, et que cette sienne accroissance luy vienne à proufit: voylà ce qu'il y peult avoir de plus excusable en ce desseing. Mais l'excez de cette maladie en va iusques là, que plusieurs cherchent de faire parler d'eulx en quelque façon que ce soit: Trogus Pompeius dict de Herostratus, et Titus Livius, de Manlius Capitolinus, qu'ils estoient plus desireux de grande que de bonne reputation. Ce vice est ordinaire: nous nous soignons plus qu'on parle de nous, que comment on en parle; et nous est assez que nostre nom coure par la bouche des hommes, en quelque condition qu'il y coure: il semble que l'estre cogneu, ce soit aulcunement avoir sa vie et sa duree en la garde d'aultruy. Moy, ie tiens que ie ne suis que chez moy; et de cette aultre mienne vie, qui loge en la cognoissance de mes amis, à la considerer nue et simplement en soy, ie sçais bien que ie n'en sens fruict ny iouïssance que par la vanité d'une opinion fantastique: et quand ie seray mort, ie m'en ressentiray encores beaucoup moins; et si perdray tout net l'usage des vrayes utilitez qui accidentalement la suyvent par fois. Ie n'auray plus de prinse par où saisir la reputation, ny par où elle puisse me toucher ny arriver à moy; car de m'attendre que mon nom la receoive: premierement ie n'ay point de nom qui soit assez mien; de deux que i'ay, l'un est commun à toute ma race, voire encores à d'aultres; il y a une famille à Paris et à Montpellier qui se surnomme Montaigne, une aultre en Bretaigne et en Xaintonge, De la Montaigne; le remuement d'une seule syllabe meslera nos fusees de façon que i'auray part à leur gloire, et eulx à l'adventure à ma honte; et si les

---

vous, et qui sont ordinairement fort mal fondés, ne cherchez point hors de vous ce que vous devez penser de vous-mêmes. *Pers.* sat. 1, v. 5, et seqq.

miens se sont aultresfois surnommez Eyquem, surnom qui touche encores une maison cogneue en Angleterre: quant à mon aultre nom, il est à quiconque aura envie de le prendre; ainsi i'honoreray peut estre un crocheteur en ma place. Et puis, quand i'aurois une marque particuliere pour moy, que peult elle marquer quand ie n'y suis plus? peult elle designer et favorir l'inanité?

> Nunc levior cippus non imprimit ossa.
> Laudat posteritas; nunc non e manibus illis,
> Nunc non e tumulo, fortunatâque favillâ,
> Nascuntur violæ: (1)

mais de cecy i'en ay parlé ailleurs. Au demourant, en toute une bataille où dix mill' hommes sont stropiez ou tuez, il n'en est pas quinze de quoy l'on parle; il fault que ce soit quelque grandeur bien eminente, ou quelque consequence d'importance que la fortune y ayt ioincte, qui face valoir un' action privee, non d'un arquebuzier seulement, mais d'un capitaine: car de tuer un homme, ou deux, ou dix, de se presenter courageusement à la mort, c'est à la verité quelque chose à chascun de nous, car il y va de tout; mais pour le monde, ce sont choses si ordinaires, il s'en veoid tant touts les iours, et en fault tant de pareilles pour produire un effect notable, que nous n'en pouvons attendre aulcune particuliere recommendation;

> Casus multis hic cognitus, ac iam
> Tritus, et e medio fortunæ ductus acervo. (2)

De tant de milliasses de vaillants hommes qui sont morts,

---

(1) En est-il plus à son aise dans le tombeau? Les louanges que lui donne la postérité font-elles naître des roses et des violettes de ses cendres? *Pers.* sat. 1, v. 37.

(2) C'est un accident qui nous est commun avec mille honnêtes gens, et qu'on voit arriver tous les jours. *Juvenal.* sat. 13, v. 9, et 10.

depuis quinze cents ans en France, les armes en la main, il n'y en a pas cent qui soient venus à nostre cognoissance : la memoire, non des chefs seulement, mais des batailles et victoires, est ensepvelie : les fortunes de plus de la moitié du monde, à faulte de registre, ne bougent de leur place et s'esvanouïssent sans duree. Si i'avois en ma possession les evenements incogneus, i'en penserois tresfacilement supplanter les cogneus, en toute espece d'exemples. Quoy, que des Romains mesmes et des Grecs, parmy tant d'escrivains et de tesmoings, et tant de rares et de nobles exploicts, il en est venu si peu iusques à nous !

<blockquote>Ad nos vix tenuis famæ perlabitur aura. (1)</blockquote>

Ce sera beaucoup si d'icy à cent ans on se souvient en gros que de nostre temps il y a eu des guerres civiles en France. Les Lacedemoniens sacrifioient aux Muses, entrants en bataille, a fin que leurs gestes feussent bien et dignement escripts, estimants que ce feust une faveur divine et non commune que les belles actions trouvassent des tesmoings qui leur sceussent donner vie et memoire. Pensons nous qu'à chasque arquebusade qui nous touche, et à chasque hazard que nous courons, il y ayt soubdain un greffier qui l'enroolle? et cent greffiers oultre cela le pourront escrire, desquels les commentaires ne dureront que trois iours, et ne viendront à la veue de personne. Nous n'avons pas la milliesme partie des escripts anciens ; c'est la fortune qui leur donne vie, ou plus courte, ou plus longue, selon sa faveur: et ce que nous en avons, il nous est loisible de doubter si c'est le pire, n'ayant pas veu le demourant. On ne faict pas des histoires de choses de si peu: il fault avoir esté chef à conquerir un empire ou un royaume ; il fault avoir gai-

---

(1) Le bruit en est à peine arrivé jusqu'à nous.
Aeneid. l. 7, v. 646.

gné cinquante deux battailles assignees, tousiours plus foible en nombre, comme Cesar: dix mille bons compaignons et plusieurs grands capitaines moururent à sa suitte vaillamment et courageusement, desquels les noms n'ont duré qu'autant que leurs femmes et leurs enfants vesquirent:

quos fama obscura recondit. (1)

De ceulx mesmes que nous voyons bien faire, trois mois ou trois ans aprez qu'ils y sont demeurez, il ne s'en parle non plus que s'ils n'eussent iamais esté. Quiconque considerera, avecques iuste mesure et proportion, de quelles gents et de quels faicts la gloire se maintient en la memoire des livres, il trouvera qu'il y a, de nostre siecle, fort peu d'actions et fort peu de personnes qui y puissent pretendre nul droict. Combien avons nous veu d'hommes vertueux survivre à leur propre reputation, qui ont veu et souffert esteindre en leur presence l'honneur et la gloire tresiustement acquise en leurs ieunes ans? Et pour trois ans de cette vie fantastique et imaginaire, allons nous perdant nostre vraye vie et essentielle, et nous engager à une mort perpetuelle! Les sages se proposent une plus belle et plus iuste fin à une si importante entreprinse: Rectè facti, fecisse merces est (2): Officii fructus, ipsum officium est. Il seroit, à l'adventure, excusable à un peintre ou aultre artisan, ou encores à un rhetoricien ou grammairien, de se travailler pour acquerir nom par ses ouvrages; mais les actions de la vertu, elles sont trop nobles d'elles mesmes pour rechercher aultre loyer que de leur propre valeur, et notamment pour la chercher en la vanité des iugements humains.

---

(1) Qui sont ensevelis dans un oubli profond.
Aeneid. l. 5, v. 302.

(2) La récompense d'une bonne action, c'est de l'avoir faite. Senec. Epistola 81. Et le fruit d'un bon office, c'est l'office lui-même.

Si toutesfois cette faulse opinion sert au public à contenir les hommes en leur debvoir; si le peuple en est esveillé à la vertu; si les princes sont touchez de veoir le monde benir la memoire de Traian, et abominer celle de Neron; si cela les esmeut de veoir le nom de ce grand pendard, aultrefois si effroyable et si redoubté, mauldit et oultragé si librement par le premier escholier qui l'entreprend : qu'elle accroisse hardiement, et qu'on la nourrisse entre nous le plus qu'on pourra : et Platon employant toutes choses à rendre ses citoyens vertueux, leur conseille aussi de ne mespriser la bonne reputation et estimation des peuples ; et dict que par quelque divine inspiration il advient que les meschants mesmes sçavent souvent, tant de parole que d'opinion, iustement distinguer les bons des mauvais. Ce personnage et son paidagogue sont merveilleux et hardis ouvriers à faire ioindre les operations et revelations divines tout partout où fault l'humaine force; ut tragici poëtæ confugiunt ad deum, cùm explicare argumenti exitum non possunt (1): pourtant (a), à l'adventure, l'appelloit Timon, en l'iniuriant, le grand forgeur de miracles. Puisque les hommes par leur insuffisance ne se peuvent assez payer d'une bonne monnoye; qu'on y employe encores la faulse. Ce moyen a esté practiqué par touts les legislateurs ; et n'est police où il n'y ayt quelque meslange, ou de vanité cerimonieuse, ou d'opinion mensongiere, qui serve de bride à tenir le peuple en office. C'est pour cela que la pluspart ont leurs origines et commencements fabuleux et enrichis de mysteres supernaturels ; c'est cela qui a donné credit aux re-

---

(1) A l'exemple des poëtes tragiques, qui ont recours à un dieu lorsqu'ils ne peuvent point trouver le dénouement de leur piece. *Cic.* de nat. deor. l. 1, c. 20.

(a) Et pour cette cause peut estre, l'appelloit Timon, etc. *Edit. in-fol.* de 1595.

ligions bastardes, et les a faictes favorir aux gents d'entendement; et pour cela, que Numa et Sertorius, pour rendre leurs hommes de meilleure creance, les paissoient de cette sottise, l'un que la nymphe Egeria, l'aultre que sa biche blanche, luy apportoit de la part des dieux touts les conseils qu'il prenoit : et l'auctorité que Numa donna à ses loix soubs tiltre du patronage de cette deesse, Zoroastre, le legislateur des Bactrians et des Perses, la donna aux siennes, soubs le nom du dieu Oromazis; Trismegiste des Aegyptiens, de Mercure; Zamolxis des Scythes, de Vesta; Charondas des Chalcides, de Saturne; Minos des Candiots, de Iupiter; Lycurgus des Lacedemoniens, d'Apollo; Dracon et Solon des Atheniens, de Minerve : et toute police a un dieu à sa teste, faulsement les aultres, veritablement celle que Moïse dressa au peuple de Iudee sorty d'Aegypte. La religion des Bedoins, comme dict le sire de Iouinville (a), portoit, entre aultres choses, que l'ame de celuy d'entre eulx qui mouroit pour son prince, s'en alloit en un aultre corps plus heureux, plus beau et plus fort que le premier : au moyen de quoy ils en hazardoient beaucoup plus volontiers leur vie ;

> In ferrum mens prona viris, animæque capaces
> Mortis, et ignavum est redituræ parcere vitæ. (1)

Voylà une creance tressalutaire, toute vaine qu'elle puisse estre. Chasque nation a plusieurs tels exemples chez soy : mais ce subiect meriteroit un discours à part.

Pour dire encores un mot sur mon premier propos, ie

(a) Dans ses mémoires, c. 58, p. 357.

(1) De là naît dans leurs cœurs cette bouillante envie
D'affronter une mort qui donne une autre vie,
De braver les périls, de chercher les combats,
Où l'on se voit renaître au milieu du trépas.
      Lucan. l. 1, v. 461. La traduction est de Brébeuf. C.

ne conseille non plus aux dames d'appeller honneur leur debvoir; ut enim consuetudo loquitur, id solum dicitur honestum, quod est populari famâ gloriosum (1); leur debvoir est le marc, leur honneur n'est que l'escorce : ny ne leur conseille de nous donner cette excuse en payement de leur refus; car ie presuppose que leurs intentions, leur desir et leur volonté, qui sont pieces où l'honneur n'a que veoir, d'autant qu'il n'en paraist rien au dehors, soient encores plus reglees que les effects :

Quæ, quia non liceat, non facit; illa facit: (2)

l'offense et envers Dieu et en la conscience seroit aussi grande de le desirer que de l'effectuer : et puis ce sont actions d'elles mesmes cachees et occultes; il seroit bien aysé qu'elles en desrobbassent quelqu'une à la cognoissance d'aultruy, d'où l'honneur despend, si elles n'avoient aultre respect à leur debvoir et à l'affection qu'elles portent à la chasteté, pour elle mesme. Toute personne d'honneur choisit de perdre plustost son honneur, que de perdre sa conscience.

---

(1) Car, suivant le langage ordinaire, on n'appelle honnête que ce qui est honoré de l'applaudissement du peuple. *Cic.* de finib. bon. et mal. l. 2, c. 15.

(2) Celle-là est déja coupable, qui ne s'abstient de faire le mal que parcequ'il ne lui a pas été permis de le faire. *Ovid.* amor. l. 3, eleg. 4, v. 4.

CHAPITRE XVII.

De la présumption.

Il y a une aultre sorte de gloire, qui est une trop bonne opinion que nous concevons de nostre valeur. C'est un' affection inconsideree de quoy nous nous cherissons, qui nous represente à nous mesmes aultres que nous ne sommes : comme la passion amoureuse preste des beautez et des graces au subiect qu'elle embrasse, et faict que ceulx qui en sont esprins treuvent, d'un iugement trouble et alteré, ce qu'ils aiment aultre et plus parfaict qu'il n'est. Ie ne veulx pas que, de peur de faillir de ce costé là, un homme se mescognoisse pourtant, ny qu'il pense estre moins que ce qu'il est; le iugement doibt tout partout maintenir son droict : c'est raison qu'il voye en ce subiect, comme ailleurs, ce que la verité luy presente; si c'est Cesar, qu'il se treuve hardiement le plus grand capitaine du monde. Nous ne sommes que cerimonie : la cerimonie nous emporte, et laissons la substance des choses : nous nous tenons aux branches, et abandonnons le tronc et le corps : nous avons apprins aux dames de rougir, oyant seulement nommer ce qu'elles ne craignent aulcunement à faire : nous n'osons appeller à droict nos membres, et ne craignons pas de les employer à toute sorte de desbauches : la cerimonie nous deffend d'exprimer par paroles les choses licites et naturelles, et nous l'en croyons; la raison nous deffend de n'en faire point d'illicites et mauvaises, et personne ne l'en croit. Ie me treuve icy empestré ez loix de la cerimonie; car elle ne permet, ny qu'on parle bien de soy, ny qu'on en parle mal : nous la lairrons là pour ce coup.

Ceulx de qui la fortune (bonne ou mauvaise qu'on la doibve appeller) a faict passer la vie en quelque eminent degré, ils peuvent par leurs actions publicques tesmoigner quels ils sont: mais ceulx qu'elle n'a employez qu'en foule, et de qui personne ne parlera si eulx mesmes n'en parlent, ils sont excusables s'ils prennent la hardiesse de parler d'eulx mesmes envers ceulx qui ont interest de les cognoistre; à l'exemple de Lucilius,

> Ille velut fidis arcana sodalibus olim
> Credebat libris, neque si malè cesserat, usquam
> Decurrens aliò, neque si benè : quo fit, ut omnis
> Votivâ pateat veluti descripta tabellâ
> Vita senis; (1)

celuy là commettoit à son papier ses actions et ses pensees, et s'y peignoit tel qu'il se sentoit estre: nec id Rutilio et Scauro citra fidem, aut obtrectationi fuit (2). Il me souvient doncques que dez ma plus tendre enfance on remarquoit en moy ie ne sçais quel port de corps et des gestes, tesmoignants quelque vaine et sotte fierté. I'en veulx dire premierement cecy, qu' Il n'est pas inconvenient d'avoir des conditions et des propensions si propres et si incorporees en nous, que nous n'ayons pas moyen de les sentir et recognoistre; et de telles inclinations naturelles, le corps en retient volontiers quelque pli, sans nostre sceu et consentement : c'estoit une certaine affetterie consente de sa beauté, qui faisoit un peu pencher la teste d'Alexandre sur un costé, et qui rendoit le parler d'Alcibiades mol et gras; Iulius Cesar se grattoit la teste d'un doigt,

---

(1) Qui confioit tous ses secrets à ses papiers comme à de fideles amis, sans jamais chercher d'autres confidents, soit qu'illui arrivât du bien ou du mal : de sorte que toute sa vie se voit peinte dans ses vers, comme dans un tableau qu'il auroit voulu consacrer aux dieux. *Horat.* sat. 1, l. 2, v. 30, et seqq.

(2) Et Rutilius et Scaurus n'ont été ni *mécrus* ni blâmés pour avoir écrit leur propre histoire. *Tacit.* in vitâ Agricolæ, c. 1.

qui est la contenance d'un homme rempli de pensements penibles; et Cicero, ce me semble, avoit accoustumé de rincer le nez, qui signifie un naturel mocqueur: tels mouvements peuvent arriver imperceptiblement en nous. Il y en a d'aultres artificiels, de quoy ie ne parle point, comme les salutations et reverences, par où on acquiert, le plus souvent à tort, l'honneur d'estre bien humble et courtois: on peult estre humble, de gloire. Ie suis assez prodigue de bonnetades, notamment en esté, et n'en receois iamais sans revenche, de quelque qualité d'hommes que ce soit, s'il n'est à mes gages. Ie desirasse d'aulcuns princes que ie cognois, qu'ils en feussent plus espargnants et iustes dispensateurs: car ainsin indiscretement espandues, elles ne portent plus de coup; si elles sont sans esgard, elles sont sans effect. Entre les contenances desreglees, n'oublions pas la morgue de l'empereur Constantius, qui en public tenoit tousiours la teste droicte, sans la contourner ou fleschir ny çà ny là, non pas seulement pour regarder ceulx qui le saluoient à costé; ayant le corps planté immobile, sans se laisser aller au bransle de son coche, sans oser ny cracher, ny se moucher, ny essuyer le visage devant les gents. Ie ne sçais si ces gestes qu'on remarquoit en moy estoient de cette premiere condition, et si à la verité i'avois quelque occulte propension à ce vice, comme il peult bien estre; et ne puis pas respondre des bransles du corps: mais quant aux bransles de l'ame, ie veulx icy confesser ce que i'en sens. Il y a deux parties en cette gloire: sçavoir est, de S'estimer trop; et N'estimer pas assez aultruy. Quant à l'une, il me semble premierement ces considerations debvoir estre mises en compte, Que ie me sens pressé d'une erreur d'ame, qui me desplaist et comme inique, et encores plus comme importune; i'essaye à la corriger, mais l'arracher ie ne puis: c'est que Ie diminue du iuste prix des choses que ie possede, et haulse le prix aux choses d'autant qu'elles sont estrangieres, absentes et non miennes : cette humeur s'espand bien loing. Comme la prerogative de l'auctorité faict que les maris regardent les femmes propres d'un vicieux desdaing, et plusieurs peres leurs enfants : ainsi foys ie, et entre deux pareils ouvrages poiserois tousiours contre le mien; non tant que la ialousie de mon advancement et amendement trouble mon iugement, et m'empesche de me satisfaire, comme que, d'elle mesme, la maistrise engendre mespris de ce qu'on tient et regente. Les polices, les mœurs loingtaines me flattent, et les langues; et m'apperceois que le latin me pipe à sa faveur par sa dignité, au delà de ce qui luy appartient, comme aux enfants et au vulgaire : l'œconomie, la maison, le cheval de mon voisin, en eguale valeur, vault mieulx que le mien, de ce qu'il n'est pas mien : dadvantage que ie suis tresignorant en mon faict, i'admire l'asseurance et promesse que chascun a de soy; là où il n'est quasi rien que ie sçache sçavoir, ny que i'ose me respondre pouvoir faire. Ie n'ay point mes moyens en proposition et par estat, et n'en suis instruict qu'aprez l'effect; autant doubteux de (a) moi, que de toute aultre chose. D'où il advient, si ie rencontre louablement en une besongne, que ie le donne plus à ma fortune qu'à (b) ma force; d'autant que ie les desseigne toutes au hazard et en crainte. Pareillement i'ay en general cecy, que De toutes les opinions que l'ancienneté a eues de l'homme en gros, celles que i'embrasse plus volontiers, et ausquelles ie m'attache le plus, ce sont celles qui nous mesprisent, avilissent et aneantissent le plus : la philosophie ne me semble iamais avoir si beau ieu, que quand elle combat nostre presumption et vanité, quand elle recognoist de bonne foy son irresolution, sa foiblesse et son ignorance. Il me semble que la mere nourrice des plus faulses opinions, et publicques

---

(a) de ma force, que d'une aultre force. *Edition* de 1595.
(b) mon industrie. *Edit.* de 1595.

et particulieres, c'est la trop bonne opinion que l'homme a de soy. Ces gents qui se perchent à chevauchons sur l'epicycle de Mercure, qui veoient si avant dans le ciel ; ils m'arrachent les dents : car, en l'estude que ie foys, duquel le subiect c'est l'homme, trouvant une si extreme varieté de iugements, un si profond labyrinthe de difficultez les unes sur les aultres, tant de diversité et incertitude en l'eschole mesme de la sapience ; vous pouvez penser, puisque ces gents là n'ont peu se resouldre de la cognoissance d'eulx mesmes et de leur propre condition qui est continuellement présente à leurs yeulx, qui est dans eulx, puis qu'ils ne sçavent comment bransle ce qu'eulx mesmes font bransler, ny comment nous peindre et deschiffrer les ressorts qu'ils tiennent et manient eulx mesmes, comment ie les croirois de la cause du flux et reflux de la riviere du Nil. La curiosité de cognoistre les choses a esté donnee aux hommes pour fleau, dict la saincte parole. Mais pour venir à mon particulier, il est bien difficile, ce me semble, qu'aulcun aultre s'estime moins, voire qu'aulcun aultre m'estime moins, que ce que ie m'estime : ie me tiens de la commune sorte, sauf en ce que ie m'en tiens ; coulpable des defectuositez plus basses et populaires, mais non desadvouees, non excusees ; et ne me prise seulement que de ce que ie sçais mon prix. S'il y a de la gloire ; ell' est infuse en moy superficiellement, par la trahison de ma complexion, et n'a point de corps qui comparoisse à la veue de mon iugement ; i'en suis arrousé, mais non pas teinct : car, à la verité, quant aux effects de l'esprit, en quelque façon que ce soit, il n'est iamais parti de moy chose qui (a) me remplist ; et l'approbation d'aultruy ne me paye pas. I'ay (b) le goust tendre et difficile, et notamment en

---

(a) me contentast. *Ed.* de 1595, mais effacé par Montaigne dans l'exemplaire qu'il a corrigé. N.

(b) le jugement. *Ed.* de 1595.

mon endroict : ie me desadvoue sans cesse, et me sens par tout flotter et flechir de foiblesse ; ie n'ay rien du mien de quoy satisfaire mon iugement. I'ay la veue assez claire et reglee, mais, à l'ouvrer, elle se trouble : comme i'essaye plus evidemment en la poësie ; ie l'aime infiniement, ie me cognois assez aux ouvrages d'aultruy ; mais ie foys, à la verité, l'enfant quand i'y veulx mettre la main ; ie ne me puis souffrir. On peult faire le sot par tout ailleurs, mais non en la poësie ;

> Mediocribus esse poëtis
> Non di, non homines, non concessere columnæ. (1)

Pleust à Dieu que cette sentence se trouvast au front des boutiques de touts nos imprimeurs, pour en deffendre l'entree à tant de versificateurs !

> verùm
> Nil securius est malo poëtà. (2)

Que n'avons nous de tels peuples ? Dionysius le pere n'estimoit rien tant de soy que sa poësie : à la saison des ieux olympiques, avecques des chariots surpassants touts aultres en magnificence, il envoya aussi des poëtes et musiciens, pour presenter ses vers, avecques des tentes et pavillons dorez et tapissez royalement. Quand on veint à mettre ses vers en avant, la faveur et excellence de la prononciation attira sur le commencement l'attention du peuple ; mais, quand par aprez il veint à poiser l'ineptie de l'ouvrage, il entra premierement en mespris, et continuant d'aigrir son iugement, il se iecta tantost en furie, et courut abbattre et deschirer par despit touts

---

(1) Un poëte médiocre est insupportable aux dieux, aux hommes, aux colonnes mêmes où les affiches annoncent ses ouvrages. *Horat.* de arte poët. v. 372, 373.

(2) Mais personne n'a si bonne opinion de son mérite, qu'un mauvais poëte. *Martial.* epigr. 63, l. 12, v. 13.

ses pavillons : et, ce que ses chariots ne feirent non plus rien qui vaille en la course, et que la navire qui rapportoit ses gents faillit la Sicile et feut par la tempeste poulsee et fracassee contre la coste de Tarente, il teint pour certain que c'estoit l'ire des dieux irritez, comme luy, contre ce mauvais poëme ; et les mariniers mesmes eschappez du naufrage alloient secondant l'opinion de ce peuple, à laquelle l'oracle qui predit sa mort sembla aussi aulcunement souscrire : il portoit « que Dionysius seroit prez de sa fin, quand il auroit vaincu ceulx qui vauldroient mieulx que luy ». Ce que il interpreta des Carthaginois qui le surpassoient en puissance ; et ayant affaire à eulx, gauchissoit souvent la victoire, et la temperoit, pour n'encourir le sens de cette prediction : mais il l'entendoit mal ; car le dieu marquoit le temps de l'advantage que par faveur et iniustice il gaigna à Athenes sur les poëtes tragiques meilleurs que luy, ayant faict iouer à l'envy la sienne intitulee les Leneïens ; soubdain aprez laquelle victoire il trespassa, et en partie pour l'excessifve ioye qu'il en conceut.

Ce que ie treuve excusable du mien, ce n'est pas de soy et à la verité, mais c'est à la comparaison d'aultres choses pires ausquelles ie veois qu'on donne credit. Ie suis envieux du bonheur de ceulx qui se sçavent resiouïr et gratifier en leur besongne ; car c'est un moyen aysé de se donner du plaisir, puisqu'on le tire de soy mesme, specialement s'il y a un peu de fermeté en leur opiniastrise. Ie sçais un poëte à qui, fort et foible, en foule et en chambre, et le ciel et la terre crient qu'il n'y entend gueres : il n'en rabbat pour tout cela rien de la mesure à quoy il s'est taillé ; tousiours recommence, tousiours reconsulte, et tousiours persiste, d'autant plus fort en son advis, et plus roidé, qu'il touche à luy seul de le maintenir. Mes ouvrages, il s'en fault tant qu'ils me rient, qu'autant de fois que ie les retaste, autant de fois ie m'en despite :

> Cùm relego, scripsisse pudet; quia plurima cerno,
> Me quoque, qui feci, iudice, digna lini. (1)

I'ay tousiours une idee en l'ame et certaine image trouble, qui me presente comme en songe une meilleure forme que celle que i'ay mis en besongne; mais ie ne la puis saisir et exploicter : et cette idee mesme n'est que du moyen estage. Ce que i'argumente par là, que les productions de ces riches et grandes ames du temps passé sont bien loing au delà de l'extreme estendue de mon imagination et souhaict : leurs escripts ne me satisfont pas seulement et me remplissent, mais ils m'estonnent et transissent d'admiration; ie iuge leur beauté, ie la veois, sinon iusques au bout, au moins si avant qu'il m'est impossible d'y aspirer. Quoy que i'entreprenne, ie doibs un sacrifice aux Graces, comme dict Plutarque de quelqu'un (a), pour practiquer leur faveur :

> Si quid enim placet,
> Si quid dulce hominum sensibus influit,
> Debentur lepidis omnia Gratiis. (2)

elles m'abandonnent par tout; tout est grossier chez moy; il y a faulte de gentillesse et de beauté: ie ne sçais faire valoir les choses pour le plus que ce qu'elles valent: ma façon n'ayde rien à la matiere; voylà pourquoy il me la fault forte, qui ayt beaucoup de prinse, et qui luise d'elle mesme. Quand i'en saisis des populaires et plus gayes, c'est pour me suyvre à moy, qui n'aime point une sagesse cerimonieuse et triste, comme faict le mon-

---

(1) Quand je les relis, j'en ai honte; parceque j'y vois bien des choses qui méritent d'être effacées, selon moi-même qui les ai écrites. *Ovid.* de Ponto. eleg. 5, l. 1, v. 15, 16.

(a) De Xénocrate, dans les préceptes du mariage, c. 26, de la version d'Amyot. C.

(2) Car tout ce qui plaît, tout ce qui charme les sens, c'est aux Graces qu'on en est redevable.

de; et pour m'esgayer, non pour esgayer mon style, qui les veult plustost graves et severes : au moins si ie doibs nommer style un parler informe et sans regle, un iargon populaire, et un proceder sans definition, sans partition, sans conclusion, trouble, à la guise de celuy d'Amafanius et de Rabirius (a). Ie ne sçais ny plaire, ny resiouïr, ny chatouiller : le meilleur conte du monde se seiche entre mes mains et se ternit. Ie ne sçais parler qu'en bon escient : et suis du tout desnué de cette facilité, que ie veois en plusieurs de mes compaignons, d'entretenir les premiers venus, et tenir en haleine toute une troupe, ou amuser, sans se lasser, l'aureille d'un prince de toute sorte de propos; la matiere ne leur faillant iamais, pour cette grace qu'ils ont de sçavoir employer la premiere venue, et l'accommoder à l'humeur et portee de ceulx à qui ils ont affaire. Les princes n'aiment gueres les discours fermes; ny moy à faire des contes. Les raisons premieres et plus aysees, qui sont communement les mieulx prinses, ie ne sçais pas les employer; mauvais prescheur de commune : de toute matiere ie dis volontiers (b) les dernieres choses que i'en sçais. Cicero estime (c) que ez traictez de la philosophie, (d) le plus difficile membre soit l'ex-

---

(a) Amafanius et Rabirius, nullâ arte adhibitâ de rebus ante oculos positis vulgari sermone disputant; nihil definiunt, nihil partiuntur, nihil aptâ interrogatione concludunt. *Cic.* acad. quæst. l. 1, c. 2.

(b) les plus extremes. *Edition in-fol.* de 1595.

(c) Montaigne ne cite cette pensée que pour se moquer de Cicéron, qu'il consideroit plutôt comme un beau parleur, que comme un subtil philosophe; en quoi il n'avoit pas grand tort : car, à bien examiner les ouvrages philosophiques de Cicéron, il est aisé de voir que ce ne sont en effet que les pensées de Platon, d'Aristote, d'Epicure, de Zénon, etc. traduites nettement et poliment en latin. C.

(d) Difficillimum autem est, in omni conquisitione rationis, exordium. *De universo*, c. 2.

orde : si c'est ainsi, ie me prends à la conclusion [sagement.] Si faut il conduire (a) la chorde à toute sorte de tons ; et le plus aigu est celuy qui vient le moins souvent en ieu. Il y a pour le moins autant de perfection à relever une chose vuide, qu'à en soubtenir une poisante : tantost il fault superficiellement manier les choses, tantost les profonder. Ie sçais bien que la pluspart des hommes se tiennent en ce bas estage, pour ne concevoir les choses que par cette premiere escorce ; mais ie sçais aussi que les plus grands maistres, et Xenophon et Platon, on les veoid souvent se relascher à cette basse façon et populaire de dire et traicter les choses, la soubtenant des graces qui ne leur manquent iamais. Au demourant, mon langage n'a rien de facile et poli ; il est aspre et desdaigneux, ayant ses dispositions libres et desreglees ; et me plaist ainsi, sinon par mon iugement, par mon inclination : mais ie sens bien que par fois ie m'y laisse trop aller, et qu'à force de vouloir eviter l'art et l'affectation, i'y retumbe d'une aultre part,

brevis esse laboro,

Obscurus fio. (1)

Plato dict que le long ou le court ne sont proprietez qui ostent ny donnent prix au langage. Quand i'entreprendrois de suyvre cet aultre style equable, uny et ordonné, ie n'y sçaurois advenir : et encores que les coupures et cadences de Saluste reviennent plus à mon humeur, si est ce que ie treuve Cesar et plus grand et

---

(a) Sçavoir relascher. *Édit.* in-fol. de 1595. Conduire la corde, est une expression purement latine, que Montaigne applique ici à l'art de monter les cordes des instruments sur différents tons. Horace a dit en parlant de l'art du cordier, dont il décrit même très bien le méchanisme :

Tortum digna sequi potiùs, quàm ducere funem.
Horat. epist. 10, l. 1, v. 48. N.

(1) J'évite d'être long, et je deviens obscur.
Horat. de arte poët. v. 25, 26.

moins aysé à representer ; et si mon inclination me porte plus à l'imitation du parler de Seneque, ie ne laisse pas d'estimer davantage celuy de Plutarque. Comme à faire, à dire aussi, ie suys tout simplement ma forme naturelle : d'où c'est, à l'adventure, que ie puis plus à parler, qu'à escrire. Le mouvement et action animent les paroles, notamment à ceulx qui se remuent brusquement, comme ie foys, et qui s'eschauffent : le port, le visage, la voix, la robbe, l'assiette, peuvent donner quelque prix aux choses qui d'elles mesmes n'en ont gueres, comme le babil; Messala se plainct, en Tacitus, de quelques accoustrements estroicts de son temps, et de la façon des bancs où les orateurs avoient à parler, qui affoiblissoient leur eloquence.

Mon langage françois est alteré, et en la prononciation et ailleurs, par la barbarie de mon creu : ie ne veis iamais homme des contrees de deçà, qui ne sentist bien evidemment son ramage, et qui ne bleceast les aureilles pures françoises. Si n'est ce pas pour estre fort entendu en mon perigordin, car ie n'en ay non plus d'usage que de l'allemand, et ne m'en chault gueres ; c'est un langage (comme sont autour de moy d'une bande et d'aultre, le poittevin, xaintongeois, angoumoisin, limosin, auvergnat), brode, traisnant, esfoiré : il y a bien au dessus de nous, vers les montaignes, un gascon que ie treuve singulierement beau, sec, bref, signifiant, et à la verité un langage masle et militaire plus qu'aultre que i'entende, aultant nerveux, puissant et pertinent, comme le françois est gracieux, delicat et abondant. Quant au latin qui m'a esté donné pour maternel, i'ay perdu par desaccoustumance la promptitude de m'en pouvoir servir à parler; ouy, et à escrire : en quoy aultresfois ie me faisois appeller maistre Iehan. Voylà combien peu ie vaulx de ce costé là.

La beauté est une piece de grande recommendation au commerce des hommes ; c'est le premier moyen de conciliation des uns aux aultres, et n'est homme si barbare et si rechigné qui ne se sente aulcunement frappé de sa doulceur. Le corps a une grande part à nostre estre, il y tient un grand reng; ainsi sa structure et composition sont de bien iuste consideration. Ceulx qui veulent desprendre nos deux pieces principales, et les sequestrer l'une de l'aultre, ils ont tort : au rebours, il les fault r'accoupler et reioindre ; il fault ordonner à l'ame, non de se tirer à quartier, de s'entretenir à part, de mespriser et abandonner le corps (aussi ne le sçauroit elle faire que par quelque singerie contrefaicte), mais de se r'allier à luy, de l'embrasser, le cherir, luy assister, le controerooller, le conseiller, le redresser, et ramener quand il fourvoye, l'espouser en somme, et luy servir de mary, à ce que leurs effects ne paroissent pas divers et contraires, ains accordants et uniformes. Les chrestiens ont une particuliere instruction de cette liaison : car ils sçavent que la iustice divine embrasse cette societé et ioincture du corps et de l'ame, iusques à rendre le corps capable des recompenses eternelles ; et que Dieu regarde agir tout l'homme, et veult qu'entier il receoive le chastiement, ou le loyer, selon ses merites. La secte peripatetique, de toutes les sectes la plus (a) civilisee, attribue à la sagesse ce seul soing, de pourveoir et procurer en commun le bien de ces deux parties associees : et montrent les aultres sectes, pour ne s'estre assez attachees à la consideration de ce meslange, s'estre partialisees, cette cy pour le corps, cette aultre pour l'ame, d'une pareille erreur ; et avoir escarté leur subiect qui est l'Homme, et leur guide qu'ils advouent en general estre Nature. La premiere distinction qui ayt esté entre les hommes, et la premiere consideration qui donna les preeminences aux uns sur les aultres, il est vraysemblable que ce feut l'advantage de la beauté :

(a) la plus sociable. *Edit. in fol.* de 1595.

agros divisere atque dedere
Pro facie cuiusque, et viribus ingenioque;
Nam facies multùm valuit, viresque vigebant. (1)

Or, ie suis d'une taille un peu au dessoubs de la moyenne : ce default n'a pas seulement de la laideur, mais encores de l'incommodité à ceulx mesmement qui ont des commandements et des charges ; car l'auctorité que donne une belle presence et maiesté corporelle en est à dire. C. Marius ne recevoit pas volontiers des soldats qui n'eussent six pieds de haulteur. Le courtisan (a) a bien raison de vouloir, pour ce gentilhomme qu'il dresse, une taille commune, plustost que toute aultre; et de refuser pour luy toute estrangeté qui le face montrer au doigt. Mais de choisir, s'il fault à cette mediocrité, qu'il soit plustost au deçà, qu'au delà d'icelle, ie ne le ferois pas à un homme militaire. Les petits hommes, dict Aristote, sont bien iolis, mais non pas beaux ; et se cognoist en la grandeur, la grand' ame; comme la beauté, en un grand corps et hault : les Ethiopes et les Indiens, dict il, elisants leurs roys et magistrats, avoient esgard à la beauté et procerité des personnes. Ils avoient raison; car il y a du respect pour ceulx qui le suyvent, et, pour l'ennemy, de l'effroy, de veoir à la teste d'une troupe marcher un chef de belle et riche taille.

Ipse inter primos præstanti corpore Turnus
Vertitur, arma tenens, et toto vertice suprà est. (2)

Nostre grand roy divin et celeste, duquel toutes les cir-

---

(1) Le partage des terres fut réglé à proportion de la beauté, de la force corporelle, et de l'esprit ; car alors la beauté du visage et la force étoient en grand crédit. *Lucret.* l. 5, v. 1109.

(a) Livre italien composé par Baltazar de Castillon, sous le titre *del Cortegiano*, c'est-à-dire, *du Courtisan*. C.

(2) Turnus, très bien fait, et plus haut de toute la tête que ses

constances doibvent estre remarquees avec soing, religion et reverence, n'a pas refusé la recommendation corporelle, speciosus formâ præ filiis hominum (1) : et Platon, avecques la temperance et la fortitude, desire la beauté aux conservateurs de sa republique. C'est un grand despit, qu'on s'addresse à vous parmy vos gents pour vous demander « Où est monsieur »? et que vous n'ayez que le reste de la bonnetade qu'on faict à vostre barbier ou à vostre secretaire; comme il advient au pauvre Philopœmen : Estant arrivé le premier de sa troupe en un logis où on l'attendoit, son hostesse, qui ne le cognoissoit pas, et le voyoit d'assez mauvaise mine, l'employa d'aller un peu ayder à ses femmes à puiser de l'eau, ou attiser du feu, pour le service de Philopœmen : les gentilshommes de sa suitte estants arrivez, et l'ayant surprins embesongné à cette belle vacation, car il n'avoit pas failly d'obeïr au commandement qu'on luy avoit faict, luy demanderent ce qu'il faisoit là : « Ie paie, leur respondit il, la peine de ma laideur ». Les aultres beautez sont pour les femmes : la beauté de la taille est la seule beauté des hommes. Où est la petitesse ; ny la largeur et rondeur du front, ny la blancheur et doulceur des yeulx, ny la mediocre forme du nez, ny la petitesse de l'aureille et de la bouche, ny l'ordre et blancheur des dents, ny l'espesseur bien unie d'une barbe brune à escorce de chastaigne, ny le poil relevé, ny la iuste rondeur (a) de teste, ny la frescheur du teinct, ny l'air du visage agreable, ny un corps sans senteur, ny la proportion legitime des membres, peuvent faire un bel homme. I'ay, au demourant, la

---

soldats, paroît au premier rang les armes à la main. *Aeneid.* l. 7, v. 783, et seq.

(1) Il étoit le plus beau des fils des hommes, *Ps.* 45, selon l'Hebreu, v. 3.

(a) Proportion : *édit. in-fol.* de 1595, mais effacé par Montaigne dans l'exemplaire qu'il a corrigé.

taille forte et ramassee; le visage, non pas gras, mais plein; la complexion entre le iovial et le melancholique, moyennement sanguine et chaulde,

> Unde rigent setis mihi crura, et pectora villis; (1)

la santé, forte et alaigre iusques bien avant en mon aage, rarement troublee par les maladies. I'estois tel, car ie né me considere pas à cette heure que ie suis engagé dans les avenues de la vieillesse, ayant pieça franchy les quarante ans:

> Minutatim vires et robur adultum
> Frangit, et in partem peiorem liquitur ætas : (2)

ce que ie seray doresnavant, ce ne sera plus qu'un demy estre, ce ne sera plus moy; ie m'eschappe touts les iours, et me desrobbe à moy.

> Singula de nobis anni prædantur euntes. (3)

D'addresse et de disposition, ie n'en ai point eu; et si suis fils d'un pere tresdispos, et d'une alaigresse qui luy dura iusques à son extreme vieillesse. Il ne trouva gueres homme de sa condition qui s'egualast à luy en tout exercice de corps : comme ie n'en ai trouvé gueres aulcun qui ne me surmontast; sauf au courir, en quoy i'estois des mediocres. De la musique, ny pour la voix, que i'y ay tresinepte, ny pour les instruments, on ne m'y a iamais sceu rien apprendre. A la danse, à la paulme, à la luicte, ie n'y ay peu acquerir qu'une bien fort legiere et

---

(1) Aussi ai-je l'estomac et les cuisses toutes velues. *Martial.* epigr. 36, l. 2, v. 5.

(2) Peu à peu l'âge détruit les forces, dissipe la vigueur de la jeunesse, et se perd dans la vieillesse. *Lucret.* l. 2, v. 1130, et seq.

(3) A mesure que les années se multiplient, elles nous enlevent nos avantages l'un après l'autre. *Horat.* epist. 2, l. 2, v. 55.

vulgaire suffisance ; à nager, à escrimer, à voltiger et à saulter, nulle du tout. Les mains, ie les ay si gourdes, que ie ne sçais pas escrire seulement pour moy; de façon que, ce que i'ay barbouillé, i'aime mieulx le refaire que de me donner la peine de le demesler: et ne lis gueres mieulx; ie me sens poiser aux escoutants : aultrement bon clerc. Ie ne sçais pas clorre à droict une lettre, ny ne sceus iamais tailler plume, ny trencher à table, qui vaille, ny equipper un cheval de son harnois, ny porter à poing (a) un oyseau et le lascher, ny parler aux chiens, aux oyseaux, aux chevaulx. Mes conditions corporelles sont, en somme, tresbien accordantes à celles de l'ame : il n'y a rien d'alaigre; il y a seulement une vigueur pleine et ferme : ie dure bien à la peine; mais i'y dure, si ie m'y porte moy mesme, et autant que mon desir m'y conduict,

Molliter austerum studio fallente laborem : (1)

aultrement, si ie n'y suis alleiché par quelque plaisir, et si i'ay aultre guide que ma pure et libre volonté, ie n'y vauls rien ; car i'en suis là, que, sauf la santé et la vie, il n'est chose pour quoy ie veuille ronger mes ongles, et que ie veuille acheter au prix du torment d'esprit et de la contraincte:

tanti mihi non sit opaci
Omnis arena Tagi, quodque in mare volvitur aurum. (2)

Extremement oysif, extremement libre, et par nature et

(a) Montaigne a écrit *point*, mais il est clair qu'il faut *poing*. Son orthographe est, en général, peu exacte, et sur-tout peu uniforme; le même mot est souvent diversement orthographié dans la même page. N.

(1) La plus grande fatigue étant aisément adoucie par le plaisir qui l'accompagne. *Horat.* sat. 2, l. 2, v. 12.

(2) Non, je ne voudrois point à ce prix-là tout le sable du Tage, avec l'or qu'il roule dans la mer. *Juvenal.* sat. 3, v. 54, 55.

par art, ie (a) presterois aussi volontiers mon sang que mon soing. I'ay une ame toute sienne, accoustumee à se conduire à sa mode : n'ayant eu iusques à cette heure ny commandant ny maistre forcé, i'ay marché aussi avant, et le pas, qu'il m'a pleu; cela m'a amolli et rendu inutile au service d'aultruy, et ne m'a faict bon qu'à moy. Et, pour moy, il n'a esté besoing de forcer ce naturel poisant, paresseux et faineant; car, m'estant trouvé en tel degré de fortune, dez ma naissance, que i'ay eu occasion de m'y (b) arrester, et en tel degré de sens, que i'ay senti en avoir occasion, ie n'ay rien cherché, et n'ay aussi rien prins:

> Non agimur tumidis velis Aquilone secundo,
> Non tamen adversis ætatem ducimus Austris;
> Viribus, ingenio, specie, virtute, loco, re,
> Extremi primorum, extremis usque priores : (1)

ie n'ay eu besoing que de la suffisance de me contenter; qui est pourtant un reglement d'ame, à le bien prendre, egualement difficile en toute sorte de condition, et que, par usage, nous veoyons se trouver plus facilement encores en la necessité qu'en l'abondance; d'autant, à l'ad-

---

(a) Montaigne avoit d'abord écrit, « ie ne treuve rien cherement acheté que ce qui me couste du soing ». Mais il a préféré la leçon du texte, et a rayé la premiere, que je mets ici en note. N.

(b) L'édition de 1595, ajoute ici après le mot *arrester*, et entre deux parentheses : (une occasion pourtant que mille aultres de ma cognoissance eussent prinse pour planche plustost à se passer à la queste, à l'agitation et inquietude). N.

(1) Je n'ai pas tout à-fait le vent en poupe, cependant il ne m'est point contraire; et, à l'égard de l'esprit, de la force, du mérite, de la bonne grace, de la naissance et des biens, je suis des derniers de la premiere classe, et des premiers de la derniere. *Horat.* epist. 2, l. 2, v. 201, et seqq.

venture, que, selon le cours de nos aultres passions, la faim des richesses est plus aiguisee par leur usage que par leur disette, et la vertu de la moderation, plus rare que celle de la patience : et n'ay eu besoing que de iouïr doulcement des biens que Dieu par sa liberalité m'avoit mis entre mains. Ie n'ay gousté aulcune sorte de travail ennuyeux : ie n'ay eu gueres en maniement que mes affaires; ou, si i'en ay eu, ce a esté en condition de les manier à mon heure et à ma façon, commis par gents qui s'en fioient à moy, et qui ne me pressoient pas, et me cognoissoient ; car encores tirent les experts quelque service d'un cheval restif et poulsif. Mon enfance mesme a esté conduicte d'une façon molle et libre, et exempte de subiection rigoureuse. Tout cela m'a formé une complexion delicate et incapable de solicitude ; iusques là, que i'aime qu'on me cache mes pertes et les desordres qui me touchent. Au chapitre de mes mises, ie loge ce que ma nonchalance me couste à nourrir et entretenir ;

Hæc nempe supersunt,
Quæ dominum fallunt, quæ prosunt furibus; (1)

i'aime à ne savoir pas le compte de ce que i'ay, pour sentir moins exactement ma perte : ie prie ceulx qui vivent avecques moy, où l'affection leur manque et les bons effects, de me piper et payer de bonnes apparences. A faulte d'avoir assez de fermeté pour souffrir l'importunité des accidents contraires ausquels nous sommes subiects, et pour ne me pouvoir tenir tendu à regler et ordonner les affaires, ie nourris, autant que ie puis, en moy cett' opinion, m'abandonnant du tout à la fortune, « De prendre toutes choses au pis; et ce pis là, me resoul-

---

(1) Surplus qui échappe aux yeux du maître, et dont les voleurs s'accommodent. *Horat.* epist. 6, l. 1, v. 45, et seq. Ici Montaigne détourne les paroles d'Horace de leur vrai sens, pour les adapter à sa pensée. C.

dre à le porter doulcement et patiemment » : c'est à cela seul que ie travaille, et le but auquel i'achemine touts mes discours. A un dangier, ie ne songe pas tant comment i'en eschapperay, que combien peu il importe que i'en eschappe : quand i'y demeurerois, que seroit ce? Ne pouvant regler les evenements, ie me regle moy mesme; et m'applique à eulx, s'ils ne s'appliquent à moy. Ie n'ay gueres d'art pour sçavoir gauchir la fortune et luy eschapper ou la forcer, et pour dresser et conduire par prudence les choses à mon poinct : i'ay encores moins de tolerance pour supporter le soing aspre et penible qu'il fault à cela; et la plus penible assiette pour moy, c'est estre suspens ez choses qui pressent, et agité entre la crainte et l'esperance. Le deliberer, voire ez choses plus legieres, m'importune; et sens mon esprit plus empesché à souffrir le bransle et les secousses diverses du doubte et de la consultation, qu'à se rasseoir et resouldre à quelque party que ce soit, aprez que la chance est livree. Peu de passions m'ont troublé le sommeil; mais, des deliberations, la moindre me le trouble. Tout ainsi que des chemins i'en evite volontiers les costez pendants et glissants, et me iecte dans le battu, le plus boueux et enfondrant, d'où ie ne puisse aller plus bas; et y cherche seureté : aussi i'aime les malheurs touts purs, qui ne m'exercent et tracassent plus aprez l'incertitude de leur rabillage, et qui du premier sault me poulsent droictement en la souffrance :

Dubia plus torquent mala. (1)

Aux evenements, ie me porte virilement; en la conduicte, puerilement : l'horreur de la cheute me donne plus de fiebvre que le coup. Le ieu ne vault pas la chandelle : l'avaricieux a plus mauvais compte de sa passion,

---

(1) Ce sont les maux incertains qui me tourmentent le plus. *Senec.* Agamemn. act. 3, sc. 1, v. 29.

que n'a le pauvre; et le ialoux, que le cocu; et y a moins de mal souvent à perdre sa vigne, qu'à la plaider. La plus basse marche est la plus ferme : c'est le siege de la constance; vous n'y avez besoing que de vous ; elle se fonde là et appuye toute en soy. Cet exemple d'un gentilhomme que plusieurs ont cogneu, a il pas quelque air philosophique? Il se maria bien avant en l'aage, ayant passé en bon compaignon sa ieunesse, grand diseur, grand gaudisseur. Se souvenant combien la matiere de cornardise luy avoit donné de quoy parler et se mocquer des aultres; pour se mettre à couvert, il espousa une femme qu'il print au lieu où chascun en treuve pour son argent, et dressa avecques elle ses alliances; « Bon iour, putain »; « Bon iour, cocu »; et n'est chose de quoy plus souvent et ouvertement il entretinst chez luy lès survenants que de ce sien desseing : par où il bridoit les occultes cacquets des mocqueurs, et esmousseoit la poincte de ce reproche.

Quant à l'ambition, qui est voisine de la presumption, ou fille plustost, il eust fallu, pour m'advancer, que la fortune me feust venue querir par le poing; car, de me mettre en peine pour un' esperance incertaine, et me soubmettre à toutes les difficultez qui accompaignent ceulx qui cherchent à se poulser en credit sur le commencement de leur progrez, ie ne l'eusse sceu faire :

spem pretio non emo : (1)

ie m'attache à ce que ie veois et que ie tiens, et ne m'esloingne gueres du port;

Alter remus aquas, alter tibi radat arenas : (2)

et puis, on arrive peu à ces advancements, qu'en hazar-

---

(1) Je n'achete pas l'esperance à beaux deniers comptants. *Terent.* Adelph. act. 2, sc. 3, v. 11.

(2) Suivant ce conseil de *Properce*, eleg. 3, l. 3, v. 23 :
Touche l'eau d'une rame, et de l'autre le sable.

dant premierement le sien ; et ie suis d'advis que si ce qu'on a suffit à maintenir la condition en laquelle on est nay et dressé, c'est folie d'en lascher la prinse sur l'incertitude de l'augmenter. Celuy à qui la fortune refuse de quoy planter son pied, et establir un estre tranquille et reposé, il est pardonnable s'il iecte au hazard ce qu'il a, puis qu'ainsi comme ainsi la nécessité l'envoye à la queste :

> Capienda rebus in malis præceps via est : (1)

et i'excuse plustost un cadet de mettre sa legitime au vent, que celui à qui l'honneur de la maison est en charge, qu'on ne peult point veoir necessiteux qu'à sa faulte. I'ay bien trouvé le chemin plus court et plus aysé, avecques le conseil de mes bons amis du temps passé, de me desfaire de ce desir, et de me tenir coy ;

> Cui sit conditio dulcis, sine pulvere palmæ : (2)

iugeant aussi bien sainement de mes forces, qu'elles n'estoient pas capables de grandes choses ; et me souvenant de ce mot du feu chancelier Olivier, « que les François semblent des guenons, qui vont grimpant contremont un arbre, de branche en branche, et ne cessent d'aller, iusques à ce qu'elles sont arrivees à la plus haulte branche ; et y montrent le cul quand elles y sont :

> Turpe est quod nequeas capiti committere pondus,
> Et pressum inflexo mox dare terga genu. (3)

---

(1) Dans le malheur, les résolutions les plus hardies sont les meilleures. *Senec.* Agamemn. act. 2, v. 47.

(2) Goûtant, sans rien risquer, une douce victoire.
Horat. epist. 1, l. 1, v. 51.

(3) Il est honteux de se charger la tête d'un fardeau qu'on ne sauroit porter, et de plier aussitôt le genou pour le mettre bas et prendre la fuite. *Propert.* eleg. 9, l. 3, v. 5, 6.

Les qualitez mesmes qui sont en moy non reprochables, ie les trouvois inutiles en ce siecle : la facilité de mes mœurs, on l'eust nommee laschetè et foiblesse; la foy et la conscience s'y feussent trouvees scrupuleuses et superstitieuses; la franchise et la liberté, importune, inconsideree et temeraire. A quelque chose sert le malheur: il faict bon naistre en un siecle fort depravé; car, par comparaison d'aultruy, vous estes estimé vertueux, à bon marché : qui n'est que parricide en nos iours et sacrilege, il est homme de bien et d'honneur :

> Nunc, si depositum non inficiatur amicus,
> Si reddat veterem cum totâ ærugine follem;
> Prodigiosa fides, et thuscis digna libellis,
> Quæque coronatâ lustrari debeat agnâ : (1)

et ne feut iamais temps et lieu où il y eust pour les princes loyer plus certain et plus grand proposé à la bonté et à la iustice. Le premier qui s'advisera de se poulser en faveur et en credit par cette voye là, ie suis bien deceu si, à bon compte il ne devance ses compaignons : la force, la violence peuvent quelque chose, mais non pas tousiours tout. Les marchands, les iuges de village, les artisans, nous les voyons aller à pair de vaillance et science militaire avecques la noblesse ; ils rendent des combats honorables et publicques et privez, ils battent, ils deffendent villes en nos guerres presentes : un prince estouffe sa recommandation emmy cette presse : Qu'il reluise d'humanité, de verité, de loyauté, de temperance, et surtout de iustice; marques rares, incogneues et exilees :

---

(1) A présent si votre ami ne vous nie point le dépôt que vous lui aviez confié, et qu'il vous restitue votre bourse et votre argent, cette bonne foi passe pour une espece de prodige dont il faut conserver la mémoire dans les livres sacrés de nos pontifes, et qui doit être purifié par le sacrifice d'une brebis. *Juvenal*, sat. 13, v. 60, et seqq.

c'est la seule volonté des peuples dequoy il peult faire ses affaires; et nulles aultres qualitez ne peuvent tant flatter leur volonté comme celles là, leur estants bien plus utiles que les aultres : Nihil est tam populare quàm bonitas (1). Par cette proportion ie me feusse trouvé grand et rare ; comme ie me treuve pygmee et populaire, à la proportion d'aulcuns siecles passez, ausquels il estoit vulgaire, si d'aultres plus fortes qualitez n'y concurroient, de veoir un homme moderé en ses vengeances, mol au ressentiment des offenses, religieux en l'observance de sa parole, ny double, ny souppleny accommodant sa foy à la volonté d'aultruy et aux occasions(a): plustost lairrois ie rompre le col aux affaires, que (b) de tordre ma foy pour leur service. Car quant à cette nouvelle vertu de feinctise et dissimulation qui est à cette heure si fort en credit, ie la hais capitalement; et de touts les vices, ie n'en treuve aulcun qui tesmoigne tant de lascheté et bassesse de cœur. C'est une humeur couarde et servile de s'aller desguiser et cacher soubs un masque, et de n'oser se faire veoir tel qu'on est : par là nos hommes se dressent à la perfidie ; estants duicts à produire des paroles faulses, ils ne font pas conscience d'y manquer. Un cœur genereux ne doibt point desmentir ses pensees; il se veult faire veoir iusques au dedans, où tout y est bon, ou au moins, tout y est humain. Aristote estime office de magnanimité, haïr et aimer à descouvert; iuger, parler avecques toute franchise, et, au prix de la verité, ne faire cas de l'approbation ou reprobation d'aultruy. Apollonius disoit que « c'estoit aux serfs de mentir,

---

(1) Rien n'est si populaire que la bonté. *Cic.* pro Ligario, c. 12.

(a) Ici Montaigne a voulu se caractériser lui-même, quoiqu'il ne le fasse pas d'une maniere si directe et si distincte que dans l'édition in-4° de 1588, p. 277. C.

(b) De plier, *Edit. in-fol.* de 1595 ; mais effacé par Montaigne dans l'exemplaire qu'il a corrigé.

et aux libres de dire verité » : c'est la premiere et fondamentale partie de la vertu ; il la fault aimer pour elle mesme. Celuy qui dict vray, parce qu'il y est d'ailleurs obligé, et parce qu'il sert, et qui ne craint point à dire mensonge, quand il n'importe à personne, il n'est pas veritable suffisamment. Mon ame, de sa complexion, refuyt la menterie, et hait mesme à la penser : j'ai une interne vergongne et un remords picquant, si parfois elle m'eschappe ; comme parfois elle m'eschappe, les occasions me surprenant et agitant impremeditement. Il ne fault pas tousiours dire tout ; car ce seroit sottise : mais ce qu'on dict, il fault qu'il soit tel qu'on le pense ; aultrement, c'est meschanceté. Ie ne sçais quelle commodité ils attendent de se feindre et contrefaire sans cesse, si ce n'est, de n'en estre pas creus lors mesme qu'ils disent verité ; cela peult tromper une fois ou deux les hommes : mais de faire profession de se tenir couvert, et se vanter, comme ont faict aulcuns de nos princes, Que « ils iecteroient leur chemise au feu, si elle estoit participante de leurs vrayes intentions », qui est un mot de l'ancien Metellus Macedonicus (a), et Que « qui ne sçait se feindre, ne sçait pas regner (b) », c'est tenir advertis ceulx qui ont à les practiquer, que ce n'est que piperie et mensonge qu'ils disent ; *quo quis versutior et callidior est, hoc invisior et suspectior, detractâ opinione probitatis* (1) : ce seroit une grande simplesse à qui se lairroit amuser ny au visage ny aux paroles de celuy qui faict estat d'estre tousiours aultre au dehors qu'il n'est au dedans, comme faisoit Tibere. Et ne sçais quelle part telles gents peuvent avoir au commerce des hommes, ne produisants

---

(a) *Aurelius Victor*, de Vir. illustr. c. 61.
(b) Maxime favorite de Louis XI.
(1) Plus un homme est fin et adroit, plus il est odieux et suspect, dès qu'il vient à perdre la réputation d'homme de bien. *Cic.* de offic. l. 2, c. 9.

rien qui soit receu pour comptant : qui est desloyal envers la verité, l'est aussi envers le mensonge. Ceulx qui, de nostre temps, ont consideré en l'establissement du debvoir d'un prince le bien de ses affaires seulement, et l'ont preferé au soing de sa foy et conscience, diroient quelque chose à un prince de qui la fortune auroit rengé à tel poinct les affaires, que pour tout iamais il les peust establir par un seul manquement et faulte à sa parole : mais il n'en va pas ainsin ; on recheoit souvent en pareil marché; on faict plus d'une paix, plus d'un traicté en sa vie. Le gaing qui les convie à la premiere desloyauté, et quasi tousiours il s'en presente, comme à toutes aultres meschancetez; les sacrileges, les meurtres, les rebellions, les trahisons, s'entreprennent pour quelque espece de fruict : mais ce premier gaing apporte infinis dommages suyvants, iectant ce prince hors de tout commerce et de tout moyen de negociation, par l'exemple de cette infidelité. Soliman, de la race des ottomans, race peu soigneuse de l'observance des promesses et paches, lorsque, de mon enfance, il feit descendre son armee à Otrante, ayant sceu que Mercurin de Gratinare et les habitans de Castro estoient detenus prisonniers aprez avoir rendu la place, contre ce qui avoit esté capitulé [par ses gents] avecques eulx, manda qu'on les relaschast, et qu'ayant en main d'aultres grandes entreprinses en cette contree là, cette desloyauté, quoyqu'elle eust quelque apparence d'utilité presente, luy apporteroit pour l'advenir un descri et une desfiance d'infini preiudice. Or, de moy, i'aime mieulx estre importun et indiscret, que flatteur et dissimulé. l'advoue qu'il se peult mesler quelque poincte de fierté et d'opiniastreté, à se tenir ainsin entier et descouvert comme ie suis, sans consideration d'aultruy; et me semble que ie deviens un peu plus libre où il le fauldroit moins estre, et que ie m'eschauffe par l'opposition du respect : il peult estre aussi que ie me laisse aller aprez ma nature, à faulte d'art.

Presentant aux grands cette mesme licence de langue et de contenance que i'apporte de ma maison, ie sens combien elle decline vers l'indiscretion et incivilité : mais, oultre ce que ie suis ainsi faict, ie n'ay pas l'esprit assez soupple pour gauchir à une prompte demande, et pour en eschapper par quelque destour, ny pour feindre une verité, ny assez de memoire pour la retenir ainsi feincte, ny certes assez d'asseurance pour la maintenir, et fois le brave par foiblesse ; parquoy ie m'abandonne à la naïfveté, et à tousiours dire ce que ie pense, et par complexion et par desseing, laissant à la fortune d'en conduire l'evenement. Aristippus disoit, « le principal fruict qu'il eust tiré de la philosophie estre Qu'il parloit librement et ouvertement à chascun. »

C'est un util de merveilleux service que la memoire, et sans lequel le iugement faict bien à peine son office ; elle me manque du tout. Ce qu'on me veult proposer, il fault que ce soit à parcelles ; car de respondre à un propos où il y eust plusieurs divers chefs, il n'est pas en ma puissance : Ie ne sçaurois recevoir une charge, sans tablettes : Et, quand i'ay un propos de consequence à tenir, s'il est de longue haleine, ie suis reduict à cette vile et miserable necessité d'apprendre par cœur, mot à mot, ce que i'ay à dire ; aultrement ie n'aurois ny façon ny asseurance, estant en crainte que ma memoire veinst à me faire un mauvais tour : mais ce moyen m'est non moins difficile ; pour apprendre trois vers, il me fault trois heures ; et puis, en un mien ouvrage, la liberté et auctorité de remuer l'ordre, de changer un mot, variant sans cesse la matiere, la rend plus malaysee (a) à concevoir. Or, plus ie m'en desfie, plus elle se trouble ; elle me sert mieulx par rencontre : il fault que ie la solicite nonchalamment ; car si ie la presse, elle s'estonne ; et depuis qu'elle a com-

---

(a) à arrester en la mémoire de son aucteur. *Edit.* de 1595. N.

mencé à chanceler, plus ie la sonde, plus elle s'empestre et embarrassé : elle me sert à son heure, non pas à la mienne.

Cecy que ie sens en la memoire, ie le sens en plusieurs aultres parties : ie fuys le commandement, l'obligation et la contraincte ; ce que ie foys ayseement et naturellement, si ie m'ordonne de le faire par une expresse et prescripte ordonnance, ie ne sçais plus le faire. Au corps mesme, les membres qui ont quelque liberté et iurisdiction plus particuliere sur eulx, me refusent parfois leur obeissance, quand ie les destine et attache à certain poinct et heure de service necessaire : cette preordonnance contraincte et tyrannique les rebute ; ils se croupissent d'effroy ou de despit, et se transissent. Aultresfois estant en lieu où c'est discourtoisie barbaresque de ne respondre à ceulx qui vous convient à boire, quoy qu'on m'y traictast avec toute liberté, i'essayai de faire le bon compaignon en faveur des dames qui estoyent de la partie, selon l'usage du pays : mais il y eut du plaisir ; car cette menace et preparation d'avoir à m'efforcer oultre ma coustume et mon naturel, m'estoupa de maniere le gosier; que ie ne sceus avaller une seule goutte, et feus privé de boire pour le besoing mesme de mon repas ; ie me trouvay saoul et desalteré par tant de bruvage que mon imagination avoit preoccupé. Cet effect est plus apparent en ceulx qui ont l'imagination plus vehemente et puissante ; mais il est pourtant naturel, et n'est aulcun qui ne s'en ressente aulcunement : On offroit à un excellent archer, condamné à la mort, de luy sauver la vie s'il vouloit faire veoir quelque notable preuve de son art : il refusa de s'en essayer, craignant que la trop grande contention de sa volonté luy feist fourvoyer la main, et qu'au lieu de sauver sa vie, il perdist encores la reputation qu'il avoit acquise au tirer de l'arc : Un homme qui pense ailleurs, ne fauldra point, à un poulce prez, de refaire tousiours un mesme nombre et mesure de pas au lieu où il se promene; mais s'il y est avecques attention de les mesurer et compter, il trouvera que ce qu'il faisoit par nature et par hazard, il ne le fera pas si exactement par desseing.

Ma librairie, qui est des belles entre les librairies de village, est assise à un coing de ma maison : s'il me tumbe en fantasie chose que i'y vueille aller chercher ou escrire, de peur qu'elle ne m'eschappe en traversant seulement ma cour, il fault que ie la donne en garde à quelqu'aultre. Si ie m'enhardis, en parlant, à me destourner tant soit peu de mon fil, ie ne fauls iamais de le perdre : qui faict que ie me tiens, en mes discours, contrainct, sec et resserré. Les gents qui me servent, il fault que ie les appelle par le nom de leurs charges ou de leur pays, car il m'est tresmalaysé de retenir des noms ; ie diray bien qu'il a trois syllabes, que le son en est rude, qu'il commence ou termine par telle lettre : et si ie durois à vivre longtemps, ie ne crois pas que ie n'oubliasse mon nom propre, comme ont faict d'aultres. Messala Corvinus (a) feut deux ans n'ayant trace aulcune de memoire, ce qu'on dict aussi de George Trapezonce. Et pour mon interest, ie rumine souvent quelle vie c'estoit que la leur, et si, sans cette piece, il me restera assez pour me soubtenir avecques quelque aysance; et y regardant de prez, ie crains que ce default, s'il est parfaict, perde toutes les functions de l'ame:

Plenus rimarum sum, hàc atque illàc perfluo. (1)

Il m'est advenu plus d'une fois d'oublier le mot du guet, que i'avois donné, ou receu d'un aultre, trois heures au-

---

(a) Pline dit absolument que Messala Corvinus oublia son nom. *Hist. nat.* l. 7, c. 24. C.

(1) Je suis comme un vase felé, je ne puis rien retenir. *Terent.* in Eunuch. act. 1, sc. 2, v. 25.

payant; et d'oublier où i'avois caché ma bourse, quoy qu'en die Cicero (a) : ie m'ayde à perdre ce que ie serre particulierement. Memoria certè non modò philosophiam, sed omnis vitæ usum, omnesque artes, unà maximè continet (1). C'est le receptacle et l'estuy de la science que la memoire : l'ayant si defaillante, ie n'ay pas fort à me plaindre si ie ne sçais gueres. Ie sçais en general le nom des arts, et ce de quoy ils traictent; mais rien au delà. Ie feuillete les livres; ie ne les estudie pas : ce qui m'en demeure, c'est chose que ie ne recognois plus estre d'aultruy, c'est cela seulement de quoy mon iugement a faict son proufit, les discours et les imaginations de quoy il s'est imbu; l'aucteur, le lieu, les mots et aultres circonstances, ie les oublie incontinent : et suis si excellent en l'oubliance, que mes escripts mesmes et compositions, ie ne les oublie pas moins que le reste; on m'allegue touts les coups à moy mesme, sans que ie le sente. Qui vouldroit sçavoir d'où sont les vers et exemples que i'ay icy entassez, me mettroit en peine de le luy dire : et si ne les ay mendiez qu'ez portes cogneues et fameuses; ne me contentant pas qu'ils feussent riches, s'ils ne venoient encores de main riche et honorable : l'auctorité y concurre quand et la raison. Ce n'est pas grand' merveille si mon livre suyt la fortune des aultres livres, et si ma memoire desempare ce que i'escris, comme ce que ie lis, et ce que ie donne, comme ce que ie receois. Oultre le default de la memoire, i'en ay d'aultres qui aydent beaucoup à mon ignorance : I'ay l'esprit tardif et mousse, le

---

(a) *De Senectute*, c. 7. Nec verò quemquam senum audivi oblitum quo loco thesaurum obruisset.

(1) Certainement la mémoire renferme, non seulement la philosophie, mais particulièrement aussi les arts, et tout ce qui appartient à l'usage de la vie. *Cicero*, Academicarum Quæstionum libro 4, c. 7.

moindre nuage luy arreste sa poincte, en façon que (pour exemple) ie ne luy proposay iamais enigme si aysé, qu'il sceust desvelopper; il n'est si vaine snbtilité qui ne m'empesche; aux ieux où l'esprit a sa part, des echecs, des chartes, des dames et aultres; ie n'y comprends que les plus grossiers traicts : L'apprehension, ie l'ay lente et embrouillee; mais ce qu'elle tient une fois, elle le tient bien, et l'embrasse bien universellement, estroictement et profondement, pour le temps qu'elle le tient : I'ay la veue longue, saine et entiere; mais qui se lasse aiseement au travail, et se charge; à cette occasion ie ne puis avoir long commerce avecques les livres, que par le moyen du service d'aultruy. Le jeune Pline instruira ceulx qui ne l'ont essayé combien ce retardement est important à ceulx qui s'adonnent à cette occupation (a). Il n'est point ame si chestifve et brutale, en laquelle on ne veoye reluire quelque faculté particuliere; il n'y en a point de si ensepvelie, qui ne face une saillie par quelque bout : et comment il advienne qu'une ame, aveugle et endormie à toutes aultres choses, se treuve vifve, claire et excellente à certain particulier effect, il s'en fault enquerir aux maistres. Mais les belles ames, ce sont les ames universelles, ouvertes et prestes à tout; si non instruictes, au moins instruisables : ce que ie dis pour accuser la

---

(a) Montaigne a ici en vue l'épître cinquième de Pline, l. 3, où cet illustre romain, rendant compte à un de ses amis de la maniere dont le vieux Pline son oncle employoit son temps à l'étude, remarque entre autres choses, « Qu'un jour un de ses amis, qui « assistoit avec son oncle à la lecture d'un livre, ayant arrêté le « lecteur pour l'obliger à répéter quelques mots qu'il avoit mal « prononcés, son oncle lui dit sur cela, N'aviez-vous pas bien «compris la chose? Sans doute, répondit son ami. Et pourquoi « donc, reprit-il, l'avez-vous empêché de continuer; voilà plus « de dix lignes que nous avons perdues par votre interruption. « Tant il étoit bon ménager du temps. » C.

mienne; car, soit par foiblesse ou nonchalance (et de mettre à nonchaloir ce qui est à nos pieds, ce que nous avons entre mains, ce qui regarde de plus prez l'usage de la vie, c'est chose bien esloingnee de mon dogme), il n'en est point une si inepte et si ignorante que la mienne de plusieurs telles choses vulgaires et qui ne se peuvent sans honte ignorer. Il fault que i'en conte quelques exemples. Ie suis nay et nourry aux champs et parmy le labourage; i'ay des affaires et du mesnage en main, depuis que ceulx qui me devanceoient en la possession des biens que ie iouys m'ont quitté leur place : or ie ne sçais compter ny à iect ny à plume ; la pluspart de nos monnoyes, ie ne les cognois pas ; ny ne sçais la difference de l'un grain à l'aultre, ny en la terre, ny au grenier, si elle n'est par trop apparente ; ny à peine celle d'entre les choux et les laictues de mon iardin : ie n'entends pas seulement les noms des premiers utils du mesnage, ny les plus grossiers principes de l'agriculture et que les enfants sçavent ; moins aux arts mechaniques, en la traficque, et en la cognoissance des marchandises, diversité et nature des fruicts, de vins, de viandes, ny à dresser un oyseau, ny à medeciner un cheval ou un chien ; et, puisqu'il me fault faire la honte toute entiere, il n'y a pas un mois qu'on me surprint ignorant de quoy Le levain servoit à faire du pain, et que c'estoit que Faire cuver du vin. On coniectura anciennement à Athenes une aptitude à la mathematique, en celuy à qui on voyoit ingenieusement adgencer et fagotter une charge de brossailles : vrayement on tireroit de moy une bien contraire conclusion ; car qu'on me donne tout l'apprest d'une cuisine, me voylà à la faim. Par ces traicts de ma confession, on en peult imaginer d'aultres à mes despens. Mais quel que ie me face cognoistre, pourveu que ie me face cognoistre tel que ie suis, ie foys mon effect ; et si ne m'excuse pas d'oser mettre par escript des propos si bas et frivoles que ceulx cy, la bassesse du subiet m'y contrainct; qu'on accuse si on veult mon proiect, mais mon progrez, non: tant y a que, sans l'advertissement d'aultruy, ie veois assez le peu que tout cecy vault et poise, et la folie de mon desseing; c'est prou que mon iugement ne se desferre point, duquel ce sont icy les essais.

> Nasutus sis usque licet, sis denique nasus,
> Quantum noluerit ferre rogatus Atlas,
> Et possis ipsum tu deridere Latinum,
> Non potes in nugas dicere plura meas
> Ipse ego quàm dixi: quid dentem dente invabit
> Rodere? carne opus est, si satur esse velis.
> Ne perdas operam: qui se mirantur, in illos
> Virus habe; nos hæc novimus esse nihil. (1)

Ie ne suis pas obligé à ne dire point de sottises, pourveu que ie ne me trompe pas à les cognoistre: et de faillir à mon escient, cela m'est si ordinaire, que ie ne faulx gueres d'aultre façon; ie ne faulx (a) iamais fortuitement. C'est peu de chose de prester à la temerité de mes humeurs les actions ineptes, puisque ie ne me

___

(1) Soyez le meilleur critique du monde, confondez par vos plaisanteries Latinus lui-même, ce fin railleur, vous ne sauriez jamais dire pis de mes rêveries que ce que j'en ai dit moi-même. A quoi bon vous tourmenter pour y trouver de quoi mordre? exercez votre talent sur quelque chose de plus solide. Pour ne pas perdre votre peine, répandez votre venin sur ceux qui s'admirent eux-mêmes; car pour moi je sais que tout ceci n'est rien. *Martial.* epigr. 2, l. 13.

J'ai eu soin d'exprimer le sens de cette épigramme sans m'attacher scrupuleusement aux paroles, qui, à mon avis, servent plutôt à la défigurer qu'à l'orner, tant elles sont recherchées, et peu naturelles. La naïveté des pensées, et cette aimable simplicité d'expression, qui rendent Catulle si charmant, sont des beautés qu'on trouve rarement dans Martial. C.

(a) Gueres. *Edit.* de 1595, mais effacé par Montaigne, dans l'exemplaire qu'il a corrigé.

puis pas deffendre d'y prester ordinairement les vicieuses. Ie veis un iour, à Barleduc, qu'on presentoit au roy François second, pour la recommandation de la memoire de René roy de Sicile, un pourtraict qu'il avoit luy mesme faict de soy : Pourquoi n'est il loisible de mesme à un chascun de se peindre de la plume, comme il se peignoit d'un creon? Ie ne veulx doncques pas oublier encores cette cicatrice, bien mal propre à produire en public ; c'est l'irresolution : default tresincommode à la negociation des affaires du monde. Ie ne sçais pas prendre party ez entreprinses doubteuses :

> Ne si, ne no, nel cor mi suona intero : (1)

ie sçais bien soubtenir une opinion, mais non pas la choisir. Parce qu'ez choses humaines, à quelque bande qu'on penche, il se presente force apparences qui nous y confirment (et le philosophe Chrysippus disoit qu'il ne vouloit apprendre, de Zenon et Cleanthes ses maistres, que les dogmes simplement, car quant aux preuves et raisons, qu'il en fourniroit assez de luy mesme), de quelque costé que ie me tourne, ie me fournis tousiours assez de cause et de vraysemblance pour m'y maintenir : ainsi i'arreste chez moy le doubte et la liberté de choisir, iusques à ce que l'occasion me presse ; et lors, à confesser la verité, ie iecte le plus souvent la plume au vent, comme on dict, et m'abandonne à la mercy de la fortune, une bien legiere inclination et circonstance m'emporte ;

> Dum in dubio est animus, paulo momento hùc, atque
> Illuc impellitur. (2)

---

(1) Le cœur ne me dit ni oui ni non. *Pétrarque*, dans un sonnet qui commence, « Amor mi manda quel dolce pensero, etc. » p. 208, edit. di Gabriel Giolito, in-12, *in Vinegia*, an. 1557.

(2) Lorsque l'esprit est dans le doute, le moindre poids le dé-

L'incertitude de mon iugement est si egualement balancee en la pluspart des occurrences, que ie compromettrois volontiers à la decision du sort et des dez; et remarque, avecques grande consideration de nostre foiblesse humaine, les exemples que l'histoire divine mesme nous a laissé de cet usage de remettre à la fortune et au hazard la determination des eslections ez choses doubteuses. sors cecidit super Mathiam (1). La raison humaine est un glaive double et dangereux; et en la main mesme de Socratés, son plus intime et plus familier amy, voyez à quant de bouts c'est un baston. Ainsi, ie ne suis propre qu'à suyvre, et me laisse ayseement emporter à la foule : ie ne me fie pas assez en mes forces, pour entreprendre de commander, ny guider ; ie suis bien ayse de trouver mes pas tracez par les aultres. S'il fault courre le hazard d'un chois incertain, i'aime mieulx que ce soit soubs tel qui s'asseure plus de ses opinions, et les espouse plus, que ie ne foys les miennes ausquelles ie treuve le fondement et le plant glissant : et si ne suis pas trop facile [pourtant] au change; d'autant que i'apperceois aux opinions contraires une pareille foiblesse; *ipsa consuetudo assentiendi periculosa esse videtur et lubrica* (2); notamment aux affaires politiques, il y a un beau champ ouvert au bransle et à la contestation;

> *Iusta pari premitur veluti cùm pondere libra*
> *Prona, nec hâc plus parte sedet, nec surgit ab illâ.* (3)

---

termine d'un côté ou de l'autre. *Terent.* Andr. act. 1, sc. 6, v. 32, edit. Dacer. 1717.

(1) Le sort tomba sur Mathias. *Act. apost.* c. 1, v. 26.

(2) Il semble même que la coûtume de prononcer des jugements décisifs est un pas dangereux et glissant. *Cic.* Acad. quæst. l. 4, c. 21.

(3) Comme lorsque les deux bassins d'une balance, chargés d'un poids égal, ne penchent pas plus d'un côté que de l'autre. *Tibull.* l. 4, panegyr. ad Messalam, v. 41, 42.

Les discours de Machiavel, pour exemple, estoient assez solides pour le subiect; si y a il eu grand' aysance à les combattre; et ceulx qui l'ont faict, n'ont pas laissé moins de facilité à combattre les leurs : il s'y trouveroit tousiours, à un tel argument, de quoy y fournir responses, dupliques, repliques, tripliques, quadrupliques, et cette infinie contexture de debats que nostre chicane a alongé tant qu'elle a peu en faveur des procez ;

Cædimur, et totidem plagis consumimus hostem; (1)

les raisons n'y ayant gueres aultre fondement que l'experience, et la diversité des evenements humains nous presentant infinis exemples à toutes sortes de formes. Un sçavant personnage de nostre temps dict qu'en nos almanacs, où ils disent chauld, qui voudra dire froid, et au lieu de sec, humide, et mettre tousiours le rebours de ce qu'ils prognostiquent, s'il debvoit entrer en gageure de l'evenement de l'un ou l'aultre, qu'il ne se soulcieroit pas quel party il prinst; sauf ez choses où il n'y peult escheoir incertitude, comme de promettre à Noël des chaleurs extremes, et à la sainct Iean des rigueurs de l'hiver : l'en pense de mesme de ces discours politiques ; à quelque roolle qu'on vous mette, vous avez aussi beau ieu que vostre compaignon, pourveu que vous ne veniez à chocquer les principes trop grossiers et apparents : et pourtant, selon mon humeur, ez affaires publicques il n'est aulcun si mauvais train, pourveu qu'il aye de l'aage et de la constance, qui ne vaille mieulx que le changement et le remuement. Nos mœurs sont extremement corrompues, et penchent d'une merveilleuse inclination vers l'empirement; de nos loix et usances, il y en a plusieurs barbares et monstrueuses : toutesfois, pour la difficulté de nous mettre en meilleur estat, et le dangier

---

(1) L'ennemi nous donne quelques coups, et nous lui en rendons tout autant. *Horat.* epist. 2, l. 2, v. 97.

de ce croullement, si ie pouvois planter une cheville à nostre roue et l'arrester en ce poinct, ie le ferois de bon cœur :

> Nunquam adeo fœdis, adeoque pudendis
> Utimur exemplis, ut non peiora supersint. (1)

Le pis que ie treuve en nostre estat, c'est l'instabilité ; et que nos loix, non plus que nos vestements, ne peuvent prendre aulcune forme arrestee. Il est bien aysé d'accuser d'imperfection une police, car toutes choses mortelles en sont pleines ; il est bien aysé d'engendrer à un peuple le mespris de ses anciennes observances, iamais homme n'entreprint cela qui n'en veinst à bout : mais d'y restablir un meilleur estat en la place de celuy qu'on a ruyné, à cecy plusieurs se sont morfondus de ceulx qui l'avoient entreprins. Ie foys peu de part à ma prudence de ma conduicte ; ie me laisse volontiers mener à l'ordre publicque du monde. Heureux peuple qui faict ce qu'on commande mieulx que ceulx qui commandent, sans se tormenter des causes ; qui se laisse mollement rouler aprez le roulement celeste ! l'obeïssance n'est iamais pure ny tranquille en celuy qui raisonne et qui plaide.

Somme, pour revenir à moy, ce seul par où ie m'estime quelque chose, c'est ce en quoy iamais homme ne s'estima defaillant. Ma recommandation est vulgaire, commune et populaire ; car qui a iamais cuidé avoir faulte de sens ? ce seroit une proposition qui impliqueroit en soy de la contradiction : c'est une maladie qui n'est iamais où elle se veoid ; elle est bien tenace et forte, mais laquelle pourtant le premier rayon de la veue du patient perce et dissipe, comme le regard du soleil un brouillas opaque : s'accuser, seroit s'excuser en ce subiect

---

(1) Où ne peut citer aucun déréglement si honteux et si infâme, qu'il ne s'en trouve d'autres encore plus odieux. *Juvenal*, sat. 8, v. 183.

là; et se condamner, ce seroit s'absouldre. Il ne feut iamais crocheteur ny femmelette qui ne pensast avoir assez de sens pour sa provision. Nous recognoissons ayseement ez aultres l'advantage du courage, de la force corporelle, de l'experience, de la disposition, de la beauté : mais l'advantage du iugement, nous ne le cedons à personne; et les raisons qui partent du simple discours naturel en aultruy, il nous semble qu'il n'a tenu qu'à regarder de ce costé là, que nous ne les ayons trouvées. La science, le style et telles parties que nous voyons ez ouvrages estrangiers, nous touchons bien ayseement si elles surpassent les nostres : mais les simples productions de l'entendement, chascun pense qu'il estoit en luy de les rencontrer toutes pareilles ; et en apperceoit malayseement le poids et la difficulté, si ce n'est, et à peine, en une extreme et incomparable distance; [et qui verroit bien à clair la haulteur d'un iugement estrangier, il y arriveroit, et y porteroit le sien]. Ainsi, c'est une sorte d'exercitation de laquelle ie doibs esperer fort peu de recommendation et de louange, et une maniere de composition de peu de nom. Et puis, pour qui escrivez vous? Les sçavants, à qui (a) touche la iurisdiction livresque, ne cognoissent aultre prix que de la doctrine, et n'advouent aultre proceder en nos esprits que celuy de l'erudition et de l'art; si vous avez prins l'un des Scipions pour l'aultre, que vous reste il à dire qui vaille? qui ignore Aristote, selon eulx, s'ignore quand et quand soy mesme : Les ames communes et populaires ne veoyent pas la grace et le poids d'un discours haultain et deslié. Or ces deux especes occupent le monde. La tierce, à qui vous tumbez en partage, Des ames reglees et fortes d'elles mesmes, est si rare, que iustement elle n'a ny nom, ny reng entre nous : c'est, à demy, temps perdu d'aspirer et de s'efforcer à luy plaire. On dict communement que le plus iuste

---

(a) Appartient. *Edit. in-fol.* de 1595.

partage que nature nous ayt faict de ces graces, c'est celuy du sens; car il n'est aulcun qui ne se contente de ce qu'elle luy en a distribué : n'est ce pas raison? qui verroit au delà, il verroit au dela de sa veue. Ie pense avoir les opinions bonnes et saines ; mais qui n'en croit autant des siennes ? L'une des meilleures preuves que i'en aye, c'est le peu d'estime que ie foys de moy; car si elles n'eussent esté bien asseurees, elles se fussent aysement laissé piper à l'affection que ie me porte, singuliere, comme celuy qui la ramene quasi toute à moy, et qui ne l'espands gueres hors de là : tout ce que les aultres en distribuent à une infinie multitude d'amis et de cognoissants, à leur gloire, à leur grandeur, ie le rapporte tout au repos de mon esprit et à moy; ce qui m'en eschappe ailleurs, ce n'est pas proprement de l'ordonnance de mon discours :

mihi nempe valere et vivere doctus. (1)

Or mes opinions, ie les treuve infiniment hardies et constantes à condamner mon insuffisance. De vray, c'est aussi un subiect auquel i'exerce mon iugement autant qu'à nul aultre. Le monde regarde tousiours vis à vis : moy, ie replie ma veue au dedans; ie la plante, ie l'amuse là. Chascun regarde devant soy : moy, ie regarde dedans moy; ie n'ay affaire qu'à moy, ie me considere sans cesse, ie me contreroolle, ie me gouste. Les aultres vont tousiours ailleurs, s'ils y pensent bien; ils vont tousiours avant :

nemo in sese tentat descendere : (2)

moy, ie me roule en moy mesme. Cette capacité de trier

---

(1) Car où je vise, c'est à vivre et à me bien porter. *Lucret.* l. 5, v. 959.

(2) Personne ne tâche d'entrer dans la connoissance de soimême. *Perse*, sat. 4, v. 23.

le vray, quelle qu'elle soit en moy, et cett' humeur libre de n'assubiectir ayseement ma creance, ie la doibs principalement à moy; car les plus fermes imaginations que i'aye, et generales, sont celles qui, par maniere de dire, nasquirent avecques moy : elles sont naturelles et toutes miennes. Ie les produisis crues et simples, d'une production hardie et forte, mais un peu trouble et imparfaicte : depuis, ie les ay establies et fortifiees par l'auctorité d'aultruy, et par les sains exemples des anciens ausquels ie me suis rencontré conforme en iugement; ceulx là m'en ont asseuré la prinse, et m'en ont donné la iouïssance et possession plus entiere. La recommendation que chascun cherche De vivacité et promptitude d'esprit ; ie la pretends du reglement: D'une action esclatante et signalee, ou de quelque particuliere suffisance; ie la pretends de l'ordre, correspondance et tranquillité d'opinions et de mœurs : omninò si quidquam est decorum, nihil est profectò magis quàm æquabilitas universæ vitæ, tum singularum actionum; quam conservare non possis, si, aliorum naturam imitans, omittas tuam (1). Voilà doucques iusques où ie me sens coulpable de cette premiere partie que ie disois estre au vice de la presumption. Pour la seconde, qui consiste à N'estimer point assez aultruy, ie ne sçais si ie m'en puis si bien excuser; car, quoy qu'il me couste, ie delibere de dire ce qui en est. A l'adventure que le commerce continuel que i'ay avecques les humeurs anciennes, et l'idee de ces riches ames du temps passé, me desgouste et d'aultruy, et de moy mesme; ou bien qu'à la verité nous vivons en un siecle qui ne produict les choses que bien mediocres : tant y a que ie ne cognois rien digne de grande

---

(1) S'il y a en effet quelque chose de bienséant, rien ne l'est plus qu'une conduite uniforme en général, et à l'égard de chaque action en particulier : uniformité que ne peut maintenir celui qui, s'attachant à imiter les autres hommes, néglige de cultiver son propre génie. *Cic.* de offic. l. 1, c. 31.

admiration. Aussi ne cognois ie gueres d'hommes avecques telle privauté qu'il fault pour en pouvoir iuger; et ceulx ausquels ma condition me mesle plus ordinairement, sont, pour la pluspart, gents qui ont peu de soing de la culture de l'ame, et ausquels on ne propose pour toute beatitude, que l'honneur, et pour toute perfection, que la vaillance. Ce que ie veois de beau en aultruy, ie le loue et l'estime tresvolontiers; voire i'encheris souvent sur ce que i'en pense, et me permets de mentir iusques là, car ie ne sçais point inventer un subiect fauls : ie tesmoigne volontiers de mes amis, par ce que i'y treuve de louable, et d'un pied de valeur i'en foys volontiers un pied et demy; mais de leur prester les qualitez qui n'y sont pas, ie ne puis, ny les deffendre ouvertement des imperfections qu'ils ont : voire à mes ennemis, ie rends nettement ce que ie doibs de tesmoignage d'honneur; mon affection se change, mon iugement non, et ne confonds point ma querelle avecques aultres circonstances qui n'en sont pas : et suis tant ialoux de la liberté de mon iugement, que malaysement la puis ie quitter, pour passion que ce soit; ie me foys plus d'iniure en mentant, que ie n'en foys à celuy de qui ie ments. On remarque cette louable et genereuse coustume de la nation persienne, qu'ils parlent de leurs mortels ennemis, et à qui ils font guerre à oultrance, honorablement et equitablement, autant que porte le merite de leur vertu. Ie cognois des hommes assez qui ont diverses parties belles, qui l'esprit, qui le cœur, qui l'adresse, qui la conscience, qui le langage, qui une science, qui un' aultre; mais de grand homme en general, et ayant tant de belles pieces ensemble, ou une en tel degré d'excellence qu'on s'en doibve estonner ou le comparer à ceulx que nous honorons du temps passé, ma fortune ne m'en a faict veoir nul : et le plus grand que i'aye cogneu au vif, ie dis des parties naturelles de l'ame, et le mieulx nay, c'estoit Estienne de la Boëtie; c'estoit vrayement un' ame pleine,

et qui montroit un beau visage à tout sens (a); un' ame à
la vieille marque, et qui eust produict de grands effects
si sa fortune l'eust voulu; ayant beaucoup adiousté à ce
riche naturel, par science et estude. Mais ie ne sçais comment il advient, et si advient sans doubte, qu'il se treuve
autant de vanité et de foiblesse d'entendement en ceulx
qui font profession d'avoir plus de suffisance, qui se
meslent de vacations lettrees et de charges qui despendent des livres, qu'en nulle aultre sorte de gents; ou bien
parceque on requiert et attend plus d'eulx, et qu'on ne
peult excuser en eulx les faultes communes; ou bien, que
l'opinion du sçavoir leur donne plus de hardiesse de se
produire et de se descouvrir trop avant, par où ils se
perdent et se trahissent. Comme un artisan tesmoigne
bien mieulx sa bestise en une riche matiere qu'il ayt entre
mains, s'il l'accommode et mesle sottement et contre les
regles de son ouvrage, qu'en une matiere vile; et s'offense lon plus du default en une statue d'or qu'en celle
qui est de plastre: ceulx cy en font autant lors qu'ils mettent en avant des choses qui d'elles mesmes, et en leur
lieu, seroient bonnes; car ils s'en servent sans discretion, faisants honneur à leur memoire aux despens de
leur entendement : ils font honneur à Cicero, à Galien, à
Ulpian, et à sainct Hierosme, et eulx se rendent ridicules.

Ie retumbe volontiers sur ce discours de l'ineptie de
nostre institution: elle a eu pour sa fin, de nous faire,
non bons et sages, mais sçavants; elle y est arrivee: elle
ne nous a pas apprins de suyvre et embrasser la vertu et
la prudence, mais elle nous en a imprimé la derivation et
l'etymologie; nous sçavons decliner vertu, si nous ne
sçavons l'aimer; si nous ne sçavons que c'est que prudence par effect et par experience, nous le sçavons par

---

(a) Montaigne ajoutoit ici : *ie lisois sous sa robbe longue une vigur soldatesque.* Mais il a rayé cette addition. N.

iargon et par cœur: de nos voisins, nous ne nous contentons pas d'en sçavoir la race, les parentelles et les alliances, nous les voulons avoir pour amis, et dresser avecques eulx quelque conversation et intelligence; elle nous a apprins les definitions, les divisions et partitions de la vertu, comme des surnoms et branches d'une genealogie, sans avoir aultre soing de dresser entre nous et elle quelque practique de familiarité et privee accointance; elle nous a choisis, pour nostre apprentissage, non les livres qui ont les opinions plus saines et plus vrayes, mais ceulx qui parlent le meilleur grec et latin, et parmi ces beaux mots nous a faict couler en la fantasie les plus vaines humeurs de l'antiquité. Une bonne institution, elle change le iugement et les mœurs: comme il advient à Polemon, ce ieune homme grec desbauché, qui, estant allé ouïr par rencontre une leçon de Xénocrates, ne remarqua pas seulement l'eloquence et la suffisance du lecteur, et n'en rapporta pas seulement en la maison la science de quelque belle matiere, mais un fruict plus apparent et plus solide, qui feut le soubdain changement et amendement de sa premiere vie. Qui a iamais senti un tel effect de nostre discipline?

       faciasne quod olim
Mutatus Polemon? ponas insignia morbi,
Fasciolas, cubital, focalia; potus ut ille
Dicitur ex collo furtim carpsisse coronas,
Postquam est impransi correptus voce magistri? (1)

---

(1) Ferez-vous ce que fit autrefois Polémon, revenu de ses égarements? Vous déferez-vous comme lui de toutes les marques de vos folles passions, de vos ajustements ridicules et extravagants; comme on dit que fit ce jeune homme, qui, encore plein de vin, jeta à la dérobée ses couronnes de fleurs après avoir été censuré par Xénocrate, ce philosophe si tempérant? *Horat.* sat. 3, l. 2, v. 253.

La moins desdaignable condition de gents me semble estre celle qui par simplesse tient le dernier reng, et nous offrir un commerce plus reglé: les mœurs et les propos des païsans, ie les treuve communement plus ordonnez selon la prescription de la vraye philosophie, que ne sont ceulx de nos philosophes: plus sapit vulgus; quia tantùm, quantùm opus est, sapit. (1)

Les plus notables hommes que i'aye iugé par les apparences externes (car pour les iuger à ma mode, il les fauldroit esclairer de plus prez), ce ont esté, pour le faict de la guerre et suffisance militaire, le duc de Guyse qui mourut à Orleans, et le feu mareschal Strozzi; pour gents suffisants et de vertu non commune, Olivier, et l'Hospital, chanceliers de France. Il me semble aussi de la poësie, qu'elle a eu sa vogue en nostre siecle; nous avons abondance de bons artisans de ce mestier là, Aurat (a), Beze, Buchanan, l'Hospital, Mont-doré, Turnebus: quant aux François, ie pense qu'ils l'ont montee au plus haut degré où elle sera iamais; et aux parties en quoy Ronsard et du Bellay excellent, ie ne les treuve gueres esloingnez de la perfection ancienne. Adrianus Turnebus sçavoit plus, et sçavoit mieulx ce qu'il sçavoit, qu'homme qui feust de son siecle, ny loing au delà. Les vies du duc d'Albe dernier mort, et de nostre connestable de Montmorency, ont esté des vies nobles, et qui ont eu plusieurs rares ressemblances de fortune: mais la beauté et la gloire de la mort de cettuy cy, à la veue de Paris et de son roy, pour leur service, contre ses plus proches, à la teste d'une armee victorieuse par sa conduicte, et d'un coup de main, en si extreme vieillesse, me semble meriter qu'on

---

(1) Le commun peuple est beaucoup plus sage; parcequ'il n'a qu'autant de sagesse qu'il lui en faut. *Lactant.* divinar. institut. l. 3, de divinâ sapientiâ, c. 5.

(a) Ou plutôt Daurat, savant humaniste, et très bon poëte, au jugement de Bayle dans son dictionnaire, à l'article DAURAT. C.

la loge entre les remarquables evenements de mon temps; comme aussi, la constante bonté, doulceur de mœurs et facilité consciencieuse de monsieur de la Noue, en une telle iniustice de parts armees (vraye eschole de trahison, d'inhumanité et de brigandage), où tousiours il s'est nourri, grand homme de guerre et tres experimenté. (a)

I'ay prins plaisir à publier en plusieurs lieux l'esperance que i'ay de Marie de Gournay le Iars, ma fille d'alliance (b), et certes aimee de moy beaucoup plus que paternellement, et enveloppee en ma retraicte et solitude comme l'une des meilleures parties de mon propre estre : ie ne regarde plus qu'elle au monde. Si l'adolescence peult donner presage, cette ame sera quelque iour capable des plus belles choses, et entre aultres de la perfection de cette tressaincte amitié, où nous ne lisons point que son

---

(a) Dans l'exemplaire imprimé, corrigé par Montaigne, un peu au-dessous de ces mots *et tres experimenté*, on apperçoit une grande croix, qui indique un renvoi : mais ce renvoi étoit vraisemblablement sur un papier séparé, qui s'est perdu par la négligence des dépositaires de ce précieux exemplaire, ou par telle autre cause qu'on voudra imaginer ; car ici, comme dans beaucoup d'autres cas, il est plus facile de conjecturer que de deviner. Ce qui n'est que trop certain, c'est que ce papier a disparu. On ne peut guere douter que ce ne fût l'autographe du passage qu'on lit ici sur Mlle de Gournay, et dont, par une modestie, louable dans une autre position, mais, à mon sens, déplacée dans un éditeur exact et qui connoît toute l'étendue de ses devoirs, elle retrancha une partie, comme elle l'avoue ingénûment dans sa préface sur les *Essais* : « En ce seul poinct, dit-elle, ai ie esté har- « die, de retrencher quelque chose d'un passage qui me regarde ; à « l'exemple de celuy qui meit sa belle maison par terre, afin d'y « mettre avec elle l'envie qu'on lui en portoit ». etc. N.

(b) Sur ce qu'emportent ces mots, ma fille d'alliance, voyez l'article GOURNAY dans le Dictionnaire de Bayle, où vous trouverez que le jugement que la demoiselle de Gournay fit des premiers Essais de Montaigne donna lieu à cette sorte d'alliance, long-temps avant qu'elle eût vu Montaigne. C.

sexe ayt peu monter encores: la sincerité et la solidité de ses mœurs y sont desia bastantes; son affection vers moy, plus que surabondante, et telle, en somme, qu'il n'y a rien à souhaiter, sinon que l'apprehension qu'elle a de ma fin, par les cinquante et cinq ans ausquels elle m'a rencontré, la travaillast moins cruellement. Le iugement qu'elle feit des premiers Essais, et femme, et en ce siecle, et si ieune, et seule en son quartier; et la vehemence fameuse dont elle m'aima et me desira longtemps sur la seule estime qu'elle en print de moy, avant m'avoir veu, c'est un accident de tresdigne consideration.

Les aultres vertus ont eu peu ou point de mise en cet aage: mais la vaillance, elle est devenue populaire par nos guerres civiles; et en cette partie, il se treuve parmy nous des ames fermes iusques à la perfection, et en grand nombre, si que le triage en est impossible à faire. Voylà tout ce que i'ay cogneu, iusques à cette heure, d'extraordinaire grandeur et non commune.

CHAPITRE XVIII.

Du desmentir.

Voire mais, on me dira que ce desseing de se servir de soy, pour subiect à escrire, seroit excusable à des hommes rares et fameux, qui par leur reputation auroient donné quelque desir de leur cognoissance. Il est certain, ie l'advoue et sçais bien, que pour veoir un homme de la commune façon, à peine qu'un artisan leve les yeulx de sa besongne; là où, pour veoir un personnage grand et signalé arriver en une ville, les ouvroirs et les boutiques s'abandonnent. Il messied à tout aultre de se faire cognoistre, qu'à celuy qui a de quoy se faire imiter, et duquel la vie et les opinions peuvent servir de patron : Cesar et Xenophon ont eu de quoy fonder et fermir leur narration, en la grandeur de leurs faicts, comme en une base iuste et solide : ainsi sont à souhaiter les papiers iournaux du grand Alexandre, les commentaires qu'Auguste, Caton, Sylla, Brutus et aultres avoient laissé de leurs gestes : de telles gents, on aime et estudie les figures, en cuivre mesme et en pierre. Cette remontrance est tresvraye; mais elle ne me touche que bien peu :

> Non recito cuiquam, nisi amicis, idque rogatus;
> Non ubivis, coramve quibuslibet : in medio qui
> Scripta foro recitent sunt multi, quique lavantes. (1)

Ie ne dresse pas icy une statue à planter au quarrefour d'une ville, ou dans une eglise, ou place publicque :

> Non equidem hoc studeo, bullatis ut mihi nugis
> Pagina turgescat :
> Secreti loquimur : (2)

c'est pour le coing d'une librairie, et pour en amuser un voisin, un parent, un ami qui aura plaisir à me raccointer et repractiquer en cett'image. Les aultres ont prins cœur de parler d'eulx, pour y avoir trouvé le subiect digne

---

(1) Je ne lis pas ceci en tous lieux, ni à toute sorte de personnes; mais seulement à mes amis, et lorsqu'ils m'en prient eux-mêmes : bien éloigné d'imiter un grand nombre d'auteurs qui lisent leurs écrits au milieu de la place publique, et dans les bains. *Horat.* sat. 4, l. 1, v. 73, et seqq.

Au lieu de *coactus*, qui est dans le premier vers d'Horace, Montaigne a mis *rogatus*, qui exprime plus exactement sa pensée. C.

(2) Mon dessein n'est pas de grossir ce livre de magnifiques bagatelles : j'y parle tout simplement, comme dans un tête-à-tête. *Pers.* sat. 5, v. 19, et seqq.

et riche; moy, au rebours, pour l'avoir trouvé si sterile et si maigre, qu'il n'y peult escheoir souspeçon d'ostentation. Ie iuge volontiers des actions d'aultruy: des miennes, ie donne peu à iuger, à cause de leur nihilité; ie ne treuve pas tant de bien en moy, que ie ne le puisse dire sans rougir. Quel contentement me seroit ce d'ouïr ainsi quelqu'un qui me recitast les mœurs, le visage, la contenance, les paroles communes, et les fortunes de mes ancestres! combien i'y serois attentif! Vrayement cela partiroit d'une mauvaise nature, d'avoir à mespris les pourtraicts mesmes de nos amis et predecesseurs, la forme de leurs vestements et de leurs armes. I'en conserve l'escriture, le seing, des heures, et un' espee peculiere qui leur a servi; et n'ay point chassé de mon cabinet des longues gaules que mon pere portoit ordinairement en la main: Paterna vestis, et annulus, tanto carior est posteris, quanto erga parentes maior affectus (1). Si toutesfois ma posterité est d'aultre appetit, i'auray bien de quoy me revencher; car ils ne sçauroient faire moins de compte de moy que i'en feray d'eulx en ce temps là. Tout le commerce que i'ay en cecy avecques le public, c'est que i'emprunte les utils de son escriture, plus soubdaine et plus aysee: en recompense, i'empescheray peut estre que quelque coing de beurre ne se fonde au marché:

Ne toga cordyllis, ne penula desit olivis, (2)

Et laxas scombris sæpè dabo tunicas. (3)

Et quand personne ne me lira, ay ie perdu mon temps,

---

(1) La robe et l'anneau d'un pere sont d'autant plus chers à ses enfants, qu'ils conservent plus d'affection pour lui. *D. Augustin.* De Civitate Dei, l. 1, c. 13.

(2) Que les petits thons et les olives ne manquent d'enveloppe. *Martial.* l. 13, epigr. 1, v. 1.

(3) Aussi bien que les maquereaux, qui se trouveront souvent fort à leur aise dans mes livres. *Catull.* epigr. 92, v. 8.

de m'estre entretenu tant d'heures oysifves à pensements si utiles et agreables? Moulant sur moy cette figure, il m'a fallu si souvent (a) dresser et composer pour m'extraire, que le patron s'en est fermi et aulcunement formé soy mesme: me peignant pour aultruy, ie me suis peinct en moy, de couleurs plus nettes que n'estoient les miennes premieres. Ie n'ay pas plus faict mon livre, que mon livre m'a faict: livre consubstantiel à son aucteur, d'une occupation propre, membre de ma vie; non d'une occupation et fin tierce et estrangiere, comme touts aultres livres. Ay ie perdu mon temps, de m'estre rendu compte de moy, si continuellement, si curieusement? car ceulx qui se repassent par fantasie seulement et par langue, quelque heure, ne s'examinent pas si primement ny ne se penetrent, comme celuy qui en faict son estude, son ouvrage et son mestier, qui s'engage à un registre de duree, de toute sa foy, de toute sa force: les plus delicieux plaisirs, si se digerent ils au dedans, fuyent à laisser trace de soy, et fuyent la veue, non seulement du peuple, mais d'un aultre. Combien de fois m'a cette besongne diverti de cogitations ennuyeuses? et doibvent estre comptees pour ennuyeuses toutes les frivoles. Nature nous a estrenez d'une large faculté à nous entretenir à part; et nous y appelle souvent, pour nous apprendre que nous nous debvons en partie à la société, mais en la meilleure partie à nous. Aux fins de renger ma fantasie à resver mesme par quelque ordre et proiect, et la garder de se perdre et extravaguer au vent, il n'est que de donner corps et mettre en registre tant de menues pensees qui se presentent à elle: i'escoute à mes resveries, parce que i'ay à les enroller. Quant de fois, estant marry de quelque action que la civilité et la raison me prohiboient de reprendre à descouvert, m'en

---

(a) Me testonner. *Edit. in-fol.* de 1595.

suis ie icy desgorgé, non sans desseing de publicque instruction! et si ces verges poëtiques,

> Zon dessus l'œil, zon sur le groin,
> Zon sur le dos du sagoin, (1)

s'impriment encores mieulx en papier, qu'en la chair vifve. Quoy, si ie preste un peu plus attentifvement l'aureille aux livres, depuis que ie guette si i'en pourray fripponner quelque chose de quoy esmailler ou estayer le mien ? Ie n'ay aulcunement estudié pour faire un livre; mais i'ay aulcunement estudié pour ce que ie l'avois faict : si c'est aulcunement estudier, que effleurer et pincer, par la teste, ou par les pieds, tantost un aucteur, tantost un aultre, nullement pour former mes opinions; ouy, pour les assister pieça formees, seconder et servir. Mais à qui croirons nous parlant de soy, en une saison si gastee ? veu qu'il en est peu, ou point, à qui nous puissions croire parlant d'aultruy, où il y a moins d'interest à mentir. Le premier traict de la corruption des mœurs, c'est le bannissement de la verité : car, comme disoit Pindare, l'estre veritable est le commencement d'une grande vertu, et le premier article que Platon demande au gouverneur de sa republique. Nostre verité de maintenant, ce n'est pas ce qui est, mais ce qui se persuade à aultruy : comme nous appelons monnoye, non celle qui est loyale seulement, mais la faulse aussi qui a mise. Nostre nation est de long temps reprochee de ce vice : car Salvianus Massiliensis, qui estoit du temps de l'empereur Valentinian, dict (2) « qu'aux François le mentir et se pariurer n'est

---

(1) Marot, dans son épître intitulée, *Fripelippes, valet de Marot, à Sagon.*

(2) Si pejeret Francus, quid novi faciet, qui perjurium ipsum sermonis genus putat esse, non criminis? *De Gubernat. Dei*, l. 4, c. 14, p. 87, edit. 3 Baluz.

« pas vice, mais une façon de parler ». Qui vouldroit encherir sur ce tesmoignage, il pourroit dire que ce leur est à present vertu: on s'y forme, on s'y façonne, comme à un exercice d'honneur; car la dissimulation est des plus notables qualitez de ce siecle. Ainsi i'ay souvent consideré d'où pouvoit naistre cette coustume, que nous observons si religieusement, De nous sentir plus aigrement offensez du reproche de ce vice, qui nous est si ordinaire, que de nul aultre; et que ce soit l'extreme iniure qu'on nous puisse faire de parole, que de nous reprocher la mensonge: sur cela, ie treuve qu'il est naturel de se deffendre le plus des defaults de quoy nous sommes le plus entachez; il semble qu'en nous ressentants de l'accusation et nous en esmouvants, nous nous deschargeons aulcunement de la coulpe; si nous l'avons par effect, au moins nous la condamnons par apparence. Seroit ce pas aussi que ce reproche semble envelopper la couardise et lascheté de cœur? en est il de plus expresse que se desdire de sa parole? quoy! se desdire de sa propre science? C'est un vilain vice que le mentir, et qu'un ancien peinct bien honteusement, quand il dict que « c'est donner tes-« moignage de mespriser Dieu, et quand et quand de craindre les hommes »: il n'est pas possible d'en representer plus richement l'horreur, la vilité, et le desreglement; car que peut on imaginer plus vilain que d'estre couard à l'endroict des hommes, et brave à l'endroict de Dieu? Nostre intelligence se conduisant par la seule voye de la parole, celuy qui la faulse trahit la societé publicque: c'est le seul util par le moyen duquel se communiquent nos volontez et nos pensees, c'est le truchement de nostre ame; s'il nous fault, nous ne nous tenons plus, nous ne nous entrecognoissons plus; s'il nous trompe, il rompt tout nostre commerce, et dissoult toutes les liaisons de nostre police. Certaines nations des nouvelles Indes (on n'a que faire d'en remarquer les noms, ils ne sont plus; car iusques à l'entier abolissement des noms, et ancienne cognoissance des lieux s'est estendue la desolation de cette conqueste, d'un merveilleux exemple et inouï), offroient à leurs dieux du sang humain, mais non aultre que tiré de leur langue et aureilles, pour expiation du peché de la mensonge, tant ouïe que prononcee. Ce bon compagnon de Grece (a) disoit que les enfants s'amusent par les osselets, les hommes par les paroles.

Quant aux divers usages de nos desmentirs, et les loix de nostre honneur en cela, et les changements qu'elles ont receu, ie remets à une aultre fois d'en dire ce que i'en sçais; et apprendray ce pendant, si ie puis, en quel temps print commencement cette coustume de si exactement poiser et mesurer les paroles, et d'y attacher nostre honneur: car il est aysé à iuger qu'elle n'estoit pas anciennement entre les Romains et les Grecs; et m'a semblé souvent nouveau et estrange de les veoir se desmentir et s'iniurier, sans entrer pourtant en querelle: les loix de leur debvoir prenoient quelque aultre voye que les nostres. On appelle Cesar, tantost voleur, tantost yvrongne, à sa barbe: nous voyons la liberté des invectives qu'ils font les uns contre les aultres, ie dis les plus grands chefs de guerre de l'une et l'aultre nation, où les paroles se revenchent seulement par les paroles, et ne se tirent à aultre consequence.

CHAPITRE XIX.

De la liberté de conscience.

Il est ordinaire de veoir les bonnes intentions, si elles sont conduictes sans moderation, poulser les hommes à

(a) Lysandre. Voyez sa vie dans Plutarque, c. 4, de la traduction d'Amyot.

des effects tresvicieux. En ce debat par lequel la France est à present agitee de guerres civiles, le meilleur et le plus sain party est sans doubte celuy qui maintient et la religion et la police ancienne du païs: entre les gents de bien toutesfois qui le suyvent (car ie ne parle point de ceulx qui s'en servent de pretexte pour, ou exercer leurs vengeances particulieres, ou fournir à leur avarice, ou suyvre la faveur des princes; mais de ceulx qui le font par vray zele envers leur religion, et saincte affection à maintenir la paix et l'estat de leur patrie), de ceulx ci, dis ie, il s'en veoid plusieurs que la passion poulse hors les bornes de la raison, et leur faict par fois prendre des conseils iniustes, violents, et encores temeraires. Il est certain qu'en ces premiers temps que nostre religion commencea de gaigner auctorité avecques les loix, le zele en arma plusieurs contre toute sorte de livres payens, de quoy les gents de lettres souffrent une merveilleuse perte; i'estime que ce desordre ayt plus porté de nuisance aux lettres, que touts les feux des Barbares: Cornelius Tacitus en est un bon tesmoing; car quoyque l'empereur Tacitus son parent en eust peuplé par ordonnances expresses toutes les librairies du monde; toutesfois un seul exemplaire entier n'a peu eschapper la curieuse recherche de ceulx qui desiroient l'abolir pour cinq ou six vaines clauses contraires à nostre creance. Ils ont aussi eu cecy, de prester ayseement des louanges faulses à touts les empereurs qui faisoient pour nous, et condamner universellement toutes les actions de ceulx qui nous estoient adversaires, comme il est aysé à veoir en l'empereur Iulian, surnommé l'Apostat. C'estoit à la verité un tresgrand homme et rare, comme celuy qui avoit son ame vifvement teincte des discours de la philosophie, ausquels il faisoit profession de regler toutes ses actions; et de vray il n'est aulcune sorte de vertu de quoy il n'ait laissé de tresnotables exemples: En chasteté (de laquelle le cours de sa vie donne bien clair tesmoignage),

on lit de luy un pareil traict à celuy d'Alexandre et de
Scipion, que de plusieurs tresbelles captifves, il n'en
voulut pas seulement veoir une, estant en la fleur de
son aage; car il feut tué par les Parthes aagé de trente
un an seulement : Quant à la iustice, il prenoit luy
mesme la peine d'ouïr les parties; et encores que par curiosité il s'informast à ceulx qui se presentoient à luy de
quelle religion ils estoient, toutesfois l'inimitié qu'il portoit à la nostre ne donnoit aulcun contrepoids à la balance : Il feit luy mesme plusieurs bonnes loix; et retren-
cha une grande partie des subsides et impositions que
levoient ses predecesseurs. Nous avons deux bons historiens tesmoings oculaires de ses actions : l'un desquels,
Marcellinus, reprend aigrement en divers lieux de son
histoire cette sienne ordonnance par laquelle il deffendit
l'eschole et interdict l'enseigner à touts les rhetori-
ciens et grammairiens chrestiens; et dict qu'il souhaite-
roit cette sienne action estre ensepvelie soubs le silence :
il est vraysemblable, s'il eust faict quelque chose de plus
aigre contre nous, qu'il ne l'eust pas oublié, estant bien
affectionné à nostre party. Il nous estoit aspre, à la verité, mais non pourtant cruel ennemy; car nos gents
mesmes recitent de luy cette histoire, Que se pourmenant
un iour autour de la ville de Chalcedoine, Maris, evesque du lieu, osa bien l'appeler Meschant, Traistre à
Christ : et qu'il n'en feit aultre chose, sauf luy respondre,
« Va, miserable, pleure la perte de tes yeulx »; à quoy
l'evesque encores repliqua, « Ie rends graces à Iesus
« Christ de m'avoir osté la veüe pour ne veoir ton visage
« impudent » : affectant en cela, disent ils, une patience
philosophique. Tant y a que ce faict là ne se peult pas
bien rapporter aux cruautez qu'on le dict avoir exercees
contre nous. « Il estoit, dict Eutropius, mon aultre tes-
« moing, ennemy de la chrestienté, mais sans toucher
« au sang ». Et, pour revenir à sa iustice, il n'est rien
qu'on y puisse accuser, que les rigueurs de quoy il usa au

commencement de son empire contre ceulx qui avoient suyvi le parti de Constantius son predecesseur. Quant à sa sobrieté, il vivoit tousiours un vivre soldatesque ; et se nourrissoit, en pleine paix, comme celuy qui se preparoit et accoustumoit à l'austerité de la guerre. La vigilance estoit telle en luy, qu'il despartoit la nuict à trois ou à quatre parties, dont la moindre estoit celle qu'il donnoit au sommeil : le reste, il l'employoit à visiter luy mesme en personne l'estat de son armee et ses gardes, ou à estudier ; car entre aultres siennes rares qualitez, il estoit tresexcellent en toute sorte de litterature. On dict d'Alexandre le grand, qu'estant couché, de peur que le sommeil ne le desbauchast de ses pensements et de ses estudes, il faisoit mettre un bassin ioignant son lict, et tenoit l'une de ses mains au dehors, avecques une boulette de cuivre, à fin que, le dormir le surprenant et relaschant les prinses de ses doigts, cette boulette, par le bruit de sa cheute dans le bassin, le reveillast : cettuy cy avoit l'ame si tendue à ce qu'il vouloit, et si peu empeschee de fumees, par sa singuliere abstinence, qu'il se passoit bien de cet artifice. Quant à la suffisance militaire, il feut admirable en toutes les parties d'un grand capitaine ; aussi feut il quasi toute sa vie en continuel exercice de guerre, et la pluspart, avecques nous, en France, contre les Allemands et Francons : nous n'avons gueres memoire d'homme qui ayt veu plus de hazards, ny qui ayt plus souvent faict preuve de sa personne. Sa mort a quelque chose de pareil à celle d'Epaminondas ; car il feut frappé d'un traict, et essaya de l'arracher, et l'eust faict, sans ce que le traict estant trenchant, il se coupa et affoiblit la main. Il demandoit incessamment qu'on le rapportast en ce mesme estat, en la meslee, pour y encourager ses soldats, lesquels contesterent cette battaille sans luy trescourageusement, iusques à ce que la nuict separa les armees. Il debvoit, à la philosophie, un singulier mespris en quoy il avoit sa vie et les choses humaines : il avoit ferme creance de l'eternité des ames. En matiere de religion, il estoit vicieux par tout ; on l'a surnommé l'Apostat, pour avoir abandonné la nostre : toutesfois cette opinion me semble plus vraysemblable, Qu'il ne l'avoit iamais eue à cœur, mais que pour l'obeïssance des loix il s'estoit feinct iusques à ce qu'il teinst l'empire en sa main. Il feut si superstitieux en la sienne, que ceulx mesmes qui en estoient, de son temps, s'en mocquoient ; et disoit on, s'il eust gaigné la victoire contre les Parthes, qu'il eust faict tarir la race des bœufs au monde, pour satisfaire à ses sacrifices. Il estoit aussi embabouiné de la science divinatrice, et donnoit auctorité à toute façon de prognostiques. Il dict entre aultres choses, en mourant, qu'il sçavoit bon gré aux dieux, et les remercioit, de quoy ils ne l'avoient pas voulu tuer par surprinse, l'ayant de long temps adverti du lieu et heure de sa fin, ny d'une mort molle ou lasche, mieulx convenable aux personnes oysifves et delicates, ny languissante, longue et douloureuse ; et qu'ils l'avoient trouvé digne de mourir de cette noble façon, sur le cours de ses victoires, et en la fleur de sa gloire. Il avoit eu une pareille vision à celle de Marcus Brutus, qui premierement le menacea en Gaule, et depuis se representa à luy en Perse, sur le poinct de sa mort. Ce langage qu'on luy faict tenir, quand il se sentit frappé : « Tu as vaincu, Nazareen » : ou, comme d'aultres, « Contente toy, Nazareen », (a) n'eust esté oublié, s'il eust esté creu par mes tesmoings qui, estant presents en l'armee, ont remarqué iusques aux moindres mouvements et paroles de sa fin ; non plus que certains aultres miracles qu'on y attache. Et pour venir au propos de mon theme, il couvoit, dict Marcellinus, de long temps en son cœur le paganisme ; mais parceque toute son armee estoit de chrestiens, il ne l'osoit descouvrir : enfin, quand il se veit assez fort pour

---

(a) A peine eust-il. *Edit. in-fol de* 1595.

oser publier sa volonté, il feit ouvrir les temples des dieux, et s'essaya par touts moyens de mettre sus l'idolâtrie. Pour parvenir à son effect, ayant rencontré, en Constantinople, le peuple descousu, avecques les prelats de l'Eglise chrestienne divisez, les ayant faict venir à luy au palais, les admonesta instamment d'assopir ces dissentions civiles, et que chascun, sans empeschement et sans crainte, servist à sa religion : ce qu'il sollicitoit avecques grand soing, pour l'esperance que cette licence augmenteroit les parts et les brigues de la division, et empescheroit le peuple de se reunir, et de se fortifier par consequent contre luy par leur concorde et unanime intelligence; ayant essayé, par la cruauté d'aulcuns chrestiens, « Qu'il n'y a point de beste au monde tant à craindre à l'homme, que l'homme » : voylà ses mots à peu prez. En quoy cela est digne de consideration, que l'empereur Iulian se sert, pour attiser le trouble de la dissention civile, de cette mesme recepte de liberté de conscience que nos roys viennent d'employer pour l'esteindre. On peult dire d'un costé, que de lascher la bride aux parts d'entretenir leur opinion, c'est espandre et semer la division; c'est prester quasi la main à l'augmenter, n'y ayant aulcune barriere ny coerction des loix qui bride et empesche sa course : mais d'aultre costé, on diroit aussi que, de lascher la bride aux parts d'entretenir leur opinion, c'est les amollir et relascher par la facilité et par l'aysance, et que c'est esmousser l'aiguillon qui s'affine par la rareté, la nouvelleté et la difficulté : et si crois mieulx, pour l'honneur de la devotion de nos roys, c'est que, n'ayants peu ce qu'ils vouloient, ils ont faict semblant de vouloir ce qu'ils pouvoient.

CHAPITRE XX.

Nous ne goustons rien de pur.

La foiblesse de nostre condition faict que les choses en leur simplicité et pureté naturelle ne puissent pas tumber en nostre usage : les elements que nous iouïssons, sont alterez, et les metaux de mesme; et l'or, il le fault empirer par quelque aultre matiere pour l'accommoder à nostre service : ny la vertu ainsi simple, qu'Ariston et Pyrrho et encores les stoïciens faisoient « Fin de la vie », n'y a peu servir sans composition; ny la volupté cyrenaïque et aristippique. Des plaisirs et biens que nous avons, il n'en est aulcun exempt de quelque meslange de mal et d'incommodité :

medio de fonte leporum
Surgit amari aliquid, quod in ipsis floribus angat. (1)

nostre extreme volupté a quelque air de gemissement et de plaincte; diriez vous pas qu'elle se meurt d'angoisse ? Voire quand nous en forgeons l'image en son excellence, nous la fardons d'epithetes et qualitez maladifves et douloureuses, langueur, mollesse, foiblesse, defaillance, morbidezza : grand tesmoignage de leur consanguinité et consubstantialité. La profonde ioye a plus de severité que de gayeté; l'extreme et plein contentement, plus de rassis que d'enioué; Ipsa felicitas, se nisi temperat, premit (2) : l'ayse nous masche. C'est ce que dict un verset

---

(1) De la source des voluptés, il s'éleve quelque amertume qui nous tourmente même dans le fort du plaisir. *Lucret.* lib. 4, vers. 1127 et seq.

(2) La félicité qui ne sait pas se modérer, se détruit elle-même. *Senec.* epist. 74, p. 283. Edit. varior.

grec ancien, de tel sens, « Les dieux nous vendent touts les biens qu'ils nous donnent »: c'est à dire, ils ne nous en donnent aulcun pur et parfaict, et que nous n'achetons au prix de quelque mal. Le travail et le plaisir, tresdissemblables de nature, s'associent pourtant de ie ne sçais quelle ioincture naturelle. Socrates dict que quelque dieu essaya de mettre en masse et confondre la douleur et la volupté; mais que n'en pouvant sortir, il s'advisa de les accoupler au moins par la queue: Metrodorus disoit qu'en la tristesse il y a quelque alliage de plaisir. Ie ne sçais s'il vouloit dire aultre chose; mais moy, i'imagine bien qu'il y a du desseing, du consentement et de la complaisance, à se nourrir en la melancholie: ie dis, oultre l'ambition qui s'y peult encores mesler, il y a quelque umbre de friandise et delicatesse qui nous rit et qui nous flatte au giron mesme de la melancholie. Y a il pas des complexions qui en font leur aliment?

Est quædam flere voluptas. (1)

et dict un Attalus en Seneque, que la memoire de nos amis perdus nous aggree; comme l'amer, au vin trop vieux,

Minister vetuli, puer, Falerni
Inger' mi calices amariores, (2)

et comme des pommes doulcement aigres. Nature nous descouvre cette confusion; les peintres tiennent que les mouvements et plis du visage qui servent au pleurer, servent aussi au rire: de vray, avant que l'un ou l'aultre soyent achevez d'exprimer, regardez à la conduicte de la peincture, vous estes en doubte vers lequel c'est qu'on va; et l'extremité du rire se mesle aux larmes.

---

(1) On sent un certain plaisir à pleurer. *Ovid.* trist. l. 4, eleg. 3, v. 37. Edit. Burman.

(2) Jeune homme, qui sers le vin vieux de Falerne, verse-m'en du plus amer. *Catull.* epigr. 27, v. 1, 2. Edit. varior.

Nullum sine auctoramento malum est. (1)

Quand i'imagine l'homme assiegé de commoditez desirables (mettons le cas que touts ses membres feussent saisis pour tousiours d'un plaisir pareil à celuy de la generation en son poinct plus excessif), ie le sens fondre soubs la charge de son ayse, et le veois du tout incapable de porter une si pure, si constante volupté, et si universelle. De vray, il fuyt quand il y est, et se haste naturellement d'en eschapper, comme d'un pas où il ne se peult fermir, où il craint d'enfondrer. Quand ie me confesse à moy religieusement, ie treuve que la meilleure bonté que i'aye a de la teincture vicieuse; et crains que Platon, en sa plus verte vertu (moy qui en suis autant sincere et loyal estimateur, et des vertus de semblable marque, qu'aultre puisse estre), s'il y eust escouté de prez, et il y escoutoit de prez, il y eust senty quelque ton gauche de mixtion humaine, mais ton obscur et sensible seulement à soy. L'homme, en tout et partout, n'est que rapiecement et bigarrure. Les loix mesmes de la iustice ne peuvent subsister sans quelque meslange d'iniustice; et dict Platon que ceulx là entreprennent de couper la teste de Hydra, qui pretendent oster des loix toutes incommoditez et inconveniens. Omne magnum exemplum habet aliquid ex iniquo, quod contra singulos, utilitate publicà, rependitur (1), dict Tacitus. Il est pareillement vray que, pour l'usage de la vie, et service du commerce publicque, il y peult avoir de l'excez en la pureté et perspicacité de nos esprits; cette clarté penetrante a trop de subtilité et de curiosité: il les fault appesantir et esmousser pour les rendre plus obeïssants à l'exemple et à la practique, et les espessir et

___

(1) Il n'y a point de mal sans compensation. *Senec.* epist. 69.

(2) Dans toute punition sévere, il y a quelque injustice, qui, tombant sur des particuliers, se trouve réparée par l'utilité publique. *Tacit.* annal. l. 14, c. 44, *in fine orationis C. Cassii*.

obscurcir pour les proportionner à cette vie tenebreuse et terrestre: pourtant se treuvent les esprits communs et moins tendus, plus propres et plus heureux à conduire affaires; et les opinions de la philosophie eslevees et exquises se treuvent ineptes à l'exercice. Cette poinctue vivacité d'ame, et cette volubilité souple et inquiete, trouble nos negociations. Il fault manier les entreprinses humaines plus grossierement et superficiellement; et en laisser bonne et grande part pour les droicts de la fortune: il n'est pas besoing d'esclairer les affaires si profondement et si subtilement; on s'y perd, à la consideration de tant de lustres contraires et formes diverses, *volutantibus res inter se pugnantes, obtorpuerant.... animi* (1). C'est ce que les anciens disent de Simonides: parce que son imagination luy presentoit, sur la demande que luy avoit faict le roy Hieron (a) pour à laquelle satisfaire il avoit eu plusieurs iours de pensement, diverses considerations aiguës et subtiles; doubtant laquelle estoit la plus vraysemblable, il desespera du tout de la verité. Qui en recherche et embrasse toutes les circonstances et conse-

---

(1) Considérant en eux-mêmes des choses si opposées, ils en étoient tout étourdis. *Tit. Liv.* l. 32, c. 20.

(a) Le roi Hiéron l'avoit prié de lui dire ce que c'est que dieu: et Simonide lui ayant répondu qu'il avoit besoin d'un jour pour examiner cette question, le lendemain il demanda encore deux jours, et doubla chaque fois le nombre des jours après cela. Sur quoi Cicéron dit, *Simonidem arbitror... quia multa venirent in mentem acuta atque subtilia, dubitantem quid eorum esset verissimum, desperasse omnem veritatem.* « Je crois, « que Simonide perdit à la fin toute espérance de trouver la vé- « rité, après que son esprit se fut promené d'opinions en opinions, « les unes plus subtiles que les autres, sans pouvoir démêler la « véritable ». *Cic. de nat. deor.* l. 1, c. 22, de la traduction de l'abbé d'Olivet. C.

On peut consulter sur la demande d'Hiéron et sur la réponse de Simonide, le Dictionnaire de Bayle, article SIMONIDE. N.

quences, il empesche son eslection : un engin moyen conduict egualement et suffit aux executions de grand et de petit poids. Regardez que les meilleurs mesnagiers sont ceulx qui nous sçavent moins dire comme ils le sont ; et que ces suffisants conteurs n'y font le plus souvent rien qui vaille : ie sçais un grand diseur et tresexcellent peintre de toute sorte de mesnage, qui a laissé bien piteusement couler par ses mains cent mille livres de rente : i'en sçais un aultre qui dict, qui consulte, mieulx qu'homme de son conseil, et n'est point au monde une plus belle montre d'ame et de suffisance ; toutesfois, aux effects, ses serviteurs treuvent qu'il est tout aultre, ie dis sans mettre le malheur en compte.

CHAPITRE XXI.

Contre la faineantise.

L'EMPEREUR Vespasien, estant malade de la maladie dont il mourut, ne laissoit pas de vouloir entendre l'estat de l'empire ; et, dans son lict mesme, depeschoit sans cesse plusieurs affaires de consequence : et son medecin l'en tansant, comme de chose nuisible à sa santé, « Il fault, disoit il, qu'un empereur meure debout ». Voylà un beau mot, à mon gré, et digne d'un grand prince. Adrian l'empereur s'en servit depuis à ce mesme propos : et le debvroit on souvent ramentevoir aux roys, pour leur faire sentir que cette grande charge qu'on leur donne du commandement de tant d'hommes n'est pas une charge oysifve ; et qu'il n'est rien qui puisse si iustement desgouster un subiect de se mettre en peine et en hazard pour le service de son prince, que de le veoir appoltrony ce pendant luy mesme à des occupations lasches et vaines, et d'avoir soing de sa conservation le voyant si nonchalant de la nostre. Quand quelqu'un vouldra maintenir qu'il vault mieux que le prince conduise ses guerres par aultre que par soy, la fortune luy fournira assez d'exemples de ceulx à qui leurs lieutenants ont mis à chef des grandes entreprinses ; et de ceulx encores desquels la presence y eust esté plus nuisible qu'utile : mais nul prince vertueux et courageux pourra souffrir qu'on l'entretienne de si honteuses instructions. Soubs couleur de conserver sa teste, comme la statue d'un sainct, à la bonne fortune de son estat, ils le degradent de son office qui est iustement tout en action militaire, et l'en declarent incapable. I'en sçais un qui aimeroit bien mieulx estre battu que de dormir pendant qu'on se battroit pour luy, et qui ne veid iamais sans ialousie ses gents mesmes faire quelque chose de grand en son absence. Et Selym premier disoit avecques grande raison, ce me semble, « que les victoires qui se gaignent sans le maistre ne sont pas completes » : de tant plus volontiers eust il dict que ce maistre debvroit rougir de honte d'y pretendre part pour son nom, n'y ayant embesongné que sa voix et sa pensee; ny cela mesme, veu qu'en telle besongne, les advis et commandements qui apportent l'honneur sont ceulx là seulement qui se donnent (a) sur la place et au milieu de l'affaire. Nul pilote n'exerce son office, de pied ferme. Les princes de la race ottomane, la premiere race du monde en fortune guerriere, ont chauldement embrassé cette opinion ; et Baiazet second avecques son fils, qui s'en despartirent, s'amusants aux sciences et aultres occupations casanieres, donnerent aussi de bien grands soufflets à leur empire : et celuy qui regne à present, Amurath troisiesme, à leur exemple, commence assez bien de s'en trouver de mesme. Feut ce pas le roy d'Angleterre, Edouard troisiesme, qui dict, de

---

(a) Sur-le-champ et au propre de l'affaire. *Edit. in-fol. de* 1595.

nostre Charles cinquiesme, ce mot: « Il n'y eut oncques roy qui moins s'armast; et si n'y eut oncques roy qui tant me donnast à faire ». Il avoit raison de le trouver estrange, comme un effect du sort plus que de la raison. Et cherchent aultre adherent que moy ceulx qui veulent nombrer, entre les belliqueux et magnanimes conquerants, les roys de Castille et de Portugal, de ce qu'à douze cents lieues de leur oysifve demeure, par l'escorte de leurs facteurs, ils se sont rendus maistres des Indes d'une et d'aultre part, desquelles c'est à sçavoir s'ils auroient seulement le courage d'aller iouïr en presence. L'empereur Iulian disoit encores plus, « Qu'un philosophe et un galant homme ne debvoient pas seulement respirer »; c'est à dire, ne donner aux necessitez corporelles que ce qu'on ne leur peult refuser, tenant tousiours l'ame et le corps embesongnez à choses belles, grandes et vertueuses. Il avoit honte si en public on le voyoit cracher ou suer (ce qu'on dict aussi de la ieunesse lacedemonienne, et Xenophon de la persienne), parce qu'il estimoit que l'exercice, le travail continuel et la sobrieté, debvoient avoir cuict et asseiché toutes ces superfluitez. Ce que dict Seneque ne ioindra pas mal en cet endroict, que les anciens Romains maintenoient leur ieunesse droicte : « Ils n'apprenoient, dict il, rien à leurs enfants qu'ils deussent apprendre assis. »

C'est une genereuse envie de vouloir mourir mesme utilement et virilement; mais l'effect n'en gist pas tant en nostre bonne resolution qu'en nostre bonne fortune : mille ont proposé de vaincre ou de mourir en combattant, qui ont failli à l'un et à l'aultre, les bleceures, les prisons leur traversant ce desseing, et leur prestant une vie forcee; il y a des maladies qui atterrent iusques à nos desirs et nostre cognoissance. [Fortune (a) ne deb-

---

(a) Tout ce qui est ici entre deux crochets, manque dans l'exemplaire corrigé par Montaigne : on voit seulement un renvoi qui

voit pas seconder la vanité des legions romaines qui s'obligerent par serment de mourir ou de vaincre : Victor, Marce Fabi, revertar ex acie : si fallo, Jovem patrem, gradivumque Martem, aliosque iratos invoco deos (1). Les Portugais disent qu'en certain endroict de leur conqueste des Indes, ils rencontrerent des soldats qui s'estoient condamnez, avec horribles exsecrations, de n'entrer en aulcune composition que de se faire tuer ou demeurer victorieux; et, pour marque de ce vœu, portoient la teste et la barbe rase. Nous avons beau nous hazarder et obstiner, il semble que les coups fuyent ceulx qui s'y presentent trop alaigrement, et n'arrivent volontiers à qui s'y presente trop volontiers et corrompt leur fin. Tel ne pouvant obtenir de perdre sa vie par les forces adversaires, aprez avoir tout essayé, a esté contrainct, pour fournir à sa resolution d'en rapporter l'honneur ou de n'en rapporter pas la vie, se donner soy mesme la mort en la chaleur propre du combat. Il en est d'aultres exemples; mais en voici un : Philistus, chef de l'armee de mer du ieune Dionysius contre les Syracusains,

---

indique une addition que Montaigne avoit vraisemblablement écrite sur un papier séparé, qui se sera perdu, étant mal attaché, ou peut-être même ne l'étant point du tout. Comme toute la marge du verso de la page 290 est remplie par deux longues additions, il n'a pu trouver sur cette marge la place du passage en question, et il l'aura écrit sur un papier à part, que le laps de temps, et plus encore le défaut de soin dans ceux auxquels la garde de la bibliotheque des Feuillants de Bordeaux a été successivement confiée, ont fait disparoître. Tout ceci, je l'avoue, n'est qu'une pure conjecture, mais, si je ne me trompe, une conjecture très vraisemblable, puis qu'on voit, à l'endroit même où le passage devoit être inséré, un signe qui avertit le lecteur de consulter le renvoi. Voyez ci-dessus la note (a) p. 72, c. 17. N.

(1) Je retournerai vainqueur du combat, ô Marcus Fabius : et si j'y manque, que la colere de Jupiter, de Mars, et des autres dieux, tombe sur moi. *Tit. Liv.* l. 2, c. 45.

leur presenta la battaille, qui feut asprement contestée, les forces estants pareilles : en icelle il eut du meilleur au commencement par sa prouesse ; mais, les Syracusains se rangeants autour de sa galere pour l'investir, ayant faict grands faicts d'armes de sa personne pour se desvelopper, n'y esperant plus de ressource, s'osta de sa main la vie qu'il avoit si liberalement abandonnee, et frustratoirement, aux mains ennemies.]

Moley Moluch, roi de Fez, qui vient de gaigner (a) contre Sebastian, roy de Portugal, cette iournee fameuse par la mort de trois roys, et par la transmission de cette grande couronne à celle de Castille, se trouva griefvement malade dez lors que les Portugais entrerent à main armee en son estat ; et alla tousiours depuis en empirant vers la mort, et la prevoyant. Iamais homme ne se servit de soy plus vigoreusement et plus glorieusement. Il se trouva foible pour soustenir la pompe cerimonieuse de l'entree de son camp, qui est, selon leur mode, pleine de magnificence et chargee de tout plein d'action ; et resigna cet honneur à son frere : mais ce feut aussi le seul office de capitaine qu'il resigna ; touts les aultres necessaires et utiles il les feit treslaborieusement et exactement, tenant son corps couché, mais son entendement et son courage debout et ferme iusques au dernier souspir, et aulcunement au delà. Il pouvoit miner ses ennemis, indiscretement advancez en ses terres ; et luy poisa merveilleusement qu'à faulte d'un peu de vie, et pour n'avoir qui substituer à la conduicte de cette guerre et affaires d'un estat troublé, il eust à chercher la victoire sanglante et hazardeuse, en ayant une aultre pure et netté entre ses mains : toutesfois il mesnagea miraculeusement la duree de sa maladie, à faire consommer son ennemy, et l'attirer loing de l'armee de mer et des places maritimes qu'il avoit en la coste

---

(a) En 1578.

d'Afrique, iusques au dernier iour de sa vie, lequel par desseing il employa et reserva à cette grande iournee. Il dressa sa battaille en rond, assiegeant de toutes parts l'ost des Portugais; lequel rond venant à se courber et serrer, les empescha non seulement au conflict (qui feut tresaspre par la valeur de ce ieune roy assaillant), veu qu'ils avoient à montrer visage à touts sens, mais aussi les empescha à la fuyte aprez leur roupte, et, trouvants toutes les yssues saisies et closes, feurent contraincts de se reiecter à eulx mesmes, coacervanturque non solùm cæde, sed etiam fugà (1), et s'amonceller les uns sur les aultres, fournissants aux vainqueurs une tresmeurtriere victoire et tresentiere. Mourant, il se feit porter et tracasser où le besoing l'appelloit, et, coulant le long des files, enhortoit ses capitaines et soldats, les uns aprez les aultres : mais un coing de sa battaille se laissant enfoncer, on ne le peut tenir qu'il ne montast à cheval l'espee au poing; il s'efforçoit pour s'aller mesler, ses gents l'arrestants, qui par la bride, qui par sa robbe et par ses estriers. Cet effort acheva d'accabler ce peu de vie qui luy restoit : on le recoucha. Luy, se resuscitant comme en sursault de cette pasmoison, toute aultre faculté lui defaillant pour advertir qu'on teust sa mort, qui estoit le plus necessaire commandement qu'il eust lors à faire pour n'engendrer quelque desespoir aux siens par cette nouvelle, expira tenant le doigt contre sa bouche close, signe ordinaire de faire silence. Qui vescut oncques si long temps et si avant en la mort? qui mourut oncques si debout? L'extreme degré de traicter courageusement la mort, et le plus naturel, c'est la veoir, non seulement sans estonnement, mais sans soing, continuant libre le train de la vie iusques dans elle, comme Caton qui s'amusoit à dormir et à estudier,

---

(1) Entassés non seulement par le carnage, mais aussi par la fuite.

en ayant une violente et sanglante presente en sa teste et en son cœur, et la tenant en sa main.

CHAPITRE XXII.

Des postes.

Ie n'ay pas esté des plus foibles en cet exercice, qui est propre à gents de ma taille, ferme et courte : mais i'en quitte le mestier; il nous essaye trop pour y durer long temps. Ie lisois, à cette heure, que le roy Cyrus, pour recevoir plus facilement nouvelles de touts les costez de son empire, qui estoit d'une fort grande estendue, feit regarder combien un cheval pouvoit faire de chemin en un iour, tout d'une traicte; et, à cette distance, il establit des hommes qui avoient charge de tenir des chevaulx prests pour en fournir à ceulx qui viendroient vers luy : et disent aulcuns, que cette vistesse d'aller vient à la mesure du vol des grues. Cesar dict que Lucius Vibulus Rufus, ayant haste de porter un advertissement à Pompeius, s'achemina vers luy iour et nuict, changeant de chevaulx, pour faire diligence : et luy mesme, à ce que dict Suetone, faisoit cent milles par iour sur un coche de louage; mais c'estoit un furieux courrier, car où les rivieres lui trenchoient son chemin, il les franchissoit à la nage, et ne se destournoit du droict pour aller querir un pont ou un gué. Tiberius Nero, allant veoir son frere Drusus malade en Allemaigne, feit deux cents milles en vingt quatre heures, ayant trois coches. En la guerre des Romains contre le roy Antiochus, T. Sempronius Gracchus, dict Tite-Live, *per dispositos equos propè incredibili celeritate ab Amphissâ tertio die Pellam pervenit* (1): et

---

(1) se rendit dans trois jours d'Amphisse à Pella sur des che-

appert, à veoir le lieu, que c'estoient postes assises, non ordonnees freschement pour cette course. L'invention de Cecina à renvoyer des nouvelles à ceulx de sa maison avoit bien plus de promptitude : il emporta quand et soy des arondelles, et les relaschoit vers leurs nids quand il vouloit r'envoyer de ses nouvelles, en les teignant de marque de couleur propre à signifier ce qu'il vouloit, selon qu'il avoit concerté avecques les siens. Au theatre à Rome, les maistres de famille avoient des pigeons dans leur sein, ausquels ils attachoient des lettres, quand ils vouloient mander quelque chose à leurs gents au logis; et estoient dressez à en rapporter response. D. Brutus en usa assiegé à Mutine (a); et aultres, ailleurs. Au Peru, ils couroient sur les hommes qui les chargeoient sur les espaules à tout des portoires, par telle agilité, que, tout en courant, les premiers porteurs reiectoient aux seconds leur charge sans arrester un pas. I'entends que les Valachi, courriers du grand Seigneur, font des extremes diligences, d'autant qu'ils ont loy de desmonter le premier passant qu'ils treuvent en leur chemin, en luy donnant leur cheval recreu; et que, pour se garder de lasser, ils se serrent à travers le corps bien estroictement d'une bande large, [comme font assez d'aultres. Ie n'ay trouvé nul seiour à cet (b) usage.]

---

vaux de relais, avec une rapidité presque incroyable. l. 3 7, c, 7.

(a) *Modene*, comme on dit à présent. C.

(b) Comme il y a moins d'inconvénient à répéter plusieurs fois une observation utile, qu'à l'omettre une seule, je crois devoir rappeler ici au lecteur que tous les passages enfermés, comme celui-ci, entre deux crochets, ne se trouvent point dans l'exemplaire de la bibliotheque centrale de Bordeaux : mais ce qui n'est pas moins remarquable, et ce qui est peut-être plus difficile à expliquer, c'est que mademoiselle de Gournay, qui prenoit à la gloire de l'immortel auteur des Essais un si vif intérêt, ait conservé, dans les deux éditions qu'elle a données de ce livre, un auss grand nombre de leçons que Montaigne a effacées de sa propre

CHAPITRE XXIII.

Des mauvais moyens employés à bonne fin.

Il se treuve une merveilleuse relation et correspondance en cette universelle police des ouvrages de nature, qui montre bien qu'elle n'est ny fortuite ny conduicte par divers maistres. Les maladies et conditions de nos corps se veoient aussi aux estats et polices : les royaumes, les republiques naissent, fleurissent et fanissent de vieillesse, comme nous. Nous sommes subiects à une repletion d'humeurs, inutile et nuysible; soit de bonnes humeurs (car cela mesme les medecins le craignent, et, parce qu'il n'y a rien de stable chez nous, ils disent que la perfection de santé trop alaigre et vigoreuse il nous la fault essimer et rabattre par art, de peur que nostre nature, ne se pouvant rasseoir en nulle certaine place, et n'ayant plus où monter pour s'ameliorer, ne se recule en arriere en desordre et trop à coup; ils ordonnent pour cela aux athletes les purgations et les saignees, pour leur soustraire cette superabondance de santé); soit repletion de mauvaises humeurs, qui est l'ordinaire cause des maladies : De semblable repletion se veoient les estats souvent malades, et a lon accoustumé d'user de diverses sortes de purgation; tantost on donne congé à une grande multitude de

---

main dans l'exemplaire corrigé que j'ai en ce moment sous les yeux. Ce problème ne peut se résoudre qu'en supposant, ou que Mlle de Gournay n'a pas eu cet exemplaire à sa disposition, ou (ce qui me paroit plus vraisemblable) que ne présumant pas qu'il différât de celui sur lequel elle a publié l'édition de 1595, elle a négligé de les comparer et d'en marquer les variantes, souvent très importantes pour le sens et pour le style. N.

familles, pour en descharger le païs, lesquelles vont chercher ailleurs où s'accommoder aux despens d'aultruy; de cette façon nos anciens Francons, partis du fond d'Allemaigne, veindrent se saisir de la Gaule et en deschasser les premiers habitants; ainsi se forgea cette infinie maree d'hommes qui s'escoula en Italie sous Brennus et aultres; ainsi les Goths et Vandales, comme aussi les peuples qui possedent à present la Grece, abandonnerent leur naturel païs pour s'aller loger ailleurs plus au large; et à peine est il deux ou trois coings au monde qui n'ayent senti l'effect d'un tel remuement. Les Romains bastissoient par ce moyen leurs colonies; car sentants leur ville se grossir oultre mesure, ils la deschargeoient du peuple moins necessaire, et l'envoyoient habiter et cultiver les terres par eulx conquises: par fois aussi ils ont à escient nourry des guerres avecques aulcuns leurs ennemis, non seulement pour tenir leurs hommes en haleine, de peur que l'oysifveté, mere de corruption, ne leur apportast quelque pire inconvenient,

> Et patimur longæ pacis mala, sævior armis
> Luxuria incumbit; (1)

mais aussi pour servir de saignee à leur republique, et esventer un peu la chaleur trop vehemente de leur ieunesse, escourter et esclaircir le branchage de ce tige foisonnant en trop de gaillardise; à cet effect se sont ils aultrefois servis de la guerre contre les Carthaginois. Au traité de Bretigny, Edouard troisieme, roy d'Angleterre, ne voulut comprendre, en cette paix generale qu'il feit avec nostre roy, le différend du duché de Bre-

---

(1) Nous sommes maintenant exposés aux désordres que produit une longue paix, par le débordement du luxe, qui nous est plus funeste que les armes de nos ennemis. *Juvenal.* sat. 6, v. 291.

taigne, afin qu'il eust où se descharger de ses hommes de guerre, et que cette foule d'Anglois, dequoy il s'estoit servy aux affaires de deça, ne se reiectast en Angleterre. Ce feut l'une des raisons pourquoy nostre roy Philippe consentit d'envoyer Iean son fils à la guerre d'oultremer, afin d'emmener quand et luy un grand nombre de ieunesse bouillante qui estoit en sa gendarmerie. Il y en a plusieurs en ce temps qui discourent de pareille façon, souhaitants que cette esmotion chaleureuse qui est parmy nous se peust deriver à quelque guerre voisine, de peur que ces humeurs peccantes qui dominent pour cette heure nostre corps, si on ne les escoule ailleurs, maintiennent nostre fiebvre tousiours en force, et apportent enfin nostre entiere ruyne : et de vray, une guerre estrangiere est un mal bien plus doulx que la civile. Mais ie ne crois pas que Dieu favorisast une si iniuste entreprinse d'offenser et quereller aultruy pour nostre commodité.

> Nil mihi tam valde placeat, Rhamnusia virgo,
> Quod temerè invitis suscipiatur heris. (1)

Toutesfois la foiblesse de nostre condition nous poulse souvent à cette necessité de nous servir de mauvais moyens pour une bonne fin : Lycurgus, le plus vertueux et parfaict legislateur qui feust oncques, inventa cette tresiniuste façon, pour instruire son peuple à la temperance, de faire enyvrer par force les Elotes qui estoient leurs serfs, afin qu'en les voyant ainsi perdus et ensepvelis dans le vin, les Spartiates prinsent en horreur le desbordement de ce vice. Ceulx là avoient encores plus de tort qui permettoient anciennement que les criminels, à quelque sorte de mort qu'ils feussent condam-

---

(1) Que rien, ô puissante Némésis, ne me plaise jamais si fort, que j'entreprenne de l'avoir malgré les légitimes possesseurs. *Catull* ad Manlium, carm. 66, v. 77, 78.

nez, feussent deschirez tout vifs par les medecins, pour y veoir au naturel nos parties interieures, et en establir plus de certitude en leur art : car s'il se fault desbaucher, on est plus excusable le faisant pour la santé de l'ame, que pour celle du corps; comme les Romains dressoient le peuple à la vaillance et au mespris des dangiers et de la mort, par ces furieux spectacles de gladiateurs et escrimeurs a oultrance qui se combattoient, detailloient et entretuoient en leur presence;

> Quid vesani aliud sibi vult ars impia ludi,
> Quid mortes iuvenum, quid sanguine pasta voluptas? (1)

et dura cet usage iusques à Theodosius l'empereur :

> Arripe dilatam tua, dux, in tempora famam,
> Quodque patri superest, successor laudis habeto....
> Nullus in urbe cadat, cuius sit pœna voluptas.....
> Iam solis contenta feris infamis arena
> Nulla cruentatis homicidia ludat in armis. (2)

C'estoit, à la verité, un merveilleux exemple, et de tres-grand fruict pour l'institution du peuple, de veoir tous les iours en sa presence cent, deux cents, et mille couples d'hommes armez les uns contre les aultres se hacher en pieces avecques une si extreme fermeté de courage, qu'on ne leur veit lascher une parole de foiblesse ou

---

(1) Autrement, à quoi bon l'art extravagant d'un jeu si barbare, tant de jeunes gens égorgés, et le plaisir de voir répandre le sang humain?

(2) Prince, hâte-toi de te saisir d'une gloire qui a été réservée à ton regne. Successeur de ton pere, jouis de cette louange qui te reste après lui : Qu'on ne voie plus personne à Rome massacré pour divertir le peuple : Que l'arene ne soit abreuvée à l'avenir que du sang des bêtes féroces, et ne nous présente plus de jeux terminés par de cruels homicides. *Prudentii contra Symmach.* l. 2, v. 1121, et seqq. Edit. Elzevir. Amstel. 1667, in-12.

commiseration, iamais tourner le dos, ny faire seulement un mouvement lasche pour gauchir au coup de leur adversaire, ains tendre le col à son espee, et se presenter au coup : il est advenu à plusieurs d'entre eulx, estants blecez à mort de force playes, d'envoyer demander au peuple s'il estoit content de leur debvoir, avant que se coucher pour rendre l'esprit sur la place. Il ne falloit pas seulement qu'ils combattissent et mourussent constamment, mais encores alaigrement; en maniere qu'on les hurloit et mauldissoit, si on les voyoit estriver à recevoir la mort : les filles mesmes les incitoient :

> consurgit ad ictus,
> Et, quoties victor ferrum iugulo inserit, illa
> Delicias ait esse suas, pectusque iacentis
> Virgo modesta iubet converso pollice rumpi. (1)

Les premiers Romains employoient à cet exemple les criminels : mais depuis on y employa des serfs innocents, et des libres mesmes qui se vendoient pour cet effect, iusques à des senateurs et chevaliers romains, et encores des femmes :

> Nunc caput in mortem vendunt, et funus arenæ,
> Atque hostem sibi quisque parat, cùm bella quiescunt: (2)

> Hos inter fremitus novosque lusus....
> Stat sexus rudis, insciusque ferri,
> Et pugnas capit improbus viriles : (3)

---

(1) Cette modeste vierge se leve à chaque coup que se donnent les gladiateurs; et toutes les fois que le vainqueur enfonce son épée dans la gorge de son adversaire, elle s'écrie qu'elle en est ravie de joie, et relevant son pouce, elle ordonne qu'on perce le sein du vaincu étendu sur l'arene. *Prudent.* contra Symmach. l. 2, v. 1095. Edit. citat. ubi supr.

(2) A présent ils se donnent en spectacle sur l'arene, et s'exposent à la mort pour de l'argent, se faisant chacun un ennemi en pleine paix. *Manil.* Astron. l. 4, v. 225, 226.

(3) Parmi ces frémissements et ces nouveaux plaisirs, les

ce que ie trouverois fort estrange et incroyable, si nous n'estions accoustumez de veoir touts les iours en nos guerres plusieurs milliasses d'hommes estrangiers, engageants, pour de l'argent, leur sang et leur vie à des querelles où ils n'ont aulcun interest.

CHAPITRE XXIV.

De la grandeur romaine.

I e ne veulx dire qu'un mot de cet argument infini, pour montrer la simplesse de ceulx qui apparient à celle là les chestifves grandeurs de ce temps. Au septiesme livre des Epistres familieres de Cicero (et que les grammairiens en ostent ce surnom de familieres, s'ils veulent, car à la verité il n'y est pas fort à propos; et ceulx qui au lieu de familieres y ont substitué ad familiares peuvent tirer quelque argument pour eulx de ce que dict Suetone en la vie de Cesar, qu'il y avoit un volume de lettres de luy ad familiares), il y en a une qui s'adresse à Cesar estant lors en la Gaule, en laquelle Cicero redict ces mots, qui estoient sur la fin d'une aultre lettre que Cesar lui avoit escript : « Quant à Marcus Furius, que tu « m'as recommendé, ie le feray roy de Gaule; et si tu « veulx que i'advance quelque aultre de tes amis, envoye « le moy ». Il n'estoit pas nouveau à un simple citoyen romain, comme estoit lors Cesar, de disposer des royaumes, car il osta bien au roy Deiotarus le sien, pour le

---

femmes, sexe inhabile à manier les armes, s'engagent dans des combats, avec autant de fureur et d'acharnement que les hommes mêmes. *Stat.* Syl. 6, l. 1, v. 51, 53, 54.

Le texte de l'édition *cum notis variorum* porte *luxus* au lieu de *lusus*. N.

donner à un gentilhomme de la ville de Pergame nommé
Mithridates : et ceux qui escrivent sa vie enregistrent
plusieurs royaumes par luy vendus; et Suetone dict qu'il
tira pour un coup du roy Ptolomaeus trois millions six
cent mill' escus, qui feut bien prez de luy vendre le sien.

   Tot Galatæ, tot Pontus eat, tot Lydia nummis. (1)

Marcus Antonius disoit que la grandeur du peuple romain ne se montroit pas tant par ce qu'il prenoit, que
par ce qu'il donnoit : si en avoit il, quelque siecle avant
Antonius, osté un, entre aultres, d'auctorité si merveilleuse, que en toute son histoire ie ne sçache marque
qui porte plus hault le nom de son credit. Antiochus
possedoit toute l'Egypte, et estoit aprez à conquerir Cypre et aultres demourants de cet empire. Sur le progrez
de ses victoires, C. Popilius arriva à luy de la part du
senat; et, d'abordee, refusa de luy toucher à la main,
qu'il n'eust premierement leu les lettres qu'il luy apportoit. Le roy les ayant leues, et dict qu'il en delibereroit;
Popilius circonscrit la place où il estoit, à tout sa baguette, en lui disant : « Rends moy response que ie puisse
rapporter au senat, avant que tu partes de ce cercle ».
Antiochus, estonné de la rudesse d'un si pressant commandement, aprez y avoir un peu songé : « Ie feray
(dict il) ce que le senat me commande ». Lors le salua
Popilius, comme amy du peuple romain. Avoir renoncé
à une si grande monarchie et cours d'une si fortunee
prosperité, par l'impression de trois traicts d'escripture !
il eut vrayement raison, comme il feit, d'envoyer depuis
dire au senat par ses ambassadeurs qu'il avoit reçeu leur
ordonnance, de mesme respect que si elle feust venue

---

(1) A tel prix la Galatie,
   A tel, le pays du Pont,
   A tel autre, la Lydie.
           Claudian, in Eutrop. l. 1, v. 203.

des dieux immortels. Touts les royaumes qu'Auguste gaigna par droict de guerre, il les rendit à ceulx qui les avoient perdus, ou en feit present à des estrangiers. Et, sur ce propos, Tacitus, parlant du roy d'Angleterre Cogidunus, nous faict sentir par un merveilleux traict cette infinie puissance; Les Romains, dict il, avoient accoustumé, de toute ancienneté, de laisser les roys qu'ils avoient surmontez, en la possession de leurs royaumes, soubs leur auctorité, « à ce qu'ils eussent des roys mes« mes, utils de la servitude » : Ut haberent instrumenta servitutis et reges (1). Il est vraisemblable que Solyman, à qui nous avons veu faire liberalité du royaume d'Hongrie et aultres estats, regardoit plus à cette consideration, qu'à celle qu'il avoit accoustumé d'alleguer « Qu'il estoit saoul et chargé de tant de monarchies et de puissance [que sa vertu ou celle de ses ancestres luy avoient acquis.] »

CHAPITRE XXV.

De ne contrefaire le malade.

Il y a un epigramme en Martial, qui est des bons, car il y en a chez luy de toutes sortes, où il recite plaisamment l'histoire de Celius, qui, pour fuyr à faire la court à quelques grands à Rome, se trouver à leur lever, les assister et les suyvre, feit mine d'avoir la goutte; et, pour rendre son excuse plus vraysemblable, se faisoit oindre les iambes, les avoit enveloppees, et contrefaisoit entierement le port et la contenance d'un homme goutteux. Enfin la fortune lui feit ce plaisir de l'en rendre tout à faict.

---

(1) *Tacit.* in vit. Agricol. c. 14. Montaigne a traduit ce passage avant que de le citer.

Tantùm cura potest, et ars doloris!
Desit fingere Cælius podagram. (1)

I'ay veu en quelque lieu d'Appian, ce me semble, une pareille histoire d'un, qui, voulant eschapper aux proscriptions des triumvirs de Rome, pour se desrobber de la cognoissance de ceulx qui le poursuyvoient, se tenant caché et travesti, y adiousta encores cette invention, de contrefaire le borgne : quand il veint à recouvrer un peu plus de liberté, et qu'il voulut desfaire l'emplastre qu'il avoit long temps porté sur son œil, il trouva que sa veue estoit effectuellement perdue sous ce masque. Il est possible que l'action de la veue s'estoit hebetee pour avoir esté si long temps sans exercice, et que la force visive s'estoit toute reiectee en l'aultre œil ; car nous sentons evidemment que l'œil que nous tenons couvert, r'envoye à son compaignon quelque partie de son effect, en maniere que celuy qui reste s'en grossit et s'en enfle : comme aussi l'oysifveté, avec la chaleur des liaisons et des medicaments; avoit bien peu attirer quelque humeur podagrique au goutteux de Martial. Lisant chez Froissard le vœu d'une troupe de ieunes gentilshommes anglois, de porter l'œil gauche bandé, iusques à ce qu'ils eussent passé en France et exploicté quelque faict d'armes sur nous ; ie me suis souvent chatouillé de ce pensement, qu'il leur eust prins comme à ces aultres, et qu'ils se feussent trouvez touts esborgnez au reveoir des maistresses pour lesquelles ils avoient faict l'entreprinse. Les meres ont raison de tanser leurs enfants quand ils contrefont les borgnes, les boiteux et les bicles, et tels aultres defaults de la personne : car, oultre ce que le corps ainsi tendre en peult recevoir un mauvais ply, ie ne sçais

---

(1) Telle fut l'efficace de cette espece d'affectation, que Célius n'eut plus besoin de feindre d'être goutteux. *Martial.* l. 7, epigr. 39, v. 8, 9. Il y a dans Martial, *quantùm cura potest, et ars doloris!* Edit. varior. ann. 1670.

comment il semble que la fortune se ioue à nous prendre au mot ; et i'ay ouï reciter plusieurs exemples de gents devenus malades, ayant entreprins de s'en feindre. De tout temps i'ay apprins de charger ma main, et à cheval et à pied, d'une baguette ou d'un baston, iusques à y chercher de l'elegance, et de m'en seiourner d'une contenance affettée : plusieurs m'ont menacé que fortune tourneroit un iour cette mignardise en necessité. Ie me fonde sur ce que ie serois tout le premier goutteux de ma race.

Mais alongeons ce chapitre et le bigarrons d'une aultre piece, à propos de la cecité. Pline dict d'un qui, songeant estre aveugle en dormant, s'en trouva l'endemain, sans aulcune maladie precedente. La force de l'imagination peult bien ayder à cela, comme i'ay dict ailleurs ; et semble que Pline soit de cet advis : mais il est plus vraysemblable que les mouvements que le corps sentoit au dedans, desquels les medecins trouveront, s'ils veulent, la cause, qui lui ostoient la veue, feurent occasion du songe. Adioustons encores un' histoire voisine de ce propos, que Seneque recite en l'une de ses lettres : « Tu sçais, dict il escrivant à Lucilius, que Harpasté, la folle de ma femme, est demeuree chez moy, pour charge hereditaire : car de mon goust ie suis ennemy de ces monstres ; et, si i'ay envie de rire d'un fol, il ne me le fault chercher gueres loing, ie ris de moy mesme. Cette folle a subitement perdu la veue. Ie te recite chose estrange, mais veritable : elle ne sent point qu'elle soit aveugle, et presse incessamment son gouverneur de l'en emmener, parce qu'elle dict que ma maison est obscure. Ce que nous rions en elle, ie te prie croire qu'il advient à chascun de nous ; nul ne cognoist estre avare, nul convoiteux : encores les aveugles demandent un guide ; nous nous fourvoyons de nous mesmes. Ie ne suis pas ambitieux, disons nous ; mais à Rome on ne peult vivre aultrement : ie ne suis pas sumptueux ; mais la ville requiert une grande despense : ce n'est pas ma faulte si ie suis cholere, si ie n'ay encores establi aulcun train asseuré de vie; c'est la faulte de la ieunesse. Ne cherchons pas hors de nous nostre mal, il est chez nous, il est planté en nos entrailles : et cela mesme, que nous ne sentons pas estre malades, nous rend la guarison plus malaysee. Si nous ne commenceons de bonne heure à nous panser, quand aurons nous pourveu à tant de playes et à tant de maulx? si avons nous une tresdoulce medecine, que la philosophie; car, des aultres on n'en sent le plaisir qu'après la guarison, cette-cy plaist et guarit ensemble. » Voylà ce que dict Seneque (a), qui m'a emporté hors de mon propos; mais il y a du proufit au change.

CHAPITRE XXVI.

Des poulces.

TACITUS recite que parmi certains roys barbares, pour faire une obligation asseuree, leur maniere estoit de ioindre estroictement leurs mains droictes l'une à l'aultre, et s'entrelacer les poulces : et quand à force de les presser, le sang en estoit monté au bout, ils les bleceoient de quelque legiere poincte, et puis se les entresuceoient. Les medecins disent que les poulces sont les maistres doigts de la main, et que leur etymologie latine vient de pollere (1). Les Grecs l'appellent αντιχειρ, comme qui diroit une aultre main. Et il semble que par fois les Latins les prennent aussi en ce sens de main entiere;

  Sed nec vocibus excitata blandis,
  Molli pollice nec rogata, surgit. (2)

(a) Epistola 50.   (1) Etre fort et puissant.
(2) Mais cette partie d'où elle attend tout son plaisir demeure

C'estoit à Rome une signification de faveur, de comprimer et baisser les poulces,

> Fautor utroque tuum laudabit pollice ludum ; (1)

et de desfaveur, de les haulser et contourner au dehors :

> converso pollice vulgi,
> Quemlibet occidunt populariter. (2)

Les Romains dispensoient de la guerre ceulx qui estoient blecez au poulce, comme s'ils n'avoient plus la prinse des armes assez ferme. Auguste confisqua les biens à un chevalier romain qui avoit, par malice, coupé les poulces à deux siens ieunes enfants, pour les excuser d'aller aux armees : et avant luy, le senat, du temps de la guerre italique, avoit condamné Caius Vatienus à prison perpetuelle, et luy avoit confisqué touts ses biens, pour s'estre à escient coupé le poulce de la main gauche, pour s'exempter de ce voyage. Quelqu'un, de qui il ne me souvient point, ayant gaigné une bataille navale, feit couper les poulces à ses ennemis vaincus, pour leur oster le moyen de combattre et de tirer la rame. Les Atheniens les feirent couper aux Aeginetes pour leur oster la préférence en l'art de marine. En Lacedemone le maistre chastioit les enfants en leur mordant le poulce.

---

immobile, malgré les paroles passionnées et les attouchements d'un pouce doux et lascif qu'elle emploie pour l'animer. *Martial.* l. 12, epigr. 98, v. 8, 9.

(1) Tes amis applaudiront à tes jeux, en baissant les deux pouces. *Horat.* epist. 18, l. 1, v. 66.

(2) Le peuple n'a pas plutôt tourné le pouce en haut, qu'on fait périr les gladiateurs, pour lui plaire. *Juvenal.* sat. 3, v. 36.

CHAPITRE XXVII.

Couardise, mere de la cruauté.

I'ay souvent ouï dire que la couardise est mere de la cruauté : et si ay par experience apperceu que cette aigreur et aspreté de courage malicieux et inhumain s'accompaigne coustumierement de mollesse feminine ; i'en ay veu des plus cruels, subiects à pleurer aysement et pour des causes frivoles. Alexandre, tyran de Pheres, ne pouvoit souffrir d'ouïr au theatre le ieu des tragedies, de peur que ses citoyens ne le veissent gemir aux malheurs de Hecuba et d'Andromache, luy qui sans pitié faisoit cruellement meurtrir tant de gents touts les iours. Seroit ce foiblesse d'ame qui les rendist ainsi ployables à toutes extremitez ? La vaillance, de qui c'est l'effect de s'exercer seulement contre la resistance,

>Nec nisi bellantis gaudet cervice iuvenci, (1)

s'arreste à veoir l'ennemy à sa mercy : mais la pusillanimité, pour dire qu'elle est aussi de la feste, n'ayant peu se mesler à ce premier roolle, prend pour sa part le second, du massacre et du sang. Les meurtres des victoires s'exercent ordinairement par le peuple et par les officiers du bagage : et ce qui faict veoir tant de cruautez inouies aux guerres populaires, c'est que cette canaille de vulgaire s'aguerrit, et se gendarme, à s'ensanglanter iusques aux coudes et deschiquetter un corps

---

(1) Ne se plaisant à combattre un taureau que lorsqu'il fait une vigoureuse résistance. *Claudian.* epist. ad Hadrianum, v. 30.

à ses pieds, n'ayant ressentiment d'aultre vaillance :

> Et lupus et turpes instant morientibus ursi,
> Et quæcunque minor nobilitate fera est : (1)

comme les chiens couards, qui deschirent en la maison et mordent les peaux des bestes sauvages qu'ils n'ont osé attaquer aux champs. Qu'est ce qui faict, en ce temps, nos querelles toutes mortelles? et que là où nos peres avoient quelque degré de vengeance, nous commenceons à cette heure par le dernier; et ne se parle, d'arrivee, que de tuer? qu'est ce, si ce n'est couardise? Chascun sent bien qu'il y a plus de braverie et desdaing à battre son ennemy qu'à l'achever, et de le faire bouquer que de le faire mourir; dadvantage, que l'appetit de vengeance s'en assouvit et contente mieulx, car elle ne vise qu'à donner ressentiment de soy : voylà pourquoy nous n'attaquons pas une beste ou une pierre quand elle nous blece, d'autant qu'elles sont incapables de sentir nostre revenche : et de tuer un homme, c'est le mettre à l'abry de nostre offense. Et tout ainsi comme Bias crioit à un meschant homme, « Ie sçais que tost ou tard tu en seras puny, mais ie crains que ie ne le veoye pas »; et plaignoit les Orchomeniens de ce que la penitence que Lyciscus eut de la trahison contre eulx commise, venoit en saison qu'il n'y avoit personne de reste de ceulx qui en avoient esté interessez, et ausquels debvoit toucher le plaisir de cette penitence : tout ainsin est à plaindre la vengeance, quand celuy envers lequel elle s'employe perd le moyen de la souffrir; car, comme le vengeur y veult voir pour en tirer du plaisir, il fault que celui sur lequel il se venge y veoye aussi pour en recevoir du desplaisir et de la repentance. « Il s'en repentira », disons nous; et, pour luy avoir donné d'une

---

(1) Le loup et l'ours, et les animaux les plus méprisables, se précipitent sur les mourants. *Ovid.* trist. l. 3, eleg. 5, v. 35, 36.

pistolade en la teste, estimons nous qu'il s'en repente?
au rebours, si nous nous en prenons garde, nous trouverons qu'il nous faict la moue en tumbant ; il ne nous en sçait pas seulement mauvais gré, c'est bien loing de s'en repentir ; et lui prestons le plus favorable de touts les offices de la vie, qui est de le faire mourir promptement et insensiblement : nous sommes à conniller, à trotter, et à fuyr les officiers de la iustice qui nous suyvent; et luy est en repos. Le tuer, est bon pour eviter l'offense à venir ; non pour venger celle qui est faicte : c'est une action plus de crainte, que de braverie; de precaution, que de courage; de deffense, que d'entreprinse. Il est apparent que nous quitons par là et la vraye fin de la vengeance, et le soing de nostre reputation : nous craignons, s'il demeure en vie, qu'il nous recharge d'une pareille : ce n'est pas contre luy, c'est pour toy que tu t'en desfais. Au royaume de Narsingue cet expedient nous demeureroit inutile : là, non seulement les gents de guerre, mais aussi les artisans desmeslent leurs querelles à coups d'espee. Le roy ne refuse point le camp à qui se veult battre, et assiste, quand ce sont personnes de qualité, estrenant le victorieux d'une chaisne d'or; mais, pour laquelle conquerir, le premier à qui il en prend envie peult venir aux armes avec celuy qui la porte ; et pour s'estre desfaict d'un combat, il en a plusieurs sur les bras. Si nous pensions par vertu estre tousiours maistres de nostre ennemy, et le gourmander à nostre poste, nous serions bien marris qu'il nous eschappast, comme il faict en mourant. Nous voulons vaincre, mais plus seurement que honorablement; et cherchons plus la fin, que la gloire, en nostre querelle. Asinius Pollio, pour un honneste homme [moins excusable,] representa une erreur pareille; qui ayant escript des invectives contre Plancus, attendoit qu'il feust mort pour les publier : c'estoit faire la figue à un aveugle et dire des pouilles

à un sourd, et offenser un homme sans sentiment, plustost que d'encourir le hazard de son ressentiment. Aussi disoit on pour luy, « que ce n'estoit qu'aux lutins de luicter les morts ». Celuy qui attend à veoir trespasser l'aucteur duquel il veult combattre les escripts, que dict il, sinon qu'il est foible et noisif? On disoit à Aristote que quelqu'un avoit mesdict de luy : « Qu'il face plus, dict il, qu'il me fouette, pourveu que ie n'y sois pas. »

Nos peres se contentoient de revencher une iniure par un desmenti, un desmenti par un coup, et ainsi par ordre ; ils estoient assez valeureux pour ne craindre pas leur adversaire vivant et oultragé : nous tremblons de frayeur, tant que nous le voyons en pieds ; et qu'il soit ainsi, nostre belle practique d'auiourd'huy porte elle pas de poursuyvre à mort, aussi bien celuy que nous avons offensé, que celuy qui nous a offensez ? C'est aussi une espece de lascheté qui a introduict en nos combats singuliers cet usage de nous accompaigner de seconds, et tiers et quarts : c'estoit anciennement des duels ; ce sont à cette heure rencontres et battailles. La solitude faisoit peur aux premiers qui l'inventerent, *quum in se cuique minimum fiduciæ esset* (1); car naturellement quelque compaignie que ce soit apporte confort et soulagement au danger. On se servoit anciennement de personnes tierces, pour garder qu'il ne s'y feist desordre et desloyauté, et pour tesmoigner de la fortune du combat : mais depuis qu'on a prins ce train, qu'ils s'y engagent eulx mesmes, quiconque y est convié ne peult honnestement s'y tenir comme spectateur, de peur qu'on ne lui attribué que ce soit faulte ou d'affection ou de cœur. Oultre l'iniustice d'une telle action, et vilenie, d'engager à la protection de vostre honneur aultre valeur et force que la vostre, ie treuve du desadvantage

---

(1) Parceque chacun se défioit de soi-même.

à un homme de bien, et qui pleinement se fie de soy, d'aller mesler sa fortune à celle d'un second : chascun court assez de hazard pour soy, sans le courir encores pour un aultre; et a assez à faire à s'asseurer en sa propre vertu pour la deffense de sa vie, sans commettre chose si chere en mains tierces. Car, s'il n'a esté expressement marchandé au contraire, des quatre, c'est une partie liée; si vostre second est à terre, vous en avez deux sus les bras, avecques raison : et de dire que c'est supercherie, elle l'est voirement; comme de charger, bien armé, un homme qui n'a qu'un tronçon d'espee, ou, tout sain, un homme qui est desia fort blecé; mais si ce sont advantages que vous ayez gaigné en combattant, vous vous en pouvez servir sans reproche. La disparité et inegualité ne se poise et considere que de l'estat en quoy se commence la meslee; du reste prenez vous en à la fortune : et quand vous en aurez, tout seul, trois sur vous, vos deux compaignons s'estant laissez tuer, on ne vous faict non plus de tort que ie ferois, à la guerre, de donner un coup d'espee à l'ennemy que ie verrois attaché à l'un des nostres, de pareil advantage. La nature de la societé porte, où il y a trouppe contre trouppe, comme où nostre duc d'Orleans desfia le roi d'Angleterre Henry, cent contre cent; trois cents contre autant, comme les Argiens contre les Lacedemoniens; trois à trois, comme les Horaciens contre les Curiaciens, Que la multitude de chasque part n'est considérée que pour un homme seul : par tout où il y a compaignie, le hazard y est confus et meslé. I'ay interest domestique à ce discours : car mon frere sieur de Matecoulom feut convié à Rome à seconder un gentilhomme qu'il ne cognoissoit guere, lequel estoit deffendeur, et appellé par un aultre. En ce combat, il se trouva de fortune avoir en teste un qui luy estoit plus voisin et plus cogneu : je vouldrois qu'on me feist raison de ces loix d'honneur qui vont si souvent chocquant et troublant celles de la raison. Aprez s'estre desfaict de son homme, voyant les deux maistres de la querelle en pieds encores et entiers, il alla descharger son compaignon. Que pouvoit il moins? debvoit il se tenir coy, et regarder desfaire, si le sort l'eust ainsi voulu, celuy pour la deffense duquel il estoit là venu? ce qu'il avoit faict jusques alors ne servoit rien à la besongne; la querelle estoit indecise. La courtoisie que vous pouvez et certes debvez faire à vostre ennemy, quand vous l'avez reduict en mauvais termes et à quelque grand desadvantage, ie ne veois pas comment vous la puissiez faire quand il va de l'interest d'aultruy, où vous n'estes que suyvant, où la dispute n'est pas vostre : il ne pouvoit estre ny iuste, ni courtois, au hazard de celuy auquel il s'estoit presté. Aussi feut il delivré des prisons d'Italie par une bien soubdaine et solenne recommendation de nostre roy. Indiscrette nation! nous ne nous contentons pas de faire sçavoir nos vices et folies au monde, par reputation; nous allons aux nations estrangieres pour les leur faire veoir en presence! mettez trois François aux deserts de Libye, ils ne seront pas un mois ensemble sans se harceler et esgratigner; vous diriez que cette peregrination est une partie dressée pour donner aux estrangiers le plaisir de nos tragedies, et le plus souvent a tels qui s'esiouïssent de nos maulx et qui s'en mocquent. Nous allons apprendre en Italie à escrimer, et l'exerceons aux despens de nos vies avant que de le sçavoir; si fauldroit il, suivant l'ordre de la discipline, mettre la theorique avant la practique : nous trahissons nostre apprentissage :

> Primitiæ invenum miseræ, bellique futuri
> Dura rudimenta! (1)

Ie sçais bien que c'est un art utile à sa fin (Au duel des

---

(1) Tristes épreuves, funeste apprentissage que font ces jeunes

deux princes cousins germains, en Espaigne, le plus vieil, dict Tite Live (a), par l'addresse des armes et par ruse, surmonta facilement les forces estourdies du plus ieune), et, comme i'ai cogneu par experience, duquel la cognoissance a grossi le cœur à aulcuns oultre leur mesure naturelle; mais ce n'est pas proprement vertu, puis qu'elle tire son appuy de l'addresse, et qu'elle prend aultre fondement que de soy mesme. L'honneur des combats consiste en la ialousie du courage, non de la science : et pourtant ay ie veu quelqu'un de mes amis, renommé pour grand maistre en cet exercice, choisir en ses querelles des armes qui luy ostassent le moyen de cet advantage, et lesquelles despendoient entierement de la fortune et de l'asseurance, afin qu'on n'attribuast sa victoire plustost à son escrime qu'à sa valeur; et, en mon enfance, la noblesse fuyoit la reputation de bon escrimeur comme iniurieuse, et se desrobboit pour l'apprendre, comme un mestier de subtilité desrogeant à la vraye et naïfve vertu.

> Non schivar, non parar, non ritirarsi
> Voglion costor, nè qui destrezza ha parte ;
> Non danno i colpi or finti, or pieni, or scarsi :
> Toglie l' ira e 'l furor l' uso dell' arte.
> Odi le spade orribilmente urtarsi
> A mezzo il ferro ; il piè d'orma non parte :
> Sempre è il piè fermo, e la man sempre in moto;
> Nè scende taglio in van, nè punta a voto. (1)

Les buttes, les tournois, les barrieres, l'image des com-

---

gens pour une guerre à venir! *Aeneid.* l. 11, v. 156.

(a) l. 28, chap. 21.

(1) Ils ne veulent ni esquiver, ni parer, ni fuir; l'addresse n'a point de part à leur combat; ils portent leurs coups tantôt à plomb et tantôt de côté, sans user d'aucune feinte : la colere et la fureur les empêchent de recourir à des tours artificieux. On entend leurs épées se choquer par le milieu. Le pied toujours ferme

bats guerriers estoient l'exercice de nos peres : cet aultre exercice est d'autant moins noble, qu'il ne regarde qu'une fin privee ; qui nous apprend à nous entreruyner, contre les lois et la iustice, et qui, en toute façon, produict tousiours des effects dommageables. Il est bien plus digne et mieulx seant de s'exercer en choses qui asseurent, non qui offensent nostre police, qui regardent la publicque seureté et la gloire commune. Publius Rutilius, consul, feut le premier qui instruisit le soldat à manier ses armes par addresse et science, qui conioingnit l'art à la vertu, non pour l'usage de querelle privee, ce feut pour la guerre et querelles du peuple romain ; escrime populaire et civile : et, oultre l'exemple de Cesar, qui ordonna aux siens de tirer principalement au visage des gentsdarmes de Pompeius en la bataille de Pharsale, mille aultres chefs de guerre se sont ainsin advisez d'inventer nouvelle forme d'armes, nouvelle forme de frapper et de se couvrir, selon le besoing de l'affaire present. Mais, tout ainsi que Philopœmen condamna la luicte, en quoy il excelloit, d'autant que les preparatifs qu'on employoit à cet exercice estoient divers à ceulx qui appartiennent à la discipline militaire à laquelle seule il estimoit les gents d'honneur se debvoir amuser : il me semble aussi que cette addresse à quoy on façonne ses membres, ces destours et mouvements à quoy on exerce la ieunesse en cette nouvelle eschole, sont non seulement inutiles, mais contraires plustost et dommageables à l'usage du combat militaire ; aussi y employent nos gents communement des armes particulieres, et peculierement destinees à cet usage : et i'ay veu qu'on ne trouvoit gueres bon qu'un gentilhomme, convié à l'espee et au poignard, s'offrist en equipage de gentdarme ; [ny

---

et immobile, et la main dans un mouvement continuel, ils ne donnent aucun coup d'estoc ou de taille qui porte à faux. *Torquato Tasso* nella Gerusal. liberata. cant. 12, stanz. 55.

qu'un aultre offrist d'y aller avecques sa cappe, au lieu du poignard.] Il est digne de consideration que Lachez, en Platon, parlant d'un apprentissage de manier les armes, conforme au nostre, dict n'avoir iamais de cette eschole veu sortir nul grand homme de guerre, et nommeement des maistres d'icelle : quant à ceulx là, nostre experience en dict bien autant. Du reste, au moins pouvons nous dire que ce sont suffisances de nulle relation et correspondance; et, en l'institution des enfants de sa police, Platon interdict les arts de mener les poings, introduictes par Amycus et Epeius, et de luicter, par Antaeus et Cercyo, parce qu'elles ont aultre but que de rendre la ieunesse plus apte au service des guerres, et n'y conferent point. Mais ie m'en vois un peu bien à gauche de mon theme.

L'empereur Maurice, estant adverty par songes et plusieurs prognostiques qu'un Phocas, soldat pour lors incogneu, le debvoit tuer, demandoit à son gendre Philippus, qui estoit ce Phocas, sa nature, ses conditions et ses mœurs; et comme, entre aultres choses, Philippus luy dict qu'il estoit lasche et craintif, l'empereur conclud incontinent par là qu'il estoit doncques meurtrier et cruel. Qui rend les tyrans si sanguinaires, c'est le soing de leur seureté, et que leur lasche cœur ne leur fournit d'aultres moyens de s'asseurer, qu'en exterminant ceulx qui les peuvent offenser, iusques aux femmes, de peur d'une esgratigneure :

Cuncta ferit, dum cuncta timet. (1)

Les premieres cruautez s'exercent pour elles mesmes; de là s'engendre la crainte d'une iuste revenche, qui produict aprez une enfileure de nouvelles cruautez, pour les estouffer les unes par les aultres. Philippus, roy de Ma-

---

(1) comme tout lui fait peur, il frappe tout sans distinction. *Claudian.* in Eutrop. l. 1, v. 182.

cedoine, celuy qui eut tant de fusees à desmesler avecques le peuple romain, agité de l'horreur des meurtres commis par son ordonnance, ne se pouvant resouldre contre tant de familles en divers temps offensees, print party de se saisir de touts les enfants de ceulx qu'il avoit faict tuer, pour de iour en iour les perdre l'un aprez l'aultre, et ainsin establir son repos.

Les belles matieres tiennent tousiours bien leur reng en quelque place qu'on les seme : moy, qui ay plus de soing du poids et utilité des discours, que de leur ordre et suitte, ne doibs pas craindre de loger icy, un peu à l'escart, une tresbelle histoire. [Quand (a) elles sont si riches de leur propre beauté, et se peuvent seules trop soubstenir, ie me contente du bout d'un poil pour les ioindre à mon propos.]

Entre les aultres condemnez par Philippus, avoit esté un Herodicus, prince des Thessaliens (b) : aprez luy, il avoit encores depuis faict mourir ses deux gendres laissants chascun un fils bien petit. Theoxena et Archo estoient les deux veufves. Theoxena ne peut estre induicte à se remarier, en estant fort poursuyvie. Archo espousa Poris, le premier homme d'entre les Aeniens, et en eut nombre d'enfants qu'elle laissa touts en bas aage. Theoxena, espoinçonnee d'une charité maternelle envers ses nepveux, pour les avoir en sa conduicte et protection espousa Poris. Voicy venir la proclamation de l'edict du roy. Cette courageuse mere, se desfiant et de la cruauté de Philippus et de la licence de ses satellites envers cette belle et tendre ieunesse, osa dire qu'elle les tueroit plustost de ses mains que de les rendre.

(a) On peut voir sur ces diverses additions la note (b) de la page 96 de ce volume. N.

(b) Toute cette histoire est prise de Tite-Live, lib. 40, chap. 4. Mais Montaigne n'a pas toujours traduit fidèlement son original. C.

Poris, effrayé de cette protestation, luy promit de les desrobber et emporter à Athenes, en la garde d'aulcuns siens hostes fideles. Ils prennent occasion d'une feste annuelle qui se celebroit à Aenie à l'honneur d'Aeneas, et s'y en vont. Ayant assisté le iour aux cerimonies et banquet publicque, la nuict ils s'escoulent dans un vaisseau preparé, pour gaigner païs par mer. Le vent leur feut contraire; et, se trouvants lendemain à la vue de la terre d'où ils avoient desmaré, feurent suyvis par les gardes des ports. Au ioindre, Poris s'embesongnant à haster les mariniers pour la fuitte, Theoxena, forcenee d'amour et de vengeance, se reiectant à sa premiere proposition, faict apprest d'armes et de poison, et les presentant à leur veue : « Or sus, mes enfants, la mort est meshuy
« le seul moyen de vostre deffense et liberté, et sera
« matiere aux dieux de leur saincte iustice : ces espees
« traictes, ces couppes pleines, vous en ouvrent l'entree:
« courage. Et toy, mon fils, qui es plus grand, empoi-
« gne ce fer, pour mourir de la mort plus forte ». Ayants d'un costé cette vigoreuse conseillere, les ennemis de l'aultre à leur gorge, ils coururent de furie chascun à ce qui luy feut le plus à main ; et, demy morts, feurent iectez en la mer. Theoxena, fiere d'avoir si glorieusement pourveu à la seureté de touts ses enfants, accollant chauldement son mary : « Suyvons ces garsons, mon amy ; et iouïssons de mesme sepulture avecques eux ». Et, se tenants ainsin embrassez, se precipiterent : de maniere que le vaisseau feut ramené à bord, vuide de ses maistres.

Les tyrans pour faire touts les deux ensemble, et tuer, et faire sentir leur cholere, ils ont employé toute leur suffisance à trouver moyen d'alonger la mort. Ils veulent que leurs ennemis s'en aillent, mais non pas si viste qu'ils n'ayent loisir de savourer leur vengeance. Là dessus ils sont en grand' peine : car si les torments sont violents, ils sont courts ; s'ils sont longs, ils ne sont pas assez douloureux à leur gré : les voylà à dispenser leurs engins. Nous en voyons mille exemples en l'antiquité; et ie ne sçais si, sans y penser, nous ne retenons pas quelque trace de cette barbarie. Tout ce qui est au delà de la mort simple, me semble pure cruauté. Nostre iustice ne peult esperer que celuy que la crainte de mourir, et d'estre descapité, ou pendu, ne gardera de faillir, en soit empesché par l'imagination d'un feu languissant, ou des tenailles, ou de la roue. Et ie ne sçais ce pendant, si nous les iectons au desespoir; car en quel estat peult estre l'ame d'un homme, attendant vingt quatre heures la mort, brisé sur une roue, ou, à la vieille façon, cloué à une croix? Iosephe recite que pendant les guerres des Romains en Iudée, passant où l'on avoit crucifié quelques Iuifs il y avoit trois iours, il recogneut trois de ses amis, et obtient de les oster de là; les deux moururent, dict il, l'aultre vescut encores depuis. Chalcondyle, homme de foy, aux memoires qu'il a laissé des choses advenues de son temps et prez de luy, recite pour extreme supplice celui que l'empereur Mechmet practiquoit souvent, de faire trencher les hommes en deux parts par le fauls du corps, à l'endroict du diaphragme, et d'un seul coup de cimeterre : d'où il arrivoit qu'ils mourussent comme de deux morts à la fois; et voyoit on, dict il, l'une et l'aultre part pleine de vie se demener long temps aprez, pressee de torment. Ie n'estime pas qu'il y eust grand sentiment en ce mouvement : les supplices plus hideux à veoir ne sont pas tousiours les plus forts à souffrir; et treuve plus atroce ce que d'aultres historiens en recitent contre des seigneurs epirotes, qu'il les feit escorcher par le menu, d'une dispensation si malicieusement ordonnee, que leur vie dura quinze iours à cette angoisse. Et ces deux aultres : Crœsus ayant faict prendre un gentilhomme, favori de Pantaleon son frere, le mena en la boutique d'un foullon, où il le feit tant gratter et carder à coups de cardes et peignes (a) de ce cardeur, qu'il en mourut. George Sechel, chef de ces païsans de Poloigne qui, soubs tiltre de la croisade, feirent tant de maulx, desfaict en battaille par le vayvode de Transsylvanie, et prins, feut trois jours attaché nud sur un chevalet, exposé à toutes les manieres de torments que chascun pouvoit inventer contre luy ; pendant lequel temps (b) on ne donna ny à manger ny à boire aux aultres prisonniers. Enfin, luy vivant et voyant, on abbruva de son sang Lucat son cher frere, et pour le salut duquel il prioit, tirant sur soy toute l'envie de leurs mesfaicts : et feit lon paistre vingt de ses plus favoris capitaines, deschirants à belles dents sa chair, et en engloutissants les morceaux. Le reste du corps et parties du dedans, lui expiré, feurent mises bouillir, qu'on feit manger à d'aultres de sa suitte.

(a) De ce mestier, iusques à ce qu'il en mourut. *Edit. in-fol.* de 1595.

(b) On feit ieuner plusieurs aultres prisonniers. *Edition* de 1595.

CHAPITRE XXVIII.

Toutes choses ont leur saison.

Ceulx qui apparient Caton le censeur au ieune Caton meurtrier de soy mesme, apparient deux belles natures et de formes voisines. Le premier exploicta la sienne à plus de visages, et precelle en exploicts militaires et en utilité de ses vacations publicques : mais la vertu du ieune, oultre ce que c'est blaspheme de luy en apparier null' aultre en vigueur, feut bien plus nette ; car qui deschargeroit d'envie et d'ambition celle du censeur, ayant osé chocquer l'honneur de Scipion, en bonté et en toutes parties d'excellence de bien loing plus grand et que luy et que tout aultre homme de son siecle? Ce qu'on dict, entre aultres choses, de lui, qu'en son extreme vieillesse il se meit à apprendre la langue grecque, d'un ardent appetit comme pour assouvir une longue soif, ne me semble pas luy estre fort honnorable : c'est proprement ce que nous disons, « Retumber en enfantillage ». Toutes choses ont leur saison, les bonnes, et tout ; et ie puis dire mon patenostre hors de propos ; comme on defera T. Quintius Flaminius, de ce qu'estant general d'armee, on l'avoit veu à quartier, sur l'heure du conflict, s'amusant à prier dieu, en une bataille qu'il gaigna.

Imponit finem sapiens et rebus honestis. (1)

Eudemonidas voyant Xenocrates fort vieil s'empresser

---

(1) Et même à la vertu le sage met des bornes.
Juven. sat. 6, v. 443.
Ici Montaigne détourne les paroles de ce poëte du sens qu'elles ont dans l'original, où elles signifient tout autre chose. C.

aux leçons de son eschole : « Quand sçaura cettui cy, dict il, s'il apprend encores » ! Et Philopœmen, à ceulx qui hault louoient le roy Ptolomaeus de ce qu'il durcissoit sa personne touts les iours à l'exercice des armes : « Ce n'est, dict il, pas chose louable à un roy de son aage de s'y exercer; il les debvoit hormais reellement employer ». Le jeune doibt faire ses appresls; le vieil, en iouïr, disent les sages : et le plus grand vice qu'ils remarquent en nous, c'est que nos desirs raieunissent sans cesse, nous recommenceons tousiours à vivre : nostre estude et nostre envie debvroient quelquefois sentir la vieillesse. Nous avons le pied à la fosse; et nos appetits et poursuittes ne font que naistre,

> Tu secanda marmora
> Locas sub ipsum funus, et, sepulcri
> Immemor, struis domos. (1)

Le plus long de mes desseings n'a pas un an d'estendue : ie ne pense desormais qu'à finir, me desfoys de toutes nouvelles esperances et entreprinses, prends mon dernier congé de touts les lieux que ie laisse, et me despossede touts les iours de ce que i'ay : Olim iam nec perit quicquam mihi, nec acquiritur : .... plus superest viatici, quàm viæ. (2)

> Vixi, et quem dederat cursum fortuna peregi. (3)

C'est enfin tout le soulagement que ie treuve en ma vieil-

---

(1) Sur le point de mourir, tu tailles du marbre pour bâtir une maison, au lieu de songer à te faire un tombeau. *Horat.* l. 2, od. 18, v. 17, et seqq.

(2) Depuis long-temps je ne perds ni ne gagne.... Il me reste plus de provisions pour mon voyage, que de chemin à faire. *Senec.* epist. 77, ab initio.

(3) Me voici au bout de la carriere que la fortune m'avoit prescrite. *Virg. Aeneid.* l. 4, v. 653.

lesse, qu'elle amortit en moy plusieurs desirs et soings de quoy la vie est inquietee; le soing du cours du monde, le soing des richesses, de la grandeur, de la science, de la santé, de moy. Cettuy cy apprend à parler, lors qu'il lui fault apprendre à se taire pour iamais. On peult continuer à tout temps l'estude, non pas l'escholage : la sotte chose qu'un vieillard abecedaire !

> Diversos diversa iuvant, non omnibus annis
> Omnia conveniunt. (1)

S'il fault estudier, estudions un estude sortable à nostre condition, afin que nous puissions respondre, comme celuy à qui quand on demanda à quoy faire ces estudes en sa decrepitude, « A m'en partir meilleur, et plus à mon ayse », respondict il. Tel estude feut celuy du ieune Caton, sentant sa fin prochaine, qui se rencontra au discours de Platon De l'eternité de l'ame; non, comme il fault croire, qu'il ne feust de long temps garny de toute sorte de munitions pour un tel deslogement; d'asseurance, de volonté ferme et d'instruction, il en avoit plus que Platon n'en a en ses escripts ; sa science et son courage estoient, pour ce regard, au dessus de la philosophie : il print cette occupation, non pour le service de sa mort; mais, comme celuy qui n'interrompit pas seulement son sommeil en l'importance d'une telle deliberation, il continua aussi sans choix et sans changement ses estudes avec les aultres actions accoustumees de sa vie. La nuict qu'il veint d'estre refusé de la preture, il la passa à iouer; celle en laquelle il debvoit mourir, il la passa à lire: la perte ou de la vie, ou de l'office, tout lui feut un.

---

(1) Diverses choses plaisent à différentes personnes, et tout ne convient pas à tout âge. *Cornelius Gallus.* eleg. 1 ; senectut. descript. v. 103, 104.

CHAPITRE XXIX.

De la vertu.

Je treuve, par experience, qu'il y a bien à dire entre les boutees et saillies de l'ame, ou une resolue et constante habitude : et veois bien qu'il n'est rien que nous ne puissions, voire iusques à surpasser la divinité mesme, dict quelqu'un, d'autant que c'est plus de se rendre impassible, de soy, que d'estre tel, de sa condition originelle; et iusques à pouvoir ioindre à l'imbecillité de l'homme une resolution et asseurance de dieu, mais c'est par secousses : et ez vies de ces héros du temps passé, il y a quelquesfois des traicts miraculeux, et qui semblent de bien loing surpasser nos forces naturelles; mais ce sont traicts, à la vérité; et est dur à croire que de ces conditions ainsin eslevees on en puisse teindre et abbruver l'ame en maniere qu'elles luy deviennent ordinaires et comme naturelles. Il nous escheoit à nous mesmes, qui ne sommes qu'avortons d'hommes, d'eslancer par fois nostre ame, esveillee par les discours ou exemples d'aultruy, bien loing au delà de son ordinaire : mais c'est une espece de passion, qui la poulse et agite, et qui la ravit aulcunement hors de soy; car, ce tourbillon franchi, nous voyons que sans y penser elle se desbande et relasche d'elle mesme, sinon iusques à la derniere touche, au moins iusques à n'estre plus celle là; de façon que lors, à toute occasion, pour un oyseau perdu, ou un verre cassé, nous nous laissons esmouvoir à peu prez comme l'un du vulgaire. Sauf l'ordre, la moderation et la constance, i'estime que toutes choses soient faisables par un homme bien manque et defaillant en gros. A cette cause, disent les sages, il fault, pour iuger bien à poinct d'un homme, principalement contrerooller ses actions communes, et le surprendre en son à touts les iours.

Pyrrho, celuy qui bastit de l'ignorance une si plaisante science, essaya, comme touts les aultres vrayement philosophes, de faire responder sa vie à sa doctrine. Et, parce qu'il maintenoit la foiblesse du iugement humain estre si extreme que de ne pouvoir prendre party ou inclination, et le vouloit suspendre perpetuellement balancé, regardant et accueillant toutes choses comme indifferentes, on conte qu'il se maintenoit tousiours de mesme façon et visage : s'il avoit commencé un propos, il ne laissoit pas de l'achever; quand celuy à qui il parloit s'en feust allé; s'il alloit, il ne rompoit son chemin (a) pour empeschement qui se presentast, conservé des precipices, du heurt des charrettes et aultres accidents, par ses amis : car de craindre ou eviter quelque chose, c'eust esté chocquer ses propositions, qui ostoient aux sens mesmes toute eslection et certitude. Quelquesfois il souffrit d'estre incisé et cauterisé, d'une telle constance, qu'on ne luy en veit pas seulement ciller les yeulx. C'est quelque chose de ramener l'ame à ces imaginations; c'est plus d'y ioindre les effects; toutesfois il n'est pas impossible : mais de les ioindre avecques telle perseverance et constance que d'en establir son train ordinaire, certes, en ces entreprinses si esloingnées de l'usage commun, il est quasi incroyable qu'on le puisse. Voylà pourquoy luy, estant quelquesfois rencon-

---

(a) Montaigne dit positivement ailleurs, que ceux qui peignent Pyrrhon « stupide et immobile, prenant un train de vie farouche « et inassociable, attendant le heurt des charrettes, se presen- « tant aux precipices, refusant de s'accommoder aux loix », encherissent sur sa doctrine. Pyrrhon, ajoute-t-il, « n'a pas voulu « se faire pierre ou souche ; il a voulu se faire homme vivant, « discourant, et raisonnant, jouissant de touts plaisirs et commo- « ditez naturelles, etc. ». l. 2, c. 12, *voyez* tom. 2, p. 234. C.

tré en sa maison tansant bien asprement avecques sa sœur, et luy estant reproché de faillir en cela à son indifference : « Quoy, dict il, fault il qu'encores cette femmelette serve de tesmoignage à mes regles »? Une aultre fois, qu'on le veit se deffendre d'un chien : « Il est, dict il, tresdifficile de despouiller entierement l'homme : et se fault mettre en debvoir et efforcer de combattre les choses, premierement par les effects, mais au pis aller par la raison et par les discours ».

Il y a environ sept ou huict ans, qu'à deux lieues d'icy un homme de village, qui est encores vivant, ayant la teste de long temps rompue par la ialousie de sa femme, revenant un iour de la besongne, et elle le bien-veignant de ses criailleries accoustumees, entra en telle furie, que sur le champ, à tout la serpe qu'il tenoit encores en ses mains, s'estant moissonné tout net les pieces qui la mettoient en fiebvre, les luy iecta au nez. Et il se dict qu'un ieune gentilhomme des nostres, amoureux et gaillard, ayant par sa perseverance amolli enfin le cœur d'une belle maistresse, desesperé de ce que, sur le poinct de la charge, il s'estoit trouvé mol luy-mesme et desfailly, et que

non viriliter
Iners senile penis extulerat caput, (1)

il s'en priva soubdain revenu au logis, et l'envoya, cruelle et sanglante victime, pour la purgation de son offense. Si c'eust esté par discours et religion, comme les presbtres de Cybele, que ne dirions nous d'une si

---

(1) La partie dont il attendoit le plus de service, n'avoit donné aucun signe de vigueur. *Tibullus* ad Priapum, de inertiâ inguinis, carmen 84, diversorum poetarum in Priapum Lusus. Montaigne met ici *extulerat* au lieu d'*extulit*, qui est dans l'original. Ces fragments, ou ces priapées, ont été recueillis et publiés à la suite du Pétrone *variorum*, édit. de 1669. C.

haultaine entreprinse? Depuis peu de iours, à Bergerac, à cinq lieues de ma maison, contremont la riviere de Dordoigne, une femme ayant esté tormentée et battue, le soir avant, de son mary chagrin et fascheux de sa complexion, delibera d'eschapper à sa rudesse au prix de sa vie; et s'estant, à son lever, accointée de ses voisines comme de coustume, leur laissant couler quelque mot de recommendation de ses affaires, prenant une sienne sœur par la main, la mena avecques elle sur le pont, et, aprez avoir prins congé d'elle, comme par maniere de ieu, sans montrer aultre changement ou alteration, se precipita du hault en bas en la riviere, où elle se perdit. Ce qu'il y a de plus en cecy, c'est que ce conseil meurit une nuict entiere dans sa teste. C'est bien aultre chose des femmes indiennes: car estant leur coustume, aux maris d'avoir plusieurs femmes, et à la plus chere d'elles de se tuer aprez son mary, chascune, par le desseing de toute sa vie, vise à gaigner ce poinct et cet advantage sur ses compaignes; et les bons offices qu'elles rendent à leur mary ne regardent aultre recompense que d'estre preferees à la compaignie de sa mort.

> ... Ubi mortifero iacta est fax ultima lecto,
> Uxorum fusis stat pia turba comis:
> Et certamen habent lethi, quæ viva sequatur
> Coniugium: pudor est non licuisse mori.
> Ardent victrices, et flammæ pectora præbent,
> Imponuntque suis ora perusta viris. (1)

Un homme escrit encores en nos iours avoir veu en ces

---

(1) On n'a pas plutôt allumé le bûcher, qu'on voit à l'entour ses épouses échevelées, qui, le cœur pénétré de tendresse pour celui que la mort leur a ravi, se disputent pour savoir à qui d'entre elles doit appartenir l'honneur de l'accompagner, et de mon-

nations orientales cette coustume en credit, que non seulement les femmes s'enterrent aprez leurs maris, mais aussi les esclaves desquelles il a eu iouïssance : ce qui se faict en cette maniere : Le mary estant trespassé, la veufve peult, si elle veult, mais peu le veulent, demander deux ou trois mois d'espace à disposer de ses affaires. Le iour venu, elle monte à cheval, paree comme à nopces, et d'une contenance gaye, comme allant, dict elle, dormir avecques son espoux, tenant en sa main gauche un mirouer, une flesche en l'aultre : s'estant ainsi promenee en pompe, accompaignee de ses amis et parents et de grand peuple en feste, elle est tantost rendue au lieu publicque destiné à tels spectacles : c'est une grande place, au milieu de laquelle il y a une fosse pleine de bois ; et ioignant icelle, un lieu relevé de quatre ou cinq marches, sur lequel elle est conduicte, et servie d'un magnifique repas ; aprez lequel, elle se met à baller et à chanter, et ordonne, quand bon luy semble, qu'on allume le feu. Cela faict, elle descend, et prenant par la main le plus proche des parents de son mary, ils vont ensemble à la riviere voisine, où elle se despouille toute nue, et distribue ses ioyaux et vestements à ses amis, et se va plongeant dans l'eau, comme pour y laver ses pechez : sortant de là, elle s'enveloppe d'un linge iaune de quatorze brasses de long ; et, donnant derechef la main à ce parent de son mary, s'en revont sur la motte, où elle parle au peuple, et recommende ses enfants, si elle en a. Entre la fosse et la motte, on tire volontiers un rideau pour leur oster la veue de cette fornaise ardente, ce qu'aulcunes deffendent, pour tesmoigner plus

---

rir avec lui, comptant pour un déshonneur d'être privées de la liberté de lui sacrifier leur vie. Et celle qui sort victorieuse de ce combat, se jette aussitôt au milieu des flammes, et d'une bouche tout ardente elle meurt en embrassant son époux. *Propert.* eleg. 12, l. 3, v. 17, et seqq. Edit. cum notis varior. ann. 1680.

de courage. Finy qu'elle a de dire, une femme luy presente un vase plein d'huile à s'oindre la teste et tout le corps, lequel elle iecte dans le feu quand elle en a faict, et en l'instant s'y lance elle mesme. Sur l'heure, le peuple renverse sur elle quantité de busches pour l'empescher de languir; et se change toute leur ioye en dueil et tristesse. Si ce sont personnes de moindre estoffe, le corps du mort est porté au lieu où on le veult enterrer; et là mis en son seant, la veufve à genoux devant luy, l'embrassant estroictement, et se tient en ce poinct, pendant qu'on bastit autour d'eulx un mur, qui venant à se haulser iusques à l'endroict des espaules de la femme, quelqu'un des siens, par le derriere prenant sa teste, luy tord le col; et rendu qu'elle a l'esprit, le mur est soubdain monté et clos, où ils demeurent ensepvelis. En ce mesme païs, il y avoit quelque chose de pareil en leurs gymnosophistes: car, non par la contraincte d'aultruy, non par l'impetuosité d'un humeur soubdaine, mais par expresse profession de leur regle, leur façon estoit, à mesure qu'ils avoient attainct certain aage, ou qu'ils se voyoient menacez par quelque maladie, de se faire dresser un buchier, et au dessus un lict bien paré; et aprez avoir festoyé ioyeusement leurs amis et cognoissants, s'aller planter dans ce lict, en telle resolution, que le feu y estant mis, on ne les veist mouvoir ny pieds ny mains: et ainsi mourut l'un d'eulx, Calanus, en presence de toute l'armee d'Alexandre le grand. Et n'estoit estimé entre eulx ny sainct ny bienheureux qui ne s'estoit ainsi tué, envoyant son ame purgee et purifiee par le feu, aprez avoir consommé tout ce qu'il y avoit de mortel et terrestre. Cette constante premeditation de toute la vie, c'est ce qui faict le miracle.

Parmy nos aultres disputes, celle du Fatum s'y est meslee: et, pour attacher les choses advenir et nostre volonté mesmes à certaine et inevitable necessité, on est encores sur cet argument du temps passé, « Puisque Dieu preveoit toutes choses debvoir ainsin advenir, comme il faict sans doubte ; il fault doncques qu'elles adviennent ainsin ». A quoy nos maistres respondent « Que le veoir que quelque chose advienne, comme nous faisons, et Dieu de mesmes (car tout lui estant present, il veoit plustost qu'il ne preveoit), ce n'est pas la forcer d'advenir : voire, nous voyons, à cause que les choses adviennent ; et les choses n'adviennent pas, à cause que nous voyons : l'advenement fait la science, non la science l'advenement. Ce que nous voyons advenir, advient ; mais il pouvoit aultrement advenir : et Dieu, au registre des causes des advenements qu'il a en sa prescience, y a aussi celles qu'on appelle fortuites et les volontaires qui despendent de la liberté qu'il a donné à nostre arbitrage, et sçait que nous fauldrons parce que nous aurons voulu faillir ». Or i'ay veu assez de gents encourager leurs troupes de cette necessité fatale : car si nostre heure est attachee à certain poinct, ny les arquebusades ennemies, ny nostre hardiesse, ny nostre fuyte et couardise ne la peuvent advancer ou reculer. Cela est beau à dire ; mais cherchez qui l'effectuera : et s'il est ainsi, qu'une forte et vifve creance tire aprez soy les actions de mesme, certes cette foy, de quoy nous remplissons tant la bouche, est merveilleusement legiere en nos siecles ; sinon que le mespris qu'elle a des œuvres, lui face desdaigner leur compaignie. Tant y a, qu'à ce mesme propos, le sire de Iouinville, tesmoing croyable autant que tout aultre, nous raconte des Bedoins, nation meslee aux Sarrasins, ausquels le roy sainct Louys eut affaire en la Terre saincte, qu'ils croyoient si fermement, en leur religion, les iours d'un chascun estre de toute eternité prefix et comptez, d'une preordonnance inevitable, qu'ils alloient à la guerre nudz, sauf un glaive à la turquesque, et le corps seulement couvert d'un linge blanc : et pour leur plus extreme mauldisson, quand ils se courrouceoient aux leurs, ils avoient tousiours en la bouche : « Mauldit sois tu comme celui qui s'arme, de peur de la mort ! » voylà bien aultre preuve de creance et de foy que la nostre. Et de ce reng est aussi celle que donnerent ces deux religieux de Florence, du temps de nos peres : Estants en quelque controverse de science, ils s'accorderent d'entrer touts deux dans le feu, en presence de tout le peuple, et en la place publicque, pour la verification chascun de son party : et en estoient desia les apprests touts faicts, et la chose iustement sur le poinct de l'execution, quand elle feut interrompue par un accident improuveu (a).

Un ieune seigneur turc, ayant faict un signalé faict d'armes de sa personne, à la veue des deux battailles, d'Amurath et de l'Huniade (b), prestes à se donner; enquis par Amurath, Qui l'avoit, en si grande ieunesse et inexperience (car c'estoit la premiere guerre qu'il eust veu), rempli d'une si genereuse vigueur de courage, respondit « Qu'il avoit eu pour souverain precepteur de vaillance un lievre : quelque iour estant à la chasse, dict il, ie descouvris un lievre en forme; et encores que i'eusse deux excellents levriers à mon costé, si me sembla il, pour ne le faillir point, qu'il valloit mieulx y employer encores mon arc, car il me faisoit fort beau ieu. Ie commenceay à descocher mes fleches, et iusques à quarante qu'il y en avoit en ma trousse, non sans l'assener seulement, mais sans l'esveiller. Aprez tout, ie descouplai mes levriers aprez, qui n'y peurent non plus. I'appris par là qu'il avoit esté couvert par sa destinee ; et que, ny les traicts ny les glaives ne portent que par le congé de nostre fatalité, laquelle il n'est

---

(a) Mémoires de Philippe de Commines, l. 8, c. 19.
(b) Le fameux Jean Corvin Huniade, vaivode de Transylvanie, général des armées de Ladislas, roi de Hongrie, et l'un des plus grands capitaines de son siecle. C.

en nous de reculer ny d'advancer ». Ce conte doibt servir à nous faire veoir en passant combien nostre raison est flexible à toute sorte d'images. Un personnage, grand d'ans, de nom, de dignité et de doctrine, se vantoit à moy d'avoir esté porté à certaine mutation tresimportante de sa foy par une incitation estrangiere, aussi bizarre; et au reste, si mal concluante, que ie la trouvois plus forte au revers : luy l'appelloit miracle ; et moy aussi, à divers sens. Leurs historiens disent que la persuasion estant populairement semee entre les Turcs de la fatale et implevable prescription de leurs iours, ayde apparemment à les asseurer aux dangiers. Et ie cognois un grand prince qui en faict heureusement son proufict, soit qu'il la croye, soit qu'il la prenne pour excuse à se hazarder extraordinairement : Pourveu que fortune ne se lasse trop tost de luy faire espaule !

Il n'est point advenu de nostre memoire un plus admirable effect de resolution, que de ces deux qui conspirerent la mort du prince d'Orange (b). C'est merveille comment on peut eschauffer le second, qui l'executa, à une entreprinse en laquelle il estoit si mal advenu à son compaignon y ayant apporté tout ce qu'il pouvoit, et, sur cette trace, et de mesmes armes, aller entreprendre un seigneur, armé d'une si fresche instruction de desfiance, puissant de suitte d'amis et de force corporelle, en sa salle, parmy ses gardes, en une ville toute à sa devotion. Certes il y employa une main bien determinee, et un courage esmeu d'une vigoreuse passion. Un poignard est plus seur pour assener, mais d'autant

---

(a) Le fondateur de la république de Hollande. En 1582, le 18 de mars, ce prince fut assassiné d'un coup de pistolet à Anvers, au sortir de table, par un Biscain nommé Jehan de Jeaureguy; et guérit de cette blessure; mais en 1584, le 10 de juillet, il fut tué d'un coup de pistolet dans sa maison à Delft en Hollande, par Balthazar Gerard, natif de la Franche-Comté. C.

qu'il a besoing de plus de mouvement et de vigueur de bras que n'a un pistolet, son coup est plus subiect à estre gauchy ou troublé. Que celuy là ne courust à une mort certaine, ie n'y foys pas grand doubte; car les esperances de quoy on eust sceu l'amuser ne pouvoient loger en entendement rassis, et la conduicte de son exploict montre qu'il n'en avoit pas faulte, non plus que de courage. Les motifs d'une si puissante persuasion peuvent estre divers, car nostre fantasie faict de soy et de nous ce qu'il luy plaist. L'execution qui feut faicte prez d'Orleans (a), n'eut rien de pareil; il y eut plus de hazard que de vigueur; le coup n'estoit pas mortel, si la fortune ne l'en eust rendu; et l'entreprinse de tirer, estant à cheval, et de loing, et à un qui se mouvoit au bransle de son cheval, feust l'entreprinse d'un homme qui aimoit mieulx faillir son effect que faillir à se sauver. Ce qui suyvit aprez le montra; car il se transit et s'enyvra de la pensee de si haulte execution, si qu'il perdit entierement son sens et à conduire sa fuyte et à conduire sa langue en ses responses. Que luy falloit il, que recourir à ses amis au travers d'une riviere? c'est un moyen où ie me suis iecté à moindres dangiers, et que i'estime de peu de hazard, quelque largeur qu'ait le passage, pourveu que vostre cheval treuve l'entree facile, et que vous prevoyiez au delà un bord aysé selon le cours de l'eau. L'aultre (b) quand on luy prononcea son horrible sentence : « I'y estois preparé, dict il; ie vous estonnerai de ma patience. »

Les Assassins, nation despendante de la Phœnicie, sont estimez, entre les Mahumetans, d'une souveraine devo-

---

(a) Par Poltrot, qui assassina le duc de Guise, un soir que ce duc s'en retournoit à cheval à son logis. Voyez les mémoires de Brantome à l'article de M. de Guise, t. III, p. 112, 113, 115. C.

(b) Balthasar Gerard, qui venoit de tuer le prince d'Orange, par un infâme assassinat. C.

tion et pureté de mœurs. Ils tiennent que (a) le plus certain moyen de meriter paradis, c'est tuer quelqu'un de religion contraire. Parquoy (b), mesprisant touts les dangiers propres pour une si utile execution, un ou deux se sont veus souvent, au prix d'une certaine mort, se presenter à assassiner (nous avons emprunté ce mot de leur nom) leur ennemi au milieu de ses forces. Ainsi feut tué nostre comte Raymond de Tripoli en sa ville, [pendant (c) nos entreprinses de la guerre saincte ; et pareillement Conrad, marquis de Montferrat : les meurtriers conduicts au supplice, touts enflez et fiers d'un si beau chef d'œuvre.]

(a) le plus court chemin à gaigner paradis. *Edit. in-fol.* de 1595.

(b) Montaigne s'exprime un peu différemment dans l'édition de 1595, dont voici le texte : « Parquoy on l'a veu souvent entre-« prendre, à un ou deux, en pourpoinct, contre des ennemis « puissants, au prix d'une mort certaine, et sans aulcun soing « de leur propre dangier. Ainsi feut assassiné (ce mot est emprun-« té de leur nom) nostre comte Raymond de Tripoli, au milieu « de sa ville, pendant nos » etc.

(c) Voici encore une de ces additions, dont j'ai parlé ci-dessus (note b, ch. 22, page 96), qui distinguent les éditions de 1595 et de 1635, dont toutes celles qui ont paru depuis cette époque ne sont que des copies plus ou moins exactes. J'ajouterai seulement ici, au sujet de ces additions et de ces variantes, quelquefois importantes, et toujours remarquables sous divers rapports, qu'avec une sagacité, une certaine rectitude de jugement, au-dessus de son âge et peut-être même de son sexe considéré en général, Mlle de Gournay n'avoit aucune idée de la nature des devoirs qu'impose le titre d'éditeur : plus instruite sur ce point, elle auroit examiné avec un soin scrupuleux l'exemplaire de la bibliotheque centrale de Bordeaux, dont elle avoit connoissance, puisqu'elle en fait mention dans sa préface de l'édition de 1595 ; et cet examen lui eût été d'un grand secours pour perfectionner cette édition. Je me suis prescrit à cet égard la tâche qu'elle auroit dû remplir ; et je n'ai rien négligé pour donner du livre

CHAPITRE XXX.

D'un enfant monstrueux.

Ce conte s'en ira tout simple; car ie laisse aux medecins d'en discourir. Ie veis avant hier un enfant que deux hommes et une nourrice, qui se disoient estre le pere, l'oncle et la tante, conduisoient pour tirer quelque soul de le montrer à cause de son estrangeté. Il estoit, en tout le reste, d'une forme commune, et se soubstenoit sur ses pieds, marchoit et gazouilloit, à peu prez comme les aultres de mesme aage : il n'avoit encores voulu prendre aultre nourriture que du tettin de sa nourrice; et ce qu'on essaya en ma presence de luy mettre en la bouche, il le maschoit un peu, et le rendoit sans avaller : ses cris sembloient bien avoir quelque chose de particulier : il estoit aagé de quatorze mois iustement. Au dessoubs de ses tettins, il estoit prins et collé à un aultre enfant, sans teste, et qui avoit le conduict du dos estouppé, le reste entier; car il avoit bien l'un bras plus court, mais il luy avoit esté rompu par accident, à leur naissance : ils estoient ioincts face à face, et comme si un plus petit enfant en vouloit accoller un plus grandelet. La ioincture et l'espace par où ils se tenoient n'estoit que de quatre doigts, ou environ, en maniere que si vous retroussiez cet enfant impar-

---

de Montaigne le texte le plus complet, le plus pur et le plus correct qui ait paru jusqu'à ce jour. J'ajouterai même, puisque l'occasion s'en présente, qu'on se tromperoit fort si l'on croyoit ce travail aussi facile qu'il le paroît au premier apperçu : il faut plus que du temps et de la patience pour y réussir. N.

faict, vous voyiez au dessoubs le nombril de l'aultre : ainsi la cousture se faisoit entre les tettins et son nombril. Le nombril de l'imparfaict ne se pouvoit veoir, mais ouy bien tout le reste de son ventre : voylà comme ce qui n'estoit pas attaché, comme bras, fessier, cuisses et iambes de cet imparfaict, demouroient pendants et branslants sur l'aultre, et luy pouvoit aller sa longueur iusques à my iambe. La nourrice nous adioustoit qu'il urinoit par touts les deux endroicts; aussi estoient les membres de cet aultre nourris et vivants et en mesme poinct que les siens, sauf qu'ils estoient plus petits et menus. Ce double corps et ses membres divers, se rapportants à une seule teste, pourroient bien fournir de favorable prognostique au roy, de maintenir sous l'union de ses loix ces parts et pieces diverses de nostre estat : mais de peur que l'evenement ne le desmente, il vault mieulx le laisser passer devant; car il n'est que de deviner en choses faictes, *ut quum facta sunt, tum ad coniecturam aliquā interpretatione revocentur* (1) : comme on dict d'Epimenides (a), qu'il devinoit à reculons. Ie viens de veoir un pastre en Medoc, de trente ans ou environ, qui n'a aulcune montre des parties genitales : il a trois trous par où il rend son eau incessamment; il est barbu, a desir, et recherche l'attouchement des femmes. Ce que nous appellons monstres ne le sont pas à Dieu, qui veoid en l'immensité de son ouvrage l'infinité des formes qu'il y a comprinses : et est à croire que cette figure qui nous estonne se rapporte et tient à quelque aultre

---

(1) Afin qu'après qu'elles sont arrivées, on les fasse quadrer par quelque interprétation avec les conjectures qu'on en peut tirer. *Cic.* de divinat. l. 2, c. 31. Edit. Davis.

(a) La remarque est d'Aristote, qui dans sa rhétorique, l. 3, c. 12, nous dit qu'Epiménides n'exerçoit point sa faculté divinatrice sur les choses à venir, mais sur celles qui étoient passées et inconnues. C.

figure de mesme genre incogneu à l'homme. De sa toute sagesse il ne part rien que bon, et commun, et reglé : mais nous n'en voyons pas l'assortiement et la relation. Quod crebrò videt, non miratur, etiamsi cur fiat nescit. Quod antè non vidit, id, si evenerit, ostentum esse censet (1). Nous appellons contre nature, ce qui advient contre la coustume : rien n'est que selon elle, quel qu'il soit. Que cette raison universelle et naturelle chasse de nous l'erreur et l'estonnement que la nouvelleté nous apporte.

CHAPITRE XXXI.

De la cholere.

PLUTARQUE est admirable par tout, mais principalement où il iuge des actions humaines. On peult veoir les belles choses qu'il dict en la comparaison de Lycurgus et de Numa, sur le propos de la grande simplesse que ce nous est d'abandonner les enfants au gouvernement et à la charge de leurs peres. La plus part de nos polices, comme dict Aristote, laissent à chascun, en maniere des cyclopes, la conduicte de leurs femmes et de leurs enfants, selon leur folle et indiscrete fantasie: et quasi les seules lacedemonienne et cretense ont commis aux loix la discipline de l'enfance. Qui ne veoid qu'en un estat tout despend de son education et nourriture? et cependant, sans aulcune discretion, on la laisse à la mercy des parents, tant fols et meschants qu'ils soient. Entre aultres choses, combien de fois m'a il prins envie, pas-

---

(1) Voit-on souvent une chose, on ne l'admire point, quoiqu'on en ignore la cause : mais si ce qu'on n'avoit point encore vu arrive, on le regarde comme un prodige. *Cic.* de divinat. l. 2, c. 22. Edit. citat. ubi sup.

sant par nos rues, de dresser une farce pour venger des garsonnets que ie voyois escorcher, assommer et meurtrir à quelque pere ou mere furieux et forcenez de cholere! Vous leur voyez sortir le feu et la rage des yeulx,

> rabie iecur incendente feruntur
> Præcipites; ut saxa iugis abrupta, quibus mons
> Subtrahitur, clivoque latus pendente recedit, (1)

(et, selon Hippocrates, les plus dangereuses maladies sont celles qui desfigurent le visage), à tout une voix trenchante et esclatante, souvent contre qui ne faict que sortir de nourrice. Et puis les voylà stropiez, estourdis de coups; et nostre iustice qui n'en faict compte, comme si ces esboittements et eslochements n'estoient pas des membres de nostre chose publicque.

> Gratum est, quòd patriæ civem populoque dedisti,
> Si facis ut patriæ sit idoneus, utilis agris,
> Utilis et bellorum et pacis rebus agendis. (2)

Il n'est passion qui esbransle tant la sincerité des iugements, que la cholere. Aulcun ne feroit doubte de punir de mort le iuge qui par cholere auroit condamné son criminel; pourquoy est il non plus permis aux peres et aux pedantes de fouetter les enfants et les chastier estants en cholere? ce n'est plus correction, c'est vengeance. Le chastiement tient lieu de medecine aux enfants : et souffririons nous un medecin qui feust animé et courroucé contre son patient? Nous mesmes, pour

---

(1) Ils sont entraînés par la rage qui les dévore, comme un rocher qui tout d'un coup vient à se détacher du haut d'une montagne. *Juvenal.* sat. 6, v. 647, et seqq. Edit. varior. ann. 1684.

(2) On vous est obligé d'avoir donné un citoyen à la patrie, pourvu que par vos soins il soit utile à l'état, propre à faire valoir les terres, et à servir durant la guerre et en temps de paix. *Juvenal.* sat. 14, v. 70, et seqq.

bien faire, ne debvrions jamais mettre la main sur nos serviteurs tandis que la cholere nous dure. Pendant que le pouls nous bat et que nous sentons de l'esmotion, remettons la partie : les choses nous sembleront à la verité aultres, quand nous serons r'accoysez et refroidis. C'est la passion qui commande lors, c'est la passion qui parle ; ce n'est pas nous : au travers d'elle, les faultes nous apparoissent plus grandes, comme les corps au travers d'un brouillas. Celuy qui a faim use de viande ; mais celuy qui veult user de chastiement n'en doibt avoir faim ny soif. Et puis, les chastiements qui se font avecques poids et discretion se receoivent bien mieulx et avecques plus de fruict de celuy qui les souffre ; aultrement, il ne pense pas avoir esté iustement condamné par un homme agité d'ire et de furie ; et allegue pour sa iustification les mouvements extraordinaires de son maistre, l'inflammation de son visage, les serments inusitez, et cette sienne inquietude et precipitation temeraire :

> Ora tument irâ, nigrescunt sanguine venæ,
> Lumina gorgoneo sæviùs igne micant. (1)

Suetone recite que Caïus Rabirius ayant esté condamné par Cesar, ce qui luy servit le plus envers le peuple, auquel il appella, pour lui faire gaigner sa cause, ce feut l'animosité et l'aspreté que Cesar avoit apporté en ce iugement.

Le dire est aultre chose que le faire : il fault considerer le presche à part, et le prescheur à part. Ceux là se sont donné beau ieu en nostre temps, qui ont essayé de chocquer la verité de nostre Eglise par les vices des ministres d'icelle ; elle tire ses tesmoignages d'ailleurs :

---

(1) Le visage bouffi de colere, les veines enflées d'un sang tout noir, et les yeux étincelants d'un feu plus ardent que celui qui éclate dans les yeux d'une Gorgone. *Ovid.* de arte amandi, l. 3, v. 503, 504. Edit. cum not. varior.

c'est une sotte façon d'argumenter, et qui reiecteroit toutes choses en confusion ; un homme de bonnes mœurs peult avoir des opinions faulses ; et un meschant peult prescher verité, voire celuy qui ne la croit pas. C'est sans doubte une belle harmonie, quand le faire et le dire vont ensemble : et ie ne veulx pas nier que le dire, lors que les actions suyvent, ne soit de plus d'auctorité et efficace ; comme disoit Eudamidas, oyant un philosophe discourir de la guerre : « Ces propos sont beaux ; mais celuy qui les dict n'en est pas croyable, car il n'a pas les aureilles accoustumées au son de la trompette » : et Cleomenes, oyant un rhetoricien haranguer de la vaillance, s'en print fort à rire ; et, l'aultre s'en scandalisant, il luy dict : « I'en ferois de mesme si c'estoit une arondelle qui en parlast ; mais si c'estoit une aigle, ie l'orrois volontiers ». I'apperceois, ce me semble, ez escripts des anciens, que celuy qui dict ce qu'il pense, l'assene bien plus vifvement que celuy qui se contrefaict. Oyez Cicero parler de l'amour de la liberté ; oyez en parler Brutus : les escripts mesmes vous sonnent que cettuy cy estoit homme pour l'acheter au prix de la vie. Que Cicero, pere d'eloquence, traicte du mespris de la mort ; que Seneque en traicte aussi : celuy là traisne languissant, et vous sentez qu'il vous veult resouldre de chose de quoy il n'est pas resolu ; il ne vous donne point de cœur, car lui mesme n'en a point : l'aultre vous anime et enflamme. Ie ne veois iamais aucteur, mesmement de ceulx qui traictent de la vertu (a) et des offices, que ie ne recherche curieusement quel il a esté : car les ephores, à Sparte, voyants un homme dissolu proposer au peuple un advis utile, luy commanderent de se taire, et prierent un homme de bien de s'en attribuer l'invention, et le proposer.

(a) Et des actions. *Edit. de* 1595, mais effacé par Montaigne dans l'exemplaire corrigé. N.

Les escripts de Plutarque, à les bien savourer, nous le descouvrent assez, et ie pense le cognoistre iusques dans l'ame; si vouldrois ie que nous eussions quelques memoires de sa vie. Et me suis iecté en ce discours à quartier, à propos du bon gré que ie sens à Aul. Gellius de nous avoir laissé par escript ce conte de ses mœurs, qui revient à mon subiect de la cholere : Un sien esclave, mauvais homme et vicieux, mais qui avoit les aureilles aulcunement abbruvees des leçons de philosophie, ayant esté pour quelque sienne faulte despouillé par le commandement de Plutarque, pendant qu'on le fouettoit, grondoit au commencement, « Que c'estoit sans raison, et qu'il n'avoit rien faict » : mais enfin, se mettant à crier, et iniurier bien à bon escient son maistre, luy reprochoit « qu'il n'estoit pas philosophe comme il s'en vantoit (a); qu'il luy avoit souvent ouï dire qu'il estoit laid de se courroucer, voire qu'il en avoit faict un livre; et ce que lors, tout plongé en la cholere, il le faisoit si cruellement battre, desmentoit entierement ses escripts ». A cela Plutarque, tout froidement et tout rassis; « Comment, dict il, rustre, à quoy
« iuges tu que ie sois à cette heure courroucé? mon vi-
« sage, ma voix, ma couleur, ma parole, te donne elle
« quelque tesmoignage que ie sois esmeu? ie ne pense
« avoir ny les yeulx effarouchez, ny le visage troublé,
« ny un cry effroyable : rougis ie? escume ie? m'eschappe
« il de dire chose de quoy i'aye à me repentir? tressauls
« ie? fremis ie de courroux? car, pour te dire, ce sont
« là les vrais signes de la cholere ». Et puis, se destournant à celuy qui fouettoit : « Continuez, lui dict il, tousiours vostre besongne, pendant que cettuy cy et moy disputons ». Voylà son conte. Archytas Tarentinus revenant d'une guerre où il avoit esté capitaine general,

---

(a) Cet esclave de Plutarque ne dit pas que son maître se vantoit d'être philosophe, mais qu'il n'agissoit pas en philosophe. C.

trouva tout plein de mauvais mesnage en sa maison, et ses terres en friche, par le mauvais gouvernement de son receveur; et l'ayant faict appeller; « Va, luy dict il, que, si ie n'estois en cholere, ie t'estrillerois bien »! Platon de mesme, s'estant eschauffé contre l'un de ses esclaves, donna à Speusippus charge de le chastier, s'excusant d'y mettre la main luy mesme, sur ce qu'il estoit courroucé. Charillus lacedemonien, à un Elote qui se portoit trop insolemment et audacieusement envers luy, « Par les dieux! dict il, si ie n'estois courroucé, ie te ferois tout à cette heure mourir ».

C'est une passion qui se plaist en soy, et qui se flatte. Combien de fois nous estants esbranslez sous une faulse cause, si on vient à nous presenter quelque bonne deffense ou excuse, nous despitons nous contre la verité mesme et l'innocence? I'ay retenu à ce propos un merveilleux exemple de l'antiquité : Piso, personnage par tout ailleurs de notable vertu (a), s'estant esmeu contre un sien soldat, de quoy revenant seul du fourrage il ne luy sçavoit rendre compte où il avoit laissé un sien compaignon, teint pour averé qu'il l'avoit tué, et le condamna soubdain à la mort. Ainsi qu'il estoit au gibet, voycy arriver ce compaignon esgaré : toute l'armee en feit grand' feste; et aprez force caresses et accollades des deux compaignons, le bourreau meine l'un et l'aultre en la presence de Piso, s'attendant bien toute l'assistance que ce luy seroit à luy mesme un grand plaisir. Mais ce feut au rebours : car, par honte et despit, son ardeur qui estoit encores en son effort se redoubla, et, d'une subtilité que sa passion luy fournit soubdain, il en feit trois coulpables, parce qu'il en avoit trouvé un

---

(a) « C'étoit, dit Séneque, un homme exempt de plusieurs vices, « mais dur, et dans l'esprit duquel la sévérité passoit pour fermeté « d'ame ». (*De irâ*, l. 1, c. 16.) Montaigne nous faitici un portrait de Pison beaucoup plus avantageux : ie ne saurois dire pourquoi. C.

innocent, et les feit despescher touts trois ; le premier soldat, parce qu'il y avoit arrest contre luy ; le second qui s'estoit escarté, parce qu'il estoit cause de la mort de son compaignon ; et le bourreau, pour n'avoir obeï au commandement qu'on luy avoit faict. Ceulx qui ont à negocier avecques des femmes testues peuvent avoir essayé à quelle rage on les iecte quand on oppose à leur agitation le silence et la froideur, et qu'on desdaigne de nourrir leur courroux. L'orateur Celius estoit merveilleusement cholere de sa nature : A un qui souppoit en sa compaignie, homme de molle et doulce conversation, et qui, pour ne l'esmouvoir, prenoit party d'approuver tout ce qu'il disoit et d'y consentir : luy, ne pouvant souffrir son chagrin se passer ainsi sans aliment : « Nie moy quelque chose, de par les dieux ! dict il, afin que nous soyons deux ». Elles, de mesme, ne se courroucent qu'afin qu'on se contrecourrouce, à l'imitation des loix de l'amour. Phocion, à un homme qui luy troubloit son propos en l'iniuriant asprement, n'y feit aultre chose que se taire, et luy donner tout loisir d'espuiser sa cholere : cela faict, sans aulcune mention de ce trouble, il recommencea son propos en l'endroict où il l'avoit laissé. Il n'est replique si picquante comme est un tel mespris. Du plus cholere homme de France (et c'est tousiours imperfection, mais plus excusable à un homme militaire, car en cet exercice il y a certes des parties qui ne s'en peuvent passer), ie dis souvent que c'est le plus patient homme que ie cognoisse à brider sa cholere : elle l'agite de telle violence et fureur,

> magno veluti cùm flamma sonore
> Virgea suggeritur costis undantis aheni,
> Exsultantque æstu latices : furit intus aquai
> Fumidus atque altè spumis exuberat amnis ;
> Nec iam se capit unda ; volat vapor ater ad auras ; (1)

qu'il fault qu'il se contraigne cruellement pour la mo-

---

(1) Comme lorsque sous une chaudiere on met brûler de menu

derer. Et pour moy, ie ne sçache passion pour laquelle couvrir et soubtenir ie peusse faire un tel effort : ie ne vouldrois mettre la sagesse à si hault prix. Ie ne regarde pas tant ce qu'il faict, que combien il luy couste à ne faire pis. Un aultre se vantoit à moy du reglement et doulceur de ses mœurs, qui est à la verité singuliere : ie luy disois que c'estoit bien quelque chose, notamment à ceulx, comme luy, d'eminente qualité, sur lesquels chascun a les yeulx, de se presenter au monde tousiours bien temperez; mais que le principal estoit de prouveoir au dedans et à soy mesme, et que ce n'estoit pas à mon gré bien mesnager ses affaires, que de se ronger interieurement; ce que ie craignois qu'il feist, pour maintenir ce masque et cette reglee apparence par le dehors. On incorpore la cholere en la cachant; comme Diogenes dict à Demosthenes, lequel de peur d'estre apperceu en une taverne se reculoit au dedans : « Tant plus tu te recules arriere, tant plus tu y entres ». Ie conseille qu'on donne plustost une buffe à la ioue de son valet un peu hors de saison, que de gehenner sa fantasie pour representer cette sage contenance; et aimerois mieulx produire mes passions, que de les couver à mes despens : elles s'alanguissent en s'esventant et en s'exprimant; il vault mieulx que leur poincte agisse au dehors que de la plier contre nous. Omnia vitia in aperto leviora sunt : et tunc perniciosissima, quum simulata sanitate subsidunt (1). I'advertis ceulx qui ont loy de se pouvoir courroucer en ma famille : Premierement qu'ils mesnagent leur cholere, et ne l'espandent pas à tout

---

bois qui s'enflamme à grand bruit, l'eau venant à s'échauffer bondit, s'éleve à gros bouillons, échappe du vaisseau, et une noire vapeur s'envole dans les airs. *Virg. Aeneid.* l. 7, v. 462, et seqq.

(1) Tous les vices qui paroissent à découvert, sont les plus légers. Les plus pernicieux sont ceux qu'on cache sous une feinte réformation. *Senec.* epist. 56.

prix, car cela en empesche l'effect et le poids : la criaillerie temeraire et ordinaire passe en usage, et faict que chascun la mesprise; celle que vous employez contre un serviteur pour son larrecin, ne se sent point, d'autant que c'est celle mesme qu'il vous à veu employer cent fois contre luy, pour avoir mal reinsé un verre, ou mal assis une escabelle : Secondement, qu'ils ne se courroucent point en l'air, et regardent que leur reprehension arrive à celuy de qui ils se plaignent; car ordinairement ils crient avant qu'il soit en leur presence, et durent à crier, un siecle aprez qu'il est party :

et secum petulans amentia certat. (1)

ils s'en prennent à leur umbre, et poulsent cette tempeste en lieu où personne n'en est ny chastié ny interessé que du tintamarre de leur voix, tel qui n'en peult mais. I'accuse pareillement aux querelles ceulx qui bravent et se mutinent sans partie : il fault garder ces rodomontades où elles portent :

Mugitus veluti quum prima in prælia tauru
Terrificos ciet, atque irasci in cornua tentat,
Arboris obnixus trunco, ventosque lacessit
Ictibus, et sparsâ ad pugnam proludit arenâ. (2)

Quand ie me courrouce, c'est le plus vifvement, mais aussi le plus briefvement et secretement, que ie puis : ie me perds bien en vistesse et en violence; mais non pas en trouble, si que i'aille iectant à l'abandon et sans choix toutes sortes de paroles iniurieuses, et que ie ne

---

(1) Car le fou turbulent se bat contre lui-même.
Claudian. in Eutrop. l. 1, v. 237.

(2) Comme un taureau qui, près d'entrer en lice, pousse des mugissements horribles : transporté de fureur, il aiguise ses cornes contre les arbres, et; pour s'essayer au combat, de ses pieds il fend les airs, et fait voler le sable de tous côtés. *Aeneid.* l. 12, v. 103.

regarde d'asseoir pertinemment mes poinctes où i'estime qu'elles blecent le plus; car ie n'y employe communement que la langue. Mes valets en ont meilleur marché aux grandes occasions qu'aux petites : les petites me surprennent; et le malheur veult que depuis que vous estes dans le precipice, il n'importe qui vous ayt donné le bransle, vous allez tousiours iusques au fond; la cheute se presse, s'esmeut et se haste d'elle mesme. Aux grandes occasions, cela me paye qu'elles sont si iustes, que chascun s'attend d'en veoir naistre une raisonnable cholere; ie me glorifie à tromper leur attente : ie me bande et prepare contre celles cy, elles me mettent en cervelle et menacent de m'emporter bien loing si ie les suyvois; ayseement ie me garde d'y entrer, et suis assez fort, si ie l'attends, pour repousler l'impulsion de cette passion, quelque violente cause qu'elle aye : mais si elle me preoccupe et saisit une fois, elle m'emporte, quelque vaine cause qu'elle aye. Ie marchande ainsin avecques ceulx qui peuvent contester avecques moy : « Quand vous me sentirez esmeu le premier, laissez moy aller à tort ou à droict : i'en feray de mesme à mon tour. » La tempeste ne s'engendre que de la concurrence des choleres, qui se produisent volontiers l'une de l'aultre, et ne naissent en un poinct : donnons à chascune sa course, nous voylà tousiours en paix. Utile ordonnance, mais de difficile execution ! Par fois m'advient-il aussi de representer le courroucé, pour le reglement de ma maison, sans aulcune vraye esmotion. A mesure que l'aage me rend les humeurs plus aigres, i'estudie à m'y opposer; et feray, si ie puis, que ie seray d'oresenavant d'autant moins chagrin et difficile, que i'aurai plus d'excuse et d'inclination à l'estre, quoyque par cy devant ie l'aye esté entre ceulx qui le sont le moins. Encores un mot pour clorre ce pas. Aristote dict que « la cholere sert par fois d'armes à la vertu et à la vaillance ». Cela est vraysemblable : toutesfois ceulx qui y contredisent, respondent plaisamment Que c'est un' arme de nouvel usage; car nous remuons les aultres armes, cette cy nous remue; nostre main ne la guide pas, c'est elle qui guide nostre main; elle nous tient, nous ne la tenons pas.

CHAPITRE XXXII.

Defense de Seneque et de Plutarque.

La familiarité que i'ay avecques ces personnages icy, et l'assistance qu'ils font à ma vieillesse, et à mon livre massonné purement de leurs despouilles, m'oblige à espouser leur honneur.

Quant à Seneque, parmy une milliasse de petits livrets que ceulx de la religion pretendue reformee font courir pour la deffense de leur cause, qui partent par fois de bonne main, et qu'il est grand dommage n'estre embesongnés à meilleur subiect, i'en ai veu aultresfois un qui pour alonger et remplir la similitude qu'il veult trouver du gouvernement de nostre pauvre feu roy Charles neufviesme avecques celuy de Neron, apparie feu monsieur le cardinal de Lorraine avecques Seneque; leurs fortunes, d'avoir esté touts deux les premiers au gouvernement de leurs princes; et quand et quand leurs mœurs, leurs conditions et leurs desportements. En quoy, à mon opinion, il faict bien de l'honneur audict seigneur cardinal : car, encores que ie sois de ceulx qui estiment autant son esprit, son eloquence, son zele envers sa religion et service de son roy, et sa bonne fortune d'estre nay en un siecle où il feut si nouveau et si rare, et quand et quand si necessaire pour le bien publicque, d'avoir un personnage ecclesiastique de telle noblesse et dignité, suffisant et capable de sa charge; si est ce qu'à confesser la verité, ie n'estime sa capacité de beaucoup prez telle, ny sa vertu si nette et entiere ny si ferme, que celle de Seneque. Or ce livre de quoy ie parle, pour venir à son but, faict une description de Seneque tresiniurieuse, ayant emprunté ces reproches de Dion l'historien, duquel ie ne crois aulcunement le tesmoignage : car, oultre qu'il est inconstant, qui, aprez avoir appellé Seneque tressage tantost et tantost ennemy mortel des vices de Neron, le faict ailleurs avaricieux, usurier, ambitieux, lasche, voluptueux et contrefaisant le philosophe à faulses enseignes, sa vertu paroist si vifve et vigoreuse en ses escripts, et la deffense y est si claire à aulcunes de ces imputations, comme de sa richesse et despense excessifve, que ie n'en croirois aulcun tesmoignage au contraire ; et dadvantage, il est bien plus raisonnable de croire en telles choses les historiens romains, que les grecs et estrangiers : or Tacitus et les aultres parlent treshonnorablement et de sa vie et de sa mort, et nous le peignent en toutes choses personnage tresexcellent et tresvertueux ; et ie ne veulx alleguer aultre reproche contre le iugement de Dion, que cettuy cy qui est inevitable, c'est qu'il a le sentiment si malade aux affaires romaines, qu'il ose soubtenir la cause de Iulius Cesar contre Pompeius, et d'Antonius contre Cicero.

Venons à Plutarque. Iean Bodin est un bon aucteur de nostre temps, et accompaigné de beaucoup plus de iugement que la tourbe des escrivailleurs de son siecle, et merite qu'on le iuge et considere : ie le treuve un peu hardy en ce passage de sa Methode de l'histoire, où il accuse Plutarque non seulement d'ignorance (surquoy ie l'eusse laissé dire, car cela n'est pas de mon gibier), mais aussi en ce que cet aucteur escript souvent « des « choses incroyables et entierement fabuleuses » : ce sont ses mots. S'il eust dict simplement, « les choses aultrement qu'elles ne sont », ce n'estoit pas grande reprehension, car ce que nous n'avons pas veu nous le prenons des mains d'aultruy et à credit : et ie veois qu'à escient il recite par fois diversement mesme histoire ; comme le iugement des trois meilleurs capitaines qui eussent oncques esté, faict par Hannibal, il est aultrement en la vie de Flaminius, aultrement en celle de Pyrrhus. Mais, de le charger d'avoir prins pour argent comptant des choses incroyables et impossibles, c'est accuser de faulte de iugement le plus iudicieux aucteur du monde : et voicy son exemple : « comme, ce dict il, quand il recite qu'un enfant de Lacedemone se laissa deschirer tout le ventre à un regnardeau qu'il avoit desrobbé, et le tenoit caché soubs sa robbe, iusques à mourir plustost que de descouvrir son larrecin ». Ie treuve en premier lieu cet exemple mal choisi ; d'autant qu'il est bien malaysé de borner les efforts des facultez de l'ame, là où des forces corporelles nous avons plus de loy de les limiter et cognoistre : et à cette cause, si c'eust esté à moy à faire, i'eusse plustost choisi un exemple de cette seconde sorte ; et il y en a de moins croyables, comme, entre aultres, ce qu'il recite de Pyrrhus, « que, tout blecé qu'il estoit, il donna si grand coup d'espee à un sien ennemy armé de toutes pieces, qu'il le fendit du hault de la teste iusques au bas, si que le corps se partit en deux parts ». En son exemple, ie n'y treuve pas grand miracle, ny ne receois l'excuse dequoy il couvre Plutarque, d'avoir adiousté ce mot, « comme on dict », pour nous advertir, et tenir en bride nostre creance ; car, si ce n'est aux choses receues par auctorité et reverence d'ancienneté ou de religion, il n'eust voulu ny recevoir luy mesme, ny nous proposer à croire choses de soy incroyables ; et que ce mot « comme on dict » il ne l'employe pas en ce lieu pour cet effect, il est aysé à veoir par ce que luy mesme nous raconte ailleurs, sur ce subiect de la patience des enfants lacedemoniens, des exemples advenus de son temps plus mal aysez à persuader : comme celuy que Cicero a tesmoigné aussi avant

luy ; « pour avoir (à ce qu'il dict) esté sur les lieux »,
que iusques à leur temps, il se trouvoit des enfants, en
cette preuve de patience à quoy on les essayoit devant
l'autel de Diane, qui souffroient d'y estre fouettez iusques à ce que le sang leur couloit par tout, non seulement sans s'escrier, mais encores sans gemir, et aulcuns
iusques à y laisser volontairement la vie : et ce que Plutarque aussi recite, avecques cent aultres tesmoings, qu'au
sacrifice, un charbon ardent s'estant coulé dans la manche d'un enfant lacedemonien, ainsi qu'il encensoit, il
se laissa brusler tout le bras, iusques à ce que la senteur
de la chair cuicte en veint aux assistants. Il n'estoit rien
selon leur coustume où il leur allast plus de la reputation, ny de quoy ils eussent à souffrir plus de blasme
et de honte, que d'estre surprins en larrecin. Ie suis
si imbu de la grandeur de ces hommes là, que non
seulement il ne me semble, comme à Bodin, que son
conte soit incroyable, que ie ne le treuve pas seulement
rare et estrange. L'histoire spartaine est pleine de mille
plus aspres exemples et plus rares : elle est, à ce prix,
toute miracle. Marcellinus recite, sur ce propos du larrecin, que de son temps il ne s'estoit encores peu trouver
aulcune sorte de torment qui peust forcer les Aegyptiens, surprins en ce mesfaict qui estoit fort en usage
entre eulx, de dire seulement leur nom.

Un païsan espaignol estant mis à la gehenne sur les
complices de l'homicide du preteur Lucius Piso, crioit
au milieu des torments « Que ses amis ne bougeassent,
et l'assistassent en toute seureté ; et qu'il n'estoit pas
en la douleur de luy arracher un mot de confession » :
et n'en eut on aultre chose pour le premier iour. Le
lendemain, ainsi qu'on le ramenoit pour recommencer
son torment, s'esbranslant vigoreusement entre les mains
de ses gardes, il alla froisser sa teste contre une paroy,
et s'y tua. Epicharis, ayant saoulé et lassé la cruauté des
satellites de Neron, et soubtenu leur feu, leurs battures,

leurs engins, sans aulcune voix de revelation de sa coniuration, tout un iour, rapportee à la gehenne landemein, les membres touts brisez, passa un lacet de sa robbe dans l'un bras de sa chaize, à tout un nœud courant, et y fourrant sa teste, s'estrangla du poids de son corps. Ayant le courage d'ainsi mourir, et se desrobber aux premiers torments, semble elle pas à escient avoir presté sa vie à cette espreuve de sa patience [du iour precedent], pour se mocquer de ce tyran, et encourager d'aultres à semblable entreprinse contre luy? Et qui s'enquerra à nos argoulets des experiences qu'ils ont eues en ces guerres civiles, il se trouvera des effects de patience, d'obstination et d'opiniastreté parmy nos miserables siecles, et en cette tourbe molle et effeminée encores plus que l'aegyptienne, dignes d'estre comparez à ceulx que nous venons de reciter de la vertu spartaine. Ie sçais qu'il s'est trouvé des simples païsans s'estre laissez griller la plante des pieds, ecrazer le bout des doigts à tout le chien d'une pistole, poulser les yeulx sanglants hors de la teste, à force d'avoir le front serré d'une grosse chorde, avant que de s'estre seulement voulu mettre à rençon. I'en ay veu un, laissé pour mort, tout nud dans un fossé, ayant le col tout meurtry et enflé d'un licol qui y pendoit encores, avecques lequel on l'avoit tirassé toute la nuict à la queue d'un cheval, le corps percé en cent lieux à coups de dague qu'on luy avoit donnés, non pas pour le tuer, mais pour luy faire de la douleur et de la crainte; qui avoit souffert tout cela, et iusques à y avoir perdu parole et sentiment, resolu, à ce qu'il me dict, de mourir plustost de mille morts, (comme de vray, quant à sa souffrance, il en avoit passé une toute entiere,) avant que rien promettre : et si estoit un des plus riches laboureurs de toute la contree. Combien en a lon veu se laisser patiemment brusler et rostir pour des opinions empruntees d'aultruy, ignorees et incogneues? I'ay cogneu cent et cent femmes, car ils disent que les testes de Gascoigne ont quelque prerogative en cela, que vous eussiez plustost faict mordre dans le fer chauld que de leur faire desmordre une opinion qu'elles eussent conceue en cholere; elles s'exasperent à l'encontre des coups et de la contraincte : et celuy qui forgea le conte de la femme qui, pour aulcune correction de menaces et bastonnades, ne cessoit d'appeler son mary Pouilleux, et qui, precipitee dans l'eau, haulsoit encores, en s'estouffant, les mains, et faisoit au dessus de sa teste signe de tuer des pouils, forgea un conte duquel en verité touts les iours on veoid l'image expresse en l'opiniastreté des femmes. Et est l'opiniastreté sœur de la constance, au moins en vigueur et fermeté. Il ne fault pas iuger ce qui est possible et ce qui ne l'est pas, selon ce qui est croyable et incroyable à nostre sens, comme i'ay dict ailleurs; et est une grande faulte, et en laquelle toutesfois la plus part des hommes tumbent, ce que ie ne dis pas pour Bodin, de faire difficulté de croire d'aultrui ce qu'eulx ne sçauroient faire ou ne vouldroient. Il semble à chascun que la maistresse forme de nature est en luy; (a) touche et rapporte à celle là toutes les aultres formes : les allures qui ne se reglent aux siennes sont feinctes et artificielles. Quelle bestiale stupidité ! [Luy (b) propose lon quelque chose des actions ou facultez d'un aultre? la premiere chose qu'il appelle à la consultation de son iugement, c'est son exemple : selon qu'il en va chez luy, selon cela va l'ordre du monde. O l'asnerie dangereuse et insupportable !] Moy, ie considere aulcuns hommes fort loing au dessus de moy, nommeement entre les anciens; et,

---

(a) selon elle, il fault regler touts les aultres. *Edit. in-fol* de 1595.

(b) C'est le texte de l'édition de 1595, de celle de 1635, etc. On regrette de ne pas trouver cette réflexion si judicieuse dans l'exemplaire corrigé par Montaigne. N.

encores que ie recognoisse clairement mon impuissance
à les suyvre de mes pas, ie ne laisse pas de les suyvre
à veue, et iuger les ressorts qui les haulsent ainsi, desquels i'apperceois aulcunement en moy les semences :
comme ie fois aussi de l'extreme bassesse des esprits,
qui ne m'estonne et que ie ne mescrois non plus. Ie
veois bien le tour que celles là se donnent pour se monter, et admire leur grandeur : et ces eslancements que ie
treuve tresbeaux, ie les embrasse; et si mes forces n'y
vont, au moins mon iugement s'y applique tresvolontiers.

L'aultre exemple qu'il allegue « des choses incroyables
et entierement fabuleuses » dictes par Plutarque; c'est
« qu'Agesilaus feut mulcté par les ephores pour avoir
attiré à soy seul le cœur et la volonté de ses citoyens ».
Ie ne sçais quelle marque de faulseté il y treuve : mais
tant y a, que Plutarque parle là des choses qui luy debvoient estre beaucoup mieulx cogneues qu'à nous; et
n'estoit pas nouveau en Grece de veoir les hommes punis et exilez pour cela seul d'agreer trop à leurs citoyens,
tesmoings l'ostracisme et le petalisme.

Il y a encores en ce mesme lieu un'aultre accusation
qui me picque pour Plutarque, où il dict qu'il a bien
assorty de bonne foy les Romains aux Romains, et les
Grecs entre eulx; mais non les Romains aux Grecs,
tesmoings (dict il) Demosthenes et Cicero, Caton et
Aristides, Sylla et Lysander, Marcellus et Pelopidas,
Pompeius et Agesilaus : estimant qu'il a favorisé les
Grecs, de leur avoir donné des compaignons si dispareils. C'est iustement attaquer ce que Plutarque a de
plus excellent et louable; car en ses comparaisons (qui
est la piece plus admirable de ses œuvres, et en laquelle,
à mon advis, il s'est autant pleu), la fidelité et sincerité
de ses iugements eguale leur profondeur et leur poids :
c'est un philosophe qui nous apprend la vertu. Veoyons
si nous le pourrons garantir de ce reproche de prevari-

cation et faulseté. Ce que ie puis penser avoir donné occasion à ce iugement, c'est ce grand et esclatant lustre des noms romains que nous avons en la teste ; il ne nous semble point que Demosthenes puisse egualer la gloire d'un consul, proconsul et questeur de cette grande republicque : mais, qui considerera la verité de la chose, et les hommes en eulx mesmes, à quoy Plutarque a plus visé, et à balancer leurs mœurs, leurs naturels, leur suffisance que leur fortune, ie pense, au rebours de Bodin, que Ciceron et le vieux Caton en doibvent de reste à leurs compaignons. Pour son desseing i'eusse plustost choisi l'exemple du ieune Caton comparé à Phocion ; car en ce pair, il se trouveroit une plus vraysemblable disparité à l'advantage du Romain. Quant à Marcellus, Sylla, et Pompeius, ie veois bien que leurs exploicts de guerre sont plus enflez, glorieux et pompeux que ceulx des Grecs que Plutarque leur apparie : mais les actions les plus belles et vertueuses, non plus en la guerre qu'ailleurs, ne sont pas tousiours les plus fameuses ; ie veois souvent des noms de capitaines estouffez sous la splendeur d'aultres noms de moins de merite ; tesmoings Labienus, Ventidius, Telesinus et plusieurs aultres : et à le prendre par là, si i'avois à me plaindre pour les Grecs, pourrois ie pas dire que beaucoup moins est Camillus comparable à Themistocles, les Gracches à Agis et Cleomenes, Numa à Lycurgus ? Mais c'est folie de vouloir iuger, d'un traict, les choses à tant de visages. Quand Plutarque les compare, il ne les eguale pas pourtant : qui plus disertement et consciencieusement pourroit remarquer leurs differences ? Vient il à parangonner les victoires, les exploicts d'armes, la puissance des armees conduictes par Pompeius, et ses triumphes, avecques ceulx d'Agesilaus ? « ie ne crois pas, dict il, que Xenophon mesme, s'il estoit vivant, encores qu'on luy ait concedé d'escrire tout ce qu'il a voulu à l'advantage d'Agesilaus, osast le mettre en comparaison ». Parle il de conferer

Lysander a Sylla? « il n'y a, dict il, point de comparaison, ny en nombre de victoires, ny en hazard de batailles; car Lysander ne gaigna seulement que deux batailles navales, etc. ». Cela, ce n'est rien desrobber aux Romains : pour les avoir simplement presentez aux Grecs, il ne leur peult avoir faict iniure, quelque disparité qui y puisse estre ; et Plutarque ne les contrepoise pas entiers; il n'y a en gros aulcune preference; il apparie les pieces et les circonstances, l'une aprez l'aultre, et les iuge separeement. Parquoy, si on le vouloit convaincre de faveur, il falloit en esplucher quelque iugement particulier ; ou dire, en general, qu'il auroit failly d'assortir tel Grec à tel Romain, d'autant qu'il y en auroit d'aultres plus correspondants pour les apparier, et se rapportants mieulx.

CHAPITRE XXXIII.

L'histoire de Spurina.

La philosophie ne pense pas avoir mal employé ses moyens, quand elle a rendu à la raison la souveraine maistrise de nostre ame, et l'auctorité de tenir en bride nos appetits; entre lesquels, ceulx qui iugent qu'il n'en y a point de plus violents que ceulx que l'amour engendre, ont cela, pour leur opinion, qu'ils tiennent au corps et à l'ame, et que tout l'homme en est possedé, en maniere que la santé mesme en despend, et est la medecine par fois contraincte de leur servir de maquerellage ; mais au contraire, on pourroit aussi dire que le meslange du corps y apporte du rabais et de l'affoiblissement, car tels desirs sont subiects à satieté, et capables de remedes materiels. Plusieurs ayant voulu delivrer leurs ames des alarmes continuelles que leur donnoit cet appetit, se sont servis d'incision et destrenchement des parties esmeues et alterees : d'aultres en ont du tout abattu la force et l'ardeur par frequente application de choses froides, comme de neige et de vinaigre; les haires de nos ayeulx estoient de cet usage; c'est une matiere tissue de poil de cheval, de quoy les uns d'entr'eulx faisoient des chemises, et d'aultres des ceinctures à gehenner leurs reins. Un prince me disoit, il n'y a pas long temps, que pendant sa ieunesse, un iour de feste solenne, en la court du roi François premier où tout le monde estoit paré, il luy print envie de se vestir de la haire, qui est encores chez luy, de monsieur son pere; mais, quelque devotion qu'il eust, qu'il ne sceut avoir la patience d'attendre la nuict pour se déspouiller, et en feut long temps malade; adioustant qu'il ne pensoit pas qu'il y eust chaleur de ieunesse si aspre, que l'usage de cette recepte ne peust amortir : toutesfois à l'adventure ne les a il pas essayees les plus cuisantes; car l'experience nous faict veoir qu'une telle esmotion se maintient bien souvent soubs des habits rudes et marmiteux, et que les haires ne rendent pas tousiours heres ceulx qui les portent. Xenocrates y proceda plus rigoureusement; car, ses disciples, pour essayer sa continence, luy ayant fourré dans son lict Laïs, cette belle et fameuse courtisane, toute nue, sauf les armes de sa beauté et folastres appasts, ses philtres; sentant qu'en despit de ses discours et de ses regles, le corps revesche commenceoit à se mutiner, il se feit brusler les membres qui avoient presté l'aureille à cette rebellion. Là où les passions qui sont toutes en l'ame, comme l'ambition, l'avarice et aultres, donnent bien plus à faire à la raison; car elle n'y peult estre secourue que de ses propres moyens; ny ne sont ces appetits là capables de satieté, voire ils s'aiguisent et augmentent par la iouïssance.

Le seul exemple de Julius Cesar peut suffire à nous montrer la disparité de ces appetits; car iamais homme ne feut plus addonné aux plaisirs amoureux. Le soing curieux qu'il avoit de sa personne en est un tesmoignage, iusques à se servir à cela des moyens les plus lascifs qui feussent lors en usage; comme de se faire pinceter tout le corps, et farder de parfums d'une extreme curiosité: et de soy il estoit beau personnage, blanc, de belle et alaigre taille; le visage plein, les yeulx bruns et vifs, s'il en fault croire Suetone, car les statues qui se veoient de luy à Rome ne rapportent pas bien partout à cette peincture. Oultre ses femmes, qu'il changea quatre fois, sans compter les amours de son enfance avecques le roy de Bithynie Nicomede, il eut le pucelage de cette tant renommee royne d'Aegypte, Cleopatra; tesmoing le petit Cesarion qui en nasquit: il feit aussi l'amour à Eunoé royne de Mauritanie; et à Rome, à Posthumia, femme de Servius Sulpitius; à Lollia, de Gabinius; à Tertulla, de Crassus; et à Mutia mesme, femme du grand Pompeius; qui feut la cause, disent les historiens romains; pourquoy son mary la repudia, ce que Plutarque confesse avoir ignoré; et les Curions pere et fils reprocherent depuis à Pompeius, quand il espousa la fille de Cesar, qu'il se faisoit gendre d'un homme qui l'avoit faict cocu; et que luy mesme avoit accoustumé d'appeller Aegysthus: il entreteint, oultre tout ce nombre, Servilia sœur de Caton et mere de Marcus Brutus, dont chascun tient que proceda cette grande affection qu'il portoit à Brutus, parce qu'il estoit nay en temps auquel il y avoit apparence qu'il feust yssu de luy. Ainsi i'ay raison, ce me semble, de le prendre pour homme extremement addonné à cette desbauche, et de complexion tresamoureuse: mais l'aultre passion de l'ambition, de quoy il estoit aussi infiniment blecé, venant à combattre celle là, elle luy feit incontinent perdre place.

Me ressouvenant, sur ce propos, de Mechmet, celuy qui subiugua Constantinople, et apporta la finale extermination du nom grec, ie ne sçache point où ces deux passions se treuvent plus egualement balancees; pareillement indefatigable ruffien et soldat : mais, quand en sa vie elles se presentent en concurrence l'une de l'aultre, l'ardeur querelleuse gourmande tousiours l'amoureuse ardeur ; et cette cy, encores que ce feust hors sa naturelle saison, ne regaigna pleinement l'auctorité souveraine, que quand il se trouva en grande vieillesse, incapable de plus soubtenir le faix des guerres. Ce qu'on recite pour un exemple contraire de Ladislaus, roy de Naples, est remarquable ; que, bon capitaine, courageux et ambitieux, il se proposoit pour fin principale de son ambition, l'execution de sa volupté, et iouïssance de quelque rare beauté. Sa mort feut de mesme (1) : ayant rengé par un siege bien poursuivy la ville de Florence si à destroict que les habitants estoient aprez à composer de sa victoire ; il la leur quita pourveu qu'ils luy livrassent une fille de leur ville de quoy il avoit ouï parler, de beauté excellente : force feut de la luy accorder, et garantir la publicque ruyne par une iniure privee. Elle estoit fille d'un medecin fameux de son temps, lequel, se trouvant engagé en si vilaine necessité, se resolut à une haulte entreprinse : Comme chascun paroit sa fille et l'attournoit d'ornements et ioyaux qui la peussent rendre agreable à ce nouvel amant, luy aussi luy donna un mouchoir exquis en senteur et en ouvrage, duquel elle eust à se servir en leurs premieres approches : meuble qu'elles n'y oublient gueres en ces quartiers là. Ce mouchoir, empoisonné selon la capacité de son art, venant à se frotter à ces chairs esmeues et pores ouverts, inspira son venin si promptement, qu'ayant soubdain changé leur sueur chaulde en froide, ils expirerent entre les bras l'un de l'aultre.

---

(1) Pandolphe Collenutius rapporte ce fait comme un bruit commun. *Hist. Neap.* l. 5, p. 246, 247. Ed. Basil. 1572, mais il remarque expressëment qu'il passoit pour faux dans l'esprit de bien des gens. C.

Ie m'en revoys à Cesar. Ses plaisirs ne luy feirent iamais desrobber une seule minute d'heure, ny destourner un pas, des occasions qui se presentoient pour son aggrandissement : cette passion regenta en luy si souverainement toutes les aultres, et posseda son ame d'une auctorité si pleine, qu'elle l'emporta où elle voulut. Certes i'en suis despit, quand ie considere au demourant la grandeur de ce personnage et les merveilleuses parties qui estoient en luy ; tant de suffisance en toute sorte de sçavoir, qu'il n'y a quasi science en quoy il n'ayt escript : il estoit tel orateur, que plusieurs ont preferé son eloquence à celle de Cicero ; et luy mesme, à mon advis, n'estimoit luy debvoir gueres en cette partie, et ses deux Anticatons feurent principalement escripts pour contrebalancer le bien dire que Cicero avoit employé en son Caton. Au demourant, feut il iamais ame si vigilante, si actifve et si patiente de labeur, que la sienne ? et, sans doubte, encores estoit elle embellie de plusieurs rares semences de vertu, ie dis vifves, naturelles, et non contrefaictes : il estoit singulierement sobre, et si peu delicat en son manger, qu'Oppius recite qu'un iour luy ayant esté presenté à table, en quelque saulse, de l'huile medicinee, au lieu d'huile simple, il en mangea largement, pour ne faire honte à son hoste : une aultrefois, il feit fouetter son boulenger pour luy avoir servy d'aultre pain que celuy du commun. Caton mesme avoit accoustumé de dire de luy que c'estoit le premier homme sobre qui se feust acheminé à la ruyne de son païs. Et quant à ce que ce mesme Caton l'appella un iour yvrongne, cela advint en cette façon : Estants touts deux au senat, où il se parloit du faict de la coniuration de Catilina de laquelle Cesar estoit souspeçonné, on luy veint apporter de dehors un brevet, à cachetes : Caton, estimant que ce feust quelque chose de quoy les coniurez l'advertissent, le somma de le luy donner ; ce que Cesar feut contrainct de faire pour éviter un plus grand souspeçon : c'estoit, de fortune, une lettre amoureuse que Servilia sœur de Caton luy escrivoit. Caton l'ayant leue, la luy reiecta, en luy disant : « Tien, yvrongne ». Cela, dis ie, feut plustost un mot de desdaing et de cholere, qu'un exprez reproche de ce vice ; comme souvent nous iniurions ceulx qui nous faschent, des premieres iniures qui nous viennent à la bouche, quoyqu'elles ne soyent nullement deues à ceulx à qui nous les attachons : ioinct que ce vice que Caton luy reproche est merveilleusement voisin de celuy auquel il avoit surprins Cesar ; car Venus et Bacchus se conviennent volontiers, à ce que dict le proverbe : mais chez moy Venus est bien plus alaigre, accompaignee de la sobrieté. Les exemples de sa doulceur et de sa clemence envers ceulx qui l'avoient offensé sont infinis ; ie dis oultre ceulx qu'il donna pendant le temps que la guerre civile estoit encores en son progrez, desquels il faict luy mesme assez sentir, par ses escripts, qu'il se servoit pour amadouer ses ennemis, et leur faire moins craindre sa future domination et sa victoire. Mais si fault il dire que ces exemples là, s'ils ne sont suffisans à nous tesmoigner sa naïfve doulceur, ils nous montrent au moins une merveilleuse confiance et grandeur de courage en ce personnage : Il luy est advenu souvent de renvoyer des armees toutes entieres à son ennemy, aprez les avoir vaincues, sans daigner seulement les obliger par serment sinon de le favoriser, au moins de se contenir sans luy faire la guerre : Il a prins trois et quatre fois tels capitaines de Pompeius, et autant de fois remis en liberté : Pompeius declaroit ses ennemis touts ceulx qui ne l'accompaignoient à la guerre ; et luy, feit proclamer qu'il tenoit pour amis touts ceulx qui ne bougeoient, et qui ne s'armoient effectuellement contre luy : A ceulx de ses capitaines qui se desrobboient de luy pour aller prendre aultre condition, il renvoyoit encores les armes, chevaulx et equipages : Les villes qu'il avoit prinses par force, il les laissoit en liberté de suyvre tel party qu'il leur plai-

roit, ne leur donnant aultre garnison que la memoire de
sa doulceur et clemence : Il deffendit, le iour de sa grande
bataille de Pharsale, qu'on ne meist qu'à toute extremité
la main sur les citoyens romains. Voylà des traicts bien hazardeux selon mon iugement : et n'est pas merveilles si,
aux guerres civiles que nous sentons, ceulx qui combat-
tent, comme lui, l'estat ancien de leur païs n'en imitent
l'exemple ; ce sont moyens extraordinaires, et qu'il n'appartient qu'à la fortune de Cesar et à son admirable
pourvoyance de heureusement conduire. Quand ie considere la grandeur incomparable de cette ame, i'excuse
la victoire de ne s'estre peu despestrer de luy, voire en
cette tresiniuste et tresinique cause. Pour revenir à sa
clemence, nous en avons plusieurs naïfs exemples au
temps de sa domination, lors que, toutes choses estant
reduictes en sa main, il n'avoit plus à se feindre : Caius
Memmius avoit escript contre luy des oraisons trespoi-
gnantes, ausquelles il avoit bien aigrement respondu ; si
ne laissa il bien tost aprez d'ayder à le faire consul : Caius
Calvus, qui avoit faict plusieurs epigrammes iniurieux
contre luy, ayant employé de ses amis pour le reconci-
lier, Cesar se convia luy mesme à luy escrire le premier ;
et nostre bon Catulle, qui l'avoit testonné si rudement
sous le nom de Mamurra, s'en estant venu excuser à luy,
il le feit ce iour mesme souper à sa table : Ayant esté adverty d'aulcuns qui parloient mal de luy, il n'en feit aultre
chose que declarer, en une sienne harangue publicque,
qu'il en estoit adverty. Il craignoit encores moins ses
ennemis, qu'il ne les haïssoit : aulcunes coniurations et
assemblees qu'on faisoit contre sa vie luy ayant esté descouvertes, il se contenta de publier par edit qu'elles luy
estoient cogneues, sans aultrement en poursuyvre les
aucteurs. Quant au respect qu'il avoit à ses amis, Caius
Oppius voyageant avecques luy, et se trouvant mal, il
luy quita un seul logis qu'il y avoit, et coucha toute la
nuict sur la dure et au descouvert. Quant à sa iustice, il

feit mourir un sien serviteur qu'il aimoit singulierement, pour avoir couché avecques la femme d'un chevalier romain, quoyque personne ne s'en plaignist. Iamais homme n'apporta, ny plus de moderation en sa victoire, ny plus de resolution en la fortune contraire. Mais toutes ces belles inclinations feurent alterees et estouffees par cette furieuse passion ambitieuse à laquelle il se laissa si fort emporter, qu'on peult ayseement maintenir qu'elle tenoit le timon et le gouvernail de toutes ses actions : d'un homme liberal, elle en rendit un voleur publicque pour fournir à cette profusion et largesse, et luy feit dire ce vilain et tresiniuste mot, que si les plus meschants et perdus hommes du monde luy avoient esté fideles au service de son aggrandissement, il les cheriroit et advanceroit de son pouvoir, aussi bien que les plus gents de bien : l'enyvra d'une vanité si extreme, qu'il osoit se vanter, en presence de ses concitoyens, « d'avoir rendu cette grande republicque romaine un nom sans forme et sans corps »; et dire « que ses responses devoient meshuy servir de loix »; et recevoir assis le corps du senat venant vers luy; et souffrir qu'on l'adorast et qu'on luy feist en sa presence des honneurs divins. Somme, ce seul vice, à mon advis, perdit en luy le plus beau et le plus riche naturel qui feut oncques; et a rendu sa memoire abominable à touts les gents de bien, pour avoir voulu chercher sa gloire de la ruyne de son païs et subversion de la plus puissante et fleurissante chose publicque que le monde verra iamais. Il se pourroit bien au contraire trouver plusieurs exemples de grands personnages ausquels la volupté a faict oublier la conduicte de leurs affaires, comme Marcus Antonius et aultres; mais où l'amour et l'ambition seroient en eguale balance, et viendroient à se chocquer de forces pareilles, ie ne foys aulcun doubte que cette cy ne gaignast le prix de la maistrise.

Or, pour me remettre sur mes brisees, c'est beaucoup de pouvoir brider nos appetits par le discours de la raison, ou de forcer nos membres, par violence, à se tenir en leur debvoir : mais, de nous fouetter pour l'interest de nos voisins ; de non seulement nous desfaire de cette doulce passion qui nous chatouille, du plaisir que nous sentons de nous veoir agreables à aultruy et aimez et recherchez d'un chascun, mais encores de prendre en haine et à contre cœur nos graces qui en sont cause, et condamner nostre beauté parce que quelqu'aultre s'en eschauffe, ie n'en ay veu gueres d'exemple : cettuy cy en est. Spurina, ieune homme de la Toscane,

> Qualis gemma micat fulvum quæ dividit aurum,
> Aut collo decus aut capiti; vel quale per artem
> Inclusum buxo aut oriciâ terebintho
> Lucet ebur, (1)

estant doué d'une singuliere beauté, et si excessifve que les yeulx plus continents ne pouvoient en souffrir l'esclat continemment, ne se contentant point de laisser sans secours tant de fiebvre et de feu qu'il alloit attisant par tout, entra en furieux despit contre soy mesme et contre ces riches presents que nature luy avoit faicts, comme si on se debvoit prendre à eulx de la faulte d'aultruy, et detailla et troubla à force de playes qu'il se feit à escient, et de cicatrices, la parfaicte proportion et ordonnance que nature avoit si curieusement observee en son visage.

Pour en dire mon advis, i'admire telles actions plus que ie ne les honnore : ces excez sont ennemis de mes regles. Le desseing en feut beau et conscencieux, mais, à mon advis, un peu manque de prudence : quoy ? si sa laideur servit depuis à en iecter d'aultres au peché de

---

(1) Brilloit comme une pierre précieuse enchâssée dans l'or, qui fait l'ornement d'un collier ou d'une couronne ; ou comme un morceau d'ivoire qu'un habile ouvrier a trouvé l'art d'encastiller dans du buis, ou dans une bordure de térébinthe. *Aeneïd.* l. 10, v. 134, et seqq. De la traduction du P. Catrou. C.

mespris et de haine; ou d'envie, pour la gloire d'une si rare recommendation; ou de calomnie, interpretant cette humeur à une forcenee ambition : y a il quelque forme de laquelle le vice ne tire, s'il veult, occasion à s'exercer en quelque maniere? Il estoit plus iuste, et aussi plus glorieux, qu'il feist de ces dons de Dieu un subiect de vertu exemplaire et de reglement. Ceulx qui se desrobbent aux offices communs, et à ce nombre infini de regles espineuses à tant de visages, qui lient un homme d'exacte preud'hommie en la vie civile, font, à mon gré, une belle espargne, quelque poincte d'aspreté peculiere qu'ils s'enioignent! c'est aulcunement mourir, pour fuyr la peine de bien vivre. Ils peuvent avoir aultre prix, mais le prix de la difficulté, il ne m'a iamais semblé qu'ils l'eussent, ny qu'en malaysance il y aie rien au delà de se tenir droict emmy les flots de la presse du monde, respondant et satisfaisant loyalement à touts les membres de sa charge. Il est à l'adventure plus facile de se passer nettement de tout le sexe, que de se maintenir deuement de tout poinct en la compaignie de sa femme; et a lon dequoy couler plus incurieusement en la pauvreté, qu'en l'abondance iustement dispensee : l'usage conduict selon raison a plus d'aspreté que n'a l'abstinence; la moderation est vertu bien plus affaireuse que n'est la souffrance. Le bien vivre du ieune Scipion a mille façons; le bien vivre de Diogenes n'en a qu'une : cette cy surpasse d'autant en innocence les vies ordinaires, comme les exquises et accomplies la surpassent en utilité et en force.

CHAPITRE XXXIV.

Observation sur les moyens de faire la guerre de Iulius Cesar.

On recite de plusieurs chefs de guerre, qu'ils ont eu certains livres en particuliere recommendation; comme le grand Alexandre, Homere; Scipion africain, Xenophon; Marcus Brutus, Polybius; Charles cinquiesme, Philippe de Comines; et dict on, de ce temps, que Machiavel est encores ailleurs en credit. Mais le feu mareschal Strozzy, qui avoit prins Cesar pour sa part, avoit sans doubte bien mieulx choisi; car à la verité ce debvroit estre le breviaire de tout homme de guerre, comme estant le vray et souverain patron de l'art militaire : et Dieu sçait encores de quelle grace et de quelle beauté il a fardé cette riche matiere, d'une façon de dire si pure, si delicate et si parfaicte, qu'à mon goust il n'y a aulcuns escripts au monde qui puissent estre comparables aux siens en cette partie.

Ie veulx icy enregistrer certains traicts particuliers et rares, sur le faict de ses guerres, qui me sont demeurez en memoire. Son armee estant en quelque effroy, pour le bruit qui couroit des grandes forces que menoit contre luy le roi Iuba; au lieu de rabbattre l'opinion que ses soldats en avoient prinse, et apetisser les moyens de son ennemy, les ayant faict assembler pour les r'asseurer et leur donner courage, il print une voye toute contraire à celle que nous avons accoustumé, car il leur dict qu'ils ne se meissent plus en peine de s'enquerir des forces que menoit l'ennemy, et qu'il en avoit eu bien certain advertissement : et lors il leur en feit le nombre surpassant de beaucoup et la verité et la renommee qui en couroit en son armée; suyvant ce que conseille Cyrus en Xenophon : d'autant que la tromperie n'est pas de tel interest, de trouver les ennemis par effect plus foibles qu'on n'avoit esperé, que de les trouver à la verité bien forts, aprez les avoir iugez foibles par reputation. Il accoustumoit surtout ses soldats à obeïr simplement, sans se mesler de contrerooller ou parler des desseings de leur capitaine, lesquels il ne leur communiquoit que sur le poinct de l'execution : et prenoit plaisir, s'ils en avoient descouvert quelque chose, de changer sur le champ d'advis, pour les tromper ; et souvent pour cet effect ayant assigné un logis en quelque lieu, il passoit oultre, et alongeoit la iournee, notamment s'il faisoit mauvais temps et pluvieux. Les Souisses, au commencement de ses guerres de Gaule, ayant envoyé vers luy pour leur donner passage au travers des terres des Romains, estant deliberé de les empescher par force, il leur contrefeit toutesfois un bon visage, et print quelques iours de delay à leur faire response, pour se servir de ce loisir à assembler son armee. Ces pauvres gents ne sçavoient pas combien il estoit excellent mesnager du temps ; car il redict maintefois que c'est la plus souveraine partie d'un capitaine que la science de prendre au poinct les occasions ; et la diligence, qui est en ses exploicts, à la verité, inouïe et incroyable. S'il n'estoit pas fort conscientieux en cela de prendre advantage sur son ennemy, soubs couleur d'un traicté d'accord, il l'estoit aussi peu en ce qu'il ne requeroit en ses soldats aultre vertu que la vaillance, ny ne punissoit gueres aultres vices que la mutination et la desobeïssance. Souvent, aprez ses victoires, il leur laschoit la bride à toute licence, les dispensant pour quelque temps des regles de la discipline militaire, adioustant à cela qu'il avoit des soldats si bien creez que, touts parfumez et musquez, ils ne laissoient pas d'aller furieusement au combat. De vray, il aimoit qu'ils feussent richement armez, et leur faisoit porter des harnois gravez, dorez et argentez, afin que le soing de la conservation de leurs armes les rendist plus aspres à se deffendre. Parlant à eulx, il les appelloit du nom de Compaignons, que nous usons encores : ce qu'Auguste son successeur reforma, estimant qu'il l'avoit faict pour la necessité de ses affaires, et pour flatter le cœur de ceulx qui ne le suyvoient que volontairement ;

<blockquote>Rheni mihi Cæsar in undis
Dux erat : hîc socius ; facinus quos inquinat æquat ; (1)</blockquote>

mais que cette façon estoit trop rabbaissee pour la dignité d'un empereur et general d'armee, et remeit en train de les appeller seulement Soldats. A cette courtoisie, Cesar mesloit toutesfois une grande severité à les reprimer : la neufviesme legion s'estant mutinee auprez de Plaisance, il la cassa avecques ignominie, quoyque Pompeius feust lors encores en pieds, et ne la receut en grace, qu'avecques plusieurs supplications : il les rappaisoit plus par auctorité et par audace que par doulceur. Là où il parle de son passage de la riviere du Rhin, vers l'Allemaigne, il dict qu'estimant indigne de l'honneur du peuple romain qu'il passast son armee à navire, il feit dresser un pont, afin qu'il passast à pied ferme. Ce feut là qu'il bastit ce pont admirable, de quoy il dechiffre particulierement la fabrique : car il ne s'arreste si volontiers en nul endroict de ses faicts, qu'à nous representer la subtilité de ses inventions en telle sorte d'ouvrages de main. I'y ay aussi remarqué cela, qu'il faict grand cas de ses exhortations aux soldats avant le combat : car, où il veult montrer avoir esté surprins ou pressé, il allegue tousiours cela, qu'il n'eut pas seulement loisir de haranguer son armee. Avant cette grande battaille contre ceulx de Tour-

---

(1) Au passage du Rhin César étoit mon général : il est ici mon compagnon ; car le crime égale tous ceux qui le commettent ensemble. *Lucan.* l. 5, v. 289, et seq. Edit. cum not. varior.

nay, « Cesar, dict il, ayant ordonné du reste, courut soubdainement où la fortune le porta, pour exhorter ses gents; et rencontrant la dixiesme legion, il n'eut loisir de leur dire, sinon, Qu'ils eussent souvenance de leur vertu accoustumee; qu'ils ne s'estonnassent poinct, et soubteinssent hardiement l'effort des adversaires: et parce que l'ennemy estoit desia approché à un iect de traict, il donna le signe de la battaille; et de là estant passé soubdainement ailleurs pour en encourager d'aultres, il trouva qu'ils estoient desia aux prinses ». Voylà ce qu'il en dict en ce lieu là. De vray, sa langue luy a faict en plusieurs lieux de bien notables services; et estoit, de son temps mesme, son eloquence militaire en telle recommendation, que plusieurs en son armee recueilloient ses harangues; et par ce moyen, il en feut assemblé des volumes qui ont duré long temps aprez luy. Son parler avoit des graces particulieres; si que ses familiers, et entre aultres Auguste, oyant reciter ce qui en avoit esté recueilly, recognoissoit, iusques aux phrases et aux mots, ce qui n'estoit pas du sien.

La premiere fois qu'il sortit de Rome, avecques charge publicque, il arriva en huict iours à la riviere du Rhone, ayant dans son coche devant luy un secretaire ou deux qui escrivoient sans cesse; et derriere luy, celuy qui portoit son espee. Et certes quand on ne feroit qu'aller, à peine pourroit on atteindre à cette promptitude de quoy, tousiours victorieux, ayant laissé la Gaule, et suyvant Pompeius à Brindes, il subiugua l'Italie en dix huict iours; reveint de Brindes à Rome; de Rome il s'en alla au fin fond de l'Espaigne, où il passa des difficultez extremes en la guerre contre Afranius et Petreius, et au long siege de Marseille; de là il s'en retourna en la Macedoine, battit l'armee romaine à Pharsale; passa de là, suyvant Pompeius, en Aegypte, laquelle il subiugua; d'Aegypte il veint en Syrie, et au païs de Pont, où il combattit Pharnaces; de là en Afrique, où il desfeit Scipion et Iuba; et rebroussa encores, par l'Italie, en Espaigne, où il desfeit les enfants de Pompeius:

>   Ocior et cœli flammis et tigride fœtâ. (1)

>   Ac veluti montis saxum de vertice præceps
>   Cùm ruit avulsum vento, seu turbidus imber
>   Proluit, aut annis solvit sublapsa vetustas,
>   Fertur in abruptum magno mons improbus actu,
>   Exsultatque solo, sylvas, armenta, virosque
>   Involvens secum. (2)

Parlant du siege d'Avaricum, il dict que c'estoit sa coustume de se tenir nuict et iour prez des ouvriers qu'il avoit en besongne. En toutes entreprinses de consequence, il faisoit tousiours la descouverte luy mesme, et ne passa iamais son armee en lieu qu'il n'eust premierement recogneu; et, si nous croyons Suetone, quand il feit l'entreprinse de traiecter en Angleterre, il feut le premier à sonder le gué. Il avoit accoustumé de dire, qu'il aimoit mieulx la victoire qui se conduisoit par conseil, que par force; et, en la guerre contre Petreius et Afranius, la fortune luy presentant une bien apparente occasion d'advantage, il la refusa, dict il, esperant avecques un peu plus de longueur, mais moins de hasard, venir à bout de ses ennemis. Il feit aussi là un merveilleux traict, de commander à tout son ost de passer à nage la riviere sans aulcune necessité:

---

(1) Plus rapide que l'éclair, et qu'une tigresse à qui l'on vient d'enlever ses petits. *Lucan.* l. 5, v. 405.

(2) Et pareil à un vaste rocher qui, tombant du haut d'une montagne dont il a été détaché ou par un tourbillon de vent, ou par des torrents de pluie, ou par le temps qui l'a miné insensiblement, se précipite avec un fracas horrible, bondissant sur la terre, et entraînant avec lui les bois, les hommes, et les troupeaux qui se trouvent sur son passage. *Virg. Aeneid.* l. 12, v. 684, et seqq.

rapuitque ruens in prælia miles,
Quod fugiens timuisset, iter : mox uda receptis
Membra fovent armis, gelidosque a gurgite, cursu
Restituunt artus. (1)

Ie le treuve un peu plus retenu et consideré en ses entreprinses, qu'Alexandre : car cettuy cy semble rechercher et courir à force les dangiers, comme un impetueux torrent qui chocque et attaque sans discretion et sans chois tout ce qu'il rencontre ;

Sic tauriformis volvitur Aufidus,
Qui regna Dauni perfluit Appuli,
Dum sævit, horrendamque cultis
Diluviem meditatur agris; (2)

aussi estoit il embesongné en la fleur et premiere chaleur de son aage; là où Cesar s'y print estant desia meur et bien advancé : oultre ce qu'Alexandre estoit d'une temperature plus sanguine, cholere et ardente, et si esmouvoit encores cette humeur par le vin, duquel Cesar estoit tresabstinent. Mais où les occasions de la necessité se presentoient, et où la chose le requeroit, il ne feut iamais homme faisant meilleur marché de sa personne. Quant à moy, il me semble lire en plusieurs de ses exploicts une certaine resolution de se perdre, pour fuyr la honte d'es-

---

(1) Les soldats, prêts à fondre sur l'ennemi, font ce trajet qu'ils auroient redouté dans la fuite : tout mouillés ils se couvrent d'abord de leurs armes; et par une course rapide ils regagnent la chaleur que l'extrême froideur de l'eau leur avoit ôtée. *Lucan.* l. 4, v. 151, et seqq.

(2) Ainsi l'Aufide, qui arrose cette partie de la Pouille où régnoit l'ancien Daunus, roule ses eaux impétueuses lorsqu'en furie il va se déborder sur les terres cultivées, pour y signaler son passage par d'horribles inondations. *Horat.* od. 14, l. 4, v. 25, et seqq.

tre vaincu. En cette grande battaille qu'il eut contre ceulx de Tournay, il courut se presenter à la teste des ennemis, sans bouclier, comme il se trouva, voyant la poincte de son armee s'esbransler; ce qui luy est advenu plusieurs aultres fois. Oyant dire que ses gents estoient assiegez, il passa desguisé au travers l'armee ennemie pour les aller fortifier de sa presence. Ayant traiecté à Dyrrachium, avecques bien petites forces, et voyant que le reste de son armee, qu'il avoit laissee à conduire à Antonius, tardoit à le suyvre, il entreprint luy seul de repasser la mer par une tresgrande tormente, et se desrobba pour aller reprendre le reste de ses forces, les ports de delà et toute la mer estant saisie par Pompeius. Et quant aux entreprinses qu'il a faictes à main armee, il y en a plusieurs qui surpassent en hazard tout discours de raison militaire; car avecques combien foibles moyens entreprint il de subiuguer le royaume d'Aegypte; et depuis, d'aller attaquer les forces de Scipion et de Iuba, de dix parts plus grandes que les siennes? Ces gents là ont eu ie ne sçais quelle plus qu'humaine confiance de leur fortune, et disoit il qu'il falloit executer, non pas consulter, les haultes entreprinses. Aprez la battaille de Pharsale, comme il eut envoyé son armee devant en Asie, et passa avecques un seul vaisseau le destroict de l'Hellespont, il rencontra en mer Lucius Cassius, avecques dix gros navires de guerre; il eut le courage non seulement de l'attendre, mais de tirer droict vers luy, et le sommer de se rendre; et en veint à bout. Ayant entreprins ce furieux siege d'Alexia, où il y avoit quatre vingt mille hommes de deffense, toute la Gaule s'estant eslevee pour lui courre sus et lever le siege, et dressé une armee de cent neuf mille chevaux et de deux cents quarante mille hommes de pied, quelle hardiesse et maniacle confiance feut ce, de n'en vouloir abandonner son entreprinse, et se resouldre à deux si grandes difficultez ensemble? lesquelles toutesfois ils soubteint; et aprez avoir gaigné cette grande battaille contre ceulx de dehors, rengea bientost à sa mercy ceulx qu'il tenoit enfermez. Il en advcint autant à Lucullus, au siege de Tigranocerta contre le roy Tigranes; mais d'une condition dispareille, veu la mollesse des ennemis à qui Lucullus avoit à faire.

Ie veulx icy remarquer deux rares evenements et extraordinaires, sur le faict de ce siege d'Alexia : l'un, que les Gaulois s'assemblants pour venir trouver là Cesar, ayants faict denombrement de toutes leurs forces, resolurent en leur conseil de retrencher une bonne partie de cette grande multitude, de peur qu'ils n'en tumbassent en confusion. Cet exemple est nouveau, de craindre à estre trop : mais à le bien prendre, il est vraysemblable que le corps d'une armee doibt avoir une grandeur moderee, et reglee à certaines bornes, soit pour la difficulté de la nourrir, soit pour la difficulté de la conduire et tenir en ordre. Au moins seroit il bien aysé à verifier, par exemples, que ces armees monstrueuses en nombre n'ont gueres rien faict qui vaille. Suyvant le dire de Cyrus, en Xenophon, ce n'est pas le nombre des hommes, ains le nombre des bons hommes, qui faict l'advantage; le demourant servant plus de destourbier que de secours. Et Baiazet print le principal fondement à sa resolution de livrer iournee à Tamburlan, contre l'advis de touts ses capitaines, sur ce que le nombre innombrable des hommes de son ennemy luy donnoit certaine esperance de confusion. Scanderberch, bon iuge et tresexpert, avoit accoustumé de dire que dix ou douze mille combattants fideles debvoient baster à un suffisant chef de guerre pour garantir sa reputation en toute sorte de besoing militaire. L'aultre poinct, qui semble estre contraire à l'usage et à la raison de la guerre, c'est que Vercingentorix qui estoit nommé chef et general de toutes les parties des Gaules revoltees, print party de s'aller enfermer dans Alexia : car celuy qui commande à tout un païs ne se doibt iamais engager, qu'au cas de cette extremité qu'il y allast de sa derniere place, et qu'il n'y eust rien plus à esperer qu'en la deffense d'icelle; aultrement il se doibt tenir libre, pour avoir moyens de pourveoir en general à toutes les parties de son gouvernement.

Pour revenir à Cesar, il deveint, avecques le temps, un peu plus tardif et plus consideré, comme tesmoigne son familier Oppius; estimant qu'il ne debvoit ayseement hazarder l'honneur de tant de victoires, lequel une seule desfortune luy pourroit faire perdre. C'est ce que disent les Italiens, quand ils veulent reprocher cette hardiesse temeraire qui se veoid aux ieunes gents, les nommant « Necessiteux d'honneur », Bisognosi d'onore; et qu'estants encores en cette grande faim et disette de reputation, ils ont raison de la chercher à quelque prix que ce soit, ce que ne doibvent pas faire ceulx qui en ont desia acquis à suffisance. Il y peult avoir quelque iuste moderation en ce desir de gloire, et quelque satieté en cet appetit, comme aux aultres; assez de gents le practiquent ainsi.

Il estoit bien esloingné de cette religion des anciens Romains, qui ne se vouloient prevaloir en leurs guerres que de la vertu simple et naïfve: mais encores y apportoit il plus de conscience que nous ne ferions à cette heure, et n'approuvoit pas toutes sortes de moyens pour acquerir la victoire. En la guerre contre Ariovistus, estant à parlementer avecques luy, il y surveint quelque remuement entre les deux armees, qui commencea par la faulte des gents de cheval d'Ariovistus: sur ce tumulte, Cesar se trouva avoir fort grand advantage sur ses ennemis; toutesfois il ne s'en voulut point prevaloir, de peur qu'on luy peust reprocher d'y avoir procedé de mauvaise foy. Il avoit accoustumé de porter un accoustrement riche au combat, et de couleur esclatante, pour se faire remarquer. Il tenoit la bride plus estroicte à ses soldats, et les tenoit plus de court, estant prez des ennemis. Quand les anciens Grecs vouloient accuser quelqu'un d'extreme insuffisance, ils disoient en commun proverbe,

« qu'il ne sçavoit ny lire ny nager » : il avoit cette mesme opinion, que la science de nager estoit tresutile à la guerre, et en tira plusieurs commoditez : s'il avoit à faire diligence, il franchissoit ordinairement à nage les rivieres qu'il rencontroit; car il aimoit à voyager à pied, comme le grand Alexandre. En Aegypte, ayant esté forcé, pour se sauver, de se mettre dans un petit batteau, et tant de gents s'y estants lancez quand et luy, qu'il estoit en dangier d'aller à fonds, il aima mieulx se iecter en la mer, et gaigna sa flotte à nage, qui estoit plus de deux cents pas au delà, tenant en sa main gauche ses tablettes hors de l'eau, et traisnant à belles dents sa cotte d'armes, à fin que l'ennemy n'en iouïst, estant desia bien advancé sur l'aage.

Iamais chef de guerre n'eut tant de creance sur ses soldats : au commencement de ses guerres civiles, les centeniers luy offrirent de souldoyer, chascun sur sa bourse, un homme d'armes; et les gents de pied, de le servir à leurs despens, ceulx qui estoient plus aysez entreprenants encores à desfrayer les plus necessiteux. Feu monsieur l'admiral de Chastillon nous feit veoir dernierement un pareil cas en nos guerres civiles; car les François de son armee fournissoient de leurs bourses au payement des estrangiers qui l'accompaignoient. Il ne se trouveroit gueres d'exemples d'affection si ardente et si preste parmy ceulx qui marchent dans le vieux train, sous l'ancienne police des loix; la passion nous commande bien plus vivement que la raison : il est pourtant advenu en la guerre contre Annibal, qu'à l'exemple de la liberalité du peuple romain en la ville, les gentsdarmes et capitaines refuserent leur paye; et appelloit on, au camp de Marcellus, Mercenaires, ceulx qui en prenoient. Ayant eu du pire auprez de Dyrrachium, ses soldats se veindrent d'eulx mesmes offrir à estre chastiez et punis; de façon qu'il eut plus à les consoler qu'à les tanser : une sienne seule cohorte soubteint quatre legions de Pompeius plus de quatre heures, iusques à ce qu'elle feut quasi toute desfaicte à coups de traicts, et se trouva dans la trenchee cent trente mille flesches : un soldat nommé Scaeva, qui commandoit à l'une des entrees, s'y mainteint invincible, ayant un œil crevé, une espaule et une cuisse percees, et son escu faulsé en deux cents trente lieux. Il est advenu à plusieurs de ses soldats, prins prisonniers, d'accepter plustost la mort que de vouloir promettre de prendre aultre party : Granius Petronius, prins par Scipion en Afrique, Scipion aprez avoir faict mourir ses compaignons luy manda qu'il luy donnoit la vie, car il estoit homme de reng et questeur : Petronius respondit, « que les soldats de Cesar avoient accoustumé de donner la vie aux aultres, non la recevoir »; et se tua tout soubdain de sa main propre. Il y a infinis exemples de leur fidelité : il ne fault pas oublier le traict de ceulx qui feurent assiegez à Salone, ville partisane pour Cesar contre Pompeius, pour un rare accident qui y advient. Marcus Octavius les tenoit assiegez : ceulx de dedans estants reduicts en extreme necessité de toutes choses, en maniere que pour suppleer au default qu'ils avoient d'hommes, la plus part d'entre eulx y estants morts et blecez, ils avoient mis en liberté touts leurs esclaves, et pour le service de leurs engins avoient esté contraincts de couper les cheveux de toutes les femmes à fin d'en faire des chordes, oultre une merveilleuse disette de vivres ; et ce neantmoins, resolus de iamais ne se rendre. Aprez avoir traisné ce siege en grande longueur, d'où Octavius estoit devenu plus nonchalant et moins attentif à son entreprinse, ils choisirent un iour sur le midy, et, comme ils eurent rengé les femmes et les enfants sur leurs murailles pour faire bonne mine, sortirent en telle furie sur les assiegeants, qu'ayant enfoncé le premier, le second et tiers corps de garde, et le quatriesme, et puis le reste, et, ayant faict du tout abandonner les trenchees, les chasserent iusques dans les navires ; et Octavius mesme se sauva à Dyrrachium, où estoit Pompeius. Ie n'ay point memoire pour cett' heure d'avoir veu aulcun aultre exemple où les assiegez battent en gros les assiegeants et gaignent la maistrise de la campaigne; ny qu'une sortie ayt tiré en consequence une pure et entiere victoire de battaille.

CHAPITRE XXXV.

De trois bonnes femmes.

Il n'en est pas à douzaines, comme chascun sçait, et notamment aux debvoirs de mariage; car c'est un marché plein de tant d'espineuses circonstances, qu'il est malaysé que la volonté d'une femme s'y maintienne entiere long temps: les hommes, quoyqu'ils y soyent avecques un peu meilleure condition, y ont prou affaire. La touche d'un bon mariage, et sa vraye preuve, regarde le temps que la societé dure; si elle a esté constamment doulce, loyale et commode. En nostre siecle, elles reservent plus communement à estaler leurs bons offices et la vehemence de leur affection, envers leurs maris perdus; cherchent au moins lors à donner tesmoignage de leur bonne volonté: tardif tesmoignage et hors de saison! Elles preuvent plustost par là qu'elles ne les aiment que morts: la vie est pleine de combustion; le trespas, d'amour et de courtoisie. Comme les peres cachent l'affection envers leurs enfants; elles, volontiers de mesmes, cachent la leur envers le mary, pour maintenir un honneste respect. Ce mystere n'est pas de mon goust: elles ont beau s'escheveler et s'esgratigner, ie m'en voys (a) à l'aureille d'une femme de chambre et d'un secretaire: « Comment estoient ils? Comment ont ils vescu ensemble »? Il me souvient tousiours de ce bon mot, iactantius mœrent, quæ minus dolent (1): leur

___

(a) Voyez, sur ce mot ainsi orthographié, la note de la p. 9 du t. 3.
(1) Celles qui sont les moins affligées, pleurent avec le plus

rechigner est odieux aux vivants, et vain aux morts. Nous dispenserons volontiers qu'on rie aprez, pourveu qu'on nous rie pendant la vie. Est ce pas de quoy resusciter de despit, qui m'aura craché au nez pendant que i'estois, me vienne frotter les pieds quand ie commence à n'estre plus? S'il y a quelque honneur à pleurer les maris, il n'appartient qu'à celles qui leur ont ri : celles qui ont pleuré en la vie, qu'elles rient en la mort, au dehors comme au dedans. Aussi, ne regardez pas à ces yeulx moites et à cette piteuse voix; regardez ce port, ce teinct et l'embonpoinct de ces ioues soubs ces grands voiles; c'est par là qu'elle parle françois : il en est peu de qui la santé n'aille en amendant, qualité qui ne sçait pas mentir. Cette cerimonieuse contenance ne regarde pas tant derriere soy, que devant; c'est acquest, plus que payement : en mon enfance, une honneste et tresbelle dame, qui vit encores veufve d'un prince, avoit ie ne sçais quoy plus en sa parure qu'il n'est permis par les loix de nostre veufvage : à ceulx qui le luy reprochoient, « C'est, disoit elle, que ie ne practique plus de nouvelles amitiez, et suis hors de volonté de me remarier. »

Pour ne disconvenir du tout à nostre usage, i'ay icy choisi trois femmes qui ont aussi employé l'effort de leur bonté et affection autour la mort de leurs maris : Ce sont pourtant exemples un peu aultres, et si pressants, qu'ils tirent hardiement la vie en consequence.

Pline le ieune avoit, prez d'une sienne maison en Italie, un voisin merveilleusement tormenté de quelques ulceres qui luy estoient survenues ez parties honteuses. Sa femme, le voyant si longuement languir, le pria de permettre qu'elle veist à loisir et de prez l'estat de son mal, et qu'elle luy diroit plus franchement qu'aulcun aultre ce

---

d'ostentation. Ce passage est apparemment tiré de Tacite (ann. l. 2, c. 77). Mais cet historien dit : *Nulli jactantiùs mœrent quàm qui maximè lœtantur.* C.

qu'il avoit à en esperer. Aprez avoir obtenu cela de luy, et l'avoir curieusement consideré, elle trouva qu'il estoit impossible qu'il en peust guarir, et que tout ce qu'il avoit à attendre, c'estoit de traisner fort long temps une vie douloureuse et languissante : si luy conseilla, pour le plus seur et souverain remede, de se tuer; et le trouvant un peu mol à une si rude entreprinse : « Ne pense point, luy dict elle, mon amy, que les douleurs que ie te veois souffrir ne me touchent autant qu'à toy, et que pour m'en delivrer ie ne me vueille servir moy mesme de cette medecine que ie t'ordonne. Ie te veulx accompaigner à la guarison, comme i'ay faict à la maladie : oste cette crainte, et pense que nous n'aurons que plaisir en ce passage qui nous doibt delivrer de tels torments : nous nous en irons heureusement ensemble ». Cela dict, et ayant rechauffé le courage de son mary, elle resolut qu'ils se precipiteroient en la mer par une fenestre de leur logis qui y respondoit. Et pour maintenir iusques à sa fin cette loyale et vehemente affection de quoy elle l'avoit embrassé pendant sa vie, elle voulut encores qu'il mourust entre ses bras : mais de peur qu'ils ne luy faillissent, et que les estreinctes de ses enlacements ne veinssent à se relascher par la cheute et la crainte, elle se feit lier et attacher bien estroictement avecques luy par le fauls du corps; et abandonna ainsi sa vie pour le repos de celle de son mary. Celle là estoit de bas lieu ; et parmy telle condition de gents, il n'est pas si nouveau d'y veoir quelque traict de rare bonté :

extrema per illos
Iustitia excedens terris vestigia fecit. (1)

Les aultres deux sont nobles et riches, où les exemples de vertu se logent rarement.

---

(1) C'est chez eux qu'on vit les derniers vestiges de la Justice lorsqu'elle fut sur le point de quitter la terre. *Virg.* Georg. l. 2, v. 473.

Arria, femme de Cecina Paetus, personnage consulaire, feut mere d'un' aultre Arria femme de Thrasea Paetus, celuy duquel la vertu feut tant renommee du temps de Neron, et, par le moyen de ce gendre, mere grand' de Fannia; car la ressemblance des noms de ces hommes et femmes, et de leurs fortunes, en a faict mesconter plusieurs. Cette premiere Arria, Cecina Paetus son mary ayant esté prins prisonnier par les gents de l'empereur Claudius, aprez la desfaicte de Scribonianus duquel il avoit suyvi le party, supplia ceulx qui l'emmenoient prisonnier à Rome de la recevoir dans leur navire où elle leur seroit de beaucoup moins de despense et d'incommodité qu'un nombre de personnes qu'il leur fauldroit pour le service de son mary; et qu'elle seule fourniroit à sa chambre, à sa cuisine et à touts aultres offices. Ils l'en refuserent: et elle, s'estant iectee dans un batteau de pescheur qu'elle loua sur le champ, le suyvit en cette sorte depuis la Sclavonie. Comme ils feurent à Rome, un iour, en presence de l'empereur, Iunia, veufve de Scribonianus, s'estant accostee d'elle familierement pour la societé de leurs fortunes, elle la repoulsa rudement avecques ces paroles: « Moy, dict elle, que ie parle à toy, ny que ie t'escoute! toy, au giron de laquelle Scribonianus feut tué! et tu vis encores »! Ces paroles, avecques plusieurs aultres signes, feirent sentir à ses parents qu'elle estoit pour se desfaire elle mesme, impatiente de supporter la fortune de son mary. Et Thrasea son gendre, la suppliant sur ce propos de ne se vouloir perdre, et luy disant ainsi: « Quoy? si ie courois pareille fortune à celle de Cecina, vouldriez vous que ma femme vostre fille en feist de mesme »? « Comment doncques? si ie le vouldrois! respondit elle: ouy, ouy, ie le vouldrois, si elle avoit vescu aussi long temps et d'aussi bon accord avecques toy, que i ay faict avecques mon mary ». Ces responses augmentoient le soing qu'on avoit d'elle, et faisoient qu'on regardoit de plus prez à ses deportements. Un iour, aprez avoir dict à ceulx qui la gardoient, « Vous avez beau faire, vous me pouvez bien faire plus mal mourir, mais de me garder de mourir, vous ne sçauriez », s'eslançant furieusement d'une chaire où elle estoit assise, elle s'alla de toute sa force chocquer la teste contre la paroy voisine; duquel coup estant cheute de son long esvanouïe, et fort blecee, aprez qu'on l'eut à toute peine faicte revenir : « Ie vous disois bien, dict elle, que si vous me refusiez quelque façon aysee de me tuer, i'en choisirois quelque aultre, pour malaysee qu'elle feust ». La fin d'une si admirable vertu feut telle : son mary Paetus n'ayant pas le cœur assez ferme de soy mesme pour se donner la mort, à laquelle la cruauté de l'empereur le rengeoit; un iour, entre aultres, aprez avoir premierement employé les discours et enhortements propres au conseil qu'elle luy donnoit à ce faire, elle print le poignard que son mary portoit, et le tenant traict en sa main, pour la conclusion de son exhortation, « Fais ainsi, Paetus », luy dict elle; et en mesme instant, s'en estant donné un coup mortel dans l'estomach, et puis l'arrachant de sa playe, elle le luy presenta, finissant quand et quand sa vie avecques cette noble, genereuse et immortelle parole, Paete, non dolet. Elle n'eut loisir que de dire ces trois paroles d'une si belle substance; « Tien, Paetus, il ne m'a point faict mal » :

> Casta suo gladium cùm traderet Arria Pæto,
>   Quem de visceribus traxerat ipsa suis :
> Si qua fides, vulnus quod feci non dolet, inquit;
>   Sed quod tu facies, id mihi, Pæte, dolet : (1)

il est bien plus vif en son naturel, et d'un sens plus

---

(1) La chaste Arria présentant à son mari Pætus le poignard qu'elle avoit tiré tout sanglant de ses propres entrailles, lui dit, « Si tu m'en veux croire, Pætus, ce n'est pas le coup que je viens de me donner qui me fait du mal, mais celui que tu te donneras à toi-même ». *Martial.* l. 1, epigr. 14.

riche : car et la playe et la mort de son mary, et les siennes, tant s'en fault qu'elles luy poisassent, qu'elle en avoit esté la conseillere et promotrice; mais ayant faict cette haulte et courageuse entreprinse pour la seule commodité de son mary, elle ne regarde qu'à luy encores, au dernier traict de sa vie, et à luy oster la crainte de la suyvre en mourant. Paetus se frappa tout soubdain de ce mesme glaive : honteux, à mon advis, d'avoir eu besoing d'un si cher et precieux enseignement.

Pompeia Paulina, ieune et tresnoble dame romaine, avoit espousé Seneque en son extreme vieillesse. Neron, son beau disciple, envoya ses satellites vers luy pour luy denoncer l'ordonnance de sa mort ; ce qui se faisoit en cette maniere : Quand les empereurs romains de ce temps avoient condamné quelque homme de qualité, ils luy mandoient par leurs officiers de choisir quelque mort à sa poste, et de la prendre dans tel ou tel delay qu'ils luy faisoient prescrire selon la trempe de leur cholere, tantost plus pressé, tantost plus long, luy donnant terme pour disposer pendant ce temps là de ses affaires, et quelquesfois luy ostant le moyen de ce faire, par la briefveté du temps : et, si le condamné estrivoit à leur ordonnance, ils menoient des gents propres à l'executer, ou luy coupant les veines des bras et des iambes, ou luy faisant avaller du poison par force; mais les personnes d'honneur n'attendoient pas cette necessité, et se servoient de leurs propres medecins et chirurgiens à cet effect. Seneque ouït leur charge, d'un visage paisible et asseuré, et aprez, demanda du papier pour faire son testament : ce qui luy ayant esté refusé par le capitaine, il se tourne vers ses amis : « Puis que ie ne puis, leur dict il, vous laisser aultre chose en recognoissance de ce que ie vous doibs, ie vous laisse au moins ce que i'ay de plus beau, à scavoir l'image de mes mœurs et de ma vie, laquelle ie vous prie conserver en vostre memoire; à fin qu'en ce faisant, vous acqueriez la gloire de sinceres et veritables amis » : et quand et quand, appaisant tantost l'aigreur de la douleur qu'il leur voyoit souffrir, par doulces paroles, tantost roidissant sa voix, pour les en tanser : « Où sont, disoit il, ces beaux preceptes de la philosophie ? que sont devenues les provisions que par tant d'annees nous avons faictes contre les accidents de la fortune ? La cruauté de Neron nous estoit elle incogneue ? Que pouvions nous attendre de celuy qui avoit tué sa mere et son frere, sinon qu'il feist encores mourir son gouverneur qui l'a nourri et eslevé » ? Aprez avoir dict ces paroles en commun, il se destourne à sa femme, et, l'embrassant estroictement, comme par la poisanteur de la douleur elle defailloit de cœur et de forces, la pria de porter un peu plus patiemment cet accident, pour l'amour de luy ; et que l'heure estoit venue où il avoit à montrer, non plus par discours et par disputes, mais par effect, le fruict qu'il avoit tiré de ses estudes ; et que sans doubte il embrassoit la mort, non seulement sans douleur, mais avecques alaigresse : « Parquoy, m'amie, disoit il, ne la deshonore par tes larmes, à fin qu'il ne semble que tu t'aimes plus que ma reputation : appaise ta douleur, et te console en la cognoissance que tu as eu de moy et de mes actions, conduisant le reste de ta vie par les honnestes occupations ausquelles tu es addonnee ». A quoy Paulina, ayant un peu reprins ses esprits, et reschauffé la magnanimité de son courage, par une tresnoble affection : « Non, Seneca, respondit elle, ie ne suis pas pour vous laisser sans ma compaignie en telle necessité ; ie ne veulx pas que vous pensiez que les vertueux exemples de vostre vie ne m'ayent encores apprins à sçavoir bien mourir : et quand le pourrois ie ny mieulx, ny plus honnestement, ny plus à mon gré, qu'avecques vous ? ainsi faictes estat que ie m'en (a) voys quand et vous ». Lors Seneque, prenant

---

(a) *Vais.* Amyot, contemporain de Montaigne, écrit aussi,

en bonne part une si belle et glorieuse deliberation de sa femme, et pour se delivrer aussi de la crainte de la laisser aprez sa mort à la mercy et cruauté de ses ennemis : « Ie t'avois, Paulina, dict il, conseillé ce qui servoit à conduire plus heureusement ta vie : tu aimes doncques mieulx l'honneur de la mort; vrayement ie ne te l'envierai point : la constance et la resolution soyent pareilles à nostre commune fin ; mais la beauté et la gloire soit plus grande de ta part ». Cela faict, on leur coupa en mesme temps les veines des bras : mais parce que celles de Seneque, resserrees tant par la vieillesse que par son abstinence, donnoient au sang le cours trop long et trop lasche, il commanda qu'on luy coupast encores les veines des cuisses ; et, de peur que le torment qu'il en souffroit n'attendrist le cœur de sa femme, et pour se delivrer aussi soy mesme de l'affliction qu'il portoit de la veoir en si piteux estat, aprez avoir tresamoureusement prins congé d'elle, il la pria de permettre qu'on l'emportast en la chambre voisine, comme on feit. Mais toutes ces incisions estant encores insuffisantes pour le faire mourir, il commande à Statius Anneus, son medecin, de luy donner un bruvage de poison, qui n'eut gueres non plus d'effect; car, par la foiblesse et froideur des membres, elle ne peut arriver iusques au cœur. Par ainsin on luy feit en oultre apprester un baing fort chauld ; et lors, sentant sa fin prochaine, autant qu'il eut d'haleine il continua des discours tresexcellents sur le subiect de l'estat où il se trouvoit, que ses secretaires recueillirent tant qu'ils peurent ouïr sa voix; et demeurerent ses paroles dernieres, long temps depuis, en credit et honneur ez mains des hommes (ce nous est une bien fascheuse perte qu'elles ne soient venués iusques à nous.) Comme il sentit les derniers traicts de la mort, prenant de l'eau

---

voys ou *vois* pour *vais*. Cette différence dans la maniere d'écrire ne changeoit rien dans la prononciation. C.

du baing toute sanglante, il en arrousa sa teste, en disant; « Ie voüe cette eau à Iupiter le liberateur ». Neron, adverti de tout cecy, craignant que la mort de Paulina, qui estoit des mieulx apparentees dames romaines, et envers laquelle il n'avoit nulles particulieres inimitiez, luy veinst à reproche, renvoya en toute diligence luy faire r'attacher ses playes : ce que ses gents d'elle feirent sans son sceu, estant desia demy morte, et sans aulcun sentiment. Et ce que, contre son desseing, elle vesquit depuis, ce feut treshonnorablement et comme il appartenoit à sa vertu, montrant par la couleur blesme de son visage combien elle avoit escoulé de vie par ses bleceures.

Voylà mes trois contes tresveritables, que ie treuve aussi plaisants et tragiques que ceulx que nous forgeons à nostre poste pour donner plaisir au commun; et m'estonne que ceulx qui s'addonnent à cela, ne s'advisent de choisir plustost dix mille tresbelles histoires qui se rencontrent dans les livres, où ils auroient moins de peine, et apporteroient plus de plaisir et proufit : et qui en vouldroit bastir un corps entier et s'entretenant, il ne fauldroit qu'il fournist du sien que la liaison, comme la souldure d'un aultre metal ; et pourroit entasser par ce moyen force veritables evenements de toutes sortes, les disposant et diversifiant selon que la beauté de l'ouvrage le requerroit, à peu prez comme Ovide a cousu et rapiecé sa Metamorphose, de ce grand nombre de fables diverses.

En ce dernier couple, cela est encores digne d'estre consideré, Que Paulina offre volontiers à quiter la vie pour l'amour de son mary, et Que son mary avoit aultrefois quité aussi la mort pour l'amour d'elle. Il n'y a pas pour nous grand contrepoids en cet eschange : mais, selon son humeur stoïque, ie crois qu'il pensoit avoir autant faict pour elle, d'alonger sa vie en sa faveur, comme s'il feust mort pour elle. En l'une des lettres qu'il escript à Lucilius, aprez qu'il luy a fait entendre comme, la fiebvre l'ayant prins à Rome, il monta soubdain en coche pour s'en aller à une sienne maison aux champs, contre l'opinion de sa femme qui le vouloit arrester; et qu'il luy avoit respondu, que la fiebvre qu'il avoit, ce n'estoit pas fiebvre du corps mais du lieu; il suyt ainsin: « Elle me laissa aller, me recommandant fort ma santé. Or moy qui sçais que ie loge sa vie en la mienne, ie commence de pourveoir à moy, pour pourveoir à elle: le privilege que ma vieillesse m'avoit donné me rendant plus ferme et plus resolu à plusieurs choses, ie le perds quand il me souvient qu'en ce vieillard il y en a une ieune à qui ie proufite. Puisque ie ne la puis renger à m'aimer plus courageusement, elle me renge à m'aimer moy mesme plus curieusement: car il fault prester quelque chose aux honnestes affections; et, par fois, encores que les occasions nous pressent au contraire, il fault r'appeler la vie, voire avecques torment; il fault arrester l'ame entre les dents, puisque la loy de vivre, aux gents de bien, ce n'est pas autant qu'il leur plaist, mais autant qu'ils doibvent. Celuy qui n'estime pas tant sa femme ou un sien amy, que d'en alonger sa vie, et qui s'opiniastre à mourir, il est trop delicat et trop mol: il fault que l'ame se commande cela, quand l'utilité des nostres le requiert; il fault par fois nous prester à nos amis, et, quand nous vouldrions mourir pour nous, interrompre nostre desseing pour eulx. C'est tesmoignage de grandeur de courage, de retourner en la vie pour la consideration d'aultruy, comme plusieurs excellents personnages ont faict; et est un traict de bonté singuliere, de conserver la vieillesse (de laquelle la commodité plus grande, c'est la nonchalance de sa duree, et un plus courageux et desdaigneux usage de la vie), si on sent que cet office soit doulx, agreable, et proufitable à quelqu'un bien affectionné. Et en receoit on une tresplaisante recompense: car, qu'est il plus doulx, que d'estre si cher à sa femme, qu'en sa consideration on en devienne plus cher à soy mesme ? Ainsi ma Pauline m'a chargé, non seulement sa crainte, mais encores la mienne : ce ne m'a pas esté assez de considerer combien resoluement ie pourrois mourir, mais i'ay aussi considéré combien irresoluement elle le pourroit souffrir. Ie me suis contrainct à vivre, et c'est quelquefois magnanimité que vivre ». Voylà ses mots, excellents comme est son usage.

CHAPITRE XXXVI.

Des plus excellents hommes.

SI on me demandoit le chois de touts les hommes qui sont venus à ma cognoissance, il me semble en trouver trois excellents au dessus de touts les aultres.

L'un Homere : non pas qu'Aristote ou Varro, pour exemple, ne feussent à l'adventure aussi sçavants que luy; ny possible encores qu'en son art mesme Virgile ne luy soit comparable : ie le laisse à iuger à ceulx qui les cognoissent touts deux. Moy, qui n'en cognois que l'un, puis dire cela seulement, selon ma portee, que ie ne crois pas que les Muses mesmes allassent au delà du Romain :

> Tale facit carmen doctâ testudine, quale
> Cynthius impositis temperat articulis : (1)

toutesfois en ce iugement, encores ne fauldroit il pas oublier que c'est principalement d'Homere que Virgile tient sa suffisance; que c'est son guide et maistre d'eschole; et qu'un seul traict de l'Iliade a fourny de corps et

---

(1) Il chante sur sa docte lyre des vers semblables à ceux que chante Apollon lui-même. *Propert.* eleg. 34, l. 2, v. 79, 80.

de matiere à cette grande et divine Aeneïde. Ce n'est pas ainsi que ie compte : i'y mesle plusieurs aultres circonstances qui me rendent ce personnage admirable, quasi au dessus de l'humaine condition; et, à la verité, ie m'estonne souvent que luy, qui à produict et mis en credit au monde plusieurs deïtez par son auctorité, n'a gaigné reng de dieu luy mesme. Estant aveugle, indigent; estant avant que les sciences feussent redigees en regle et observations certaines, il les a tant cogneues, que touts ceulx qui se sont meslez depuis d'establir des polices, de conduire guerres, et d'escrire ou de la religion ou de la philosophie, en quelque secte que ce soit, ou des arts, se sont servis de luy comme d'un maistre tresparfaict en la cognoissance de toutes choses, et de ses livres comme d'une pepiniere de toute espece de suffisance :

> Qui, quid sit pulchrum, quid turpe, quid utile, quid non,
> Pleniùs ac meliùs Chrysippo ac Crantore dicit: (1)

et comme dict l'aultre,

> a quo, ceu fonte perenni,
> Vatum Pieriis labra rigantur aquis, (2)

et l'aultre,

> Adde Heliconiadum comites, quorum unus Homerus
> Astra potitus: (3)

et l'aultre,

> cuiusque ex ore profuso
> Omnis posteritas latices in carmina duxit,

---

(1) Homere enseigne beaucoup mieux et plus exactement, que Chrysippe et Crantor, ce qui est honnête ou déshonnête, utile ou pernicieux. *Horat.* epist. 2, l. 1, v. 3, et seq.

(2) D'où les poëtes tirent, comme d'une source intarissable, de quoi arroser leurs propres ouvrages. *Ovid.* amor. eleg. 9, l. 3, v. 25, et seq.

(3) Joignez-y les poëtes, compagnons inséparables des muses,

Ampemque in tenues ausa est deducere rivos,
Unius foecunda bonis, (1)

C'est contre l'ordre de nature qu'il a faict la plus excellente production qui puisse estre ; car la naissance ordinaire des choses, elle est imparfaicte ; elles s'augmentent, se fortifient par l'accroissance : l'enfance de la poësie, et de plusieurs aultres sciences, il l'a rendue meure, parfaicte et accomplie. A cette cause le peult on nommer le premier et dernier des poëtes, suyvant ce beau tesmoignage que l'antiquité nous a laissé de luy (a), « que n'ayant eu nul qu'il peust imiter avant luy, il n'a eu nul aprez luy qui le peust imiter ». Ses paroles, selon Aristote, sont les seules paroles qui ayent mouvement et action : ce sont les seuls mots substanciels. Alexandre le grand, ayant rencontré, parmy les despouilles de Darius, un riche coffret, ordonna qu'on le luy reservast pour y loger son Homere : disant « que c'estoit le meilleur et plus fidele conseiller qu'il eust en ses affaires militaires ». Pour cette mesme raison disoit Cleomenes, fils d'Anaxandridas, que « c'estoit le poëte des Lacedemoniens, parce qu'il estoit tresbon maistre de la discipline guerriere ». Cette louange singuliere et particuliere luy est aussi demeurée, au iugement de Plutarque, « que c'est le seul aucteur du monde qui n'a iamais saoulé ne desgousté les hommes, se montrant aux lecteurs tousiours tout aultre, et fleurissant tousiours

---

parmi lesquels Homere a toujours régné sans rival. *Lucret.* l. 3, v. 1050, et seqq.

(1) Des écrits duquel, comme d'une riche source, tous les poëtes des siecles suivants ont tiré de quoi fertiliser leurs ouvrages, ayant osé s'enrichir des biens d'un seul, en divisant ce grand fleuve en mille petits ruisseaux. *Manil.* astron. l. 2, v. 8, et seqq.

(a) In quo (Homero) hoc maximum est, quod neque ante illum, quem ille imitaretur ; neque post illum, qui eum imitari posset, inventus est. *Velleii Paterculi* hist. l. 1, c. 5.

en nouvelle grace ». Ce follastre d'Alcibiades, ayant demandé, à un qui faisoit profession des lettres, un livre d'Homere, luy donna un soufflet, parce qu'il n'en avoit point : comme qui trouveroit un de nos presbtres sans breviaire. Xenophanes se plaignoit un iour à Hieron, tyran de Syracuse, de ce qu'il estoit si pauvre qu'il n'avoit de quoy nourrir deux serviteurs : « Et quoy, luy respóndit il, Homere qui estoit beaucoup plus pauvre que toy, en nourrit bien plus de dix mille, tout mort qu'il est ». Que n'estoit ce dire, à Panaetius, quand il nommoit Platon « l'Homere des philosophes » ? Oultre cela, quelle gloire se peult comparer à la sienne ? il n'est rien qui vive en la bouche des hommes, comme son nom et ses ouvrages ; rien si cogneu et si receu que Troye, Helene, et ses guerres, qui ne feurent à l'adventure iamais : nos enfants s'appellent encores des noms qu'il forgea il y a plus de trois mille ans ; qui ne cognoist Hector et Achille ? Non seulement aulcunes races particulieres, mais la plus part des nations cherchent origine en ses inventions. Mahumet second de ce nom, empereur des Turcs, escrivant à nostre pape Pie second : « Ie m'estonne, dict il, comment les Italiens se bandent contre moy, attendu que nous avons nostre origine commune des Troyens, et que i'ay comme eulx interest de venger le sang d'Hector sur les Grecs, lesquels ils vont favorisant contre moy ». N'est ce pas une noble farce, de laquelle les rois, les choses publicques et les empereurs vont iouant leur personnage tant de siecles, et à laquelle tout ce grand univers sert de theatre. Sept villes grecques entrerent en debat du lieu de sa naissance : tant son obscurité mesme lùy apporta d'honneur !

Smyrna, Rhodos, Colophon, Salamis, Chios, Argos, Athenæ. (1)

(1) Smyrne, Rhode, Colophon, Salamine, Chios, Argos, Athenes. — Au lieu de *Chios*, on trouve *Ios*, dans Aulu-Gelle, l. 3, c. 11. C.

L'aultre, Alexandre le grand : car, Qui considerera l'aage qu'il commencea ses entreprinses; le peu de moyen avecques lequel il feit un si glorieux desseing; l'auctorité qu'il gaigna, en cette sienne enfance, parmy les plus grands et experimentez capitaines du monde desquels il estoit suyvi; la faveur extraordinaire de quoy fortune embrassa et favorisa tant de siens exploicts hasardeux, et à peu que ie ne die temeraires;

> impellens quicquid sibi summa petenti
> Obstaret, gaudensque viam fecisse ruinâ; (1)

cette grandeur, d'avoir à l'aage de trente trois ans passé victorieux toute la terre habitable, et, en une demie vie, avoir attainct tout l'effort de l'humaine nature, si que vous ne pouvez imaginer sa duree legitime, et la continuation de son accroissance en vertu et en fortune iusques à un iuste terme d'aage, que vous n'imaginiez quelque chose au dessus de l'homme; d'avoir faict naistre de ses soldats tant de branches royales, laissant aprez sa mort le monde en partage à quatre successeurs, simples capitaines de son armee, desquels les descendants ont depuis si long temps duré maintenants cette grande possession; tant d'excellentes vertus qui estoient en luy, iustice, temperance, liberalité, foy en ses paroles, amour envers les siens, humanité envers les vaincus, car ses mœurs semblent à la verité n'avoir aulcun iuste reproche, ouy bien aulcunes de ses actions particulieres, rares et extraordinaires; mais il est impossible de conduire si grands mouvements avecques les regles de la iustice; telles gents veulent estre iugez en gros par la maistresse fin de leurs actions : la ruyne de Thebes, le meurtre de

---

(1) Renversant tout ce qui s'opposoit à son élévation; et prenant plaisir à s'ouvrir un chemin par les ravages qu'il faisoit lui-même. *Lucan*. l. 1, v. 149, 150.

Menander, et du medecin d'Ephestion, de tant de prisonniers persiens à un coup, d'une troupe de soldats indiens non sans interest de sa parole, des Cosseïens, iusques aux petits enfants, sont saillies un peu mal excusables; car quant à Clytus, la faulte en feut amendee oultre son poids, et tesmoigne cette action, autant que toute aultre, la debonnaireté de sa complexion, et que c'estoit de soy une complexion excellemment formee à la bonté, et a esté ingenieusement dict de luy, « qu'il avoit de la nature ses vertus, de la fortune ses vices » : quant à ce qu'il estoit un peu vanteur, un peu trop impatient d'ouïr mesdire de soy, et quant à ses mangeoires, armes et mors qu'il feit semer aux Indes, toutes ces choses me semblent pouvoir estre condonnees à son aage et à l'estrange prosperité de sa fortune : Qui considerera quand et quand tant de vertus militaires, diligence, pourvoyance, patience, discipline, subtilité, magnanimité, resolution, bonheur, en quoy, quand l'auctorité d'Hannibal ne nous l'auroit apprins, il a esté le premier des hommes; les rares beautez et conditions de sa personne, iusques au miracle; ce port, et ce venerable maintien, soubs un visage si ieune, vermeil et flamboyant;

> Qualis, ubi Oceani perfusus Lucifer undâ,
> Quem Venus ante alios astrorum diligit ignes,
> Extulit os sacrum cœlo, tenebrasque resolvit; (1)

l'excellence de son sçavoir et capacité; la duree et grandeur de sa gloire, pure, nette, exempte de tache et d'envie; et qu'encores long temps aprez sa mort ce feut une religieuse croyance d'estimer que ses medailles portassent bonheur à ceulx qui les avoient sur eulx; et que plus de

---

(1) Semblable à l'étoile du matin, chérie de Vénus sur tout autre feu céleste, lorsque sortant de l'océan qui l'a arrosée de ses eaux, elle paroît dans le ciel, et dissipe par son éclat les ténèbres de la nuit. *Aeneid.* l. 8, v. 589, et seqq.

rois et princes ont escript ses gestes, qu'aultres historiens n'ont escript les gestes d'aultre roy ou prince que ce soit; et qu'encores à present les Mahumetans, qui mesprisent toutes aultres histoires, receoivent et honorent la sienne seule par special privilege: Il confessera, tout cela mis ensemble, que i'ay eu raison de le preferer à Cesar mesme, qui seul m'a peu mettre en doubte du chois; et il ne se peult nier qu'il n'y ayt plus du sien en ses exploicts, plus de la fortune en ceulx d'Alexandre. Ils ont eu plusieurs choses eguales; et Cesar, à l'adventure, aulcunes plus grandes: ce feurent deux feux, ou deux torrents, à ravager le monde par divers endroicts;

> Et velut immissi diversis partibus ignes
> Arentem in sylvam et virgulta sonantia lauro;
> Aut ubi decursu rapido de montibus altis
> Dant sonitum spumosi amnes, et in æquora currunt,
> Quisque suum populatus iter: (1)

mais quand l'ambition de Cesar auroit de soy plus de moderation, elle a tant de malheur ayant rencontré ce vilain subiect de la ruyne de son païs et de l'empirement universel du monde, que, toutes pieces ramassees et mises en la balance, ie ne puis que ie ne penche du costé d'Alexandre.

Le tiers, et le plus excellent, à mon gré, c'est Epaminondas. De gloire, il n'en a pas à beaucoup prez tant que d'aultres, (aussi n'est ce pas une piece de la substance de la chose). De resolution et de vaillance, non pas de celle qui est aiguisee par ambition, mais de celle que la sapience et la raison peuvent planter en une ame bien re-

---

(1) Pareils à des feux qu'on a jetés de différents endroits dans une forêt toute seche; ou à des torrents écumeux, qui, tombant rapidement du haut d'une montagne, vont à grand bruit se précipiter dans la mer; ils ont l'un et l'autre ravagé tout ce qui s'est trouvé sur leur passage. *Aeneid* l. 12, v. 521, et seqq.

glee, il en avoit tout ce qui s'en peult imaginer: de preuves de cette sienne vertu, il en a faict autant, à mon advis, qu'Alexandre mesme, et que Cesar; car encores que ses exploicts de guerre ne soyent ny si frequents, ny si enflez, ils ne laissent pas pourtant, à les bien considerer et toutes leurs circonstances, d'estre aussi poisants et roides, et portants autant de tesmoignage de hardiesse et de suffisance militaire. Les Grecs luy ont faict cet honneur, sans contredict, de le nommer le premier homme d'entre eulx: mais estre le premier de la Grece, c'est facilement estre le prime du monde. Quant à son sçavoir et suffisance, ce iugement ancien nous en est resté, « que iamais homme ne sceut tant, et parla si peu que luy », car il estoit pythagorique de secte; et ce qu'il parla, nul ne parla iamais mieulx: excellent orateur et trespersuasif. Mais quant à ses mœurs et conscience, il a de bien loing surpassé touts ceulx qui se sont iamais meslez de manier affaires; car en cette partie, qui doibt estre principalement consideree, qui seule marque veritablement quels nous sommes, et laquelle ie contrepoise seule à toutes les aultres ensemble, il ne cede à aulcun philosophe, non pas à Socrates mesmes: en cettuy ci l'innocence est une qualité propre, maistresse, constante, uniforme, incorruptible, au parangon de laquelle elle paroist en Alexandre subalterne, incertaine, bigarree, molle et fortuite.

L'ancienneté iugea qu'à esplucher par le menu touts les aultres grands capitaines, il se treuve en chascun' quelque speciale qualité qui le rend illustre: en cettuy cy seul, c'est une vertu et suffisance pleine par tout et pareille, qui en touts les offices de la vie humaine ne laisse rien à desirer de soy, soit en occupation publicque ou privee, ou paisible, ou guerriere, soit à vivre, soit à mourir grandement et glorieusement: ie ne cognois nulle ny forme ny fortune d'homme que ie regarde avecques tant d'honneur et d'amour. Il est bien vray que son obstination à la pauvreté, ie la treuve aulcunement scrupuleuse, comme elle est peincte par ses meilleurs amis : et cette seule action, haulte pourtant et tresdigne d'admiration, ie la sens un peu aigrette, pour, par souhait mesme [en la forme qu'elle estoit en luy], m'en desirer l'imitation.

Le seul Scipion Emylien, qui luy donneroit une fin aussi fiere et illustre, et la cognoissance des sciences autant profonde et universelle, me (a) pourroit mettre en doubte du chois. Oh, quel desplaisir le temps m'a faict d'oster de nos yeulx à poinct nommé, des premieres, la couple de vies, iustement la plus noble qui feust en Plutarque, de ces deux personnages, par le commun consentement du monde, l'un le premier des Grecs, l'aultre des Romains! Quelle matiere! quel œuvrier!

Pour un homme non sainct, mais galant homme, qu'ils nomment, de mœurs civiles et communes, d'une haulteur moderee; la plus riche vie, que ie sçache, à estre vescue entre les vivants, comme on dict, et estoffee de plus de riches parties et desirables, c'est, tout consideré, celle d'Alcibiades, à mon gré.

Mais quant à Epaminondas, pour exemple d'une excessifve bonté, ie veulx adiouster icy aulcunes de ses opinions : Le plus doulx contentement qu'il eut en toute sa vie, il tesmoigna que c'estoit le plaisir qu'il avoit donné à son pere et à sa mere de sa victoire de Leuctres; il couche de beaucoup, preferant leur plaisir au sien si iuste et si plein d'une tant glorieuse action : Il ne pensoit pas, « qu'il feust loisible, pour recouvrer mesmes la liberté de son païs, de tuer un homme sans cognoissance de cause »; voylà pourquoy il feut si froid à l'entreprinse de Pelopidas, son compaignon, pour la delivrance de Thebes : Il tenoit aussi « qu'en une bataille il falloit fuïr le rencontre d'un amy qui feust au party contraire, et l'espargner » : Et son humanité à l'endroict des ennemis

---

(a) Se pourroit mettre à l'encontre à l'aultre plat de la balance. *Edition* de 1595.

mesmes, l'ayant mis en souspeçon envers les Bœotiens, de ce qu'aprez avoir miraculeusement forcé les Lacedemoniens de luy ouvrir le pas, qu'ils avoient entreprins de garder à l'entree de la Moree, prez de Corinthe, il s'estoit contenté de leur avoir passé sur le ventre, sans les poursuyvre à toute oultrance, il feut deposé de l'estat de capitaine general, treshonnorablement, pour une telle cause, et pour la honte que ce leur feut d'avoir, par necessité, à le remonter tantost aprez en son degré, et recognoistre combien de lui despendoit leur gloire et leur salut; la victoire le suyvant comme son umbre par tout où il guidast. La prosperité de son païs mourut aussi, [luy mort], comme elle estoit nee avecques luy.

CHAPITRE XXXVII.

De la ressemblance des enfants aux peres.

Ce fagotage de tant de diverses pieces se faict en cette condition, que ie n'y mets la main que lors qu'une trop lasche oysifveté me presse, et non ailleurs que chez moy: ainsin il s'est basty à diverses poses et intervalles, comme les occasions me detiennent ailleurs par fois plusieurs mois. Au demourant, ie ne corrige point mes premieres imaginations par les secondes; ouy, à l'adventure, quelque mot, mais pour diversifier, non pour oster. Ie veulx representer le progrez de mes humeurs, et qu'on veoye chasque piece en sa naissance. Ie prendrois plaisir d'avoir commencé plustost, et à recognoistre le train de mes mutations. Un valet qui me servoit à les escrire soubs moy, pensa faire un grand butin de m'en desrobber plusieurs pieces, choisies à sa poste : cela me console, qu'il n'y fera pas plus de gaing, que i'y ay faict de perte. Ie me suis envieilly de sept ou huict ans depuis que ie commenceay : ce n'a pas esté sans quelque nouvel acquest ; i'y ay practiqué la cholique, par la liberalité des ans: leur commerce et longue conversation ne se passe ayseement sans quelque tel fruict. Ie vouldrois bien, de plusieurs aultres presents qu'ils ont à faire à ceulx qui les hantent long temps, qu'ils en eussent choisi quelqu'un qui m'eust esté plus acceptable; car ils ne m'en eussent sceu faire que i'eusse en plus grande horreur, dez mon enfance: c'estoit, à poinct nommé, de touts les accidents de la vieillesse, celuy que ie craignois le plus. I'avois pensé maintesfois, à part moy, que i'allois trop avant, et qu'à faire un si long chemin, ie ne fauldrois pas de m'engager enfin en quelque malplaisant rencontre: ie sentois et protestois assez, Qu'il estoit heure de partir, et qu'il falloit trencher la vie dans le vif et dans le sain, suyvant la regle des chirurgiens quand ils ont à couper quelque membre; Qu'à celuy qui ne la rendoit à temps, nature avoit accoustumé de faire payer de bien rudes usures. Il s'en falloit tant que i'en feusse prest lors, qu'en dix huict mois ou environ qu'il y a que ie suis en ce malplaisant estat, i'ay desia apprins à m'y accommoder; i'entre desia en composition de ce vivre choliqueux; i'y treuve de quoy me consoler, et de quoy esperer: Tant les hommes sont accoquinez à leur estre miserable, qu'il n'est si rude condition qu'ils n'acceptent pour s'y conserver! oyez Maecenas (1),

> Debilem facito manu,
> Debilem pede, coxa,
> Lubricos quate dentes;
> Vita dum superest, bene est: (2)

et couvroit Tamburlan d'une sotte humanité la cruauté

---

(1) Dans Séneque, epist. 101.
(2)   Qu'on me rende impotent,
   Cul-de-jatte, goutteux, manchot, pourvu qu'en somme
   Je vive, c'est assez : je suis plus que content.
Cette traduction est de La Fontaine, fable 15, l. 1.

fantastique qu'il exerceoit contre les ladres, en faisant mettre à mort autant qu'il en venoit à sa cognoissance, « pour, disoit il, les delivrer de la vie qu'ils vivoient si penible » : car il n'y avoit nul d'eulx qui n'eust mieulx aimé estre trois fois ladre, que de n'estre pas : et Antisthenes le stoïcien, estant fort malade, et s'escriant : « Qui me delivrera de ces maulx » ? Diogenes, qui l'estoit venu veoir, luy presentant un couteau : « Cettuy cy, si tu veulx, bientost ». « Ie ne dis pas de la vie, repliqua il, ie dis des maulx ». Les souffrances qui nous touchent simplement par l'ame, m'affligent beaucoup moins qu'elles ne font la pluspart des aultres hommes; partie, par iugement, car le monde estime plusieurs choses horribles, ou evitables au prix de la vie, qui me sont à peu prez indifferentes; partie, par une complexion stupide et insensible que i'ay aux accidents qui ne donnent à moy de droict fil; laquelle complexion i'estime l'une des meilleures pieces de ma naturelle condition : mais les souffrances vrayement essentielles et corporelles, ie les gouste bien vifvement. Si est-ce pourtant, que, les prevoyant aultrefois d'une veue foible, delicate, et amollie par la iouïssance de cette longue et heureuse santé et repos que Dieu m'a presté la meilleure part de mon aage, ie les avois conceues, par imagination, si insupportables, qu'à la verité i'en avois plus de peur, que ie n'y ay trouvé de mal : par où i'augmente tousiours cette creance, Que la pluspart des facultez de nostre ame, comme nous les employons, troublent plus le repos de la vie, qu'elles n'y servent.

Ie suis aux prinses avecques la pire de toutes les maladies, la plus soubdaine, la plus douloureuse, la plus mortelle, et la plus irremediable; i'en ay desia essayé cinq ou six bien longs accez et penibles : toutesfois, ou ie me flatte, ou encores y a il en cet estat de quoy se soubtenir, à qui a l'ame deschargee de la crainte de la mort, et deschargee des menaces, conclusions et consequences dequoy la medecine nous enteste; mais l'effect mesme de la douleur n'a pas cette aigreur si aspre et si poignante, qu'un homme rassis en doibve entrer en rage et en desespoir. I'ay au moins ce proufit de la cholique, que, ce que ie n'avois encores peu sur moy, pour me concilier du tout et m'accointer à la mort, elle le parfera; car d'autant plus elle me pressera et importunera, d'autant moins me sera la mort à craindre. I'avois desia gaigné cela, de ne tenir à la vie que par la vie seulement; elle desnouera encores cette intelligence: et Dieu vueille qu'enfin, si son aspreté vient à surmonter mes forces, elle ne me reiecte à l'aultre extremité, non moins vicieuse, d'aimer et desirer à mourir!

  Summum nec metuas diem, nec optes : (1)

ce sont deux passions à craindre, mais l'une a son remede bien plus prest que l'aultre. Au demourant, i'ay tousiours trouvé ce precepte cerimonieux, qui ordonne si rigoureusement et exactement de tenir bonne contenance et un maintien desdaigneux et posé à la (a) tolerance des maulx. Pourquoy la philosophie, qui ne regarde que le vif et les effects, se va elle amusant à ces apparences externes ? qu'elle laisse ce soing aux farceurs et maistres de rhetorique qui font tant d'estat de nos gestes : qu'elle condonne

---

  (1) Ne crains, ni ne desire
   Le jour de ton trépas.
     Martial. l. 10, epigr. 47, v. ult.

 (a) La souffrance : *Édit. in-fol.* de 1595 : mais dans l'exemplaire corrigé par Montaigne, il a rayé lui-même le mot *souffrance*, et a écrit au-dessus, *tollérance*. On voit par cet exemple, et par plusieurs autres recueillis dans quelques-unes des notes précédentes, que Montaigne a rétabli dans la copie de l'édition in-fol. de 1595 des leçons qu'il avoit d'abord effacées dans l'exemplaire corrigé de sa main, et auxquelles il en avoit même substitué d'autres, qu'il a rejetées ensuite. Le mot qui fait le sujet de cette note, est une de ces leçons d'abord rejetées et ensuite rétablies dans l'édition in-folio de 1595. J'ajouterai même que parmi ces

hardiement au mal cette lascheté voyelle, si elle n'est ny cordiale ny stomachale, et preste ces plainctes volontaires au genre des souspirs, sanglots, palpitations, paslissements que nature a mis hors de nostre puissance : pourveu que le courage soit sans effroy, les paroles sans desespoir, qu'elle se contente ; qu'importe que nous tordons nos bras, pourveu que nous ne tordons nos pensees? elle nous dresse pour nous, non pour aultruy; pour estre, non pour sembler : qu'elle s'arreste à gouverner nostre entendement qu'elle a prins à instruire : qu'aux efforts de la cholique, elle maintienne l'ame capable de se recognoistre, de suyvre son train accoustumé, combattant la douleur et la soubtenant, non se prosternant honteusement à ses pieds; esmeue et eschauffee du combat, non abbattue et renversee ; capable de commerce, capable d'entretien, [et d'aultre occupation], iusques à certaine mesure. En accidents si extremes, c'est cruauté de requerir de nous une desmarche si composee : si nous avons beau ieu, c'est peu que nous ayons mauvaise mine : si le corps se soulage en se plaignant, qu'il le face; si l'agitation lui plaist, qu'il se tourneboule et tracasse à sa fantasie; s'il lui semble que le mal s'evapore aulcunement

---

diverses leçons, auxquelles Montaigne paroît être revenu d'après un examen plus réfléchi, il en est en effet quelques-unes qui méritoient d'être préférées, mais que, le plus souvent, il auroit mieux fait de conserver celles qu'on trouve dans l'exemplaire enrichi de ses additions et corrections manuscrites. C'est un talent beaucoup plus rare qu'on ne pense que celui de bien corriger ; et les hommes doués, comme l'auteur des *Essais*, d'une imagination vive et forte, et qui pensent avec lui que « c'est aux paroles à servir et à suyvre, et que l'eloquence faict iniure aux choses, qui nous destourne à soy », sont en général peu propres à cette espece de travail qui exige un goût exquis, une oreille sensible et exercée, une critique exacte et sévere, du sang froid, de la patience, et une certaine opiniâtreté sans laquelle on ne perfectionne rien dans les sciences, dans les lettres, ni dans les arts. N.

(comme aulcuns medecins disent que cela ayde à la delivrance des femmes enceinctes), pour poulser hors la voix avecques plus grande violence, ou s'il en amuse son torment, qu'il crie tout à faict. Ne commandons point à cette voix qu'elle aille, mais permettons le luy. Epicurus ne permet pas seulement à son sage de crier aux torments, mais il le luy conseille : pugiles etiam, quum feriunt, in iactandis cæstibus ingemiscunt, quia profundenda voce omne corpus intenditur, venitque plaga vehementior (1). Nous avons assez de travail du mal, sans nous travailler à ces regles superflues. Ce que ie dis, pour excuser ceulx qu'on vèoid ordinairement se tempester aux secousses et assaults de cette maladie : car pour moy, ie l'ay passee iusques à cette heure avecques un peu meilleure contenance, et me contente de gemir sans brailler ; non pourtant que ie me mette en peine pour maintenir cette decence exterieure, car ie fois peu de compte d'un tel advantage, ie preste en cela au mal autant qu'il veult ; mais, où mes douleurs ne sont pas si excessives, ou i'y apporte plus de fermeté que le commun. Ie me plains, ie me despite, quand les aigres poinctures me pressent ; mais ie n'en viens point (a) à me perdre, comme celuy là,

> Eiulatu, questu, gemitu, fremitibus
> Resonando multùm flebiles voces refert : (2)

Ie me taste au plus espez du mal ; et ay tousiours trouvé que i'estois capable de dire, de penser, de respondre,

---

(1) Les athletes même gémissent lors qu'ils frappent leur antagoniste à coups de gantelets, parceqú'en poussant ainsi leur voix, tout leur corps se roidit, et le coup qu'ils donnent en est plus violent. *Cic.* tusc. quæst. l. 2, c. 2a. Edit. Davis.

(a) Au desespoir. *Edit. in-fol.* de 1595, mais effacé dans l'exemplaire corrigé par Montaigne.

(2) Qui fondant en larmes fait retentir l'air de cris, de plaintes, et de gémissements aigus. *Cic.* tusc. quæst. l. 2, c. 13. Edit. cit.

aussi sainement qu'en une aultre heure, mais non si constamment, la douleur me troublant et destournant. Quand on me tient le plus atterré, et que les assistants m'espargnent, i'essaye souvent mes forces, et leur entame moy mesme des propos les plus esloignez de mon estat. Ie puis tout par un soubdain effort : mais ostez en la duree. Oh! que n'ay ie la faculté de ce songeur de Cicero, qui, songeant embrasser une garse, trouva qu'il s'estoit deschargé de sa pierre emmy ses draps! les miennes me desgarsent estrangement. Aux intervalles de cette douleur excessifve, que mes ureteres languissent sans me poindre si fort, ie me remets soubdain en ma forme ordinaire, d'autant que mon ame ne prend aultre alarme que la sensible et corporelle; ce que ie doibs certainement au soing que i'ay eu à me preparer par discours à tels accidents :

> laborum
> Nulla mihi nova nunc facies inopinaque surgit :
> Omnia præcepi, atque animo mecum antè peregi. (1)

Ie suis essayé pourtant un peu bien rudement pour un apprenti, et d'un changement bien soubdain et bien rude, estant cheu tout à coup d'une tresdoulce condition de vie et tresheureuse, à la plus douloureuse et penible qui se puisse imaginer; car, oultre ce que c'est une maladie bien fort à craindre d'elle mesme, elle faict en moy ses commencements beaucoup plus aspres et difficiles qu'elle n'a accoustumé : les accez me reprennent si souvent, que ie ne sens quasi plus d'entiere santé. Ie maintiens toutesfois, iusques à cette heure, mon esprit en telle assiette, que, pourveu que i'y puisse apporter de la constance, ie me treuve en assez meilleure condition de vie que mille aul-

---

(1) Il n'y a plus pour moi de nouveaux maux à craindre, plus de peine qui puisse me surprendre : j'ai tout prévu, je suis préparé d'avance à tout ce qui peut m'arriver. *Æneid.* l. 6, v. 103, et seqq.

tres, qui n'ont ny fiebvre ny mal que celuy qu'ils se donnent eulx mesmes par la faulte de leur discours. Il est certaine façon d'humilité subtile, qui naist de la presumption, comme cette cy, Que nous recognoissons nostre ignorance en plusieurs choses, et sommes si courtois d'advouer qu'il y ayt ez ouvrages de nature aulcunes qualitez et conditions qui nous sont imperceptibles, et desquelles nostre suffisance ne peult descouvrir les moyens et les causes : par cette honneste et conscienceuse declaration, nous esperons gaigner qu'on nous croira aussi de celles que nous dirons entendre. Nous n'avons que faire d'aller trier des miracles et des difficultez estrangieres ; il me semble que parmy les choses que nous voyons ordinairement, il y a des estrangetez si incomprehensibles, qu'elles surpassent toute la difficulté des miracles : Quel monstre est ce, que cette goutte de semence, de quoy nous sommes produicts, porte en soy les impressions, non de la forme corporelle seulement, mais des pensements et des inclinations de nos peres ? cette goutte d'eau, où loge elle ce nombre infiny de formes ? et comme portent elles ces ressemblances, d'un progrez si temeraire et si desreglé, que l'arrierefils respondra à son bisayeul, le nepveu à l'oncle ? En la famille de Lepidus, à Rome, il y en a eu trois, non de suite, mais par intervalles, qui nasquirent un mesme œil couvert de cartilage : A Thebes il y avoit une race qui portoit dez le ventre de la mere la forme d'un fer de lance ; et qui ne le portoit, estoit tenu illegitime : Aristote dict qu'en certaine nation où les femmes estoient communes, on assignoit les enfants à leurs peres, par la ressemblance. Il est à croire que ie doibs à mon pere cette qualité pierreuse ; car il mourut merveilleusement affligé d'une grosse pierre qu'il avoit en la vessie. Il ne s'apperceut de son mal que le soixante septiesme an de son aage : et avant cela il n'en avoit eu aulcune menace ou ressentiment aux reins, aux costez, ny ailleurs ; et avoit vescu iusques lors en une heureuse santé, et bien peu subiecte à maladie; et dura encores sept ans en ce mal, traisnant une fin de vie bien douloureuse. I'estoit nay vingt cinq ans, et plus, avant sa maladie, et durant le cours de son meilleur estat, le troisiesme de ses enfants en reng de naissance. Où se couvoit tant de temps la propension à ce default? et, lorsqu'il estoit si loing du mal, cette legiere piece de sa substance, de quoy il me bastit, comment en portoit elle pour sa part une si grande impression? et comment encores si couverte, que quarante cinq ans aprez i'aye commencé à m'en ressentir, seul iusques à cette heure entre tant de freres et de sœurs et touts d'une mere! Qui m'esclaircira de ce progrez, ie le croiray d'autant d'aultres miracles qu'il vouldra: pourveu que, comme ils font, il ne me donne pas en payement une doctrine beaucoup plus difficile et fantastique que n'est la chose mesme.

Que les medecins excusent un peu ma liberté; car, par cette mesme infusion et insinuation fatale, i'ay receu la haine et le mespris de leur doctrine: cette antipatie que i'ay à leur art m'est hereditaire. Mon pere a vescu soixante et quatorze ans, mon ayeul soixante et neuf, mon bisayeul prez de quatre vingts, sans avoir gousté aulcune sorte de medecine; et, entre eulx, tout ce qui n'estoit de l'usage ordinaire tenoit lieu de drogue. La medecine se forme par exemples et experience: aussi faict mon opinion. Voylà pas une bien expresse experience, et bien advantageuse? ie ne sçais s'il m'en trouveront trois en leurs registres, nays, nourris et trespassez en mesme fouyer, mesme toict, ayants autant vescu par leur conduicte. Il fault qu'ils m'advouent en cela, que si ce n'est la raison, au moins que la fortune est de mon party: or, chez les medecins, fortune vault bien mieulx que la raison. Qu'ils ne me prennent point à cette heure à leur advantage, qu'ils ne me menacent point, atterré comme ie suis; ce seroit supercherie. Aussi, à dire la verité, i'ay assez gaigné sur eulx par mes exemples domestiques; encores qu'ils s'arrestent là. Les choses humaines n'ont pas tant de constance : il y a deux cents ans, il ne s'en fault que dix huict, que cet essay nous dure, car le premier nasquit l'an mil quatre cents deux; c'est vrayement bien raison que cette experience commence à nous faillir. Qu'ils ne me reprochent point les maulx qui me tiennent à cette heure à la gorge : d'avoir vescu sain quarante sept ans pour ma part, n'est ce pas assez ? quand ce sera le bout de ma carriere, elle est des plus longues. Mes ancestres avoient la medecine à contre-cœur par quelque inclination occulte et naturelle ; car la veue mesme des drogues faisoit horreur à mon pere. Le seigneur de Gaviac, mon oncle paternel, homme d'Eglise, maladif dez sa naissance, et qui feit toutes-fois durer cette vie debile iusques à soixante sept ans, estant tumbé aultrefois en une grosse et vehemente fiebvre continue, il feut ordonné par les medecins qu'on luy declareroit, s'il ne se vouloit ayder (ils appellent secours ce qui le plus souvent est empeschement), qu'il estoit infailliblement mort. Ce bon homme, tout effrayé comme il feut de cette horrible sentence, « Si, respondit il, ie suis doncques mort ». Mais Dieu rendit tantost aprez vain ce prognostique. Le dernier des freres, ils estoient quatre, sieur de Bussaguet, et de bien loing le dernier, se soubmeit seul à cet art, pour le commerce, ce croy ie, qu'il avoit avecques les aultres arts, car il estoit conseiller en la cour de parlement; et luy succeda si mal, qu'estant, par apparence, de plus forte complexion, il mourut pourtant long temps avant les aultres, sauf un, le sieur de sainct Michel. Il est possible que i'ay receu d'eulx cette dyspathie naturelle à la medecine : mais s'il n'y eust eu que cette consideration, i'eusse essayé de la forcer ; car toutes ces conditions qui naissent en nous sans raison, elles sont vicieuses, c'est une espece de maladie qu'il fault combattre. Il peult estre que i'y avois cette propension; mais ie l'ay appuyée et fortifiée par les discours, qui m'en ont estably l'opinion que i'en ay : car ie hais aussi cette consideration de refuser la medecine pour l'aigreur de son goust ; ce ne seroit aysément mon humeur, qui treuve la santé digne d'estre rachetée par touts les cauteres et incisions les plus penibles qui se facent : et, suyvant Epicurus, les voluptez me semblent à evit , si elles tirent à leur suitte des douleurs plus grandes et les douleurs à rechercher, qui tirent à leur suitte de voluptez plus grandes. C'est une precieuse chose que la santé, et la seule qui merite, à la verité, qu'on y employe, non le temps seulement, la sueur, la peine, les biens, mais encores la vie à sa poursuitte ; d'autant que sans elle la vie nous vient à estre penible et iniurieuse ; la volupté, la sagesse, la science et la vertu, sans elle, se ternissent et esvanouïssent : et aux plus fermes et tendus discours que la philosophie nous veuille imprimer au contraire, nous n'avons qu'à opposer l'image de Platon estant frappé du hault mal ou d'une apoplexie, et, en cette presupposition, le desfier d'appeller à son secours les riches facultez de son ame. Toute voye qui nous meneroit à la santé ne se peult dire, pour moy, ny aspre ny chere. Mais i'ay quelques aultres apparences qui me font estrangement desfier de toute cette marchandise. Ie ne dis pas qu'il n'y en puisse avoir quelque art ; qu'il n'y ayt, parmy tant d'ouvrages de nature, des choses propres à la conservation de nostre santé, cela est certain : i'entends bien qu'il y a quelque simple qui humecte, quelque aultre qui asseiche ; ie sçais, par experience, et que les raiforts produisent des vents, et que les feuilles du sené laschent le ventre ; ie sçais plusieurs telles experiences, comme ie sçais que le mouton me nourrit et que le vin m'eschauffe ; et disoit Solon que le manger estoit, comme les aultres drogues, une medecine contre la maladie de la faim ; ie ne desadvoue pas l'usage que nous tirons du monde, ny ne doubte de la puissance et uberté de nature, et de son application à nostre besoing, ie veois bien que les brochets et les arondes se treuvent bien d'elle : Ie me desfie des inventions de nostre esprit, de nostre science et art, en faveur duquel nous l'avons abandonnée et ses regles, et auquel nous ne sçavons tenir moderation ny limite. Comme nous appellons iustice, le pastissage des premieres lois qui nous tumbent en main, et leur dispensation et practique, tresinepte souvent et tresinique ; et comme ceulx qui s'en mocquent, et qui l'accusent, n'entendent pas pourtant iniurier cette noble vertu, ains condamner seulement l'abus et profanation de ce sacré tiltre : de mesme, en la medecine, i'honore bien ce glorieux nom, sa proposition, sa promesse, si utile au genre humain; mais ce qu'il designe entre nous, ie ne l'honore ny l'estime. En premier lieu l'experience me le faict craindre; car, de ce que i'ay de cognoissance, ie ne veois nulle race de gents si tost malade, et si tard guarie, que celle qui est soubs la iurisdiction de la medecine : leur santé mesme est alteree et corrompue par la contraincte des regimes. Les medecins ne se contentent point d'avoir la maladie en gouvernement, ils rendent la santé malade, pour garder qu'on ne puisse en aulcune saison eschapper leur auctorité : d'une santé constante et entiere, n'en tirent ils pas l'argument d'une grande maladie future? I'ay esté assez souvent malade; i'ay trouvé, sans leurs secours, mes maladies aussi doulces à supporter (et en ay essayé quasi de toutes les sortes), et aussi courtes qu'à nul aultre ; et si n'y ay point meslé l'amertume de leurs ordonnances. La santé, ie l'ay libre et entiere, sans regle, et sans aultre discipline que de ma coustume et de mon plaisir : tout lieu m'est bon à m'arrester ; car il ne me fault aultres commoditez, estant malade, que celles qu'il me fault estant sain : Ie ne me passionne point d'estre sans

medecin, sans apotiquaire et sans secours; de quoy i'en
veois la pluspart plus affligez que du mal. Quoy? eulx-
mesmes nous font ils veoir de l'heur et de la duree en
leur vie, qui nous puisse tesmoingner quelque apparent
effect de leur science? Il n'est nation qui n'ayt esté plusieurs siecles sans la medecine, et les premiers siecles,
c'est à dire les meilleurs et les plus heureux; et du monde
la dixiesme partie ne s'en sert pas, encores à cette heure;
infinies nations ne la cognoissent pas, où l'on vit et
plus sainement et plus longuement qu'on ne faict icy;
et, parmy nous, le commun peuple s'en passe heureusement : les Romains avoient esté six cents ans, avant
que de la recevoir ; mais aprez l'avoir essayee, ils la
chasserent de leur ville, par l'entremise de Caton le
censeur, qui montra combien aysement il s'en pouvoit
passer, ayant vescu quatre vingts et cinq ans, et faict
vivre sa femme iusqu'à l'extreme vieillesse, non pas sans
medecine ; mais ouy bien sans medecin, car toute chose
qui se treuve salubre à nostre vie, se peult nommer medecine : il entretenoit, ce dict Plutarque, sa famille en
santé, par l'usage (ce me semble) du lievre; comme
les Arcades, dict Pline, guarissent toutes maladies avec
du laict de vache ; et les Libyens, dict Herodote, iouïssent populairement d'une rare santé, par cette coustume
qu'ils ont, aprez que leurs enfants ont atteinct quatre
ans, de leur cauteriser et brusler les veines du chef et
des temples, par où ils coupent chemin, pour leur vie,
à toute defluxion de rheume ; et les gents de village de
ce pays, à touts accidents, n'employent que du vin le
plus fort qu'ils peuvent, meslé à force safran et espice :
tout cela avecques une fortune pareille. Et à dire vray,
de toute cette diversité et confusion d'ordonnances,
quelle aultre fin et effect aprez tout y a il, que de vuider
le ventre ? ce que mille simples domestiques peuvent
faire : et si ne sçais si c'est si utilement qu'ils disent,
et si nostre nature n'a point besoing de la residence de

ses excrements, iusques à certaine mesure, comme le vin a de sa lie pour sa conservation; vous voyez souvent des hommes sains tumber en vomissements ou flux de ventre, par accident estrangier, et faire un grand vuidange d'excrements sans besoing aulcun precedent, et sans aulcune utilité suyvante, voire avecques empirement et dommage. C'est du grand Platon que i'apprins n'agueres que, de trois sortes de mouvements qui nous appartiennent, le dernier et le pire est celuy des purgations, que nul homme, s'il n'est fol, ne doibt entreprendre qu'à l'extreme necessité. On va troublant et esveillant le mal par oppositions contraires; il fault que ce soit la forme de vivre qui doulcement l'allanguisse et reconduise à sa fin : les violentes harpades de la drogue et du mal, sont tousiours à nostre perte, puisque la querelle se desmesle chez nous, et que la drogue est un secours infiable, de sa nature ennemy à nostre santé, et qui n'a accez en nostre estat que par le trouble. Laissons un peu faire : l'Ordre qui pourveoid aux pulces et aux taulpes, pourveoid aussi aux hommes qui ont la patience pareille, à se laisser gouverner, que les pulces et les taulpes : nous avons beau crier (1) Bihore; c'est bien pour nous enrouer, mais non pour l'advancer : c'est un ordre superbe et impiteux; nostre crainte, nostre desespoir le desgouste et retarde de nostre ayde, au lieu de l'y convier; il doibt au mal son cours, comme à la santé; de se laisser corrompre en faveur de l'un, au preiudice des droicts de l'aultre, il ne le fera pas, il tumberoit en desordre. Suyvons, de par Dieu! suyvons: il meine ceulx qui suyvent; ceulx qui ne le suyvent pas

---

(1) *Bihore*, terme dont se servent les charretiers pour hâter leurs chevaux. C'est dans Cotgrave que j'ai trouvé la signification de ce mot. Montaigne nous apprend ici, qu'il n'y a point de termes qu'un homme d'esprit ne puisse mettre à quelque usage. Ils sont tous bons, pourvu qu'on les emploie à propos. C.

il les entraisne et leur rage et leur medecine ensemble. Faites ordonner une purgation à vostre cervelle ; elle y sera mieulx employée qu'à vostre estomach. On demandoit à un Lacedemonien, qui l'avoit faict vivre sain si long temps : « L'ignorance de la medecine », respondict il : et Adrian l'empereur crioit sans cesse, en mourant, « Que la presse des medecins l'avoit tué ». Un mauvais luicteur se feit medecin : « Courage, luy dict Diogenes ; tu as raison : tu mettras à cette heure en terre ceulx qui t'y ont mis aultrefois ». Mais ils ont cet heur, selon Nicoclès, que « le soleil esclaire leur succez ; et la terre cache leur faulte ». Et oultre cela, ils ont une façon bien advantageuse à se servir de toutes sortes d'evenements : car, ce que la fortune, ce que la nature, ou quelque aultre cause estrangiere (desquelles le nombre est infini), produict en nous de bon et de salutaire, c'est le privilege de la medecine de se l'attribuer ; touts les heureux succez qui arrivent au patient qui est sous son regime, c'est d'elle qu'il les tient ; les occasions qui m'ont guary moy, et qui guarissent mille aultres qui n'appellent point les medecins à leurs secours, ils les usurpent en leurs subiects : et quant aux mauvais accidents, Ou ils les desadvouent tout à faict, en attribuant la coulpe au patient, par des raisons si vaines, qu'ils n'ont garde de faillir d'en trouver tousiours assez bon nombre de telles ; « il a descouvert son bras, il a ouï le bruit d'un coche,

> rhedarum transitus arcto
> Vicorum in flexu, (1)

on a entr'ouvert sa fenestre, il s'est couché sur le costé gauche, ou passé par sa teste quelque pensement penible » ; somme, une parole, un songe, une œillade, leur

---

(1) Le bruit des chars qui ne tournent qu'avec peine au coin des rues, lui a ébranlé le cerveau. *Juvenal.* sat. 3, v. 236.

semble suffisante excuse pour se descharger de faulte : Ou, s'il leur plaist, ils se servent encores de cet empirement et en font leurs affaires, par cet aultre moyen qui ne leur peult iamais faillir, c'est de nous payer, lors que la maladie se treuve reschauffee par leurs applications, de l'asseurance qu'ils nous donnent qu'elle seroit bien aultrement empiree sans leurs remedes ; celuy qu'ils ont iecté d'un morfondement en une fiebvre quotidienne, il eust eu, sans eulx, la continue. Ils n'ont garde de faire mal leurs besongnes, puisque le dommage leur revient à proufit. Vrayement ils ont raison de requerir du malade une application de creance favorable : il fault qu'elle le soit, à la verité, en bon escient et bien souple, pour s'appliquer à des imaginations si malaysees à croire. Platon disoit bien à propos, Qu'il n'appartenoit qu'aux medecins de mentir en toute liberté, puisque nostre salut despend de la vanité et faulseté de leurs promesses. Aesope, aucteur de tresrare excellence, et duquel peu de gents descouvrent toutes les graces, est plaisant à nous representer cette auctorité tyrannique qu'ils usurpent sur ces pauvres ames affoiblies et abattues par le mal et la crainte ; car il conte qu'un malade estant interrogé par son medecin quelle operation il sentoit des medicaments qu'il luy avoit donnez : « I'ay fort sué », respondit il ; « Cela est bon » ! dict le medecin. Une aultre fois il luy demanda encores comme il s'estoit porté depuis : « I'ay eu un froid extreme, feit il, et si ay fort tremblé ». « Cela est bon » ! suyvit le medecin. A la troisiesme fois, il luy demanda derechef comment il se portoit : « Ie me sens, dict il, enfler et bouffir comme d'hydropisie » : « Voylà qui va bien » ! adiousta le medecin. L'un de ses domestiques venant, aprez, à s'enquerir à luy de son estat : « Certes, mon amy, respond il, à force de bien estre, ie me meurs ». Il y avoit en Aegypte une loy plus iuste, par laquelle le medecin prenoit son patient en charge, les trois premiers iours, aux perils et fortunes du patient; mais, les trois iours passez, c'estoit aux siens propres : car quelle raison y a il qu'Aesculapius leur patron ait esté frappé du fouldre pour avoir ramené Hippolytus de mort à vie;

> Nam Pater omnipotens, aliquem indignatus ab umbris
> Mortalem infernis ad lumina surgere vitæ,
> Ipse repertorem medicinæ talis et artis
> Fulmine Phœbigenam stygias detrusit ad undas; (1)

et ses suyvants soient absouls, qui envoyent tant d'ames de la vie à la mort? Un medecin vantoit à Nicoclès son art estre de grande auctorité : « Vrayement, c'est mon, dict Nicoclès, qui peult impunement tuer tant de gents ». Au demourant, si i'eusse esté de leur conseil, i'eusse rendu ma discipline plus sacree et mysterieuse : ils avoient assez bien commencé ; mais ils n'ont pas achevé de mesme. C'estoit un bon commencement, d'avoir faict des dieux et des daimons aucteurs de leur science, d'avoir prins un langage à part, une escriture à part ; quoy qu'en sente la philosophie, que c'est folie de conseiller un homme pour son proufit, par maniere non intelligible : ut si quis medicus imperet ut sumat

> Terrigenam, herbigradam, domiportam, sanguine cassam. (2)

C'estoit une bonne regle en leur art, et qui accompaigne toutes les arts fantastiques, vaines et supernaturelles, Qu'il fault que la foy du patient preoccupe par bonne esperance et asseurance leur effect et operation : laquelle

---

(1) Car Jupiter, indigné de voir que par le secours de la médecine un mortel fût ramené à la vie, lança sa foudre contre le fils d'Apollon, inventeur de cet art, et le précipita dans les enfers. *Aeneid.* l. 7, v. 770, et seqq.

(2) Comme si un médecin ordonnoit à son malade de prendre
   Un enfant de la terre, errant sur le gazon,
   Vivant sans sang, sans os, et portant sa maison.
Cic. de divinat. l. 2, c. 64. Ces vers sont de l'abbé Regnier.

regle ils tiennent iusques là, que le plus ignorant et grossier medecin, ils le treuvent plus propre à celuy qui a fiance en luy, que le plus experimenté et incogneu. Le choix mesme de la pluspart de leurs drogues est aulcunement mysterieux et divin : Le pied gauche d'une tortue, L'urine d'un lezard, La fiente d'un elephant, Le foye d'une taulpe, Du sang tiré soubs l'aile droicte d'un pigeon blanc; et pour nous aultres choliqueux (tant ils abusent desdaigneusement de nostre misere), des crottes de rat pulverisees, et telles aultres singeries qui ont plus le visage d'un enchantement magicien, que de science solide. Ie laisse à part le nombre impair de leurs pilulles, la destination de certains iours et festes de l'annee, la distinction des heures à cueillir les herbes de leurs ingredients, et cette grimace rebarbatifve et prudente de leur port et contenance, de quoy Pline mesme se mocque. Mais ils ont failly, veulx ie dire, de ce qu'à ce beau commencement ils n'ont adiousté cecy, De rendre leurs assemblees et consultations plus religieuses et secretes : aulcun homme profane n'y debvoit avoir accez, non plus qu'aux secretes cerimonies d'Aesculape; car il advient de cette faulte, que leur irresolution, la foiblesse de leurs arguments, divinations et fondements, l'aspreté de leurs contestations, pleines de haine, de ialousies et de consideration particuliere, venants à estre descouvertes à un chascun, il fault estre merveilleusement aveugle si on ne se sent bien hazardé entre leurs mains. Qui veid iamais medecin se servir de la recepte de son compaignon sans y retrencher ou adiouster quelque chose? ils trahissent assez par là leur art, et nous font veoir qu'ils y considerent plus leur reputation, et par consequent leur proufit, que l'interest de leurs patients. Celuy là de leurs docteurs est plus sage, qui leur a anciennement prescript qu'un seul se mesle de traicter un malade : car s'il ne faict rien qui vaille, le reproche à l'art de la medecine n'en sera pas fort grand, pour la faulte d'un homme seul; et au rebours, la gloire en sera grande, s'il vient à bien rencontrer : là où quand ils sont beaucoup, ils descrient à touts les coups le mestier; d'autant qu'il leur advient de faire plus souvent mal que bien. Ils se debvoient contenter du perpetuel desaccord qui se treuve ez opinions des principaux maistres et aucteurs anciens de cette science, lequel n'est cogneu que des hommes versez aux livres, sans faire veoir encores au peuple les controverses et inconstances de iugement qu'ils nourrissent et continuent entre eulx. Voulons nous un exemple de l'ancien debat de la medecine? Hierophilus loge la cause originelle des maladies, aux humeurs; Erasistratus, au sang des arteres; Asclepiades, aux atomes invisibles s'escoulants en nos pores; Alcmaeon, en l'exsuperance ou default des forces corporelles; Diocles, en l'inequalité des elements du corps, et en la qualité de l'air que nous respirons; Strato, en l'abondance, crudité et corruption de l'aliment que nous prenons; Hippocrates la loge aux esprits. Il y a l'un de leurs amis (a), qu'ils cognoissent mieulx que moy, qui s'escrie à ce propos « Que la science la plus importante qui soit en nostre usage, comme celle qui a charge de nostre conservation et santé, c'est, de malheur, la plus incertaine, la plus trouble, et agitee de plus de changements »! Il n'y a pas grand dangier de nous mescompter à la haulteur du soleil, ou en la fraction de quelque supputation astronomique : mais icy, où il va de tout nostre estre, ce n'est pas sagesse de nous abandonner à la mercy de l'agitation de tant de vents contraires. Avant la guerre peloponnesiaque, il n'estoit pas grands nouvelles de cette science. Hippocrates la meit en credit : tout ce que cettuy cy avoit estably, Chrysippus le renversa : depuis, Erasistratus petit fils d'Aristote, tout ce que Chrysippus en avoit es-

---

(a) Pline, *Hist. nat.* l. 29, c. 1, au commencement.

cript : aprez ceulx cy, surveindrent les empiriques qui preindrent une voye toute diverse des anciens au maniement de cet art : quand le credit de ces derniers commencea à s'envieillir, Herophilus meit en usage une aultre sorte de medecine, qu'Asclepiades veint à combattre et aneantir à son tour : à leur reng gaignerent auctorité les opinions de Themison, et depuis de Musa; et encores aprez, celles de Vexius Valens, medecin fameux par l'intelligence qu'il avoit avec Messalina : l'empire de la medecine tumba du temps de Neron à Thessalus qui abolit et condamna tout ce qui en avoit esté tenu iusques à luy : la doctrine de cettuy cy feut abbattue par Crinas de Marseille qui apporta de nouveau de regler toutes les operations medicinales aux ephemerides et mouvements des astres, manger, dormir et boire, à l'heure qu'il plairoit à la lune et à mercure : son auctorité feut bientost aprez supplantee par Charinus, medecin de cette mesme ville de Marseille; cettuy cy combattoit, non seulement la medecine ancienne, mais encores le publicque, et tant de siecles auparavant accoustumé, usage des bains chaulds; il faisoit baigner les hommes dans l'eau froide, en hyver mesme, et plongeoit les malades dans l'eau naturelle des ruisseaux. Iusques au temps de Pline, aulcun Romain n'avoit encores daigné exercer la medecine : elle se faisoit par des estrangiers et Grecs; comme elle se faict, entre nous François, par des Latineurs : car, comme dict un tresgrand medecin, nous ne recevons pas ayseement la medecine que nous entendons, non plus que la drogue que nous cueillons. Si les nations desquelles nous retirons le gayac, la salseperille, et le bois d'esquine, ont des medecins, combien pensons nous, par cette mesme recommendation de l'estrangeté, la rareté et la cherté, qu'ils facent feste de nos choulx et de nostre persil? car qui oseroit mespriser les choses recherchees de si loing au hazard d'une si longue peregrination et si perilleuse? Depuis ces anciennes mutations de la medecine, il y en a eu infinies aultres iusques à nous; et, le plus souvent, mutations entieres et universelles, comme sont celles que produisent, de nostre temps, Paracelse, Fioravanti et Argenterius : car ils ne changent pas seulement une recepte, mais, à ce qu'on me dict, toute la contexture et police du corps de la medecine, accusants d'ignorance et de piperie ceulx qui en ont faict profession iusques à eulx. Ie vous laisse à penser où en est le pauvre patient. Si encores nous estions asseurez, quand ils se mescomptent, qu'il ne nous nuisist pas, s'il ne nous proufite ; ce seroit une bien raisonnable composition, de se hazarder d'acquerir du bien, sans se mettre en dangier de perte. Esope faict ce conte, qu'un qui avoit acheté un More esclave, estimant que cette couleur luy feust venue par accident et mauvais traictement de son premier maistre, le feit medeciner de plusieurs bains et bruvages, avecques grand soing : il advient, que le More n'en amenda aulcunement sa couleur basanee, mais qu'il en perdit entierement sa premiere santé. Combien de fois nous advient il de veoir les medecins imputants les uns aux aultres la mort de leurs patients? Il me souvient d'une maladie populaire qui feut aux villes de mon voisinage, il y a quelques annees, mortelle et tresdangereuse : cet orage estant passé, qui avoit emporté un nombre infini d'hommes, l'un des plus fameux medecins de toute la contree veint à publier un livret, touchant cette matiere, par lequel il se radvise de ce qu'ils avoyent usé de la saignee, et confesse que c'est l'une des causes principales du dommage qui en estoit advenu. Dadvantage, leurs aucteurs tiennent qu'il n'y a aulcune medecine qui n'ayt quelque partie nuisible : et si celles mesmes qui nous servent, nous offensent aulcunement, que doibvent faire celles qu'on nous applique du tout hors de propos ? De moy, quand il n'y auroit aultre chose, i'estime qu'à ceulx qui haïssent le goust de la medecine, ce soit un dangereux effort, et de preiudice, de l'aller avaller à une heure si incommode, avecques tant de contrecœur; et crois que cela essaye merveilleusement le malade en une saison où il a tant besoing de repos : oultre ce, qu'à considerer les occasions sur quoy ils fondent ordinairement la cause de nos maladies, elles sont si legieres et si delicates, que i'argumente par là qu'une bien petite erreur en la dispensation de leurs drogues peult nous apporter beaucoup de nuisance. Or, si le mescompte du medecin est dangereux, il nous va bien mal; car il est bien malaysé qu'il n'y retumbe souvent : Il a besoing de trop de pieces, considerations et circonstances, pour affuster iustement son desseing : il fault qu'il cognoisse la complexion du malade, sa temperature, ses humeurs, ses inclinations, ses actions, ses pensements mesmes et ses imaginations : il fault qu'il se responde des circonstances externes, de la nature du lieu, condition de l'air et du temps, assiette des planetes et leurs influences; qu'il sçache, en la maladie, les causes, les signes, les affections, les iours critiques; en la drogue, le poids, la force, le païs, la figure, l'aage, la dispensation; et fault que toutes ces pieces il les sçache proportionner et rapporter l'une à l'aultre, pour en engendrer une parfaicte symmetrie : à quoy s'il fault tant soit peu, si de tant de ressorts il y en a un tout seul qui tire à gauche, en voylà assez pour nous perdre. Dieu sçait de quelle difficulté est la cognoissance de la pluspart de ces parties : car, pour exemple, comment trouvera il le signe propre de la maladie, chascune estant capable d'un infini nombre de signes? combien ont ils de debats entr'eulx et de doubtes sur l'interpretation des urines? aultrement d'où viendroit cette altercation continuelle que nous voyons entr'eulx sur la cognoissance du mal? comment excuserions nous cette faulte, où ils tumbent si souvent, de prendre martre pour renard? Aux maulx que i'ay eu, pour peu qu'il y eust de difficulté, ie n'en ay iamais trouvé trois d'accord : ie remarque plus volontiers les exemples qui me touchent. Dernierement à Paris un gentilhomme feut taillé par l'ordonnance des medecins, auquel on ne trouva de pierre non plus à la vessie qu'à la main : et là mesme, un evesque qui m'estoit fort amy, avoit esté instamment solicité, par la pluspart des medecins qu'il appelloit à son conseil, de se faire tailler; i'aidois moy mesme, soubs la foy d'aultruy, à le lui suader : quand il feut trespassé, et qu'il feut ouvert, on trouva qu'il n'avoit mal qu'aux reins. Ils sont moins excusables en cette maladie, d'autant qu'elle est aulcunement palpable. C'est par là que la chirurgie me semble beaucoup plus certaine, parce qu'elle veoid et manie ce qu'elle faict; il y a moins à coniecturer et à deviner : là où les medecins n'ont point de speculum matricis qui leur descouvre nostre cerveau, nostre poulmon et nostre foye. Les promesses mesmes de la medecine sont incroyables : car, ayant à pourveoir à divers accidents et contraires qui nous pressent souvent ensemble, et qui ont une relation quasi necessaire, comme la chaleur du foye, et froideur de l'estomach, ils nous vont persuadant que, de leurs ingredients, cettuy cy eschauffera l'estomach, cet aultre refreschira le foye; l'un a sa charge d'aller droict aux reins, voire iusques à la vessie, sans estaler ailleurs ses operations, et conservant ses forces et sa vertu, en ce long chemin et plein de destourbiers, iusques au lieu au service duquel il est destiné, par sa proprieté occulte; l'aultre asseichera le cerveau; celuy là humectera le poulmon. De tout cet amas, ayant faict une mixtion de bruvage, n'est ce pas quelque espece de resverie d'esperer que ces vertus s'aillent divisant et triant de cette confusion et meslange, pour courir à charges si diverses ? ie craindrois infiniement qu'elles perdissent ou eschangeassent leurs etiquettes, et troublassent leurs quartiers. Et qui pourroit imaginer qu'en cette confusion liquide, ces facultez ne se corrompent, confondent et alterent l'une l'aultre? Quoy, que l'execution de cette ordonnance despend d'un aultre officier, à la foy et mercy duquel nous abandonnons, encores un coup, nostre vie? Comme nous avons des pourpoinctiers, des chaussetiers pour nous vestir; et en sommes d'aultant mieulx servis, que chascun ne se mesle que de son subiect, et a sa science plus restreincte et plus courte que n'a un tailleur qui embrasse tout; et comme, à nous nourrir, les grands, pour plus de commodité, ont des offices distinguez de potagers et de rostisseurs, de quoy un cuisinier qui prend la charge universelle ne peult si exquisement venir à bout : de mesme, à nous guarir, les Aegyptiens avoient raison de reiecter ce general mestier de medecin, et descouper cette profession; à chasque maladie, à chasque partie du corps, son œuvrier, car elle (a) en estoit bien plus proprement et moins confusement traictée, de ce qu'on ne regardoit qu'à elle specialement. Les nostres ne s'advisent pas, que, qui pourveoid à tout, ne pourveoid à rien; que la totale police de ce petit monde leur est indigestible. Ce pendant qu'ils craignent d'arrester le cours d'un dysenterique, pour ne luy causer la fiebvre, ils me tuerent un amy qui valoit mieulx que touts tant qu'ils sont. Ils mettent leurs divinations au poids, à l'encontre des maulx presents; et, pour ne guarir le cerveau au preiudice de l'estomach, offensent l'estomach et empirent le cerveau par ces drogues tumultuaires et dissentieuses. Quant à la varieté et foiblesse des raisons de cet art, elle est plus apparente qu'en aulcun aultre art : Les choses aperitifves sont utiles à un homme choliqueux, d'autant qu'ouvrant les passages et les dilatant, elles acheminent cette matiere gluante, de laquelle se bastit la grave et la pierre, et conduisent contrebas ce qui se com-

---

(a) Car cette partie. *Edit.* de 1595, mais effacé par Montaigne.

mence à durcir et amasser aux reins : les choses aperitifves sont dangereuses à un homme choliqueux, d'autant qu'ouvrant les passages et les dilatant, elles acheminent vers les reins la matiere propre à bastir la grave, lesquels s'en saisissants volontiers pour cette propension qu'ils y ont, il est malaysé qu'ils n'en arrestent beaucoup de ce qu'on y aura charrié; dadvantage, si de fortune il s'y rencontre quelque corps un peu plus grosset qu'il ne fault pour passer touts ces destroicts qui restent à franchir pour l'expeller au dehors, ce corps estant esbranslé par ces choses aperitifves, et iecté dans ces canaux estroicts, venant à les boucher, acheminera une certaine mort et tresdouloureuse. Ils ont une pareille fermeté aux conseils qu'ils nous donnent de nostre regime de vivre : Il est bon de tumber souvent de l'eau, car nous voyons, par experience, qu'en la laissant croupir, nous luy donnons loisir de se descharger de ses excrements et de sa lie qui servira de matiere à bastir la pierre en la vessie : il est bon de ne tumber point souvent de l'eau, car les poisants excrements qu'elle traisne quand et elle ne s'emporteront point s'il n'y a de la violence, comme on veoid, par experience, qu'un torrent qui roule avecques roideur balaye bien plus nettement le lieu où il passe, que ne faict le cours d'un ruisseau mol et lasche : Pareillement, il est bon d'avoir souvent affaire aux femmes, car cela ouvre les passages, et achemine la grave et le sable : il est bien aussi mauvais, car cela eschauffe les reins, les lasse et affoiblit : Il est bon de se baigner aux eaux chauldes, d'autant que cela relasche et amollit les lieux où se croupit le sable et la pierre : mauvais aussi est il, d'autant que cette application de chaleur externe, aide les reins à cuire, durcir et petrifier la matiere qui y est disposee: A ceulx qui sont aux bains il est plus salubre de manger peu le soir, afin que le bruvage des eaux qu'ils ont à prendre lendemain matin, face plus d'operation, rencontrant l'estomach vuide et non empesché : au rebours, il est meilleur de manger peu au disner, pour ne troubler l'operation de l'eau qui n'est pas encore parfaicte, et ne charger l'estomach si soubdain aprez cet aultre travail, et pour laisser l'office de digerer à la nuict qui le sçait mieulx faire que ne faict le iour où le corps et l'esprit sont en perpetuel mouvement et action. Voylà comment ils vont bastelant et baguenaudant à nos despens en touts leurs discours; et ne me sçauroient fournir proposition, à laquelle ie n'en rebastisse une contraire de pareille force. Qu'on ne crie donc plus aprez ceulx qui, en ce trouble, se laissent doulcement conduire à leur appetit et au conseil de nature, et se remettent à la fortune commune.

I'ay veu, par occasion de mes voyages, quasi touts les bains fameux de chrestienté; et, depuis quelques annees, ay commencé à m'en servir: car, en general, i'estime le baigner salubre, et crois que nous encourons non legieres incommoditez en nostre santé, pour avoir perdu cette coustume qui estoit generalement observee au temps passé quasi en toutes les nations, et est encores en plusieurs, de se laver le corps touts les iours: et ne puis pas imaginer que nous ne vaillions beaucoup moins de tenir ainsi nos membres encroustez, et nos pores estoupez de crasse : et quant à leur boisson, la fortune a faict premierement qu'elle ne soit aulcunement ennemie de mon goust; secondement elle est naturelle et simple, qui au moins n'est pas dangereuse si elle est vaine, de quoy ie prends pour respondant cette infinité de peuples de toutes sortes et complexions qui s'y assemble; et, encores que ie n'y aye apperceu aulcun effect extraordinaire et miraculeux, ains que, m'en informant un peu plus curieusement qu'il ne se faict, i'aye trouvé mal fondez et fauls touts les bruits de telles operations qui se sement en ces lieux là, et qui s'y croyent (comme le monde va se pipant ayseement de ce qu'il desire), toutesfois aussi, n'ay ie veu gueres de personnes que ces eaux ayent empiré, et ne leur peult on sans malice refuser cela, qu'elles n'esveillent l'appetit, facilitent la digestion, et nous prestent quelque nouvelle alaigresse, si on n'y va par trop abbattu de forces; ce que ie desconseille de faire : elles ne sont pas pour relever une poisante ruyne; elles peuvent appuyer une inclination legiere, ou pourveoir à la menace de quelque alteration. Qui n'y apporte assez d'alaigresse, pour pouvoir iouïr le plaisir des compaignies qui s'y treuvent, et des promenades et exercices à quoy nous convie la beauté des lieux où sont communement assises ces eaux, il perd sans doubte la meilleure piece et plus asseuree de leur effect. A cette cause i'ay choisi iusques à cette heure à m'arrester et à me servir de celles où il y avoit plus d'amœnité de lieu, commodité de logis, de vivres et de compaignies, comme sont en France, les bains de Banieres; en la frontiere d'Allemaigne et de Lorraine, ceulx de Plombieres; en Souysse, ceulx de Bade; en la Toscane, ceulx de Lucques, et specialement ceulx della Villa, desquels i'ay usé plus souvent et à diverses saisons. Chasque nation a des opinions particulieres touchant leur usage, et des loix et formes de s'en servir, toutes diverses; et, selon mon experience, l'effect quasi pareil : le boire n'est aulcunement receu en Allemaigne; pour toutes maladies, ils se baignent, et sont à grenouiller dans l'eau, quasi d'un soleil à l'aultre : en Italie, quand ils boivent neuf iours, ils s'en baignent pour le moins trente; et communement boivent l'eau mixtionnee d'aultres drogues, pour secourir son operation : on nous ordonne icy de nous promener pour la digerer; là, on les arreste au lict où ils l'ont prinse, iusques à ce qu'ils l'ayent vuidee, leur eschauffant continuellement l'estomach et les pieds : comme les Allemands ont de particulier de se faire generalement touts corneter et ventouser avecques scarification, dans le bain; ainsin ont les Italiens leur doccie, qui sont certaines gouttieres de cette eau chaulde, qu'ils conduisent par des cannes, et vont baignant une heure le matin, et autant l'aprez disnee, par l'espace d'un mois, ou la teste, ou l'estomach, ou aultre partie du corps à laquelle ils ont affaire. Il y a infinies aultres differences de coustumes en chasque contree; ou, pour mieulx dire, il n'y a quasi aulcune ressemblance des unes aux aultres. Voylà comment cette partie de medecine, à laquelle seule ie me suis laissé aller, quoyqu'elle soit la moins artificielle, si a elle sa bonne part de la confusion et incertitude qui se veoid partout ailleurs en cet art. Les poëtes disent tout ce qu'ils veulent avecques plus d'emphase et de grace, tesmoings ces deux epigrammes,

> Alcon hesterno signum Iovis attigit : ille,
> Quamvis marmoreus, vim patitur medici.
> Ecce hodie, iussus transferri ex æde vetustà,
> Effertur, quamvis sit deus atque lapis : (1)

et l'aultre,

> Lotus nobiscum est, hilaris cœnavit; et idem
> Inventus mane est mortuus Andragoras.
> Tam subitæ mortis causam, Faustine, requiris?
> In somnis medicum viderat Hermocratem. (2)

sur quoy ie veulx faire deux contes:

Le baron de Caupene en Chalosse, et moy, avons en commun le droict de patronage d'un benefice qui est de grande estendue, au pied de nos montaignes, qui se

_____

(1) Le médecin Alcon toucha hier la statue de Jupiter : et quoique ce Jupiter ne soit que de marbre, il a fléchi sous l'effort du médecin; car ayant été transféré aujourd'hui de son vieux temple, le voilà porté en terre, tout dieu et pierre qu'il est. *Auson.* ep. 74.

(2) Hier Andragoras se baigna et soupa avec nous, plein de joie et de santé; et on l'a trouvé mort ce matin. Voulez-vous savoir, Faustinus, quelle est la cause d'une mort si subite? Il avoit vu en songe le médecin Hermocrate. *Martial.* l. 6, epigr. 53.

nomme Lahontan. Il est des habitants de ce coing, ce qu'on dict de ceulx de la vallee d'Angrougne : ils avoient une vie à part, les façons, les vestements et les mœurs à part ; regis et gouvernez par certaines polices et coustumes particulieres receues de pere en fils, ausquelles ils s'obligeoient sans aultre contraincte que de la reverence de leur usage. Ce petit estat s'estoit continué de toute ancienneté en une condition si heureuse, qu'aulcun iuge voisin n'avoit esté en peine de s'informer de leur affaire ; aulcun advocat employé à leur donner advis, ny estrangier appellé pour esteindre leurs querelles, et n'avoit on iamais veu aulcun de ce destroict à l'aumosne : ils fuyoient les alliances et le commerce de l'aultre monde, pour n'alterer la pureté de leur police ; iusques à ce, comme ils recitent, que l'un d'entre eulx, de la memoire de leurs peres, ayant l'ame espoinçonnee d'une noble ambition, alla s'adviser, pour mettre son nom en credit et reputation, de faire l'un de ses enfants maistre Iean, ou maistre Pierre, et l'ayant faict instruire à escrire en quelque ville voisine, en rendit enfin un beau notaire de village. Cettuy cy, devenu grand, commencea à desdaigner leurs anciennes coustumes, et à leur mettre en teste la pompe des regions de deçà : le premier de ses comperes à qui on escorna une chevre, il luy conseilla d'en demander raison aux iuges royaux d'autour de là ; et de cettuy cy à un aultre, iusques à ce qu'il eust tout abastardy. A la suite de cette corruption, ils disent qu'il y en surveint incontinent un' aultre de pire consequence, par le moyen d'un medecin à qui il print envie d'espouser une de leurs filles et de s'habituer parmy eulx. Cettui cy commencea à leur apprendre premierement le nom des fiebvres, des rheumes et des apostumes, la situation du cœur, du foye et des intestins, qui estoit une science iusques lors tresesloingnee de leur cognoissance ; et, au lieu de l'ail, de quoy ils avoient appris à chasser toutes sortes de maulx, pour aspres et extremes qu'ils feussent, il les accoustuma, pour une toux ou pour un morfondement, à prendre les mixtions estrangieres, et commencea à faire traficque, non de leur santé seulement, mais aussi de leur mort. Ils iurent que depuis lors seulement ils ont apperceu que le serein leur appesantissoit la teste, que le boire, ayant chauld, apportoit nuisance, et que les vents de l'automne estoient plus griefs que ceulx du printemps; que depuis l'usage de cette medecine, ils se treuvent accablez d'une legion de maladies inaccoustumees; et qu'ils apperceoivent un general deschet en leur ancienne vigueur, et leurs vies de moitié raccourcies. Voylà le premier de mes contes.

L'aultre est, qu' Avant ma subiection graveleuse, oyant faire cas du sang de bouc à plusieurs, comme d'une manne celeste envoyee en ces derniers siecles pour la tutelle et conservation de la vie humaine, et en oyant parler à des gents d'entendement comme d'une drogue admirable et d'une operation infaillible; moy, qui ay tousiours pensé estre en bute à touts les accidents qui peuvent toucher tout aultre homme, prins plaisir en pleine santé à me (a) garnir de ce miracle; et commanday chez moy qu'on me nourrist un bouc selon la recepte : car il fault que ce soit aux mois les plus chaleureux de l'esté qu'on le retire, et qu'on ne luy donne à manger que des herbes aperitifves, et à boire que du vin blanc. Ie me rendis de fortune chez moy le iour qu'il debvoit estre tué: on me veint dire que mon cuisinier trouvoit dans la panse deux ou trois grosses boules qui se chocquoient l'une l'autre parmy sa mangeaille. Ie feus curieux de faire apporter toute cette tripaille en ma presence, et feis ouvrir cette grosse et large peau. Il en sortit trois gros corps, legiers comme des esponges, de façon qu'il semble qu'ils soyent creux; durs, au demourant, par le dessus, et fermes, bigarrez de plusieurs couleurs mortes; l'un parfaict en rondeur, à la mesure d'une courte boule; les aultres deux, un peu

---

(a) Prouveoir. *Edit. in-fol.* de 1595.

moindres, ausquels l'arrondissement est imparfaict, et semble qu'il s'y acheminast. I'ay trouvé, m'en estant faict enquerir à ceulx qui ont accoustumé d'ouvrir de ces animaulx, que c'est un accident rare et inusité. Il est vraysemblable que ce sont des pierres cousines des nostres : et s'il est ainsi, c'est une esperance bien vaine aux graveleux, de tirer leur guarison du sang d'une beste qui s'en alloit elle mesme mourir d'un pareil mal. Car de dire que le sang ne se sent pas de cette contagion, et n'en altere sa vertu accoustumee, il est plustost à croire qu'il ne s'engendre rien en un corps que par la conspiration et communication de toutes les parties : la masse agit tout' entiere, quoyque l'une piece y contribue plus que l'aultre, selon la diversité des operations : parquoy il y a grande apparence qu'en toutes les parties de ce bouc, il y avoit quelque qualité petrifiante. Ce n'estoit pas tant pour la crainte de l'advenir, et pour moy, que i'estois curieux de cette experience; comme c'estoit, qu'il advient chez moy, ainsi qu'en plusieurs maisons, que les femmes y font amas de telles menues drogueries pour en secourir le peuple, usant de mesme recepte à cinquante maladies, et de telle recepte qu'elles ne prennent pas pour elles, et si triumphent en bons evenements.

Au demourant, i'honore les medecins, non pas, suyvant le precepte (a), pour la necessité (car à ce passage on en oppose un aultre du prophete reprenant le roy Asa d'avoir eu recours (b) au medecin), mais pour l'amour d'eulx mesmes, en ayant veu beaucoup d'honnestes hommes et dignes d'estre aimez. Ce n'est pas à eulx que i'en veulx, c'est à leur art: et ne leur donne pas grand blasme de faire leur proufit de nostre sottise, car la plus part du monde faict ainsi ; plusieurs vacations, et moindres, et

---

(a) Honora medicum propter necessitatem. *Eccli.* c. 38, v. 1.
(b) Nec in infirmitate suâ quæsivit Dominum, sed magis in medicorum arte confisus est. *II. Paralipomen.* c. 16, v. 12.

plus dignes que la leur, n'ont fondement et appuy qu'aux abus publicques. Ie les appelle en ma compaignie quand ie suis malade, s'ils se rencontrent à propos, et demande à en estre entretenu; et les paye comme les aultres. Ie leur donne loy de me commander de m'abrier chauldement, si ie l'ayme mieulx ainsi que d'un' aultre sorte : ils peuvent choisir, d'entre les porreaux et les laictues, de quoy il leur plaira que mon bouillon se face, et m'ordonner le blanc ou le clairet; et ainsi de toutes aultres choses qui sont indifferentes à mon appetit et usage. I'entends bien que ce n'est rien faire pour eulx, d'autant que l'aigreur et l'estrangeté sont accidents de l'essence propre de la medecine. Lycurgus ordonnoit le vin aux Spartiates malades; pourquoy? parce qu'ils en haïssoient l'usage, sains : tout ainsi qu'un gentilhomme mon voisin s'en sert pour drogue tressalutaire à ses fiebvres, parce que de sa nature il en hait mortellement le goust. Combien en voyons nous d'entre eulx estre de mon humeur? desdaigner la medecine pour leur service, et prendre une forme de vie libre, et toute contraire à celle qu'ils ordonnent à aultruy? Qu'est ce cela, si ce n'est abuser tout destrousseement de nostre simplicité? car ils n'ont pas leur vie et leur santé moins chere que nous, et accommoderoient leurs effects à leur doctrine s'ils n'en cognoissoient eulx mesmes la faulseté. C'est la crainte de la mort et de la douleur, l'impatience du mal, une furieuse et indiscrete soif de la guarison, qui nous aveugle ainsi : c'est pure lascheté qui nous rend nostre croyance si molle et maniable. La plus part pourtant ne croyent pas tant, comme ils souffrent; car ie les ois se plaindre, et en parler, comme nous : mais ils se resolvent enfin : « Que feroy ie doncques »? Comme si l'impatience estoit de soy quelque meilleur remede que la patience. Y a il aulcun de ceulx qui se sont laissez aller à cette miserable subiection, qui ne se rende egualement à toute sorte d'impostures? qui ne se mette à la mercy de quiconque a cette impudence de luy donner promesse de sa guarison ? Les Babyloniens portoient leurs malades en la place : le medecin c'estoit le peuple ; chascun des passans ayant, par humanité et civilité, à s'enquerir de leur estat (a), et, selon son expérience, leur donner quelque advis salutaire. Nous n'en faisons gueres aultrement ; il n'est pas une simple femmelette de qui nous n'employons les barbotages et les brevets : et, selon mon humeur, si i'avois à en accepter quelqu'une, i accepterois plus volontiers cette medecine qu'aulcune aultre ; d'autant qu'au moins il n'y a nul dommage à craindre. Ce qu'Homere et Platon disoient des Egyptiens, qu'ils estoient touts medecins, il se doibt dire de touts peuples : il n'est personne qui ne se vante de quelque recepte, et qui ne la hazarde sur son voisin, s'il l'en veult croire. I'estois, l'aultre iour, en une compaignie, où ie ne sais qui de ma confrairie apporta la nouvelle d'une sorte de pilulles compilees de cent et tant d'ingredients, de compte fait : il s'en esmeut une feste et une consolation singuliere ; car quel rochier soubtiendroit l'effort d'une si nombreuse batterie ? I'entends toutesfois, par ceulx qui l'essayerent, que la moindre petite grave ne daigna s'en esmouvoir.

Ie ne me puis desprendre de ce papier, que ie n'en die encores ce mot, sur ce qu'ils nous donnent, pour respondant de la certitude de leurs drogues, l'experience qu'ils ont faicte : La plus part, et, ce crois ie, plus des deux tiers des vertus medicinales, consistent en la quinteessence ou propriété occulte des simples, de laquelle nous ne pouvons avoir aultre instruction que l'usage ; car quinteessence n'est aultre chose qu'une qualité de laquelle par nostre raison nous ne sçavons trouver la cause. En telles preuves, celles qu'ils disent avoir ac-

---

(a) C'étoit une loi, dit Hérodote, sagement établie : il n'étoit pas permis, ajoute-t-il, de passer près d'un malade sans s'informer de la nature de sa maladie. l. 1, p. 91. C.

quises par l'inspiration de quelque daimon, ie suis content de les recevoir, car quant aux miracles ie n'y touche iamais; ou bien encores les preuves qui se tirent des choses qui pour aultre consideration tumbent souvent en nostre usage, comme si en la laine de quoy nous avons accoustumé de nous vestir il s'est trouvé par accident quelque occulte proprieté dessiccatifve qui guarisse les mules au talon, et si au raifort que nous mangeons pour la nourriture il s'est rencontré quelque operation aperitifve: Galen recite qu'il advient à un ladre de recevoir guarison par le moyen du vin qu'il beut, d'autant que de fortune une vipere s'estoit coulee dans le vaisseau. Nous trouvons en cet exemple le moyen et une conduicte vraysemblable à cette experience, comme aussi en celles ausquelles les medecins disent avoir esté acheminez par l'exemple d'aulcunes bestes: mais en la plus part des aultres experiences à quoy ils disent avoir esté conduicts par la fortune, et n'avoir eu aultre guide que le hazard, ie treuve le progrez de cette information incroyable. J'imagine l'homme, regardant autour de luy le nombre infiny des choses, plantes, animaulx, metaulx; ie ne sçais par où luy faire commencer son essay: et, quand sa premiere fantasie se iectera sur la corne d'un elan, à quoy il fault prester une creance bien molle et aysee, il se treuve encores autant empesché en sa seconde operation; il luy est proposé tant de maladies et tant de circonstances, qu'avant qu'il soit venu à la certitude de ce poinct où doibt ioindre la perfection de son experience, le sens humain y perd son latin; et avant qu'il ayt trouvé, parmy cette infinité de choses, que c'est cette corne; parmy cette infinité de maladies, l'epilepsie; tant de complexions, au melancholique; tant de saisons, en hyver; tant de nations, au François; tant d'aages, en la vieillesse; tant de mutations celestes, en la conionction de venus et de saturne; tant de parties du corps, au doigt : à tout cela n'estant guidé ny d'argument, ny de coniecture, ny d'exemple, ny d'inspiration divine, ains du seul mouvement de la fortune, il fauldroit que ce feust par une fortune parfaictement artificielle, reglee et methodique. Et puis, quand la guarison feut faicte, comment se peult il asseurer que ce ne feust Que le mal feust arrivé à sa periode? ou Un effect du hazard? ou L'operation de quelque aultre chose qu'il eust ou mangé, ou beu, ou touché ce iour là? ou Le merite des prieres de sa mere grand'? Dadvantage, quand cette preuve auroit esté parfaicte, combien de fois feut elle reïteree? et cette longue cordee de fortunes et de rencontres, r'enfilee? pour en conclure une regle? Quand elle sera conclue, par qui est ce? De tant de millions, il n'y a que trois hommes qui se meslent d'enregistrer leurs experiences, le sort aura il rencontré à poinct nommé l'un de ceulx cy? Quoy, si un aultre, et si cent aultres ont faict des experiences contraires? A l'adventure y verrions nous quelque lumiere, si touts les iugements et raisonnements des hommes nous estoient cogneus: mais que trois tesmoings et trois docteurs regentent l'humain genre, ce n'est pas la raison; il fauldroit que l'humaine nature les eust deputez et choisis, et qu'ils feussent declarez nos syndics par expresse procuration.

A madame de Duras.

Madame, vous me trouvastes sur ce pas dernierement que vous me veinstes veoir. Parce qu'il pourra estre que ces inepties se rencontreront quelquesfois entre vos mains, ie veulx aussi qu'elles portent tesmoignage que l'aucteur se sent bien fort honoré de la faveur que vous leur ferez. Vous y recognoistrez ce mesme port et ce mesme air que vous avez veu en sa conversation. Quand i'eusse peu prendre quelque aultre façon que la mienne ordinaire, et quelque aultre forme plus honorable et meilleure, ie ne l'eusse pas faict; car ie ne veulx tirer de ces escripts, sinon qu'ils me representent à vostre memoire, au naturel. Ces mesmes conditions et facultez, que vous avez practiquees et recueillies, madame, avecques beaucoup plus d'honneur et de courtoisie qu'elles ne meritent, ie les veulx loger, mais sans alteration et changement, en un corps solide qui puisse durer quelques annees, ou quelques iours aprez moy, où vous les retrouverez, quand il vous plaira vous en refreschir la memoire, sans prendre aultrement la peine de vous en souvenir; aussi ne le valent elles pas : ie desire que vous continuez en moy la faveur de vostre amitié, par ces mesmes qualitez par le moyen desquelles elle a esté produicte.

Ie ne cherche aulcunement qu'on m'aime et estime mieulx, mort, que vivant : l'humeur de Tibere (1) est ridicule, et commune pourtant, qui avoit plus de soing d'estendre sa renommee à l'advenir, qu'il n'avoit de se rendre estimable et agreable aux hommes de son temps. Si i'estois de ceulx à qui le monde peult debvoir louange, ie l'en quitterois [pour la moitié], et qu il me la payast d'advance; qu'elle se hastast et ammoncelast tout autour de moy, plus espesse qu'alongee, plus pleine que durable; et qu'elle s'evanouïst hardiement quand et ma cognoissance, et que ce doulx son ne touchera plus mes aureilles. Ce seroit une sotte humeur d'aller, à cette heure que ie suis prest d'abandonner le commerce des hommes, me produire à eulx par une nouvelle recommendation. Ie ne fois nulle recepte des biens que ie n'ay peu employer à l'usage de ma vie. Quel que ie soye, ie le veulx estre ailleurs qu'en papier : mon art et mon industrie ont esté employez à me faire valoir moy mesme; mes estudes, à m'apprendre à faire, non pas à escrire. l'ay mis touts mes efforts à former ma vie; voylà mon mestier et mon ouvrage : ie suis moins faiseur de livres, que de nulle aultre besongne. l'ay desiré de la suffisance, pour le service de mes commoditez presentes et essentielles,

---

(1) Quippe illi non perinde curæ gratia præsentium, quàm in posteros ambitio. *Tacit.* Annal. l. 6, c. 46.

non pour en faire magasin et reserve à mes heritiers.
Qui a de la valeur, si le face paroistre en ses mœurs, en
ses propos ordinaires, à traicter l'amour, ou des querelles, au ieu, au lict, à la table, à la conduicte de ses
affaires, et œconomie de sa maison : ceulx que ie veois
faire des bons livres soubs des meschantes chausses, eussent premierement faict leurs chausses, s'ils m'en eussent
creu : demandez à un Spartiate s'il aime mieulx estre bon
rhetoricien, que bon soldat; non pas moy, que bon cuisinier si ie n'avois qui m'en servist. Mon Dieu! madame, que ie haïrois une telle recommendation, d'estre
habile homme, par escript; et estre un homme de neant et
un sot, ailleurs : i'aime mieulx encores estre un sot, et
icy, et là, que d'avoir si mal choisi où employer ma
valeur. Aussi il s'en fault tant que i'attende à me faire
quelque nouvel honneur par ces sottises, que ie ferois
beaucoup si ie n'y en perds point de ce peu que i'en avois
acquis; car, oultre ce que cette peincture morte et muette
desrobbera à mon estre naturel, elle ne se rapporte pas
à mon meilleur estat, mais beaucoup descheu de ma premiere vigueur et alaigresse, tirant sur le flestri et le
rance : ie suis sur le fond du vaisseau qui sent tantost le
bas et la lie. Au demourant, madame, ie n'eusse pas osé
remuer si hardiment les mysteres de la medecine, attendu le credit que vous et tant d'aultres lui donnez, si
ie n'y eusse esté acheminé par ses aucteurs mesmes. Ie
crois qu'ils n'en ont que deux anciens latins, Pline et
Celsus : si vous les voyez quelque iour, vous trouverez
qu'ils parlent bien plus rudement à leur art, que ie ne
fois; ie ne fois que la pincer, ils l'esgorgent. Pline se
mocque entre aultres choses, de quoy, quand ils sont au
bout de leur chorde, ils ont inventé cette belle desfaicte,
de r'envoyer les malades, qu'ils ont agitez et tormentez,
pour neant, de leurs drogues et regimes, les uns au
secours des vœux et miracles, les aultres aux eaux
chauldes. (Ne vous courroucez pas, madame, il ne parle

pas de celles de deçà qui sont soubs la protection de vostre maison et toutes Gramontoises.) Ils ont une tierce desfaicte, pour nous chasser d'auprez d'eulx, et se descharger des reproches que nous leur pouvons faire du peu d'amendement à nos maulx qu'ils ont eu si long temps en gouvernement qu'il ne leur reste plus aulcune invention à nous amuser, c'est de nous envoyer chercher la bonté de l'air de quelque aultre contree. Madame, en voylà assez : vous me donnez bien congé de reprendre le fil de mon propos, duquel ie m'estois destourné pour vous entretenir.

Ce feut, ce me semble, Pericles, lequel estant enquis comme il se portoit : « Vous le pouvez, feit il, iuger par là », en montrant des brevets qu'il avoit, attachez au col et au bras. Il vouloit inferer qu'il estoit bien malade, puis qu'il en estoit venu iusques là d'avoir recours à choses si vaines, et de s'estre laissé equipper en cette façon. Ie ne dis pas que ie ne puisse estre emporté un iour à cette opinion ridicule de remettre ma vie et ma santé à la mercy et gouvernement des medecins; ie pourray tumber en cette resverie ; ie ne me puis respondre de ma fermeté future : mais lors aussi, si quelqu'un s'enquiert à moy comment ie me porte, ie luy pourray dire, comme Pericles : « Vous le pouvez iuger par là », montrant ma main chargee de six dragmes d'opiate. Ce sera un bien evident signe d'une maladie violente; i'auray mon iugement merveilleusement desmanché : si l'impatience et la frayeur gaignent cela sur moy, on en pourra conclure une bien aspre fiebvre en mon ame.

I'ay prins la peine de plaider cette cause que i'entends assez mal, pour appuyer un peu et conforter la propension naturelle contre les drogues et practique de nostre medecine, qui s'est derivee en moy par mes ancestres, afin que ce ne feust pas seulement une inclination stupide et temeraire, et qu'elle eust un peu plus de forme; aussi, que ceulx qui me veoient si ferme contre les exhortements et menaces qu'on me faict quand mes maladies me pressent, ne pensent pas que ce soit simple opiniastreté; ou qu'il y ayt quelqu'un si fascheux, qui iuge encores que ce soit quelque aiguillon de gloire : ce seroit un desir bien assené de vouloir tirer honneur d'une action qui m'est commune avecques mon iardinier et mon muletier! Certes ie n'ay point le cœur si enflé ny si venteux, qu'un plaisir solide, charnu et moelleux, comme la santé, ie l'allasse eschanger pour un plaisir imaginaire, spirituel et aeré : la gloire, voire celle des quatre fils Aymon, est trop cher achetee à un homme de mon humeur, si elle luy couste trois bons accez de cholique. La santé, de par Dieu! Ceulx qui aiment nostre medecine peuvent avoir aussi leurs considerations bonnes, grandes et fortes ; ie ne hais point les fantasies contraires aux miennes : il s'en fault tant que ie m'effarouche de veoir de la discordance de mes iugements à ceulx d'aultruy, et que ie me rende incompatible à la societé des hommes pour estre d'aultre sens et party que le mien, qu'au rebours, comme c'est la plus generale façon que nature aye suyvy, que la varieté, et plus aux esprits qu'aux corps, d'autant qu'ils sont de substance plus souple et susceptible de plus de formes, ie treuve bien plus rare de veoir convenir nos humeurs et nos desseings. Et ne feut iamais au monde deux opinions pareilles, non plus que deux poils, ou deux grains : leur plus universelle qualité, c'est la diversité.

FIN DU LIVRE SECOND.

ESSAIS
DE MICHEL
DE MONTAIGNE.

LIVRE TROISIEME.

CHAPITRE I.
De l'utile et de l'honneste.

Personne n'est exempt de dire des fadaises ; le malheur est de les dire curieusement :

> Næ iste magno conatu magnas nugas dixerit. (1)

Cela ne me touche pas : les miennes m'eschappent aussi nonchalamment qu'elles le valent ; d'où bien leur prend : ie les quitterois soubdain, à peu de coust qu'il y eust ; et ne les achette ny les vends que ce qu'elles poisent : ie parle au papier, comme ie parle au premier que ie rencontre. Qu'il soit vray, voicy de quoy.

A qui ne doibt estre la perfidie detestable, puis que Tibere la refusa à si grand interest ? On lui manda d'Allemaigne que, s'il le trouvoit bon, on le desferoit (a) d'Arimi-

---

(1) Cet homme va se donner bien du mouvement pour ne dire que de grandes sottises. *Terent.* Heaut. ac. 3, sc. 5, v. 8.

(a) ou plutôt, Arminius, comme on le voit par Tacit. annal. L. 2, c. 88. N.

nius par poison : c'estoit le plus puissant ennemy que les Romains eussent, qui les avoit si vilainement traictez soubs Varus, et qui seul empeschoit l'accroissement de sa domination en ces contrees là. Il feit response (a), « que le peuple romain avoit accoustumé de se venger de ses ennemis par voye ouverte, les armes en main; non par fraude et en cachette » : il quitta l'utile pour l'honneste. C'estoit, me direz vous, un affronteur : Ie le crois; ce n'est pas grand miracle, à gents de sa profession : mais la confession de la vertu ne porte pas moins en la bouche de celuy qui la hayt; d'autant que la verité la luy arrache par force, et que s'il ne la veult recevoir en soy, au moins il s'en couvre pour s'en parer. Nostre bastiment, et public et privé, est plein d'imperfection : mais il n'y a rien d'inutile en nature, non pas l'inutilité mesme ; rien ne s'est ingeré en cet univers, qui n'y tienne place opportune. Nostre estre est cimenté de qualitez maladifves : l'ambition, la ialousie, l'envie, la vengeance, la superstition, le desespoir, logent en nous, d'une si naturelle possession, que l'image s'en recognoist aussi aux bestes ; voire et la cruauté, vice si desnaturé, car, au milieu de la compassion, nous sentons au dedans ie ne sçais quelle aigre doulce poincte de volupté maligne à veoir souffrir aultruy, et les enfants la sentent :

    Suave mari magno, turbantibus æquora ventis,
    E terra magnum alterius spectare laborem. (1)

Desquelles qualitez qui osteroit les semences en l'hom-

(a) Non fraude, neque occultis, sed palàm et armatum, populum romanum hostes suos ulcisci. *Tacit.* annal. l. 2, c. 88.

(1)   Quand on est sur le port à l'abri de l'orage,
    On sent, à voir l'horreur du plus triste naufrage,
    Je ne sais quoi de doux.
Lucret. l. 2, v. 1, 2. Ces vers françois sont de Barbier Daucourt, *Sentiments de Cléante*, seconde partie, lettre 3, C.

me destruiroit les fondamentales conditions de nostre vie. De mesme, en toute police, il y a des offices necessaires, non seulement abiects, mais encores vicieux : les vices y treuvent leur reng, et s'emploient à la cousture de nostre liaison, comme les venins à la conservation de nostre santé. S'ils deviennent excusables, d'autant qu'ils nous font besoing, et que la necessité commune efface leur vraye qualité, il fault laisser iouer cette partie aux citoyens plus vigoreux et moins craintifs, qui sacrifient leur honneur et leur conscience, comme ces aultres anciens sacrifierent leur vie pour le salut de leur pays; nous aultres, plus foibles, prenons des roolles et plus aysez et moins hazardeux. Le bien public requiert qu'on trahisse, et qu'on mente, et qu'on massacre : resignons cette commission à gents plus obeïssants et plus soupples. Certes i'ay eu souvent despit de veoir des iuges attirer, par fraude et faulses esperances de faveur ou pardon, le criminel à descouvrir son faict, et y employer la piperie et l'impudence. Il serviroit bien à la iustice, et à Platon mesme qui favorise cet usage, de me fournir d'aultres moyens plus selon moy : c'est une iustice malicieuse; et ne l'estime pas moins blecee par soy mesme, que par aultruy. Ie respondis, n'y a pas long temps, qu'à peine trahirois ie le prince pour un particulier ; qui serois tresmarry de trahir aulcun particulier pour le prince : et ne hais pas seulement à piper, mais ie hais aussi qu'on se pipe en moy; ie n'y veulx pas seulement fournir de matière et d'occasion. En ce peu que i'ay eu à negocier entre nos princes, en ces divisions et subdivisions qui nous deschirent auiourd'huy, i'ay curieusement evité qu'ils se mesprinssent en moy, et s'enferrassent en mon masque. Les gents du mestier se tiennent les plus couverts, et se presentent et contrefont les plus moyens et les plus voysins qu'ils peuvent: moy, ie m'offre par mes opinions les plus vifves, et par la forme plus mienne; tendre negociateur, et novice, qui aime mieulx faillir à l'affaire, qu'à moy. C'a esté pourtant, iusques à cette heure, avecques tel heur (car certes la fortune y a principale part), que peu ont passé de main à aultre avecques moins de souspeçon, plus de faveur et de privauté. I'ay une façon ouverte, aysee à s'insinuer, et à se donner credit aux premieres accointances. La naïfveté et la verité pure, en quelque siecle que ce soit, treuvent encores leur opportunité et leur mise. Et puis de ceulx là est la liberté peu suspecte et peu odieuse, qui besongnent sans aulcun leur interest; et qui peuvent veritablement employer la response de Hypperides aux Atheniens se plaignants de l'aspreté de son parler : « Messieurs, ne considerez pas si ie suis libre; mais si ie le suis sans rien prendre, et sans amender par là mes affaires ». Ma liberté m'a aussi ayseement deschargé du souspeçon de feinctise, par sa vigueur, n'espargnant rien à dire, pour poisant et cuisant qu'il feust, ie n'eusse peu dire pis, absent, et qu'elle a une montre apparente de simplesse et de nonchalance. Ie ne pretends aultre fruict en agissant, que d'agir; et n'y attache longues suittes et propositions : chasque action faict particulierement son ieu; porte s'il peult. Au demourant, ie ne suis pressé de passion, ou hayneuse, ou amoureuse, envers les grands; ny n'ay ma volonté garrotee d'offense ou d'obligation particuliere. Ie regarde nos roys, d'une affection simplement legitime et civile, ny esmeue ny desmeue par interest privé, de quoy ie me sçais bon gré : la cause generale et iuste ne m'attache non plus, que modereement et sans fiebvre; ie ne suis pas subiect à ces hypotheques et engagements penetrants et intimes. La cholere et la hayne sont au delà du debvoir de la iustice; et sont passions servant seulement à ceulx qui ne tiennent pas assez à leur debvoir par la raison simple : [Utatur motu animi, qui uti ratione non (1) potest.] Toutes inten-

---

(1) Que celui qui ne peut pas prendre la raison pour guide,

tions legitimes et equitables sont d'elles mesmes equables et temperees; sinon, elles s'alterent en seditieuses et illegitimes : c'est ce qui me faict marcher par tout la teste haulte, le visage et le cœur ouvert. A la verité, et ne craincts point de l'advouer, ie porterois facilement au besoing une chandelle à sainct Michel, l'aultre à son serpent, suyvant le desseing de la vieille : ie suyvray le bon parti iusques au feu, mais exclusifvement si ie puis : que Montaigne s'engouffre quand et la ruyne publicque, si besoing est; mais, s'il n'est pas besoing, ie sçauray bon gré à la fortune qu'il se sauve; et autant que mon debvoir me donne de chorde, ie l'employe à sa conservation. Feut ce pas Atticus, lequel se tenant au iuste party, et au party qui perdit, se sauva, par sa moderation, en cet universel naufrage du monde, parmy tant de mutations et diversitez ? Aux hommes, comme luy, privez, il est plus aysé; et en telle sorte de besongne, ie treuve qu'on peult iustement n'estre pas ambitieux à s'ingerer et convier soy mesme. De se tenir chancelant et mestis, de tenir son affection immobile et sans inclination, aux troubles de son païs et en une division publicque, ie ne le treuve ny beau, ny honneste : *ea non media, sed nulla via est, velut eventum expectantium quò fortunæ consilia sua applicent* (1). Cela peult estre permis envers les affaires

---

s'abandonne à la fougue de ses passions. *Cic.* tusc. quæst. l. 4, c. 25.

Montaigne a cité ailleurs (l. 3, c. 10.) ce passage qui ne se trouve point ici dans l'exemplaire imprimé corrigé de sa main : mais dans l'édition in-fol. de 1595 il est cité tel qu'on le voit ici, et dans le même endroit. N.

(1) Ce n'est pas prendre un chemin mitoyen, c'est n'en prendre aucun, comme font ceux qui attendent l'évènement des choses pour y conformer leurs résolutions. *Tite Live*, l. 32, c. 21. D'un fait particulier Montaigne a trouvé l'art d'en tirer une maxime générale, en changeant un peu les paroles de l'auteur. C.

des voisins; et Gelon, tyran de Syracuse, suspendit ainsi son inclination, en la guerre des Barbares contre les Grecs, tenant un' ambassade à Delphes, (a) à tout des presents, pour estre en eschauguette à veoir duquel costé tumberoit la fortune, et prendre l'occasion à poinct, pour le concilier au victorieux : ce seroit une espece de trahison, de le faire aux propres et domestiques affaires, ausquels necessairement il fault prendre party par application de desseing : mais de ne s'embesongner point, à homme qui n'a ny charge ny commandement exprez qui le presse; ie le treuve plus excusable (et si ne practique pour moy cette excuse) qu'aux guerres estrangieres, desquelles pourtant, selon nos loix, ne s'empesche qui ne veult : toutesfois ceulx encores qui s'y engagent tout à faict, le peuvent avecques tel ordre et attrempance, que l'orage debvra couler par dessus leur teste, sans offense. N'avions nous pas raison de l'esperer ainsi du feu evesque d'Orleans, sieur de Morvilliers? Et i'en cognois, entre ceulx qui y ouvrent valeureusement à cette heure, de mœurs ou si equables, ou si doulces, qu'ils seront pour demeurer debout, quelque iniurieuse mutation et cheute que le ciel nous appreste. Ie tiens que c'est aux rois proprement de s'animer contre les rois; et me mocque de ces esprits qui de gayeté de cœur se presentent à querelles si disproportionnees : car on ne prend pas querelle particuliere avecques un prince, pour marcher contre luy ouvertement et courageusement pour son honneur et selon son debvoir; s'il n'aime un tel personnage, il faict mieulx, il l'estime : et notamment, la cause des loix, et deffense de l'ancien estat, a tousiours cela, que ceulx mesme qui pour leur desseing particulier le troublent, en excusent les deffenseurs, s'ils ne les honorent. Mais il ne fault pas appeler debvoir, comme nous faisons touts les iours, une aigreur

---

(a) Avec des presents. *Edit.* de 1595.

et une intestine aspreté qui naist de l'interest et passion privee; ny courage, une conduicte traistresse et malicieuse : ils nomment zele, leur propension vers la malignité et violence ; ce n'est pas la cause qui les eschauffe, c'est leur interest; ils attisent la guerre, non parce qu'elle est iuste, mais parce que c'est guerre. Rien n'empesche qu'on ne se puisse comporter commodement entre des hommes qui se sont ennemis, et loyalement : conduisez vous y d'une, sinon partout eguale affection (car elle peult souffrir differentes mesures), mais au moins temperee, et qui ne vous engage tant à l'un, qu'il puisse tout requerir de vous : et vous contentez aussi d'une moyenne mesure de leur grace; et de couler en eau trouble, sans y vouloir pescher. L'aultre maniere de s'offrir de toute sa force (a) à ceulx là et à ceulx cy tient encores moins de la prudence que de la conscience. Celuy envers qui vous en trahissez un, duquel vous estes pareillement bien venu, sçait il pas que de soy vous en faictes autant à son tour? il vous tient pour un meschant homme ; cependant il vous oit, et tire de vous, et faict ses affaires de vostre desloyauté : car les hommes doubles sont utiles, en ce qu'ils apportent; mais il se fault garder qu'ils n'emportent que le moins qu'on peult. Ie ne dis rien à l'un, que ie ne puisse dire à l'aultre, à son heure, l'accent seulement un peu changé; et ne rapporte que les choses ou indifferentes, ou cogneues, ou qui servent en commun. Il n'y a point d'utilité pour laquelle ie me permette de leur mentir. Ce qui a esté fié à mon silence, ie le cele religieusement; mais ie prends à celer le moins que ie puis : c'est une importune garde du secret des princes, à qui n'en a que faire. Ie presente volontiers ce marché, Qu'ils me fient peu; mais qu'ils se fient hardiement de ce que ie leur apporte. I'en ay tousiours plus sceu que ie

---

(a) aux uns et aux aultres a encores moins de prudence que de conscience. *Edit.* de 1595 : mais effacé par Montaigne.

n'ay voulu. Un parler ouvert ouvre un aultre parler, et le tire hors, comme faict le vin et l'amour. Philippides respondit sagement, à mon gré, au roy Lysimachus qui luy disoit, « Que veulx tu que ie te communique de mes biens »? « Ce que tu vouldras, pourveu que ce ne soit de tes secrets ». Ie veois que chascun se mutine si on luy cache le fonds des affaires ausquels on l'employe, et si on luy en a desrobbé quelque arriere sens : pour moy, ie suis content qu'on ne m'en die non plus qu'on veult que i'en mette en besongne : et ne desire pas que ma science oultrepasse et contraigne ma parole. Si ie doibs servir d'instrument de tromperie, que ce soit au moins saufve ma conscience; ie ne veulx estre tenu serviteur ny si affectionné, ny si loyal, qu'on me treuve bon à trahir personne : qui est infidele à soy mesme, l'est excusablement à son maistre. Mais ce sont princes, qui n'acceptent pas les hommes à moitié, et mesprisent les services limitez et conditionnez : Il n'y a remede : ie leur dis franchement mes bornes; car esclave, ie ne le doibs estre que de la raison, encores ne puis ie bien en venir à bout. Et eulx aussi ont tort d'exiger d'un homme libre telle subiection à leur service et telle obligation, que de celuy qu'ils ont faict et acheté, ou duquel la fortune tient particulierement et expressement à la leur. Les loix m'ont osté de grand' peine, elles m'ont choisi party, et donné un maistre : toute aultre superiorité et obligation doibt estre relatifve à celle là, et retrenchee. Si n'est ce pas à dire, quand mon affection me porteroit aultrement, qu'incontinent i'y portasse la main : la volonté et les desirs se font loy eulx mesmes; les actions ont à la recevoir de l'ordonnance publicque. Tout ce mien proceder est un peu bien dissonant à nos formes; ce ne seroit pas pour produire grands effects, ny pour y durer : l'innocence mesme ne sçauroit [à cette heure] ny negocier entre nous sans dissimulation, ny marchander sans menterie ; aussi ne sont aulcunement de mon gibier les occupations publicques : ce que ma profession en requiert, ie l'y fournis en la forme que ie puis la plus privee. Enfant, on m'y plongea iusques aux aureilles, et il succedoit : si m'en desprins ie de belle heure. I'ay souvent depuis evité de m'en mesler, rarement accepté, iamais requis; tenant le dos tourné à l'ambition, mais, sinon comme les tireurs d'aviron qui s'advancent ainsin à reculons, tellement toutesfois que, de ne m'y estre point embarqué, i'en suis moins obligé à ma resolution qu'à ma bonne fortune : car il y a des voyes, moins ennemies de mon goust, et plus conformes à ma portee, par lesquelles, si elle m'eust appelé aultresfois au service public et à mon advancement vers le credit du monde, ie sçais que i'eusse passé par dessus la raison de mes discours, pour la suyvre. Ceulx qui disent communement, contre ma profession, que, ce que i'appelle franchise, simplesse et naïfveté en mes mœurs, c'est art et finesse, et plustost prudence, que bonté; industrie, que nature; bon sens, que bonheur; me font plus d'honneur qu'ils ne m'en ostent : mais certes ils font ma finesse trop fine; et qui m'aura suyvi et espié de prez, ie luy donray gaigné, s'il ne confesse qu'il n'y a point de regle en leur eschole qui sceust rapporter ce naturel mouvement, et maintenir une apparence de liberté et de licence, si pareille et inflexible, parmy des routes si tortues et diverses, et que toute leur attention et engin ne les y sçauroit conduire. La voye de la verité est une et simple ; celle du prouffit particulier et de la commodité des affaires qu'on a en charge, double, inegale et fortuite. I'ay veu souvent en usage ces libertez contrefaictes et artificielles, mais le plus souvent, sans succez : elles sentent volontiers leur asne d'Esope, lequel, par emulation du chien, veint à se iecter tout gayement, à deux pieds, sur les espaules de son maistre; mais autant que le chien recevoit de caresses, de pareille feste, le pauvre asne en receut deux fois autant de bastonnade : id maximè quemque decet, quod est cuiusque suum maximè (1). Ie ne veulx pas priver la tromperie de son reng ; ce seroit mal entendre le monde : ie sçais qu'elle a servy souvent proufitablement, et qu'elle maintient et nourrit la plus part des vacations des hommes. Il y a des vices legitimes ; comme plusieurs actions, ou bonnes ou excusables, illegitimes. La iustice en soy, naturelle et universelle, est aultrement reglee, et plus noblement, que n'est cette aultre iustice speciale, nationale, contraincte au besoing de nos polices : Veri iuris germanæque iustitiæ solidam et expressam effigiem nullam tenemus ; umbrâ et imaginibus utimur (2) : si que le sage Dandamys (a), oyant reciter les vies de Socrates, Pythagoras, Diogenes, les iugea grands personnages en toute aultre chose, mais trop asservis à la reverence des loix, pour lesquelles auctoriser, et seconder, la vraye vertu a beaucoup à se desmettre de sa vigueur originelle ; et non seulement par leur permission plusieurs actions vicieuses ont lieu, mais encores à leur suasion : ex senatusconsultis plebiscitis scelera exercentur (3). Ie suys le langage commun, qui faict difference entre les choses utiles et les honnestes ; si que, d'aulcunes actions naturelles, non seulement utiles, mais necessaires, il les nomme deshonnestes et sales.

Mais continuons nostre exemple de la trahison. Deux

---

(1) Ce qui est le plus naturel à chacun, c'est ce qui lui sied le mieux. *Cic.* de offic. l. 1, c. 31.

(2) Nous n'avons point de modele solide et positif d'un véritable droit, et d'une justice parfaite ; nous n'en avons que l'ombre et quelque léger crayon. *Cic.* de offic. l. 3, c. 17

(a) C'étoit un sage Indien, qui vivoit du temps d'Alexandre. C.

(3) Il y a des crimes qu'on est autorisé à commettre par les arrêts du sénat et les décrets du peuple. *Senec.* epist. 95, p. 464. Edit. varior.

pretendants au royaume de Thrace (a) estoient tumbez en debat de leurs droicts; l'empereur (b) les empescha de venir aux armes : mais l'un d'eulx, soubs couleur de conduire un accord amiable par leur entreveue, ayant assigné son compaignon pour le festoyer en sa maison, le feit emprisonner et tuer. La iustice requeroit que les Romains eussent raison de ce forfaict; la difficulté en empeschoit les voyes ordinaires : ce qu'ils ne peurent legitimement sans guerre et sans hazard, ils entreprindrent de le faire par trahison; ce qu'ils ne peurent honnestement, ils le feirent utilement : à quoy se trouva propre un Pomponius Flaccus. Cettuy cy, soubs feinctes paroles et asseurances, ayant attiré cet homme dans ses rets, au lieu de l'honneur et faveur qu'il luy promettoit l'envoya pieds et poings liez à Rome. Un traistre y trahit l'aultre; contre l'usage commun, car ils sont pleins de desfiance; et est malaysé de les surprendre par leur art: tesmoing la poisante experience que nous venons d'en sentir. Sera Pomponius Flaccus qui vouldra, et en est assez qui le vouldront; quant à moy, et ma parole et ma foy sont, comme le demourant, pieces de ce commun corps; leur meilleur effect, c'est le service public; ie tiens cela pour presupposé. Mais, comme si on me commandoit que ie prinsse la charge du palais et des plaids, ie respondrois, « Ie n'y entends rien »; ou la charge de conducteur de pionniers, ie dirois, « Ie suis appellé à un roolle plus digne » : de mesme, qui me vouldroit employer à mentir, à trahir, et à me pariurer, pour quelque service notable, non que d'assassiner ou empoisonner; ie dirois, « Si i'ay volé ou desrobbé quelqu'un, envoyez moy plustost en gallere ». Car il est loi-

---

(a) Rhescuporis, et Cotys : le premier frere de Rhemetalces, dernier roi des Thraces; et le second, son fils. *Tacit.* annal. l. 2, c. 65.

(b) Tibere.

sible à un homme d'honneur de parler ainsi que feirent les Lacedemoniens, ayants esté desfaicts par Antipater, sur le poinct de leurs accords : « Vous nous pouvez commander des charges poisantes et dommageables, autant qu'il vous plaira; mais de honteuses et deshonnestes, vous perdrez vostre temps de nous en commander ». Chascun doibt avoir iuré à soy mesme ce que les roys d'Aegypte faisoient solemnellement iurer à leurs iuges, « qu'ils ne se desvoyeroient de leur conscience, pour quelque commandement qu'eulx mesmes leur en feissent ». A telles commissions il y a note evidente d'ignominie et de condamnation : et qui vous la donne, vous accuse ; et vous la donne, si vous l'entendez bien, en charge et en peine. Autant que les affaires publicques s'amendent de vostre exploict, autant s'en empirent les vostres ; vous y faictes d'autant pis, que mieulx vous y faictes : et ne sera pas nouveau, ny à l'adventure sans quelque air de iustice, que celuy mesme vous en chastie, qui vous aura mis en besongne. Si la perfidie peult estre en quelque cas excusable; lors seulement elle l'est, qu'elle s'employe à punir et trahir la perfidie. Il se treuve assez de trahisons, non seulement refusees, mais punies par ceulx en faveur desquels elles avoient esté entreprinses. Qui ne sçait la sentence de Fabricius à l'encontre du medecin de Pyrrhus? Mais cecy encores se treuve, que tel l'a commandee, qui l'a vengee rigoreusement sur celuy qu'il y avoit employé; refusant un credit et pouvoir si effréné, et desadvouant un servage et une obeïssance si abandonnee et si lasche. Iaropelc, duc de Russie (a), practiqua un gentilhomme de Hongrie, pour trahir le roy de Poloigne Boleslaus, en le faisant mourir, ou donnant aux Russiens moyen de luy faire quelque notable dommage. Cettuy cy

---

(1) Voyez Martin Cromer, *de rebus Polon.* l. 5, p. 131, 132, edit Basil. 1555. C.

s'y porta en galant homme ; s'addonna, plus que devant, au service de ce roy, obteint d'estre de son conseil et de ses plus feaulx. Avecques ces advantages, et choisissant à poinct l'opportunité de l'absence de son maistre, il trahit aux Russiens Visilicie, grande et riche cité, qui feut entierement saccagee et arse par eulx, avec occision totale, non seulement des habitants d'icelle, de tout sexe et aage, mais de grand nombre de noblesse de là autour qu'il y avoit assemblé à ces fins. Iaropelc, assouvy de sa vengeance et de son courroux qui pourtant n'estoit pas sans tiltre (car Boleslaus l'avoit fort offensé, et en pareille conduicte), et saoul du fruict de cette trahison, venant à en considerer la laideur nue et seule, et la regarder d'une veue saine et non plus troublee par sa passion, la print à un tel remors et contrecœur, qu'il en feit crever les yeulx et couper la langue et les parties honteuses, à son executeur. Antigonus persuada les soldats Argyraspides de luy trahir Eumenes, leur capitaine general, son adversaire : mais, l'eut il faict tuer aprez qu'ils le luy eurent livré, il desira luy mesme estre commissaire de la iustice divine, pour le chastiement d'un forfaict si detestable ; et les consigna entre les mains du gouverneur de la province, luy donnant tresexprez commandement de les perdre et mettre à malefin, en quelque maniere que ce feust ; tellement que, de ce grand nombre qu'ils estoient, aulcun ne veid oncques puis l'air de Macedoine : mieulx il en avoit esté servy, d'autant le iugea il avoir esté plus meschamment et punissablement. L'esclave qui trahit la cachette de P. Sulpicius son maistre, feut mis en liberté, suyvant la promesse de la proscription de Sylla ; mais suyvant la promesse de la raison publique, tout libre, il fut precipité du roc Tarpeïen. Ils les font pendre avec la bourse de leur paiement au col : ayant satisfaict à leur seconde foy et speciale, ils satisfont à la generale et premiere. Mahumet second, se voulant desfaire de son frere, pour la ialousie de la domination, suyvant le style de leur race, y employa l'un de ses officiers qui le suffoqua, l'engorgeant de quantité d'eau prinse trop à coup : cela faict, il livra, pour l'expiation de ce meurtre, le meurtrier entre les mains de la mere du trespassé, car ils n'estoient freres que de pere : elle, en sa presence, ouvrit à ce meurtrier l'estomach; et, tout chauldement, de ses mains fouillant et arrachant son cœur, le iecta à manger aux chiens. Et nostre roy Clovis, [au lieu des armes d'or qu'il leur avoit promis,] feit pendre les trois serviteurs de Canacre, aprez qu'ils luy eurent trahy leur maistre, à quoy il les avoit practiquez. Et à ceux mesme qui ne valent rien, il est si doulx, ayant tiré l'usage d'une action vicieuse, y pouvoir hormais coudre en toute seureté quelque traict de bonté et de iustice, comme par compensation et correction consciencieuse; ioinct qu'ils regardent les ministres de tels horribles malefices comme gents qui les leur reprochent, et cherchent par leur mort d'estouffer la cognoissance et tesmoignage de telles menées. Or, si par fortune on vous en récompense, pour ne frustrer la necessité publicque de cet extreme et desesperé remede, celuy qui le faict ne laisse pas de vous tenir, s'il ne l'est luy mesme, pour un homme mauldit et exsecrable, et vous tient plus traistre que ne faict celuy contre qui vous l'estes ; car il touche la malignité de vostre courage, par vos mains, sans desadveu, sans obiect : mais il vous employe, tout ainsi qu'on faict les hommes perdus aux executions de la haulte iustice, charge autant utile, comme elle est peu honneste. Outre la vilité de telles commissions, il y a de la prostitution de conscience : La fille à Seianus ne pouvant estre punie à mort, en certaine forme de iugement à Rome, d'autant qu'elle estoit vierge (a), feut,

---

(a) Quia triumvirali supplicio affici virginem inauditum habebatur, à carnifice, laqueum juxta, compressam. *Tacit.* annal. l. 5, c. 9.

pour donner passage aux loix, forcee par le bourreau, avant qu'il l'estranglast : non sa main seulement, mais son ame est esclave à la commodité publicque.

Quand le premier Amurath, pour aigrir la punition contre ses subiects qui avoient donné support à la parricide rebellion de son fils contre luy, ordonna que leurs plus proches parents presteroient la main à cette execution ; ie treuve treshonneste à aulcuns d'avoir choisi plustost d'estre iniustement tenus coulpables du parricide d'un aultre, que de servir la iustice, de leur propre parricide ; et où, en quelques bicoques forcees de mon temps, i'ay veu des coquins, pour garantir leur vie, accepter de pendre leurs amis et consorts, ie les ay tenus de pire condition que les pendus. On dict (a) que Witolde (b), prince des Lithuaniens, feit aultresfois cette loy, que les criminels condamnés eussent à executer eux mesmes de leurs mains la sentence capitale contre eux donnée ; trouvant estrange qu'un tiers, innocent de la faulte, feust employé et chargé d'un homicide.

Le prince, quand une urgente circonstance, et quelque impetueux et inopiné accident du besoing de son estat, lui fait gauchir sa parole et sa foy, ou aultrement le iecte hors de son debvoir ordinaire, doibt attribuer cette necessité à un coup de la verge divine : vice n'est ce pas, car il a quité sa raison à une plus universelle et puissante raison ; mais certes, c'est malheur : de maniere qu'à quelqu'un qui me demandoit, « Quel remede » ? « Nul remede, feis ie, s'il feut veritablement gehenné entre ces deux extremes ; sed videat, ne quæratur latebra periurio (1) : il le falloit faire ; mais s'il le

---

(a) Cromer, *de rebus Polon.* l. 16., p. 384.

(b) prince de Lithuanie, introduisit en cette nation que le criminel condamné à mort eust luy mesme de sa main à se desfaire, etc. *Edit. in-fol. de* 1595. N.

(1) Mais qu'il prenne garde de ne pas chercher un prétexte

scit sans regret, s'il ne luy greva de le faire, c'est signe
que sa conscience est en mauvais termes ». Quand il s'en
trouveroit quelqu'un de si tendre conscience, à qui nulle
guarison ne semblast digne d'un si poisant remede, ie
ne l'en estimerois pas moins : il ne se sçauroit perdre
plus excusablement et decemment. Nous ne pouvons
pas tout : ainsi comme ainsi nous faut il souvent, comme
à la derniere anchre, remettre la protection de nostre
vaisseau à la pure conduicte du ciel. A quelle plus iuste
necessité se reserve il ? que luy est il moins possible
à faire, que ce qu'il ne peult faire qu'aux despens de
sa foy et de son honneur ? choses qui, à l'adventure, luy
doibvent estre plus cheres que son propre salut, ouy,
et que le salut de son peuple. Quand, les bras croisez,
il appellera Dieu simplement à son ayde, n'aura il pas
à esperer que la divine bonté n'est pour refuser la faveur
de sa main extraordinaire à une main pure et iuste ?
Ce sont dangereux exemples, rares et maladifves excep-
tions à nos regles naturelles ; il y fault ceder, mais
avecques grande moderation et circonspection : aulcune
utilité privée n'est digne pour laquelle nous facions cet
effort à nostre conscience ; la publicque, bien, lors
qu'elle est et tresapparente et tresimportante.

Timoleon se garantit à propos de l'estrangeté de son
exploict, par les larmes qu'il rendit, se souvenant que
c'estoit d'une main fraternelle qu'il avoit tué le tyran ;
et cela pincea iustement sa conscience, qu'il eust esté
necessité d'acheter l'utilité publique à tel prix de l'honnesteté de ses mœurs. Le senat mesme, delivré de servitude par son moyen, n'osa rondement decider d'un
si hault faict et deschiré en deux si poisants et contraires visages ; mais, les Syracusains ayant tout à
poinct, à l'heure mesme, envoyé requerir les Corin-
thiens de leur protection, et d'un chef digne de resta-

---

pour couvrir son infidélité. *Cic.* de offic. liv. 3, c. 29.

blir leur ville en sa premiere dignité, et nettoyer la Sicile de plusieurs tyranneaux qui l'oppressoient, il y deputa Timoleon, avecques cette nouvelle desfaicte et declaration : « Que selon ce qu'il se porteroit bien ou mal en sa charge, leur arrest prendroit party, à la faveur du liberateur de son païs, ou à la desfaveur du meurtrier de son frere ». Cette fantastique conclusion a quelque excuse, sur le dangier de l'exemple et importance d'un faict si divers ; et feirent bien d'en descharger leur iugement, ou de l'appuyer ailleurs et en des considerations tierces. Or, les deportements de Timoleon en ce voyage rendirent bientost sa cause plus claire, tant il s'y porta dignement et vertueusement, en toutes façons : et le bonheur qui l'accompaigna aux aspretez qu'il eut à vaincre en cette noble besongne, sembla luy estre envoyé par les dieux conspirants et favorables à sa iustification. La fin de cettuy cy est excusable, si aulcune le pouvoit estre : mais l'utilité de l'augmentation du revenu publicque, qui servit de pretexte au senat romain à cette orde conclusion que ie m'en voys reciter, n'est pas assez forte pour mettre à garant une telle iniustice : Certaines citez s'estoient rachetees à prix d'argent, et remises en liberté, avecques l'ordonnance et permission du senat, des mains de L. Sylla : la chose estant tumbee en nouveau iugement, le senat les condamna à estre taillables comme auparavant ; et que l'argent qu'elles avoient employé pour se racheter demeureroit perdu pour elles. Les guerres civiles produisent souvent ces vilains exemples : Que nous punissons les privez, de ce qu'ils nous ont creu quand nous estions aultres ; et un mesme magistrat faict porter la peine de son changement à qui n'en peult mais ; le maistre fouette son disciple de sa docilité, et la guide son aveugle : horrible image de iustice !

Il y a des regles en la philosophie et faulses et molles. L'exemple qu'on nous propose, pour faire prevaloir l'utilité privee à la foy donnee, ne receoit pas assez de poids par la circonstance qu'ils y meslent : Des voleurs vous ont prins, ils vous ont remis en liberté ayant tiré de vous serment du paiement de certaine somme. On a tort de dire qu'un homme de bien sera quite de sa foy, sans payer, estant hors de leurs mains. Il n'en est rien : ce que la crainte m'a faict une fois vouloir, ie suis tenu de le vouloir encores, sans crainte; et quand elle n'aura forcé que ma langue sans la volonté, encores suis ie tenu de faire la maille bonne de ma parole. Pour moy, quand par fois ell' a inconsidereement devancé ma pensee, i'ay faict conscience de la desadvouer pourtant : aultrement, de degré en degré nous viendrons à renverser tout le droict qu'un tiers prend de nos promesses et serments. *Quasi verò forti viro vis possit adhiberi* (1). En cecy seulement a loy l'interest privé de nous excuser de faillir à nostre promesse, si nous avons promis chose meschante et inique de soy ; car le droict de la vertu doit prevaloir le droict de nostre obligation. I'ay aultresfois logé Epaminondas au premier reng des hommes excellents ; et ne m'en desdis pas. Iusques où montoit il la consideration de son particulier debvoir ? qui ne tua iamais homme qu'il eust vaincu ; qui, pour ce bien inestimable de rendre la liberté à son pays, faisoit conscience de tuer un tyran, ou ses complices, sans les formes de la iustice; et qui iugeoit meschant homme, quelque bon citoyen qu'il feust, celuy qui, entre les ennemis et en la bataille, n'espargnoit son amy et son hoste. Voylà une ame de riche composition : il marioit, aux plus rudes et violentes actions humaines, la bonté et l'humanité, voire la plus delicate qui se treuve en l'eschole de la philosophie. Ce courage si gros, enflé, et

---

(1) Comme si la violence pouvoit quelque chose sur un grand cœur. *Cic. de offic.* l. 3, c. 30.

obstiné contre la douleur, la mort, la pauvreté, estoit ce nature, ou art, qui l'eust attendry iusques au poinct d'une si extreme doulceur et debonnaireté de complexion ? Horrible de fer et de sang, il va fracassant et rompant une nation invincible contre toute aultre que contre luy seul; et gauchit, au milieu d'une telle meslee, au rencontre de son hoste et de son amy. Vrayement celuy là proprement commandoit bien à la guerre, qui luy faisoit souffrir le mors de la benignité, sur le poinct de sa plus forte chaleur, ainsin enflammee qu'elle estoit et toute escumeuse de fureur et de meurtres. C'est miracle de pouvoir mesler à telles actions quelque image de iustice; mais il n'appartient qu'à la roideur d'Epaminondas d'y pouvoir mesler la doulceur et la facilité des mœurs les plus molles et la pure innocence : et, où l'un (a) dict aux Mammertins « que les statuts n'avoient point de mise envers les hommes armez »; l'aultre (b), au tribun du peuple, « que le temps de la iustice, et de la guerre, estoient deux »; le tiers (c), « que le bruit des armes l'empeschoit d'entendre la voix des loix », cettuy cy n'estoit pas seulement empesché d'entendre celle de la civilité et pure courtoisie. Avoit il pas emprunté de ses ennemis l'usage de sacrifier aux muses, allant à la guerre, pour destremper par leur doulceur et gayeté cette furie et aspreté martiale ? Ne craignons point, aprez un si grand precepteur, d'estimer qu'il y a quelque chose illicite contre les ennemis mesmes; que l'interest commun ne doibt pas tout requerir de touts, contre l'interest privé; *manente memoriâ, etiam in dissidio publicorum fœderum, privati iuris* (1);

(a) Pompée : *voyez sa vie* dans Plutarque.
(b) César, *dans sa vie* par Plutarque.
(c) Marius, *dans sa vie* par Plutarque.
(1) Le souvenir du droit particulier subsistant même au milieu des dissentions publiques. *Tit. Liv.* l. 25, c. 18.

> et nulla potentia vires
> Præstandi, ne quid peccet amicus, habet (1);

et que toutes choses ne sont pas loisibles à un homme de bien, pour le service de son roy ny de la cause generale et des loix; non enim patria præstat omnibus officiis;.... et ipsi conducit pios habere cives in parentes (2). C'est une instruction propre au temps : nous n'avons que faire de durcir nos courages par ces lames de fer; c'est assez que nos espaules le soyent; c'est assez de tremper nos plumes en encre, sans les tremper en sang : si c'est grandeur de courage, et l'effect d'une vertu rare et singuliere, de mespriser l'amitié, les obligations privées, sa parole et la parenté, pour le bien commun et obeïssance du magistrat; c'est assez vrayement, pour nous en excuser, que c'est une grandeur qui ne peult loger en la grandeur du courage d'Epaminondas. l'abomine les enhortements enragez de cette aultre ame desreglee (a),

> . . . Dum tela micant, non vos pietatis imago
> Ulla, nec adversâ conspecti fronte parentes
> Commoveant; vultus gladio turbate verendos. (3)

Ostons aux meschants naturels, et sanguinaires et traistres, ce pretexte de raison; laissons là cette iustice

---

(1) Nulle puissance ne peut autoriser l'infraction des droits de l'amitié. *Ovid.* de Ponto, l. 1, epist. 7, v. 37.

(2) Car la patrie ne l'emporte pas sur tous les devoirs;.... et il lui importe à elle-même d'avoir des citoyens qui soient pieux envers leurs parents. *Cic.* de offic. l. 3, c. 23.

(a) De Jules César, qui en guerre ouverte contre sa patrie, dont il veut opprimer la liberté, s'écrie *Dum tela micant*, etc.

(3) Durant le combat, ne vous laissez attendrir par aucun motif de piété, ni par la présence de vos propres peres que vous verrez dans le parti opposé : frappez, défigurez à coups d'épée ces visages vénérables. *Lucan.* l. 7, v. 320, et seqq.

enorme et hors de soy, et nous tenons aux plus humaines imitations. Combien peult le temps et l'exemple! en une rencontre de la guerre civile contre Cinna, un soldat de Pompeius ayant tué, sans y penser, son frere qui estoit au party contraire, se tua sur le champ soy mesme, de honte et de regret (a); et quelques annees aprez, en une aultre guerre civile de ce mesme peuple, un soldat, pour avoir tué son frere, demanda recompense à ses capitaines (b). On argumente mal l'honnesteté et la beauté d'une action, par son utilité; et conclud on mal d'estimer que chascun y soit obligé, et qu'elle soit honneste à chascun, si elle est utile:

> Omnia non pariter rerum sunt omnibus apta. (1)

Choisissons la plus necessaire et plus utile de l'humaine societé; ce sera le mariage: si est ce que le conseil des saincts treuve le contraire party plus honneste, et en exclud la plus venerable vacation des hommes; comme nous assignons au haras les bestes qui sont de moindre estime.

(a) Prælio quo apud Janiculum adversùm Cinnam pugnatum est, Pompeianus miles fratrem suum, dein, cognito facinore, seipsum, interfecit. *Tacit.* hist. 3, c. 51.

(b) Celeberrimos auctores habeo: tantam victoribus adversus fas nefasque irreverentiam fuisse, ut gregarius eques, occisum à se proximâ acie fratrem professus, præmium à ducibus petierit. *Tacit. ibid.*

(1) Toutes choses ne conviennent pas également à tous. *Propert.* eleg. 9, l. 3, v. 7.

CHAPITRE II.

Du repentir.

Les aultres forment l'homme : ie le recite ; et en represente un particulier, bien mal formé, et lequel si i'avois à façonner de nouveau, ie ferois vrayement bien aultre qu'il n'est : meshuy, c'est faict. Or les traicts de ma peincture ne fourvoient point, quoyqu'ils se changent et diversifient : le monde n'est qu'une bransloire perenne ; toutes choses y branslent sans cesse, la terre, les rochiers du Caucase, les pyramides d'Aegypte, et du bransle publicque et du leur ; la constance mesme n'est aultre chose qu'un bransle plus languissant. Ie ne puis asseurer mon obiect ; il va trouble et chancelant, d'une yvresse naturelle : ie le prends en ce poinct, comme il est en l'instant que ie m'amuse à luy : ie ne peinds pas l'estre, ie peinds le passage ; non un passage d'aage en aultre, ou, comme dict le peuple, de sept en sept ans, mais de iour en iour, de minute en minute : il fault accommoder mon histoire à l'heure ; ie pourray tantost changer, non de fortune seulement, mais aussi d'intention. C'est un contreroolle de divers et muables accidents, et d'imaginations irresolues et, quand il y eschet, contraires ; soit que ie sois aultre moy mesme, soit que ie saisisse les subiects par aultres circonstances et considerations : tant y a que ie me contredis bien à l'adventure, mais la verité, comme disoit Demades (a), ie ne

---

(a) Montaigne paraphrase ici à sa maniere ce que disoit cet ancien orateur, selon Plutarque, dans la vie de Demosthene, « Qu'il s'estoit bien contredict à soy mesme assez de fois selon

la contredis point. Si mon ame pouvoit prendre pied, ie ne m'essaierois pas, ie me resouldrois : elle est tousiours en apprentissage et en espreuve. Ie propose une vie basse et sans lustre : c'est tout un; on attache aussi bien toute la philosophie morale à une vie populaire et privee, qu'à une vie de plus riche estoffe : chasque homme porte la forme entière de l'humaine condition. Les aucteurs se communiquent au peuple, par quelque marque particuliere et estrangiere ; moy, le premier, par mon estre universel; comme Michel de Montaigne, non comme grammairien, ou poëte, ou iurisconsulte. Si le monde se plaind de quoy ie parle trop de moy; ie me plainds de quoy il ne pense seulement pas à soy. Mais est ce raison que, si particulier en usage, ie pretende me rendre public en cognoissance? est il aussi raison, que ie produise au monde, où la façon et l'art ont tant de credit et de commandement, des effects de nature et cruds et simples, et d'une nature encores bien foiblette? est ce pas faire une muraille sans pierre, ou chose semblable, que de bastir des livres sans science et sans art? Les fantasies de la musique sont conductes par art; les miennes, par sort. Au moins i'ay cecy, selon la discipline, Que iamais homme ne traicta subiect qu'il entendist ne cogneust mieulx que ie fois celuy que i'ay entreprins ; et qu'en celuy là ie suis le plus sçavant homme qui vive : secondement, Que iamais aulcun ne penetra en sa matiere plus avant, ny en esplucha plus distinctement les membres et suittes, et n'arriva plus exactement et plainement à la fin qu'il s'estoit proposé à sa besongne. Pour la parfaire, ie n'ay besoing d'y apporter que la fidelité : celle là y est la plus sincere et pure qui se treuve. Ie dis vray, non pas tout mon saoul, mais autant que ie l'ose dire : et l'ose un peu plus en

---

« les occurrences des affaires ; mais contre le bien de la chose publicque, iamais ». C.

vieillissant; car il semble que la coustume concede à cet aage plus de liberté de bavasser, et d'indiscretion à parler de soy. Il ne peult advenir icy, ce que ie veois advenir souvent, que l'artisan et sa besongne se contrarient : un homme de si honneste conversation a il faict un si sot escript? ou, des escripts si sçavants sont ils partis d'un homme de si foible conversation; qui a un entretien commun, et ses escripts rares, c'est à dire que sa capacité est en lieu d'où il l'emprunte, et non en luy? Un personnage sçavant n'est pas sçavant par tout; mais le suffisant est par tout suffisant, et à ignorer mesme : icy nous allons conformement, et tout d'un train, mon livre et moy. Ailleurs, on peult recommender et accuser l'ouvrage, à part de l'ouvrier : icy non; qui touche l'un, touche l'aultre. Celuy qui en iugera sans le cognoistre, se fera plus de tort qu'à moy : celuy qui l'aura cogneu, m'a du tout satisfaict. Heureux, oultre mon merite, si i'ay seulement cette part à l'approbation publicque, que ie face sentir aux gents d'entendement que i'estois capable de faire mon proufit de la science, si i'en eusse eu; et que ie meritois que la memoire me secourust mieulx. Excusons icy ce que ie dis souvent, que ie me repens rarement, et que ma conscience se contente de soy, non comme de la conscience d'un ange, ou d'un cheval, mais comme de la conscience d'un homme : adioustant touiours ce refrain, non un refrain de cerimonie, mais de naïfve et essentielle soubmission, « que ie parle enquerant et ignorant, me rapportant de la resolution, purement et simplement, aux creances communes et legitimes ». Ie n'enseigne point, ie raconte.

Il n'est vice veritablement vice qui n'offense, et qu'un iugement entier n'accuse; car il a de la laideur et incommodité si apparente, qu'à l'adventure ceux là ont raison qui disent qu'il est principalement produict par bestise et ignorance : tant est il mal aysé d'imaginer qu'on le cognoisse sans le haïr ! la malice hume la pluspart de son propre venin, et s'en empoisonne (a). Le vice laisse, comme un ulcere en la chair, une repentance en l'ame, qui tousiours s'esgratigne et s'ensanglante elle mesme : car la raison efface les aultres tristesses et douleurs, mais elle engendre celle de la repentance, qui est plus griefve, d'autant qu'elle naist au dedans; comme le froid et le chauld des fiebvres est plus poignant que celuy qui vient du dehors. Ie tiens pour vices (mais chascun selon sa mesure) non seulement ceulx que la raison et la nature condamnent, mais ceulx aussi que l'opinion des hommes a forgé, voire faulse et erronee, si les loix et l'usage l'auctorise. Il n'est pareillement bonté qui ne resiouïsse une nature bien nee; il y a, certes, ie ne sçais quelle congratulation de bien faire, qui nous resiouït en nous mesmes, et une fierté genereuse qui accompaigne la bonne conscience : une ame courageusement vicieuse, se peult à l'adventure garnir de securité; mais de cette complaisance et satisfaction, elle ne s'en peult fournir. Ce n'est pas un legier plaisir de se sentir preservé de la contagion d'un siecle si gasté; et de dire en soy : « Qui me verroit iusques dans l'ame, encores ne me trouveroit il coulpable, ny de l'affliction et ruïne de personne, ny de vengeance ou d'envie, ny d'offense publicque des loix, ny de nouvelleté et de trouble, ny de faulte à ma parole; et, quoy que la licence du temps permist et apprinst à chascun, si n'ay ie mis la main ny ez biens ny en la bourse d'homme françois, et n'ay vescu que sur la mienne, non plus en guerre qu'en paix; ny ne me suis servy du travail de personne sans loyer ». Ces tesmoignages de la conscience plaisent; et nous est grand benefice, que cette esiouïssance naturelle, et le seul payement qui iamais ne nous manque. De fonder la recom-

---

(a) Pensée prise de Séneque, *epist.* 81 (p. 329. Edit. varior.) Quemadmodum Attalus noster dicere solebat : Malitia ipsa maximam partem veneni sui bibit. C.

pense des actions vertueuses sur l'approbation d'aultruy, c'est prendre un trop incertain et trouble fondement, signamment en un siecle corrompu et ignorant, comme cettuy cy; la bonne estime du peuple est iniurieuse : à qui vous fiez vous de veoir ce qui est louable ? Dieu me gard d'estre homme de bien selon la description que ie veois faire touts les iours, par honneur, à chascun de soy. Quæ fuerant vitia, mores sunt (1). Tels de mes amis ont par fois entrepris de me chapitrer et mercurialiser à cœur ouvert, ou de leur propre mouvement, ou semons par moy comme d'un office qui, à une ame bien faicte, non en utilité seulement, mais en doulceur aussi, surpasse touts les offices de l'amitié; ie l'ay tousiours accueilli des bras de la courtoisie et recognoissance les plus ouverts : mais (a), à en parler asture en conscience, i'ay souvent trouvé en leurs reproches et louanges tant de faulse mesure, que ie n'eusse gueres failly de faillir, plustost que de bien faire à leur mode. Nous aultres principalement, qui vivons une vie privee qui n'est en montre qu'à nous, debvons avoir estably un patron audedans, auquel toucher nos actions; et, selon iceluy, nous caresser tantost, tantost nous chastier. I'ay mes loix et ma cour pour iuger de moy; et m'y adresse plus qu'ailleurs : ie restreinds bien selon aultruy mes actions, mais ie ne les estends que selon moy. Il n'y a que vous qui sçache si vous estes lâche et cruel, ou loyal et devo-

---

(1) Les choses qui passoient autrefois pour des vices, sont à présent les mœurs du siecle. *Senec.* epist. 39, in fine.

(a) Montaigne avoit d'abord écrit : « Ie meure s'il n'advenoit « qu'imbus de ces faulses opinions du temps, ils m'offroient à « destourner à honneur leurs reprimandes, et leurs approbations « à reprobation. Ce n'estoit pas à moi pourtant de le leur faire « sentir, mais de les en remercier et sçavoir gré, pour ne trou- « bler la faveur d'un si bon office ». Mais il a rayé depuis cette leçon pour y substituer celle qu'on lit ici. N.

tieux : les aultres ne vous veoient point, ils vous devinent par coniectures incertaines ; ils veoient, non tant vostre nature, que vostre art : par ainsi, ne vous tenez pas à leur sentence, tenez vous à la vostre : *Tuo tibi iudicio est utendum.... Virtutis et vitiorum grave ipsius conscientiæ pondus est : quâ sublatâ, iacent omnia* (1). Mais ce qu'on dict, que la repentance suyt de prez le peché, ne semble pas regarder le peché qui est en son hault appareil, qui loge en nous comme en son propre domicile : on peult desadvouer et desdire les vices qui nous surprennent, et vers lesquels les passions nous emportent ; mais ceulx qui, par longue habitude, sont enracinez et anchrez en une volonté forte et vigoreuse, ne sont subiects à contradiction. Le repentir n'est qu'une desdicte de nostre volonté, et opposition de nos fantasies, qui nous pourmene à touts sens : il faict desadvouer à celuy là sa vertu passee et sa continence ;

> Quæ mens est hodie, cur eadem non puero fuit ?
> Vel cur his animis incolumes non redeunt genæ ? (2)

C'est une vie exquise, celle qui se maintient en ordre iusques en son privé. Chascun peult avoir part au bastelage, et representer un honneste personnage en l'es-

---

(1) Servez-vous de votre propre jugement.... C'est la conscience qui fait sentir vivement ce qui est vice ou vertu... Otez la conscience aux hommes, tout le reste ne leur est rien....
Ces mots, *tuo tibi judicio est utendum*, sont pris de Cicéron, *Tusc. quæst.* l. 2, c. 25, et le reste est dans le même auteur, *de Naturâ deor.* l. 3, c. 35. C.

(2) Ah ! que n'avois-je dans ma jeunesse les vues que j'ai aujourd'hui ? ou pourquoi, avec les sentiments où je suis à présent, n'ai-je ces traits vifs et délicats que j'avois autrefois ? *Horat.* od. 10, l. 4, v. 7, 8. Horace nous représente ici Ligurinus qui se repent, dans le retour de l'âge, de n'avoir pas abusé de sa beauté, lorsqu'il pouvoit le faire. C.

chaffaud; mais au dedans et en sa poictrine, où tout nous est loisible, où tout est caché, d'y estre reglé, c'est le poinct. Le voisin degré, c'est de l'estre en sa maison, en ses actions ordinaires, desquelles nous n'avons à rendre raison à personne, où il n'y a point d'estude, point d'artifice : et pourtant Bias, peignant un excellent estat de famille : « de laquelle, dict il, le maistre soit tel au dedans par luy mesme, comme il est au dehors par la crainte de la loy et du dire des hommes » : et feut une digne parole de Iulius Drusus aux ouvriers qui luy offroient, pour trois mille escus, mettre sa maison en tel poinct que ses voisins n'y auroient plus la veue qu'ils y avoient : « Ie vous en donneray, dict il, six mille, et faictes que chascun y veoye de toutes parts ». On remarque avecques honneur l'usage d'Agesilaus, de prendre en voyageant son logis dans les eglises, à fin que le peuple et les dieux mesmes veissent dans ses actions privees. Tel a esté miraculeux au monde, auquel sa femme et son valet n'ont rien veu seulement de remarquable; peu d'hommes ont esté admirez par leurs domestiques (a); nul a esté prophete non seulement en sa maison, mais en son païs, dict l'experience des histoires : de mesme aux choses de neant; et en ce bas exemple, se veoid l'image des grands. En mon climat de Gascoigne, on tient pour drolerie de me veoir imprimé : d'autant que la cognoissance qu'on prend de moy s'esloingne de mon giste, i'en vaulx d'autant mieulx; i'achete les imprimeurs en Guienne; ailleurs ils m'achetent. Sur cet accident se fondent ceulx qui se cachent vivants et presents, pour se mettre en credit trespassez et absents. I'aime mieulx en avoir moins; et ne me iecte au monde que pour la part que i'en tire : au partir de là, ie l'en quite. Le peuple reconvoye celuy là, d'un acte publicque, avecques estonnement, iusqu'à sa porte : il laisse

---

(a) Il faut être bien héros, disoit le maréchal de Catinat, pour l'être aux yeux de son valet de chambre. C.

avecques sa robbe ce roole ; il en retumbe d'autant plus
bas, qu'il s'estoit plus hault monté ; au dedans, chez luy,
tout est tumultuaire et vil. Quand le reglement s'y trouveroit, il fault un iugement vif et bien trié pour l'apper-
cevoir en ces actions basses et privees : ioinct que l'ordre
est une vertu morne et sombre. Gaigner une bresche,
conduire une ambassade, regir un peuple, ce sont actions
esclatantes : tanser, rire, vendre, payer, aimer, haïr, et
converser avecques les siens, et avecques soy mesme,
doulcement et iustement, ne relascher point, ne se desmentir point ; c'est chose plus rare, plus difficile, et moins
remarquable. Les vies retirees soustiennent par là, quoy
qu'on die, des debvoirs autant ou plus aspres et tendus,
que ne font les aultres vies ; et les privez, dict Aristote,
servent la vertu plus difficilement et haultement, que ne
font ceulx qui sont en magistrat : nous nous preparons
aux occasions eminentes, plus par gloire que par conscience. La plus courte façon d'arriver à la gloire, ce seroit faire par conscience ce que nous faisons pour la
gloire : et la vertu d'Alexandre me semble representer
assez moins de vigueur en son theatre, que ne faict celle
de Socrates en cette exercitation basse et obscure. Ie
conceois ayseement Socrates en la place d'Alexandre ;
Alexandre en celle de Socrates, ie ne puis. Qui demandera à celuy là, ce qu'il sçait faire, il respondra, « Subiuguer le monde » : qui le demandera à cettuy ci, il dira,
« Mener l'humaine vie conformément à sa naturelle condition (a) » : science bien plus generale, plus poisante et
plus legitime. Le prix de l'ame ne consiste pas à aller
hault, mais ordonneement ; sa grandeur ne s'exerce pas
en la grandeur, c'est en la mediocrité. Ainsi que ceulx
qui nous iugent et touchent au dedans, ne font pas grand'
recepte de la lueur de nos actions publicques, et veoient

(a) Montaigne ajoutoit ici : *faire au monde ce pour quoi il
est au monde :* mais il a rayé depuis cette phrase. N.

que ce ne sont que filets et poinctes d'eau fine reiallies d'un fond au demourant limonneux et poisant : en pareil cas, ceulx qui nous iugent par cette brave apparence, concluent de mesme de nostre constitution interne ; et ne peuvent accoupler des facultez populaires et pareilles aux leurs, à ces aultres facultez qui les estonnent, si loing de leur visee. Ainsi donnons nous aux daimons des formes sauvages ; et qui non à Tamburlan des sourcils eslevez, des nazeaux ouverts, un visage affreux, et une taille desmesuree, comme est la taille de l'imagination qu'il en a conceue par le bruict de son nom ? Qui m'eust faict veoir Erasme aultresfois, il eust esté mal aysé que ie n'eusse prins pour adages et apophthegmes tout ce qu'il eust dict à son valet et à son hostesse. Nous imaginons bien plus sortablement un artisan sur sa garderobbe ou sur sa femme, qu'un grand president, venerable par son maintien et suffisance : il nous semble que de ces haults thrones ils ne s'abaissent pas iusques à vivre. Comme les ames vicieuses sont incitees souvent à bien faire par quelque impulsion estrangiere ; aussi sont les vertueuses, à faire mal : il les fault doncques iuger par leur estat rassis, quand elles sont chez elles, si quelquesfois elles y sont ; ou au moins quand elles sont plus voisines du repos, et de leur naïfve assiette. Les inclinations naturelles s'aydent et fortifient par institution ; mais elles ne se changent gueres et surmontent : mille natures, de mon temps, ont eschappé vers la vertu, ou vers le vice, au travers d'une discipline contraire ;

> Sic ubi desuetæ sylvis in carcere clausæ
> Mansuevere feræ, et vultus posuere minaces,
> Atque hominem didicere pati, si torrida parvus
> Venit in ora cruor, redeunt rabiesque furorque,
> Admonitæque tument gustato sanguine fauces;
> Fervet, et à trepido vix abstinet ira magistro : (1)

---

(1) Comme les bêtes féroces, qui ayant oublié les forêts d'où

on n'extirpe pas ces qualitez originelles, on les couvre, on les cache. Le langage latin m'est comme naturel; ie l'entends mieulx que le françois : mais il y a quarante ans que ie ne m'en suis du tout point servy à parler ny à escrire; si est ce qu'à des extremes et soubdaines esmotions, où ie suis tumbé deux ou trois fois en ma vie, et l'une, voyant mon pere, tout sain, se renverser sur moy pasmé, i'ay tousiours eslancé du fond des entrailles les premieres paroles, latines : nature se sourdant, et s'exprimant à force, à l'encontre d'un si long usage; et cet exemple se dict d'assez d'aultres. Ceulx qui ont essayé de r'adviser les mœurs du monde, de mon temps, par nouvelles opinions, reforment les vices de l'apparence; ceulx de l'essence, ils les laissent là, s'ils ne les augmentent : et l'augmentation y est à craindre; on se seiourne volontiers de tout aultre bienfaire, sur ces reformations externes, arbitraires, de moindre coust et de plus grand merite; et satisfaict on à bon marché, par là, les aultres vices naturels, consubstantiels et intestins. Regardez un peu comment s'en porte nostre experience : il n'est personne, s'il s'escoute, qui ne descouvre en soy une forme sienne, une forme maistresse qui luicte contre l'institution, et contre la tempeste des passions qui luy sont contraires. De moy, ie ne me sens gueres agiter par secousse; ie me treuve quasi tousiours en ma place, comme font les corps lourds et poisants : si ie ne suis chez moy, i'en suis tousiours bien prez. Mes desbauches ne m'empor-

---

l'on les a tirées pour les mettre en cage, et s'étant apprivoisées, ont quitté leur air menaçant, et se sont accoutumées au joug de l'homme, reprennent leur premiere férocité si elles viennent à goûter un peu de sang, et peuvent à peine s'empêcher, dans les accès de leur rage, de mettre en pieces leur maître tout tremblant d'effroi. (*Lucain*, l. 4, v. 237, et seqq.) De même les hommes couvrent et cachent leurs qualités originelles, mais ne les extirpent jamais entièrement. C.

tent pas fort loing, il n'y a rien d'extreme et d'estrange;
et si ay des r'advisements sains et vigoreux. La vraye
condamnation, et qui touche la commune façon de nos
hommes, c'est que leur retraicte mesme est pleine de
corruption et d'ordure; l'idee de leur amendement, cha-
fourree; leur penitence, malade et en coulpe autant
à peu prez que leur peché : aulcuns, ou pour estre collez
au vice d'une attache naturelle, ou par longue accoustu-
mance, n'en treuvent plus la laideur : à d'aultres (duquel
regiment ie suis) le vice poise, mais ils le contrebalan-
cent avecques le plaisir ou aultre occasion; et le souffrent
et s'y prestent, à certain prix, vicieusement pourtant et
laschement. Si se pourroit il, à l'adventure, imaginer si
esloingnee disproportion de mesure où, avecques iustice, le plaisir excuseroit le peché, comme nous disons
de l'utilité; non seulement s'il estoit accidental et hors
du peché, comme au larrecin, mais en l'exercice mesme
d'iceluy, comme en l'accointance des femmes, où l'incitation est violente, et, dict on, par fois invincible. En la
terre d'un mien parent, l'aultre iour que i'estois en Ar-
maignac, ie veis un païsan que chascun surnomme le
Larron. Il faisoit ainsi le conte de sa vie : Qu'estant nay
mendiant, et trouvant qu'à gaigner son pain au travail
de ses mains, il n'arriveroit iamais à se fortifier assez
contre l'indigence, il s'advisa de se faire larron : et avoit
employé à ce mestier toute sa ieunesse, en seureté, par
le moyen de sa force corporelle; car il moissonnoit et
vendangeoit des terres d'aultruy, mais c'estoit au loing
et à si gros monceaux, qu'il estoit inimaginable qu'un
homme en eust tant emporté en une nuict sur ses espaules ; et avoit soing, oultre cela, d'egualer et disperser le
dommage qu'il faisoit, si que la foule estoit moins im-
portable à chaque particulier. Il se treuve, à cette heure
en sa vieillesse, riche pour un homme de sa condition,
mercy à cette trafique, de laquelle il se confesse ouvertement. Et pour s'accommoder avecques Dieu de ses ac-

quests, il dict estre touts les iours aprez à satisfaire, par bienfaicts, aux successeurs de ceulx qu'il a desrobbez; et, s'il n'acheve (car d'y pourveoir tout à la fois, il ne peult) qu'il en chargera ses heritiers, à la raison de la science qu'il a luy seul du mal qu'il a faict à chascun. Par cette description, soit vraye ou faulse, cettuy cy regarde le larrecin comme action deshonneste et le hait, mais moins que l'indigence; s'en repent bien simplement, mais en-tant qu'elle estoit ainsi contrebalancee et compensee il ne s'en repent pas. Cela, ce n'est pas cette habitude qui nous incorpore au vice, et y conforme nostre entende-ment mesme; ny n'est ce vent impetueux qui va troublant et aveuglant à secousses nostre ame, et nous precipite pour l'heure, iugement et tout, en la puissance du vice. Ie fois coustumierement entier ce que ie fois, et mar-che tout d'une piece; ie n'ay gueres de mouvement qui se cache et desrobbe à ma raison, et qui ne se conduise, à peu prez, par le consentement de toutes mes parties, sans division, sans sedition intestine: mon iugement en a la coulpe ou la louange entiere; et la coulpe qu'il a une fois, il l'a tousiours, car quasi dez sa naissance il est un, mesme inclination, mesme route, mesme force : et en matiere d'opinions universelles, dez l'enfance, ie me logeay au poinct où i'avois à me tenir. Il y a des pechez impetueux, prompts et subits, laissons les à part : mais en ces aultres pechez à tant de fois reprins, deliberez et consultez, ou pechez de complexion, voire pechez de profession et de vacation, ie ne puis pas concevoir qu'ils soient plantez si long temps en un mesme courage, sans que la raison et la conscience de celuy qui les possede le vueille constamment et l'entende ainsin; et le repentir qu'il se vante luy en venir à certain instant prescript, m'est un peu dur à imaginer et former. Ie ne suys pas la secte de Pythagoras, « que les hommes prennent une ame nouvelle quand ils approchent des simulacres des dieux pour recueillir leurs oracles »; sinon qu'il voulust dire cela mesme, Qu'il fault bien qu'elle soit estrangiere, nouvelle, et prestee pour le temps : la leur montrant si peu de signe de purification et netteté condigne à cet office. Ils font tout à l'opposite des preceptes stoïques qui nous ordonnent bien de corriger les imperfections et vices que nous recognoissons en nous, mais nous deffendent d'en alterer le repos de nostre ame : ceulx cy nous font accroire qu'ils en ont grande desplaisance et remors au dedans ; mais d'amendement et correction, ny d'interruption, ils ne nous en font rien apparoir. Si n'est ce pas guarison, si on ne se descharge du mal : si la repentance poisoit sur le plat de la balance, elle emporteroit le peché. Ie ne treuve aulcune qualité si aysee à contrefaire que la devotion, si on n'y conforme les mœurs et la vie : son essence est abstruse et occulte ; les apparences, faciles et pompeuses.

Quant à moy, ie puis desirer en general estre aultre ; ie puis condamner et me desplaire de ma forme universelle, et supplier Dieu pour mon entiere reformation, et pour l'excuse de ma foiblesse naturelle ; mais cela, ie ne le doibs nommer repentir, ce me semble, non plus que le desplaisir de n'estre ny ange ny Caton. Mes actions sont reglees, et conformes à ce que ie suis et à ma condition ; ie ne puis faire mieulx : et le repentir ne touche pas proprement les choses qui ne sont pas en nostre force ; ouy bien le regretter. I'imagine infinies natures plus haultes et plus reglees que la mienne ; ie n'amende pourtant mes facultez : comme ny mon bras ny mon esprit ne deviennent plus vigoreux, pour en concevoir un aultre qui le soit. Si l'imaginer et desirer un agir plus noble que le nostre, produisoit la repentance du nostre, nous aurions à nous repentir de nos operations plus innocentes, d'autant que nous iugeons bien qu'en la nature plus excellente, elles auroient esté conduictes d'une plus grande perfection et dignité ; et vouldrions faire de mesme. Lors que ic consulte des deportements de ma ieunesse, avecques ma vieillesse, ie treuve que ie les ay communement conduicts avecques ordre, selon moy : c'est tout ce que peult ma resistance. Ie ne me flatte pas; à circonstances pareilles, ie serois tousiours tel : ce n'est pas macheure, c'est plustost une teincture universelle, qui me tache. Ie ne cognois pas de repentance superficielle, moyenne, et de cerimonie : il fault qu'elle me touche de toutes parts, avant que ie la nomme ainsin; et qu'elle pince mes entrailles et les afflige, autant profondement que Dieu me veoid, et autant universellement. Quant aux negoces, il m'est eschappé plusieurs bonnes adventures, à faulte d'heureuse conduicte : mes conseils ont pourtant bien choisi selon les occurrences qu'on leur presentoit; leur façon est de prendre tousiours le plus facile et seur party. Ie treuve qu'en mes deliberations passees, i'ay, selon ma regle, sagement procedé, pour l'estat du subiect qu'on me proposoit, et en ferois autant d'icy à mille ans, en pareilles occasions; ie ne regarde pas quel il est à cette heure, mais quel il estoit quand i'en consultois : la force de tout conseil gist au temps; les occasions et les matieres roulent et changent sans cesse. I'ay encouru quelques lourdes erreurs en ma vie, et importantes, non par faulte de bon advis, mais par faulte de bonheur. Il y a des parties secretes aux obiects qu'on manie, et indivinables, signamment en la nature des hommes; des conditions muettes, sans montre, incogneues par fois du possesseur mesme, qui se produisent et esveillent par des occasions survenantes : si ma prudence ne les a peu penetrer et profetizer, ie ne luy en sçais nul mauvais gré, sa charge se contient en ses limites : si l'evenement me bat, s'il favorise le party que i'ay refusé, il n'y a remede, ie ne m'en prends pas à moy, i'accuse ma fortune, non pas mon ouvrage; cela ne s'appelle pas repentir. Phocion avoit donné aux Atheniens certain advis qui ne feut pas suyvi : l'affaire pourtant se passant, contre son opinion, avecques prosperité, quelqu'un luy dict: « Eh bien, Phocion! es tu content que la chose aille si bien »? « Bien suis ie content, feit il, qu'il soit advenu cecy; mais ie ne me repents point d'avoir conseillé cela ». Quand mes amis s'addressent à moy pour estre conseillez, ie le fois librement et clairement; sans m'arrester, comme faict quasi tout le monde, à ce que, la chose estant hazardeuse, il peult advenir au rebours de mon sens, par où ils ayent à me faire reproche de mon conseil; dequoy il ne me chault: car ils auront tort; et ie n'ay deu leur refuser cet office.

Ie n'ay gueres à me prendre de mes faultes, ou infortunes, à aultre qu'à moy: car, en effect, ie me sers rarement des advis d'aultruy, si ce n'est par honneur de cerimonie; sauf où i'ay besoing d'instruction, de science, ou de la cognoissance du faict. Mais, ez choses où ie n'ay à employer que le iugement, les raisons estrangieres peuvent servir à m'appuyer, mais peu à me destourner : ie les escoute favorablement et decemment toutes; mais, qu'il m'en souvienne, ie n'en ay creu iusqu'à cette heure que les miennes. Selon moy, ce ne sont que mousches et atomes qui promenent ma volonté : ie prise peu mes opinions; mais ie prise aussi peu celles des aultres. Fortune me paye dignement: si ie ne reçois pas de conseil, i'en donne encores moins. I'en suis fort peu enquis, mais i'en suis encorés moins creu; et ne sache nulle entreprinse publicque ny privee que mon advis aye redressee et ramenee. Ceulx mesmes que la fortune y avoit aulcunement attachez, se sont laissez plus volontiers manier à toute aultre cervelle (a). Comme celuy qui suis bien autant ialoux des droicts de mon repos, que des droicts de mon auctorité, ie l'aime mieulx ainsi : me laissant là, on faict selon ma profession, qui est de m'establir et con-

---

(a) Montaigne ajoutoit ici : « que par la mienne » : mais il a rayé cette addition, qu'on retrouve néanmoins dans l'édit. de 1595. N.

tenir tout en moy. Ce m'est plaisir, d'estre desinteressé des affaires d'aultruy, et desgagé de leur gariement.

En touts affaires, quand ils sont passez, comment que ce soit, i'y ay peu de regret; car cette imagination me met hors de peine, qu'ils debvoient ainsi passer: les voylà dans le grand cours de l'univers, et dans l'enchaisneure des causes stoïques; vostre fantasie n'en peult, par souhait et imagination, remuer un poinct, que tout l'ordre des choses ne renverse et le passé et l'advenir. Au demourant, ie hais cet accidental repentir que l'aage apporte. Celuy (a) qui disoit anciennement estre obligé aux annees dequoy elles l'avoient desfaict de la volupté, avoit aultre opinion que la mienne : ie ne sçauray iamais bon gré à l'impuissance, de bien qu'elle me face; *nec tam aversa unquam videbitur ab opere suo providentia, ut debilitas inter optima inventa sit* (1). Nos appetits sont rares en la vieillesse; une profonde satieté nous saisit aprez le coup : en cela ie ne veois rien de conscience; le chagrin et la foiblesse nous impriment une vertu lasche et catarrheuse. Il ne nous fault pas laisser emporter si entiers aux alterations naturelles, que d'en abastardir nostre iugement. La ieunesse et le plaisir n'ont pas faict aultrefois que i'aye mescogneu le visage du vice en la volupté; ny ne faict, à cette heure, le desgoust que les ans m'apportent, que ie mescognoisse celuy de la volupté au vice : ores que ie n'y suis plus, i'en iuge comme si i'y estois. Moy, qui la secoue vifvement et attentifvement, treuve que ma raison est celle mesme que i'avois en l'aage plus licencieux, sinon, à l'adventure, d'autant qu'elle s'est affoiblie et empirée en

---

(a) Sophocle, à qui quelqu'un ayant demandé si dans sa vieillesse il jouissoit encore des plaisirs de l'amour, il répondit : « Aux « dieux ne plaise ! et c'est avec plaisir que je m'en suis délivré, « comme d'un maître cruel et furieux ». *Cic. de sen.* c. 14. C.

(1) Et la providence ne sera jamais si ennemie de son ouvrage, que la foiblesse puisse être mise au rang des meilleures choses. *Quintil.* Inst. Orat. l. 5, c. 12, p. 455. Ed. Burm.

vieillissant; et treuve que ce qu'elle refuse de m'enfourner à ce plaisir, en consideration de l'interest de ma santé corporelle, elle ne le feroit, non plus qu'aultrefois, pour la santé spirituelle. Pour la veoir hors de combat, ie ne l'estime pas plus valeureuse : mes tentations sont si cassees et mortifiees, qu'elles ne valent pas qu'elle s'y oppose; tendant seulement les mains au devant, ie les coniure. Qu'on luy remette en presence cette ancienne concupiscence, ie crains qu'elle auroit moins de force à la soubtenir, qu'elle n'avoit aultrefois; ie ne luy veois rien iuger à part soy, que lors elle ne iugeast, ny aulcune nouvelle clarté : parquoy, s'il y a convalescence, c'est une convalescence maleficiee. Miserable sorte de remede, debvoir à la maladie sa santé! Ce n'est pas à nostre malheur de faire cet office; c'est au bonheur de nostre iugement. On ne me faict rien faire par les offenses et afflictions, que les mauldire : c'est aux gents qui ne s'esveillent qu'à coups de fouet. Ma raison a bien son cours plus delivre en la prosperité; elle est bien plus distraicte et occupee à digerer les maulx que les plaisirs : ie veois bien plus clair en temps serein; la santé m'advertit, comme plus alaigrement, aussi plus utilement, que la maladie. Ie me suis advancé le plus que i'ay peu vers ma reparation et reglement, lors que i'avois à en iouïr : ie serois honteux, et envieux, que la misere et desfortune de ma descrepitude eust à se preferer à mes bonnes annees, saines, esveillees, vigoreuses; et qu'on eust à m'estimer, non par où i'ay esté, mais par où i'ay cessé d'estre. A mon advis, c'est « le vivre heureusement », non, comme disoit Antisthenes, « le mourir heureusement », qui faict l'humaine felicité. Ie ne me suis pas attendu d'attacher monstrueusement la queue d'un philosophe à la teste et au corps d'un homme perdu; ny que ce chetif bout eust à desadvouer et desmentir la plus belle, entiere et longue partie de ma vie : ie me veulx presenter et faire veoir partout uniformement. Si i'avois à revivre, ie revivrois

comme i'ay vescu : ny ie ne plaleds le passé, ny ie ne
craiuds l'advenir; et, si ie ne me deceois, il est allé du
dedans environ comme du dehors. C'est une des principales obligations que i'aye à ma fortune, que le cours
de mon estat corporel ayt esté conduict chasque chose
en sa saison; i'en ay veu l'herbe, et les fleurs, et le fruict;
et en veois la seicheresse : heureusement, puisque c'est naturellement. Ie porte bien plus doulcement les maulx que
i'ay, d'autant qu'ils sont en leur poinct, et qu'ils me font
aussi plus favorablement souvenir de la longue felicité
de ma vie passee : pareillement, ma sagesse peult bien
estre de mesme taille, en l'un et en l'aultre temps ; mais
elle estoit bien de plus d'exploict et de meilleure grace,
verte, gaye, naïfve, qu'elle n'est à present, croupie,
grondeuse, laborieuse. Ie renonce doncques à ces reformations casuelles et douloureuses. Il fault que Dieu nous
touche le courage; il fault que nostre conscience s'amende
d'elle mesme, par renforcement de nostre raison, non
par l'affoiblissement de nos appetits : la volupté n'en est
en soy ny pasle ny descoulouree, pour estre apperceue
par des yeulx chassieux et troubles. On doibt aimer la
temperance par elle mesme, et pour le respect de Dieu
qui nous l'a ordonnee, et la chasteté; celle que les ca-
tarrhes nous prestent, et que ie doibs au benefice de ma
cholique, ce n'est ny chasteté, ny temperance : on ne
peult se vanter de mespriser et combattre la volupté, si
on ne la veoid, si on l'ignore, et ses graces, et ses forces, et sa beauté plus attrayante; ie cognois l'un et l'aultre, c'est à moy de le dire. Mais il me semble qu'en la
vieillesse, nos ames sont subiectes à des maladies et imperfections plus importunes qu'en la ieunesse : ie le disois
estant ieune; lors on me donnoit de mon menton par le
nez : ie le dis encores à cette heure que mon poil gris
m'en donne le credit. Nous appellons sagesse, la difficulté de nos humeurs, le desgoust des choses presentes;
mais à la verité, nous ne quitons pas tant les vices,

comme nous les changeons, et, à mon opinion, en pis :
oultre une sotte et caducque fierté, un babil ennuyeux,
ces humeurs espineuses et inassociables, et la superstition, et un soing ridicule des richesses lors que l'usage
en est perdu, i'y treuve plus d'envie, d'iniustice et de
malignité ; elle nous attache plus de rides en l'esprit
qu'au visage ; et ne se veoid point d'ames, ou fort rares,
qui en vieillissant ne sentent à l'aigre et au moisi. L'homme
marche entier vers son croist et vers son decroist. A veoir
la sagesse de Socrates, et plusieurs circonstances de sa
condamnation, i'oserois croire qu'il s'y presta aulcune-
men' luy mesme, par prevarication, à desseing; ayant de
si prez, aagé de soixante et dix ans, à souffrir l'engour-
dissement des riches allures de son esprit, et l'esblouïsse-
ment de sa clarté accoustumee. Quelles metamorphoses
luy veois ie faire touts les iours en plusieurs de mes cognoissants ! C'est une puissante maladie, et qui se coule
naturellement et imperceptiblement : il y fault grande
provision d'estude, et grande precaution, pour eviter
les imperfections qu'elle nous charge, ou au moins affoiblir leur progrez. Ie sens que, nonobstant touts mes
retrenchements, elle gaigne pied à pied sur moy : ie
soubtiens tant que ie puis ; mais ie ne sçais enfin où elle
me menera moy mesme. A toutes adventures, ie suis
content qu'on sçache d'où ie seray tumbé.

CHAPITRE III.

De trois commerces.

Il ne fault pas se clouer si fort à ses humeurs et complexions : nostre principale suffisance, c'est sçavoir s'appliquer à divers usages. C'est estre, mais ce n'est pas vivre, que se tenir attaché et obligé par necessité à un seul train : les plus belles ames sont celles qui ont plus de varieté et de soupplesse. Voylà un honorable tesmoignage du vieux Caton : huic versatile ingenium sic pariter ad omnia fuit, ut natum ad id unum diceres, quodcumque ageret (1). Si c'estoit à moy à me dresser à ma mode, il n'est aulcune si bonne façon où ie voulusse estre fiché pour ne m'en sçavoir desprendre : la vie est un mouvement inegual, irregulier, et multiforme. Ce n'est pas estre amy de soy, et moins encores maistre, c'est en estre esclave, de se suyvre incessamment, et estre si prins à ses inclinations, qu'on n'en puisse fourvoyer, qu'on ne les puisse tordre. Ie le dis à cette heure, pour ne me pouvoir facilement despestrer de l'importunité de mon ame, en ce qu'elle ne sçait communement s'amuser, sinon où elle s'empesche, ny s'employer, que bandee et entiere; pour legier subiect qu'on luy donne, elle le grossit volontiers, et l'estire, iusques au poinct où elle ayt à s'y embesongner de toute sa force : son oysifveté m'est, à cette cause, une penible occupation, et qui offense ma santé. La plus part des esprits ont besoing de matiere estrangiere pour se desgourdir et exercer : le mien en a besoing pour se

---

(1) Il avoit l'esprit si souple et si propre à tout, que, quelque chose qu'il fit, on auroit dit qu'il étoit uniquement né pour cela. *Tit. Liv.* l. 39, c. 40.

rasseoir plustost et seiourner, vitia otii negotio discutienda sunt (1); car son plus laborieux et principal estude, c'est s'estudier à soy. Les livres sont, pour luy, du genre des occupations qui le desbauchent de son estude: aux premieres pensees qui luy viennent, il s'agite, et faict preuve de sa vigueur à touts sens, exerce son maniement tantost vers la force, tantost vers l'ordre et la grace, se renge, modere, et fortifie. Il a dequoy esveiller ses facultez par luy mesme; nature luy a donné, comme à touts, assez de matiere sienne pour son utilité et de subiects siens assez, où inventer et iuger. Le mediter est un puissant estude et plein, à qui sçait se taster et employer vigoureusement: i'ajme mieulx forger mon ame, que la meubler. Il n'est point d'occupation ny plus foible, ny plus forte, que celle d'entretenir ses pensees, selon l'ame que c'est; les plus grandes en font leur vacation, *quibus vivere est cogitare* (2): aussi l'a nature favorisee de ce privilege, qu'il n'y a rien que nous puissions faire si long temps, ny action à laquelle nous nous addonnons plus ordinairement et facilement. C'est la besongne des dieux, dict Aristote, de laquelle naist et leur beatitude et la nostre. La lecture me sert specialement à esveiller par divers obiects mon discours; à embesongner mon iugement, non ma memoire. Peu d'entretiens doncques m'arrestent, sans vigueur et sans effort: il est vray que la gentillesse et la beauté me remplissent et occupent autant, ou plus, que le poids et la profondeur; et, d'autant que ie sommeille en toute aultre communication, et que ie n'y preste que l'escorce de mon attention, il m'advient souvent, en telle sorte de propos abbattus et lasches, propos de con-

---

(1) Les vices que produit l'oisiveté doivent être corrigés par l'application aux affaires. *Senec.* epist. 56, où il y a, *nihil tam certum est quam otii vitia negotio discuti.*

(2) Pour qui penser et vivre n'est qu'une même chose. *Cic.* tusc. quæst. l. 5, c. 38.

tenance, de dire et respondre des songes et bestises, indignes d'un enfant et ridicules, ou de me tenir obstiné en silence, plus ineptement encores et incivilement. I'ay une façon resveuse qui me retire à moy, et, d'aultre part, une lourde ignorance et puerile de plusieurs choses communes : par ces deux qualitez, i'ay gaigné qu'on puisse faire, au vray, cinq ou six contes de moy, aussi niais que d'aultre quel qu'il soit.

Or, suyvant mon propòs, cette complexion difficile me rend delicat à la practique des hommes, il me les fault trier sur le volet; et me rend incommode aux actions communes. Nous vivons et negocions avecques le peuple : si sa conversation nous importune, si nous desdaignons à nous appliquer aux ames basses et vulgaires, et les basses et vulgaires sont souvent aussi reglees que les plus desliees, et toute sapience insipide qui ne s'accommòde à l'insipience commune, il ne nous fault plus entremettre ny de nos propres affaires, ny de ceulx d'aultruy; et les publicques et les privez se desmeslent avecques ces gents là. Les moins tendues et plus naturelles allures de nostre ame, sont les plus belles; les meilleures occupations, les moins efforcees. Mon Dieu, que la sagesse faict un bon office à ceulx de qui elle renge les desirs à leur puissance! il n'est point de plus utile science : « Selon qu'on peult », c'estoit le refrain et le mot favory de Socrates; mot de grande substance. Il fault addresser et arrester nos desirs aux choses les plus aysees et voisines. Ne m'est ce pas une sotte humeur, de disconvenir avecques un millier à qui ma fortune me ioinct, de qui ie ne me puis passer; pour me tenir à un ou deux qui sont hors de mon commerce, ou plustost à un desir fantastique de chose que ie ne puis recouvrer ? Mes mœurs molles, ennemies de toute aigreur et aspreté, peuvent ayseement m'avoir deschargé d'envies et d'inimitiez; d'estre aimé, ie ne dis, mais de n'estre point haï, iamais homme n'en donna plus d'occasion : mais la froideur de ma conversation m'a desrobbé, avecques raison, la bien-vueillance de plusieurs, qui sont excusables de l'interpreter à aultre et pire sens. Ie suis trescapable d'acquerir et maintenir des amitiez rares et exquises; d'autant que ie me harpe avecques si grande faim aux accointances qui reviennent à mon goust, ie m'y produis, ie m'y iecte si avidement, que ie ne faulx pas ayseement de m'y attacher, et de faire impression où ie donne : i'en ay faict souvent heureuse preuve. Aux amitiez communes, ie suis aulcunement sterile et froid; car mon aller n'est pas naturel, s'il n'est à pleine voile : oultre ce, que ma fortune, m'ayant duict et affriandé dez ieunesse à une amitié seule et parfaicte, m'a à la verité aulcunement desgousté des aultres, et trop imprimé en la fantasie, qu'elle est beste de compaignie, non pas de troupe, comme disoit cet ancien ; aussi, que i'ay naturellement peine à me communiquer à demy, et avecques modification et cette servile prudence et souspeçonneuse qu'on nous ordonne en la conversation de ces amitiez nombreuses et imparfaictes : et nous l'ordonne lon principalement en ce temps, qu'il ne se peult parler du monde que dangereusement ou faulsement. Si veois ie bien pourtant que, qui a, comme moy, pour sa fin les commoditez de sa vie (ie dis les commoditez essentielles), doibt fuyr, comme la peste, ces difficultez et delicatesses d'humeur. Ie louerois une ame à divers estages, qui sçache et se tendre et se desmonter ; qui soit bien partout où sa fortune la porte ; qui puisse deviser avecques son voisin, de son bastiment, de sa chasse et de sa querelle, entretenir avecques plaisir un charpentier et un iardinier. I'envie ceulx qui sçavent s'appriyoiser au moindre de leur suitte, et dresser de l'entretien en leur propre train : et le conseil de Platon ne me plaist pas, de parler tousiours d'un langage maestral à ses serviteurs, sans ieu, sans familiarité, soit envers les masles, soit envers les femelles ; car, oultre ma raison, il est inhumain et iniuste de faire tant valoir cette telle quelle prerogative de la fortune : et les polices où il se souffre moins de disparité entre les valets et les maistres, me semblent les plus equitables. Les aultres s'estudient à eslancer et guinder leur esprit ; moy à le baisser et coucher : il n'est vicieux qu'en extension.

> Narras et genus Aeaci,
> Et pugnata sacro bella sub Ilio :
> Quo Chium pretio cadum
> Mercemur, quis aquam temperet ignibus,
> Quo præbente domum, et quotà
> Pelignis caream frigoribus, taces. (1)

Ainsi, comme la vaillance lacedemonienne avoit besoing de moderation, et du son doulx et gracieux du ieu des fleutes pour la flatter en la guerre, de peur qu'elle ne se iectast à la temerité et à la furie ; là où toutes aultres nations ordinairement emploient des sons et des voix aigues et fortes qui esmeuvent et qui eschauffent à oultrance le courage des soldats : il me semble de mesme, contre la forme ordinaire, qu'en l'usage de nostre esprit, nous avons, pour la pluspart, plus besoing de plomb, que d'ailes ; de froideur et de repos, que d'ardeur et d'agitation. Surtout, c'est à mon gré bien faire le sot, que de faire l'entendu entre ceulx qui ne le sont pas : parler tousiours bandé, favellar in punta di forchetta (2). Il fault se desmettre au train de ceulx avecques qui vous estes, et par fois affecter l'ignorance : mettez à part la force et

---

(1) Vous me contez l'histoire des descendants d'Eaque, et celle du fameux siege de Troie : mais vous ne me dites point ce que nous coûtera le vin de Chio ; qui nous doit préparer le bain, et nous prêter sa maison ; et à quelle heure nous devons nous trouver chez lui pour nous bien chauffer. *Horat.* od. 19, l. 3, v. 3, et seqq.

(2) Parler un langage affecté, plein d'expressions subtiles et recherchées.

la subtilité, en l'usage commun ; c'est assez d'y reserver l'ordre : traisnez vous au demourant à terre, s'ils veulent. Les sçavants chopent volontiers à cette pierre; ils font tousiours parade de leur magistere, et sement leurs livres partout; ils en ont en ce temps entonné si fort les cabinets et aureilles des dames, que si elles n'en ont retenu la substance, au moins elles en ont la mine: à toute sorte de propos et matiere, pour basse et populaire qu'elle soit, elles se servent d'une façon de parler et d'escrire nouvelle et sçavante,

> Hoc sermone pavent, hoc iram, gaudia, curas,
> Hoc cuncta effundunt animi secreta; quid ultrà?
> Concumbunt doctè ; (1)

et alleguent Platon et sainct Thomas, aux choses ausquelles le premier rencontré serviroit aussi bien de tesmoing : la doctrine qui ne leur a peu arriver en l'ame, leur est demeuree en la langue. Si les bien nees me croient, elles se contenteront de faire valoir leurs propres et naturelles richesses : elles cachent et couvrent leurs beautez soubs des beautez estrangieres; c'est grande simplesse d'estouffer sa clarté, pour luire d'une lumiere empruntee; elles sont enterrees et ensepvelies soubs l'art, *de capsulâ totæ* (2). C'est qu'elles ne se cognoissent point assez : le monde n'a rien de plus beau; c'est à elles d'honnorer les arts, et de farder le fard. Que leur fault il, que

---

(1) C'est dans ce style qu'elles expriment leurs frayeurs, leurs emportements, leurs joies, leurs chagrins, en un mot toutes leurs pensées les plus secretes, soigneuses d'étaler leur science jusque dans leurs transports amoureux. *Juvenal.* sat. 6, v. 188, et seqq.

(2) Fard et cassolette depuis la tête jusqu'aux pieds.

C'est un mot de Séneque, qu'il applique aux petits-maitres de son temps : *Nosti complures juvenes* (dit-il, epist. 115) *barbâ et comâ nitidos, de capsulâ totos.* C.

vivre aimees et honnorees? elles n'ont, et ne sçavent, que trop pour cela : il ne fault qu'esveiller un peu et reschauffer les facultez qui sont en elles. Quand ie les veois attachees à la rhetorique, à la iudiciaire, à la logique, et semblables drogueries si vaines, et inutiles à leur besoing, i'entre en crainte que les hommes qui le leur conseillent le facent pour avoir loy de les regenter soubs ce tiltre : car quelle aultre excuse leur trouverois ie? Baste, qu'elles peuvent sans nous renger la grace de leurs yeulx à la gayeté, à la severité et à la doulceur, assaisonner un nenny, de rudesse, de doubte et de faveur, et qu'elles ne cherchent point d'interprete aux discours qu'on faict pour leur service : avecques cette science, elles commandent à baguette, et regentent les regents et l'eschole. Si toutesfois il leur fasche de nous ceder en quoy que ce soit, et veulent par curiosité avoir part aux livres, la poësie est un amusement propre à leur besoing : c'est un art folastre et subtil, desguisé, parlier, tout en plaisir, tout en montre, comme elles. Elles tireront aussi diverses commoditez de l'histoire. En la philosophie, de la part qui sert à la vie elles prendront les discours qui les dressent à iuger de nos humeurs et conditions, à se deffendre de nos trahisons, à regler la temerité de leurs propres desirs, à mesnager leur liberté, allonger les plaisirs de la vie, et à porter humainement l'inconstance d'un serviteur, la rudesse d'un mary, et l'importunité des ans et des rides, et choses semblables. Voylà, pour le plus, la part que ie leur assignerois aux sciences.

Il y a des naturels particuliers, retirez et internes : ma forme essentielle est propre à la communication et à la production ; ie suis tout au dehors et en evidence, nay à la societé et à l'amitié. La solitude que i'aime et que ie presche, ce n'est principalement que ramener à moy mes affections et mes pensees ; restreindre et resserrer, non mes pas, ains mes desirs et mon soulcy, resignant la solicitude estrangiere, et fuyant mortellement la servitude et l'obligation, et non tant la foule des hommes, que la foule des affaires. La solitude locale, à dire verité, m'estend plustost, et m'eslargit au dehors; ie me iecte aux affaires d'estat et à l'univers plus volontiers quand ie suis seul: au Louvre et en la foule, ie me resserre et contrains en ma peau; la foule me repoulse à moy; et ne m'entretiens iamais si follement, si licencieusement et particulierement, qu'aux lieux de respect et de prudence cerimonieuse: nos folies ne me font pas rire, ce sont nos sapiences. De ma complexion, ie ne suis pas ennemy de l'agitation des courts; i'y ay passé partie de la vie, et suis faict à me porter alaigrement aux grandes compaignies, pourveu que ce soit par intervalles et à mon poinct: mais cette mollesse de iugement, de quoy ie parle, m'attache par force à la solitude. Voire chez moy, au milieu d'une famille peuplee, et maison des plus frequentees, i'y veois des gents assez, mais rarement ceulx avecques qui i'aime à communiquer: et ie reserve là, et pour moy, et pour les aultres, une liberté inusitee; il s'y faict trefve de cerimonie, d'assistance et convoyements, et telles aultres ordonnances penibles de nostre courtoisie: oh! la servile et importune usance! Chascun s'y gouverne à sa mode; y entretient qui veult ses pensees: ie m'y tiens muet, resveur et enfermé, sans offense de mes hostes. Les hommes de la societé et familiarité desquels ie suis en queste, sont ceulx qu'on appelle honnestes et habiles hommes: l'image de ceulx cy me desgouste des aultres. C'est, à le bien prendre, de nos formes, la plus rare; et forme qui se doibt principalement à la nature. La fin de ce commerce, c'est simplement la privauté, frequentation et conference, l'exercice des ames; sans aultre fruict. En nos propos, touts subiects me sont eguaux; il ne me chault qu'il y ayt ny poids ny profondeur; la grace et la pertinence y sont tousiours: tout y est teinct d'un iugement meur et constant, et meslé de bonté, de franchise, de gayeté et d'amitié. Ce n'est pas au subiect des substitutions seulement, que nostre esprit montre sa beauté et sa force, et aux affaires des rois; il la montre autant aux confabulations privees : ie cognois mes gents au silence mesme et à leur soubrire, et les descouvre mieulx, à l'adventure, à table qu'au conseil; Hippomachus disoit bien qu'il cognoissoit les bons luicteurs à les veoir simplement marcher par une rue. S'il plaist à la doctrine de se mesler à nos devis, elle n'en sera point refusee, non magistrale, imperieuse et importune, comme de coustume, mais suffragante et docile elle mesme ; nous n'y cherchons qu'à passer le temps : à l'heure d'estre instruicts et preschez, nous l'irons trouver en son throsne; qu'elle se desmette à nous pour ce coup, s'il luy plaist, car, toute utile et desirable qu'elle est, ie presuppose qu'encores au besoing nous en pourrions nous bien du tout passer, et faire nostre effect sans elle. Une ame bien nee, et exercee à la practique des hommes, se rend pleinement agreable d'elle mesme : l'art n'est aultre chose que le contreroolle et le registre des productions de telles ames.

C'est aussi pour moy un doulx commerce, que celuy des belles et honnestes femmes : nam nos quoque, oculos eruditos habemus (1). Si l'ame n'y a pas tant à iouïr qu'au premier, les sens corporels, qui participent aussi plus à cettuy cy, le ramenent à une proportion voisine de l'aultre; quoyque, selon moy, non pas eguale. Mais c'est un commerce où il se fault tenir un peu sur ses gardes ; et notamment ceulx en qui le corps peult beaucoup, comme en moy. Ie m'y eschaulday en mon enfance; et y souffris toutes les rages que les poëtes disent advenir à ceulx qui s'y laissent aller sans ordre et sans iugement : il est vray que ce coup de fouet m'a servy depuis d'instruction;

---

(1) Car moi aussi j'ai les yeux savants et délicats. *Cic.* paradox. 5, c. 2.

Quicumque argolica de classe Capharea fugit,
Semper ab euboicis vela retorquet aquis. (1)

C'est folie d'y attacher toutes ses pensees, et s'y engager d'une affection furieuse et indiscrette. Mais, d'aultre part, de s'y mesler sans amour et sans obligation de volonté, en forme de comediens, pour iouer un roolle commun de l'aage et de la coustume, et n'y mettre du sien que les paroles, c'est, de vray, pourveoir à sa seureté, mais bien laschement, comme celuy qui abandonneroit son honneur, ou son proufit, ou son plaisir, de peur du dangier; car il est certain que, d'une telle practique, ceulx qui la dressent n'en peuvent esperer aulcun fruict qui touche ou satisface une belle ame : il fault avoir en bon escient desiré ce qu'on veult prendre en bon escient plaisir de iouïr ; ie dis quand iniustement fortune favoriseroit leur masque, ce qui advient souvent à cause de ce qu'il n'y a aulcune d'elles, pour malotrue qu'elle soit, qui ne pense estre bien aimable, qui ne se recommende par son aage ou par son riz ou par son mouvement, car de laides universellement il n'en est non plus que de belles, et les filles brachmanes qui ont faulte d'aultre recommendation, le peuple assemblé à cri publicque pour cet effect, vont en la place, faisant montre de leurs parties matrimoniales, veoir si par là au moins elles ne valent pas d'acquerir un mary ; par consequent il n'en est pas une qui ne se laisse facilement persuader au premier serment qu'on lui faict de la servir. Or de cette trahison commune et ordinaire des hommes d'auiourd'huy, il fault qu'il advienne ce que desia nous montre l'experience ; c'est qu'elles se rallient et reiectent à elles mesmes, ou entre elles, pour nous fuyr ; ou bien qu'elles se rengent

---

(1) Quiconque s'est sauvé d'entre les rochers de Capharée, a toujours soin de s'éloigner des flots de la mer d'Eubée. *Ovid.* trist. eleg. 1, l. 1, v. 83.

aussi de leur costé à cet exemple que nous leur donnons, qu'elles iouent leur part de la farce, et se prestent à cette negociation, sans passion, sans soing et sans amour, neque affectui suo, aut alieno, obnoxiæ (1); estimant, suyvant la persuasion de Lysias en Platon (a), qu'elles se peuvent addonner plus utilement et commodement à nous, d'autant que moins nous les aimons : il en ira comme des comedies, le peuple y aura autant ou plus de plaisir que les comediens. De moy, ie ne cognois non plus Venus sans Cupidon, qu'une maternité sans engeance : ce sont choses qui s'entreprestent et s'entredoibvent leur essence. Ainsi cette piperie reiallit sur celuy qui la faict : il ne luy couste gueres; mais il n'acquiert aussi rien qui vaille. Ceulx qui ont faict Venus deesse, ont regardé que sa principale beauté estoit incorporelle et spirituelle : mais celle que ces gents cy cerchent, n'est pas seulement humaine, ny mesme brutale. Les bestes ne la veulent si lourde et si terrestre : nous voyons que l'imagination et le desir les eschauffe souvent et solicite, avant le corps; nous voyons, en l'un et l'aultre sexe, qu'en la presse elles ont du chois et du triage en leurs affections, et qu'elles ont entre elles des accointances de longue bienvueillance; celles mesme à qui la vieillesse refuse la force corporelle, fremissent encores, hennissent et tressaillent d'amour; nous les voyons, avant le faict, pleines d'esperance et d'ardeur, et, quand le corps a ioué son ieu, se chatouiller encores de la doulceur de cette souvenance, et en voyons qui s'enflent de fierté au partir de là, et qui en produisent des chants de feste et de triumphe, lasses et saoules. Qui n'a qu'à descharger le corps d'une necessité naturelle, n'a que faire d'y em-

---

(1) N'étant maîtrisées ni par la passion qu'elles sentent, ni par celle qu'on a pour elles. *Tacit.* annal. l. 13, c. 45.

(a) Selon les principes établis par Lysias au commencement du Phedre de Platon, qui les fait ensuite réfuter par Socrate. C.

besongner aultruy avecques des apprests si curieux ; ce n'est pas viande à une grosse et lourde faim. Comme celuy qui ne demande point qu'on me tienne pour meilleur que ie suis, ie diray cecy des erreurs de ma ieunesse. Non seulement pour le dangier qu'il y a de la santé (si n'ay ie sceu si bien faire que ie n'en aye eu deux attainctes, legieres toutesfois et preambulaires), mais encores par mespris, ie ne me suis gueres addonné aux accointances venales et publicques : i'ay voulu aiguiser ce plaisir par la difficulté, par le desir, et par quelque gloire; et aimois la façon de l'empereur Tibere (a) qui se prenoit en ses amours autant par la modestie et noblesse, que par aultre qualité ; et l'humeur de la courtisane Flora, qui ne se prestoit à moins que d'un dictateur, ou consul, ou censeur, et prenoit son deduict en la dignité de ses amoureux. Certes les perles et le brocadel y conferent quelque chose, et les tiltres, et le train. Au demourant, ie faisois grand compte de l'esprit, mais pourveu que le corps n'en feust pas à dire ; car, à respondre en conscience, si l'une ou l'aultre des deux beautez debvoit necessairement y faillir, i'eusse choisi de quiter plustost la spirituelle : elle a son usage en meilleures choses; mais au subiect de l'amour, subiect qui principalement se rapporte à la veue et à l'attouchement, on faict quelque chose sans les graces de l'esprit, rien sans les graces corporelles. C'est le vray advantage des dames, que la beauté: elle est si leur, que la nostre, quoyqu'elle desire des traicts un peu aultres, n'est en son poinct, que confuse avecques la leur, puerile et imberbe. On dict que chez le grand Seigneur, ceulx qui le servent soubs tiltre de beauté, qui sont en nombre infini, ont leur congé, au plus loing, à vingt et deux ans. Les discours, la prudence, et les offices d'amitié se

---

(a) In his modestam pueritiam, in aliis imagines majorum, incitamentum cupidinis habebat. *Tacit.* annal. l. 6, c. 1.

treuvent mieulx chez les hommes : pourtant gouvernent ils les affaires du monde.

Ces deux commerces sont fortuites et despendants d'aultruy; l'un est ennuyeux par sa rareté, l'autre se flestrit avec l'aage : ainsin ils n'eussent pas assez prouveu au besoing de ma vie. Celuy des livres, qui est le troisiesme, est bien plus seur et plus à nous : il cede aux premiers les aultres advantages; mais il a pour sa part la constance et facilité de son service. Cettuy cy costoye tout mon cours, et m'assiste par tout; il me console en la vieillesse et en la solitude; il me descharge du poids d'une oysifveté ennuyeuse, et me desfaict à toute heure des compaignies qui me faschent; il esmousse les poinctures de la douleur, si elle n'est du tout extreme et maistresse. Pour me distraire d'une imagination importune, il n'est que de recourir aux livres; ils me destournent facilement à eulx, et me la desrobbent : et si ne se mutinent point, pour veoir que ie ne les recerche qu'au default de ces aultres commoditez plus reelles, vifves et naturelles; ils me receoivent tousiours de mesme visage. Il a beau (a) aller à pied, dict on, qui mene son cheval par la bride; et nostre Iacques, roy de Naples et de Sicile, qui beau, ieune et sain, se faisoit porter par pays en civiere, couché sur un meschant oreiller de plume, vestu d'une robbe de drap gris et un bonnet de mesme, suyvi ce pendant d'une grande pompe royale, lictieres, chevaulx à main de toutes sortes, gentilshommes et officiers, representoit une austerité tendre encores et chancelante : le malade n'est pas à plaindre qui a la guarison en sa manche. En l'experience et usage de cette sentence, qui est tresveritable, consiste tout le fruict que ie tire des livres : ie ne m'en sers en effect, quasi non plus que ceulx qui ne les cognoissent point; i'en iouïs, comme les avaricieux des tresors, pour sçavoir que i'en iouïray

---

(a) Il a bel aller. *Edit.* de 1595 et de 1635.

quand il me plaira : mon ame se rassasie et contente de ce droict de possession. Ie ne voyage sans livres, ny en paix, ny en guerre : toutesfois il se passera plusieurs iours, et des mois, sans que ie les emploie ; ce sera tantost, fois ie, ou demain, ou quand il me plaira : le temps court et s'en va ce pendant, sans me blecer ; car il ne se peult dire combien ie me repose et seiourne en cette consideration, qu'ils sont à mon costé pour me donner du plaisir à mon heure, et à recognoistre combien ils portent de secours à ma vie. C'est la meilleure munition que i'aye trouvé à cet humain voyage ; et plainds extremement les hommes d'entendement qui l'ont à dire. I'accepte plustost toute aultre sorte d'amusement, pour legier qu'il soit, d'autant que cettuy cy ne me peult faillir. Chez moy, ie me destourne un peu plus souvent à ma librairie, d'où, tout d'une main, ie commande à mon mesnage. Ie suis sur l'entree, et veois soubs moy mon iardin, ma bassecourt, ma court, et dans la pluspart des membres de ma maison. Là ie feuillette à cette heure un livre, à cette heure un aultre, sans ordre et sans desseing, à pieces descousues: Tantost ie resve, tantost i'enregistre et dicte, en me promenant, mes songes que voicy : Elle est au troisiesme estage d'une tour : le premier, c'est ma chapelle ; le second, une chambre et sa suitte, où ie me couche souvent pour estre seul ; au dessus, elle a une grande garderobbe : c'estoit au temps passé, le lieu plus inutile de ma maison. Ie passe là et la plus part des iours de ma vie, et la plus part des heures du iour : ie n'y suis iamais la nuict. A sa suitte est un cabinet assez poly, capable à recevoir du feu pour l'hyver, tresplaisamment percé : et si ie ne craignois non plus le soing que la despense, le soing qui me chasse de toute besongne, i'y pourrois facilement coudre à chasque costé une gallerie de cent pas de long et douze de large, à plain pied, ayant trouvé touts les murs montez, pour aultre usage, à la haulteur qu'il me fault. Tout lieu retiré requiert un promenoir ; mes pensees dorment, si ie les assis ; mon esprit (a) ne va, si les iambes ne l'agitent : ceulx qui estudient sans livre, en sont touts là. La figure en est ronde, et n'a de plat, que ce qu'il fault à ma table et à mon siege ; et vient m'offrant en se courbant, d'une veue, touts mes livres, rengez [sur des pulpitres] à cinq degrez tout à l'environ. Elle a trois veues de riche et libre prospect, et seize pas de vuide en diametre. En hyver i'y suis moins continuellement, car ma maison est iuchee sur un tertre, comme dict son nom, et n'a point de piece plus esventee que cette cy, qui me plaist d'estre un peu penible et à l'escart, tant pour le fruict de l'exercice, que pour reculer de moy la presse. C'est là mon siege : i'essaye à m'en rendre la domination pure, et à soustraire ce seul coing à la communauté et coniugale et filiale et civile ; par tout ailleurs ie n'ay qu'une auctorité verbale, en essence, confuse. Miserable à mon gré, qui n'a chez soy, où estre à soy ; où se faire particulierement la court ; où se cacher ! L'ambition paye bien ses gents, de les tenir tousiours en montre, comme la statue d'un marché : magna servitus est magna fortuna (1) : ils n'ont pas seulement leur retraict pour retraicte. Ie n'ay rien iugé de si rude en l'austerité de vie que nos religieux affectent, que ce que ie veois, en quelqu'une de leurs compaignies, avoir pour regle une perpetuelle societé de lieu, et assistance nombreuse entre eulx, en quelque action que ce soit ; et treuve aulcunement plus supportable d'estre tousiours seul, que ne le pouvoir iamais estre. Si quelqu'un me dict

---

(a) Mon esprit ne va pas seul, comme si les jambes l'agitent. *Edit. in fol. de* 1595 *et de* 1635.

(1) Une grande fortune est une grande servitude. *Senec.* Consolatio ad Polybium, c. 26.

que c'est avilir les muses, de s'en servir seulement de iouet et de passetemps; il ne sçait pas, comme moy, combien vault le plaisir, le ieu et le passetemps : à peine que ie ne die toute aultre fin estre ridicule. Ie vis du iour à la iournee, et, parlant en reverence, ne vis que pour moy : mes desseings se terminent là. I'estudiay ieune pour l'ostentation; depuis, un peu pour m'assagir; à cette heure pour m'esbattre : iamais pour le quest. Une humeur vaine et despensiere que i'avois aprez cette sorte de meuble, non pour en pourveoir seulement mon besoing, mais, de trois pas au delà, pour m'en tapisser et parer, ie l'ay pieça abandonnee. Les livres ont beaucoup de qualitez agreables à ceulx qui les sçavent choisir; mais, aulcun bien sans peine, c'est un plaisir qui n'est pas net et pur, non plus que les aultres; il a ses incommoditez, et bien poisantes : l'ame s'y exerce; mais le corps, duquel ie n'ay non plus oublié le soing, demeure cependant sans action, s'atterre et s'attriste. Ie ne sçache excez plus dommageable pour moy, ny plus à eviter, en cette declinaison d'aage.

Voylà mes trois occupations favories et particulieres : ie ne parle point de celles que ie doibs au monde par obligation civile.

CHAPITRE IV.

De la diversion.

I'ay aultresfois esté employé à consoler une dame vrayement affligee ; la plus part de leurs deuils sont artificiels et cerimonieux,

> Uberibus semper lacrymis, semperque paratis,
> In statione suâ, atque expectantibus illam
> Quo iubeat manare modo. (1)

On y procede mal, quand on s'oppose à cette passion ; car l'opposition les picque et les engage plus avant à la tristesse : on exaspere le mal par la ialousie du debat. Nous voyons, des propos communs, que ce que i'auray dict sans soing, si on vient à me le contester, ie m'en formalise, ie l'espouse ; beaucoup plus ce à quoy i'aurois interest. Et puis, en ce faisant, vous vous presentez à vostre operation, d'une entree rude ; là où les premiers accueils du medecin envers son patient doibvent estre gracieux, gays et agreables : et iamais medecin laid et rechigné n'y feit œuvre. Au contraire doncques, il fault ayder, d'arrivee, et favoriser leur plaincte, et en tesmoigner quelque approbation et excuse. Par cette intelligence, vous gaignez credit à passer oultre, et, d'une facile et insensible inclination, vous vous coulez aux discours plus fermes et propres à leur guarison. Moy, qui ne desirois principalement que de piper l'assistance qui avoit les yeulx sur moy, m'advisay de plas-

---

(1) Car les larmes d'une femme sont toujours prêtes à couler en abondance au premier ordre, et de la maniere qu'elle le trouve bon. *Juvenal.* sat. 6, v. 272, et seqq.

trer le mal ; aussi me trouve ie, par experience, avoir mauvaise main et infructueuse à persuader ; ou ie presente mes raisons trop poinctues et trop seiches, ou trop brusquement, ou trop nonchalamment. Aprez que ie me feus appliqué un temps à son torment, ie n'essayai pas de le guarir par fortes et vifves raisons, parce que i'en ai faulte, ou que ie pensois aultrement faire mieulx mon effect; ny n'allai choisissant les diverses manieres que la philosophie prescript à consoler; Que ce qu'on plainct n'est pas mal, comme Cleanthes; Que c'est un legier mal, comme les peripateticiens; Que se plaindre n'est action ny iuste ny louable, comme Chrysippus; Ny cette cy d'Epicurus, plus voisine à mon style, de transferer la pensee des choses fascheuses aux plaisantes ; Ny faire une charge de tout cet amas, le dispensant par occasion, comme Cicero : mais, declinant tout mollement nos propos, et les gauchissant peu à peu aux subiects plus voisins, et puis un peu plus esloingnez, selon qu'elle se prestoit plus à moy, ie luy desrobbay imperceptiblement cette pensee douloureuse, et la teins en bonne contenance et du tout rappaisee autant que i'y feus. I'usay de diversion. Ceulx qui me suyvirent à ce mesme service, n'y trouverent aulcun amendement; car ie n'avois pas porté la coignee aux racines.

A l'adventure ay ie touché ailleurs quelque espece de diversions publiques; et l'usage des militaires, de quoy se servit Pericles en la guerre peloponesiaque, et mille aultres ailleurs, pour revoquer de leurs païs les forces contraires, est trop frequent aux histoires. Ce feut un ingenieux destour de quoy le sieur d'Himbercourt (1) sauva et soy et d'aultres, en la ville du Liege, où le duc de Bourgoigne, qui la tenoit assiegee, l'avoit faict entrer pour executer les convenances de leur red-

---

(1) Vous trouverez tout cela déduit fort au long dans les mémoires de Philippe de Comines. l. 2, c. 3. C.

dition accordee. Ce peuple, assemblé de nuict pour y pourveoir, (a) print à se mutiner contre ces accords passez; et delibererent plusieurs de courre sus aux negociateurs qu'ils tenoient en leur puissance : luy, sentant le vent de la premiere ondee de ces gents qui venoient se ruer en son logis, lascha soubdain vers eulx deux des habitants de la ville (car il y en avoit aulcuns avecques luy) chargez de plus doulces et nouvelles offres à proposer en leur conseil, qu'il avoit forgees sur le champ pour son besoing. Ces deux arresterent la premiere tempeste, ramenant cette tourbe esmeue en la maison de ville, pour ouïr leur charge, et y deliberer. La deliberation feut courte : voicy desbonder un second orage autant animé que l'aultre; et luy, à leur despecher en teste quatre nouveaux et semblables intercesseurs, protestants avoir à leur declarer à ce coup des presentations plus grasses, du tout à leur contentement et satisfaction, par où ce peuple feut derechef repoulsé dans le conclave. Somme, que, par telle dispensation d'amusements, divertissant leur furie et la dissipant en vaines consultations, il l'endormit enfin, et gaigna le iour, qui estoit son principal affaire. Cet aultre conte est aussi de ce predicament : Atalante, fille de beauté excellente et de merveilleuse disposition, pour se desfaire de la presse de mille poursuyvants qui la demandoient en mariage, leur donna cette loy, « qu'elle accepteroit celuy qui l'egualeroit à la course, pourveu que ceulx qui y fauldroient en perdissent la vie » (b). Il s'en trouva assez qui estimerent ce prix digne d'un tel hazard, et qui encoururent la peine de ce cruel marché. Hippomenes, ayant à faire son essay aprez les aultres, s'adressa à la deesse tutrice de cette amoureuse ardeur, l'appellant

---

(a) Commence. *Edit.* de 1595 et de 1635.
(b) Præmia veloci conjux thalamique dabuntur ;
  Mors pretium tardis : ea lex certaminis esto.
      Ovid. metam. l. 10, fab. 11, v. 12, 13.

à son secours, qui, exauceant sa priere, le fournit de trois pommes d'or et de leur usage. Le champ de la course ouvert, à mesure qu'Hippomenes sent sa maistresse luy presser les talons, il laisse eschapper, comme par inadvertence, l'une de ces pommes; la fille, amusee de sa beauté, ne fault point de se destourner pour l'amasser :

> Obstupuit virgo, nitidique cupidine pomi
> Declinat cursus, aurumque volubile tollit. (1)

Autant en feit il, à son poinct, et de la seconde et de la tierce : iusques à ce que, par ce fourvoyement et divertissement, l'advantage de la course luy demeura. Quand les medecins ne peuvent purger le catarrhe, ils le divertissent et desvoyent à une aultre partie moins dangereuse : ie m'apperceois que c'est aussi la plus ordinaire recepte aux maladies de l'ame; abducendus etiam nonnunquam animus est ad alia studia, solicitudines, curas, negotia; loci denique mutatione, tanquam ægroti non convalescentes, sæpe curandus est (2); on lui faict peu chocquer les maulx de droit fil; on ne luy en faict ny soustenir ny rabbattre l'attaincte, on la luy faict decliner et gauchir.

Cette aultre leçon est trop haulte et trop difficile; c'est à faire à ceulx de la premiere classe de s'arrester purement à la chose, la considerer, la iuger : il appartient à un seul Socrates d'accointer la mort d'un visage ordinaire, s'en apprivoiser et s'en iouer; il ne cerche point

---

(1) Atalante, surprise et transportée de passion pour cette belle pomme, se détourne de la carriere, et saisit l'or qui rouloit à ses pieds. *Id.* ibid. v. 107, et seq.

(2) Quelquefois il faut détourner l'ame vers d'autres amusemens, d'autres soins, et d'autres occupations : souvent même il faut la guérir par le changement de lieu, comme les malades qui ne sauroient autrement recouvrer la santé. *Cic.* tusc. quæst. l. 4, c. 35.

de consolation hors de la chose ; le mourir luy semble accident naturel et indifferent ; il fiche là iustement sa veue et s'y resoult sans regarder ailleurs. Les disciples de Hegesias qui se font mourir de faim, eschauffez des beaux discours de ses leçons, et si dru, que le roy Ptolomee luy feit deffendre d'entretenir plus son eschole de ces homicides discours ; ceux là ne considerent point la mort en soy ; ils ne la iugent point : ce n'est pas là où ils arrestent leur pensee ; ils courent, ils visent à un estre nouveau. Ces pauvres gents qu'on veoid, sur l'eschaffaud, remplis d'une ardente devotion, y occupant touts leurs sens autant qu'ils peuvent, les aureilles aux instructions qu'on leur donne, les yeulx et les mains tendues au ciel, la voix à des prieres haultes, avecques une esmotion aspre et continuelle, font certes chose louable et convenable à une telle necessité : on les doibt louer de religion, mais non proprement de constance ; ils fuyent la luicte, ils destournent de la mort leur consideration, comme on amuse les enfants pendant qu'on leur veult donner le coup de lancette. I'en ay veu, si par fois leur veue se ravaloit à ces horribles aprests de la mort qui sont autour d'eulx, s'en transir, et reiecter avecques furie ailleurs leur pensee : à ceulx qui passent une profondeur effroyable, on ordonne de clorre ou destourner leurs yeulx. Subrius Flavius, ayant par le commandement de Neron à estre desfaict et par les mains de Niger, tous deux chefs de guerre : quand on le mena au champ où l'execution debvoit estre faicte, voyant le trou, que Niger avoit faict caver pour le mettre, inegual et mal formé (a) : « Ny cela mesme, dict il, se tournant aux soldats qui y assistoient, n'est selon la disci-

---

(1) Quam (scrobem) Flavius ut humilem et angustam increpans, circumstantibus militibus : Ne hoc quidem, inquit, ex disciplinâ. Admonitusque fortiter protendere cervicem : Utinam, ait, tu tam fortiter ferias ! *Tacit*. annal. l. 15, c. 67. C.

pline militaire » : et, à Niger qui l'exhortoit de tenir la teste ferme, « Frapasses tu seulement aussi ferme »! et divina bien; car, le bras tremblant à Niger, il la luy coupa à divers coups. Cettuy cy semble bien avoir eu sa pensee droictement et fixement au subiect. Celuy qui meurt en la meslee, les armes à la main, il n'estudie pas lors la mort, il ne la sent, ny ne la considere; l'ardeur du combat l'emporte : Un honneste homme de ma cognoissance, estant tumbé, en combattant en estacade, et se sentant daguer à terre par son ennemy de neuf ou dix coups, chascun des assistants luy criant qu'il pensast à sa conscience, me dict depuis qu'encores que ces voix luy veinssent aux aureilles, elles ne l'avoient aulcunement touché, et qu'il ne pensa iamais qu'à se descharger et à se venger : il tua son homme en ce mesme combat. Beaucoup feit pour L. Syllanus celuy qui luy apporta sa condamnation, de ce qu'ayant ouï sa responce, « qu'il estoit bien preparé à mourir, mais non pas de mains scelerees (a) », se ruant sur luy avecques ses soldats pour le forcer, et luy tout desarmé se deffendant obstineement de poings et de pieds, le feit mourir en ce debat, dissipant en prompte cholere et tumultuaire le sentiment penible d'une mort longue et preparee à quoy il estoit destiné. Nous pensons tousiours ailleurs : l'esperance d'une meilleure vie nous arreste et appuye; ou l'esperance de la valeur de nos enfants; ou la gloire future de nostre nom; ou la fuyte des maulx de cette vie; ou la vengeance qui menace ceulx qui nous causent la mort :

> Spero equidem mediis, si quid pia numina possunt,
> Supplicia hausurum scopulis, et nomine Dido
> Sæpè vocaturum....
> Audiam ; et hæc manes veniet mihi fama sub imos. (1)

(a) Animum quidem morti destinatum ait, sed non permittere percussori gloriam ministerii. *Tacit.* annal. l. 16, c. 9.

(1) Je m'attends bien, s'il est des dieux assez puissants pour

Xenophon sacrifioit, couronné, quand on luy veint annoncer la mort de son fils Gryllus en la battaille de Mantinee : au premier sentiment de cette nouvelle, il iecta à terre sa couronne ; mais, par la suitte du propos, entendant la forme d'une mort tresvaleureuse, il l'amassa, et remeit sur sa teste : Epicurus mesme se console, en sa fin, sur l'eternité et utilité de ses escripts ; omnes clari et nobilitati labores fiunt tolerabiles (1) : et la mesme playe, le mesme travail (a), ne poise pas, dict Xenophon, à un general d'armee, comme à un soldat : Epaminondas print sa mort bien plus alaigrement, ayant esté informé que la victoire estoit demeuree de son costé : hæc sunt solatia, hæc fomenta summorum dolorum (2) : et telles aultres circonstances nous amusent, divertissent et destournent de la consideration de la chose en soy. Voire, les arguments de la philosophie vont à touts coups costoyant et gauchissant la matiere, et à peine essuyant sa crouste : le premier homme de la premiere eschole philosophique et surintendante des aultres, ce grand Zenon, contre la mort : « Nul mal n'est honorable ; la mort l'est ; elle n'est doncques pas mal » : contre l'yvrongnerie : « Nul ne fie son secret à l'yvrongne ; chascun le fie au sage ; le sage ne sera doncques pas yvrongne ». Cela, est ce donner au blanc ? J'aime à veoir ces ames principales ne se pou-

---

venger les crimes, que tu périras au milieu des écueils, en invoquant le nom de l'infortunée Didon :... et j'en apprendrai la nouvelle dans le séjour des ombres. *Virg. Æneid.* l. 4, v. 382-387.

(1) Tous les travaux accompagnés de gloire sont par cela même faciles à supporter. *Cic.* tuscul. quæst. l. 2, c. 24, in fine. Edit. Davis.

(a) Eosdem labores non esse æquè graves imperatori et militi. *Cic.* tusc. quæst. l. 2, c. 25.

(2) C'est là ce qui console et adoucit l'esprit dans les plus grandes douleurs. *Cic.* tusc. quæst. l. 2, c. 23, in fine.

voir desprendre de nostre consorce : tant parfaicts hommes qu'ils soyent, ce sont tousiours bien lourdement des hommes.

C'est une doulce passion que la vengeance, de grande impression et naturelle : ie le veois bien, encores que ie n'en aye aulcune experience. Pour en distraire dernierement un ieune prince, ie ne luy allois pas disant qu'il falloit prester la ioue à celuy qui vous avoit frappé l'aultre, pour le debvoir de charité; ny ne luy allois representer les tragiques evenements que la poësie attribue à cette passion : ie la laissay là ; et m'amusay à luy faire gouster la beauté d'une image contraire, l'honneur, la faveur, la bienveuillance qu'il acquerroit par clemence et bonté : ie le destournay à l'ambition. Voylà comme l'on en faict.

Si vostre affection en l'amour est trop puissante, dissipez la, disent ils ; et disent vray, car ie l'ay souvent essayé avec utilité : rompez la à divers desirs, desquels il y en ayt un regent et un maistre, si vous voulez ; mais, de peur qu'il ne vous gourmande et tyrannise, affoiblissez le, seiournez le en le divisant et divertissant :

> Cùm morosa vago singultiet inguine vena, (1)
>
> Coniicito humorem collectum in corpora quæque : (2)

et pourvoyez y de bonne heure, de peur que vous n'en soyez en peine, s'il vous a une fois saisi ;

> Si non prima novis conturbes vulnera plagis,
> Volgivagaque vagus Venere ante recentia cures. (1)

---

(1) Lorsque vous serez dans les plus violents accès de la passion, (*Pers.* sat. 6, v. 73.)

(2) livrez-vous au premier objet qui s'offrira. *Lucret.* l. 4, v. 1059.

(3) Si vous n'affoiblissez ses coups par de nouvelles blessures,

Ie feus aultrefois touché d'un puissant desplaisir, selon ma complexion; et encores plus iuste que puissant : ie m'y feusse perdu à l'adventure, si ie m'en feusse simplement fié à mes forces. Ayant besoing d'une vehemente diversion pour m'en distraire, ie me feis, par art, amoureux, et par estude; à quoy l'aage m'aydoit : l'amour me soulagea et retira du mal qui m'estoit causé par l'amitié. Par tout ailleurs, de mesme : une aigre imagination me tient; ie treuve plus court, que de la dompter, la changer; ie luy en substitue, si ie ne puis une contraire, au moins un' aultre : tousiours la variation soulage, dissoult et dissipe. Si ie ne puis la combattre, ie luy eschappe; et, en la fuyant, ie fourvoye, ie ruse : muant de lieu, d'occupation, de compaignie, ie me sauve dans la presse d'aultres amusements et pensees où elle perd ma trace et m'esgare. Nature procede ainsi, par le benefice de l'inconstance; car le temps, qu'elle nous a donné pour souverain medecin de nos passions, gaigne son effect principalement par là, que, fournissant aultres et aultres affaires à nostre imagination, il desmesle et corrompt cette premiere apprehension, pour forte qu'elle soit. Un sage ne veoid gueres moins son amy mourant, au bout de vingt et cinq ans, qu'au premier an; et, suyvant Epicurus, de rien moins; car il n'attribuoit aucun leniment des fascheries, ny à la prevoyance, ny à la vieillesse d'icelles? mais tant d'aultres cogitations traversent cette cy, qu'elle s'alanguit et se lasse enfin.

Pour destourner l'inclination des bruits communs, Alcibiades coupa les aureilles et la queue à son beau chien, et le chassa en la place; afin que donnant ce subiect pour babiller au peuple, il laissast en paix ses aul-

---

et que vous ne dissipiez d'abord ces premieres impressions, en donnant une libre carriere à vos desirs. *Lucret.* l. 4, v. 1064, et seq.

tres actions. I'ay veu aussi, pour cet effect de divertir les opinions et coniectures du peuple et desvoyer les parleurs, des femmes couvrir leurs vraies affections par des affections contrefaictes : mais i'en ay veu telle, qui, en se contrefaisant, s'est laissee prendre à bon escient, et a quité la vraie et originelle affection pour la feincte; et apprins par elle que ceulx qui se treuvent bien logez, sont des sots de consentir à ce masque : les accueils et entretiens publicques estant reservez à ce serviteur apposté, croyez qu'il n'est gueres habile s'il ne se met enfin en vostre place et vous envoye en la sienne. Cela c'est proprement tailler et coudre un soulier, pour qu'un aultre le chausse. Peu de chose nous divertit et destourne ; car peu de chose nous tient. Nous ne regardons gueres les subiects en gros et seuls ; ce sont des circonstances ou des images menues et superficielles qui nous frappent, et des vaines escorces qui reiallissent des subiects,

> Folliculos ut nunc teretes æstate cicadæ
> Linquunt : (1)

Plutarque mesme regrette sa fille, par des singeries de son enfance : le souvenir d'un adieu, d'une action, d'une grace particuliere, d'une recommendation derniere, nous afflige; la robbe de Cesar troubla toute Rome, ce que sa mort n'avoit pas faict; le son mesme des noms, qui nous tintouine aux aureilles : « Mon pauvre maistre ! ou, Mon grand amy ! Helas ! mon cher pere ! ou Ma bonne fille » ! Quand ces redictes me pincent, et que i'y regarde de prez, ie treuve que c'est une plaincte grammairienne et voyelle : le mot et le ton me blecent; comme les exclamations des prescheurs esmeuvent leur

---

(1) Comme ces peaux déliées dont les cigales se dépouillent en été. *Lucret.* l. 5, v. 801, et seq.

auditoire souvent plus que ne font leurs raisons, et comme nous frappe la voix piteuse d'une beste qu'on tue pour nostre service; sans que ie poise ou penetre cependant la vraye essence et massifve de mon subiect :

his se stimulis dolor ipse lacessit : (1)

ce sont les fondements de nostre dueil.

L'opiniastreté de mes pierres, specialement en la verge, m'a par fois iecté en longues suppressions d'urine, de trois, de quatre iours, et si avant en la mort, que c'eust esté folie d'esperer l'eviter, voyre desirer : veu les cruels efforts que cet estat apporte. Oh! que ce bon (a) empereur qui faisoit lier la verge à ses criminels, pour les faire mourir à faulte de pisser, estoit grand maistre en la science de bourrellerie ! Me trouvant là, ie considerois par combien legieres causes et obiects l'imagination nourrissoit en moy le regret de la vie; de quels atomes se bastissoit en mon ame le poids et la difficulté de ce deslogement ; à combien frivoles pensees nous donnions place en un si grand affaire : un chien, un cheval, un livre, un verre, et quoy non? tenoient compte en ma perte ; aux aultres, leurs ambitieuses esperances, leur bourse, leur science, non moins sottement à mon gré. Ie voyois nonchalamment la mort, quand ie la voyois universellement, comme fin de la vie. Ie la gourmande en bloc : par le menu, elle me pille ; les larmes d'un laquays, la dispensation de ma desferre, l'attouchement d'une main cogneue, une consolation commune, me desconsole et m'attendrit. Ainsi nous troublent l'ame

---

(1) Par de tels aiguillons la douleur s'irrite elle-même. *Lucan.* l. 2, v. 42.

(a) Tibere, ce monstre de cruauté. Excogitaverat autem inter genera cruciatûs, etiam ut largà meri potione per fallaciam oneratos, repentè veretris deligatis, fidicularum simul urinæque tormento distenderet. *Sueton.* in vitâ Tiberii, c. 62. C.

les plainctes des fables ; et les regrets de Didon et d'Ariadne passionnent ceulx mesmes qui ne les croyent point, en Virgile et en Catulle. C'est un exemple de nature obstinee et dure, n'en sentir aulcune esmotion, comme on recite, pour miracle, de Polemon ; mais aussi ne paslit il pas seulement à la morsure d'un chien enragé qui luy emporta le gras de la iambe. Et nulle sagesse ne va si avant de concevoir la cause d'une tristesse si vifve et entiere, par iugement, qu'elle ne souffre accession par la presence, quand les yeulx et les aureilles y ont leur part : parties qui ne peuvent estre agitees que par vains accidents. Est ce raison que les arts mesmes se servent et facent leur proufit de nostre imbecillité et bestise naturelle ? l'orateur, dict la rhetorique en cette farce de son plaidoyer, s'esmouvera par le son de sa voix et par ses agitations feinctes, et se lairra piper à la passion qu'il represente ; il s'imprimera un vray dueil et essentiel, par le moyen de ce bastelage qu'il ioue, pour le transmettre aux iuges à qui il touche encores moins : comme font ces personnes qu'on loue aux mortuaires pour ayder à la cerimonie du dueil, qui vendent leurs larmes à poids et à mesure, et leur tristesse ; car encores qu'ils s'esbranslent en forme empruntee, toutesfois, en habituant et rengeant la contenance, il est certain qu'ils s'emportent souvent touts entiers, et receoivent en eulx une vraye melancholie. Ie feus, entre plusieurs aultres de ses amis, conduire à Soissons le corps de monsieur de Grammont, du siege de la Fere où il feut tué : ie consideray que partout où nous pàssions, nous remplissions de lamentations et de pleurs le peuple que nous rencontrions, par la seule montre de l'appareil de nostre convoy ; car seulement le nom du trespassé n'y estoit pas cogneu. Quintilian dict avoir veu des comediens si fort engagez en un roolle de dueil, qu'ils en pleuroient encores au logis : et de soy mesme, qu'ayant prins à esmouvoir quelque passion en aultruy, il l'avoit espousee iusques à se trouver surprins, non seulement de larmes, mais d'une pasleur de visage et port d'homme vrayement accablé de douleur.

En une contree prez de nos montaignes, les femmes font le presbtre Martin (a); car, comme elles agrandissent le regret du mary perdu, par la souvenance des bonnes et agreables conditions qu'il avoit, elles font tout d'un train aussi recueil et publient ses imperfections ; comme pour entrer d'elles mesmes en quelque compensation, et se divertir de la pitié au desdaing : de bien meilleure grace encores que nous, qui à la perte du premier cogneu nous picquons à luy prester des louanges nouvelles et faulses, et à le faire tout aultre quand nous l'avons perdu de veue qu'il ne nous sembloit estre quand nous le voyions ; comme si le regret estoit une partie instructive, ou que les larmes, en lavant nostre entendement, l'esclaircissent. Ie renonce dez à present aux favorables tesmoignages qu'on me vouldra donner, non parce que i'en seray digne, mais parce que ie seray mort. Qui demandera à celuy là, « Quel interest avez vous à ce siege »? « L'interest de l'exemple, dira il, et de l'obeïssance com-« mune du prince : ie n'y pretends proufit quelconque ; et « de gloire, ie sçais la petite part qui en peult toucher un « particulier comme moy : ie n'ay icy ny passion ny que-« relle ». Voyez le pourtant, le lendemain, tout changé, tout bouillant et rougissant de cholere, en son reng de bataille pour l'assault : c'est la lueur de tant d'acier, et le feu et tintamarre de nos canons et de nos tambours qui luy ont iecté cette nouvelle rigueur et hayne dans les veines. Frivole cause ! me direz vous. Comment cause? il n'en fault point pour agiter nostre ame ; une resverie sans corps et sans subiect la regente et l'agite : que ie

---

(1) C'est une expression proverbiale fondée sur le conte d'un prêtre, nommé Martin, qui faisoit la fonction de prêtre et de clerc en disant la messe. C.

me iecte à faire des chasteaux en Espaigne, mon imagination m'y forge des commoditez et des plaisirs desquels mon ame est reellement chatouillee et resiouïe. Combien de fois embrouillons nous nostre esprit de cholere ou de tristesse par telles umbres, et nous inserons en des passions fantastiques qui nous alterent et l'ame et le corps! Quelles grimaces estonnees, riardes, confuses, excite la resverie en nos visages! quelles saillies et agitations de membres et de voix! semble il pas de cet homme seul, qu'il aye des visions faulses d'une presse d'aultres hommes avecques qui il negocie, ou quelque daimon interne qui le persecute. Enquerez vous à vous où est l'obiect de cette mutation : est il rien, sauf nous, en nature, que l'inanité substante, sur quoy elle puisse? Cambyses, pour avoir songé en dormant que son frere debvoit devenir roy de Persé, le feit mourir ; un frere qu'il aymoit, et duquel il s'estoit tousiours fié : Aristodemus, roy des Messeniens, se tua pour une fantasie qu'il print de mauvais augure, de ie ne sçais quel hurlement de ses chiens ; et le roy Midas en feit autant, troublé et fasché de quelque malplaisant songe qu'il avoit songé. C'est priser sa vie iustement ce qu'elle est, de l'abandonner pour un songe. Oyez pourtant nostre ame triumpher de la misere du corps, de sa foiblesse, de ce qu'il est en bute à toutes offenses et alterations : vrayement elle a raison d'en parler!

> O prima infelix fingenti terra Prometheo!
> Ille parùm cauti pectoris egit opus.
> Corpora disponens, mentem non vidit in arte ;
> Recta animi primùm debuit esse via. (1)

---

(1) O malheureuse argile qui fus premièrement façonnée par Prométhée! Ouvrage mal entendu ; car en formant le corps de l'homme, Prométhée ne prit aucun soin de l'esprit : et c'est pourtant par régler ce qui concernoit l'esprit qu'il auroit dû com-

CHAPITRE V.

Sur des vers de Virgile.

A MESURE que les pensements utiles sont plus pleins et solides, ils sont aussi plus empeschants et plus onereux: le vice, la mort, la pauvreté, les maladies, sont subiects graves, et qui grevent. Il fault avoir l'ame instruicte des moyens de soubtenir et combattre les maulx, et instruicte des regles de bien vivre et de bien croire; et souvent l'esveiller et exercer en cette belle estude : mais à une ame de commune sorte, il fault que ce soit avecques relasche et moderation; elle s'affolle, d'estre trop continuellement bandee. I'avois besoing, en ieunesse, de m'advertir et soliciter pour me tenir en office; l'alaigresse et la santé ne conviennent pas tant bien, dict on, avecques ces discours serieux et sages : ie suis à present en un aultre estat; les conditions de la vieillesse ne m'advertissent que trop, m'assagissent et me preschent. De l'excez de la gayeté, ie suis tumbé en celuy de la severité, plus fascheux : par quoy, ie me laisse à cette heure aller un peu à la desbauche, par desseing, et employe quelquefois l'ame à des pensements folastres et ieunes, où elle se seiourne. Ie ne suis meshuy que trop rassis, trop poisant et trop meur : les ans me font leçon, touts les iours, de froideur et de temperance. Ce corps fuyt le desreglement, et le craind : il est à son tour de guider l'esprit vers la reformation; il regente, à son tour, et plus rudement et imperieusement; il ne me laisse pas une heure, ny

---

mencer. *Propert.* eleg. 5, l. 3, v. 7, et seqq. Edit. Maittair. Lond. 1715.

dormant ny veillant, chomer d'instructions de mort, de patience et de penitence. Ie me deffends de la temperance, comme i'ay faict aultrefois de la volupté : elle me tire trop arriere et iusques à la stupidité. Or ie veulx estre maistre de moy, à touts sens : la sagesse a ses excez, et n'a pas moins besoing de moderation que la folie. Ainsi, de peur que ie ne seiche, tarisse et m'aggrave de prudence, aux intervalles que mes maulx me donnent,

Mens intenta suis ne siet usque malis, (1)

ie gauchis tout doulcement, et desrobbe ma veue de ce ciel orageux et nubileux que i'ay devant moy, lequel, Dieu mercy, ie considere bien sans effroy, mais non pas sans contention et sans estude ; et me voys amusant en la recordation des ieunesses passees :

animus quod perdidit, optat,
Atque in præteritâ se totus imagine versat. (2)

Que l'enfance regarde devant elle ; la vieillesse, derriere : estoit ce pas ce que signifioit le double visage de Ianus ? Les ans m'entraisnent s'ils veulent, mais à reculons : autant que mes yeulx peuvent recognoistre cette belle saison expiree, ie les y destourne à secousse : si elle eschappe de mon sang et de mes veines, au moins n'en veulx ie desraciner l'image de la memoire,

hoc est,
Vivere bis, vitâ posse priore frui. (3)

---

(1) De peur que mon ame ne soit toujours occupée de ses propres maux. *Ovid.* trist. eleg. 1, l. 4, v. 4.

(2) Mon esprit soupire après ce qu'il a perdu, et s'occupe tout entier de l'image du passé. *Pétron.* satiric. p. 167, edit. Paris. 1677, cum notis Bourdelot.

(3) C'est vivre deux fois, que de pouvoir jouir de la vie déja passée. *Martial.* l. 10, epigr. 23, v. 7.

Platon ordonne aux vieillards d'assister aux exercices, danses et ieux de la ieunesse, pour se resiouïr, en aultruy, de la soupplesse et beauté du corps qui n'est plus en eulx, et rappeller en leur souvenance la grace et faveur de cet aage fleurissant ; et veult qu'en ces esbats ils attribuent l'honneur de la victoire au ieune homme qui aura le plus esbaudi et resiouï, et plus grand nombre d'entre eulx. Ie marquois aultrefois les iours poisans et tenebreux, comme extraordinaires ; ceulx là sont tantost les miens ordinaires : les extraordinaires sont les beaux et sereins ; ie m'en voys au train de tressaillir, comme d'une nouvelle faveur, quand aulcune chose ne me deult. Que ie me chatouille, ie ne puis tantost plus arracher un pauvre rire de ce meschant corps ; ie ne m'esgaye qu'en fantasie et en songe, pour destourner par ruse le chagrin de la vieillesse : mais certes il fauldroit aultre remede qu'en songe ! Foible luicte de l'art contre la nature ! C'est grand' simplesse d'alonger et anticiper, comme chascun faict, les incommoditez humaines : i'aime mieulx estre moins long temps vieil, que d'estre vieil avant que de l'estre (a) : iusques aux moindres occasions de plaisir que ie puis rencontrer, ie les empoigne. Ie cognois bien, par ouïr dire, plusieurs especes de voluptez prudentes, fortes et glorieuses : mais l'opinion ne peult pas assez sur moy pour m'en mettre en appetit ; ie ne les veulx pas tant magnanimes, magnifiques et fastueuses, comme ie les veulx doulcereuses, faciles et prestes : a natura discedimus ; populo nos damus nullius rei bono auctori (1). Ma philosophie est en action, en usage naturel

---

(a) C'est mot pour mot ce que dit Cicéron dans son traité *de la Vieillesse* : « Ego verò me minùs diù senem esse mallem, « quàm esse senem ante quàm essem ». c. 10. Ici Montaigne copie cette pensée ; et ailleurs, il critique la maniere dont Cicéron l'a exprimée : *Voyez* l. 2, c. 10, p. 109 de cette édition stéréotype.

(1) Nous abandonnons la nature pour suivre le peuple dont

et present, peu en fantasie : prinsse ie plaisir à iouer aux noisettes et à la toupie !

Non ponebat enim rumores ante salutem. (1)

La volupté est qualité peu ambitieuse : elle s'estime assez riche de soy, sans y mesler le prix de la reputation ; et s'aime mieulx à l'umbre. Il fauldroit donner le fouet à un ieune homme qui s'amuseroit à choisir le goust du vin et des saulses : il n'est rien que i'aye moins sceu, et moins prisé ; à cette heure ie l'apprends : i'en ay grand' honte, mais qu'y ferois ie ; i'ay encores plus de honte et de despit des occasions qui m'y poulsent. C'est à nous à resver et baguenauder ; et à la ieunesse de se tenir sur la reputation et sur le bon bout : elle va vers le monde, vers le credit ; nous en venons : sibi arma, sibi equos, sibi hastas, sibi clavam, sibi pilam, sibi natationes et cursus habeant ; nobis senibus, ex lusionibus multis, talos relinquant et tesseras (2) : les loix mesmes nous envoient au logis. Ie ne puis moins, en faveur de cette chestifve condition où mon aage me poulse, que de luy fournir de iouets et d'amusoires, comme à l'enfance ; aussi y retumbons nous : et la sagesse et la folie auront prou à faire, à m'estayer et secourir par offices alternatifs, en cette calamité d'aage ;

---

les conseils ne tendent à rien de raisonnable. *Senec.* epist. 99, p. 489. Edit. varior.

(1) A tous les vains caquets préférant mon plaisir.

C'est une application fort plaisante d'un vers grave d'Ennius, cité par Cicéron, *de offic.* l. 1, c. 24, où ce poëte, parlant de Fabius Maximus, dit qu'il travailloit au bien public sans se mettre en peine de tout ce qu'on publioit à Rome pour décrier sa conduite. C.

(2) Qu'ils gardent pour eux les armes, les chevaux, les javelots, la massue, la paume, la nage et la course ; et, de plusieurs divertissements, qu'ils nous laissent à nous autres vieillards le jeu des dez et des dames. *Cic.* de senectute, c. 16.

> Misce staltitiam consiliis brevem. (1)

Ie fuys de mesme les plus legieres poinctures : et celles qui ne m'eussent pas aultrefois esgratigné, me transpercent à cette heure ; mon habitude commence de s'appliquer si volontiers au mal ; in fragili corpore, odiosa omnis offensio est ; (2)

> Mensque pati durum sustinet ægra nihil. (3)

I'ay esté tousiours chatouilleux et delicat aux offenses ; ie suis plus tendre à cette heure, et ouvert par tout :

> Et minimæ vires frangere quassa valent. (4)

Mon iugement m'empesche bien de regimber et gronder contre les inconvenients que nature m'ordonne à souffrir; mais non pas de les sentir : ie courrois, d'un bout du monde à l'aultre, chercher un bon an de tranquillité plaisante et eniouee, moy qui n'ay aultre fin que vivre et me resiouïr. La tranquillité sombre et stupide se treuve assez pour moy; mais elle m'endort et enteste : ie ne m'en contente pas. S'il y a quelque personne, quelque bonne compaignie aux champs, en la ville, en France, ou ailleurs, resseante, ou voyagere, à qui mes humeurs soient bonnes, de qui les humeurs me soient bonnes, il n'est que de siffler en paulme, ie leur iray fournir des Essays en chair et en os.

---

(1) Mêle avec ta sagesse une petite dose de folie. *Horat.* l. 4, od. 12, v. 27.

(2) Dans un corps fragile tout choc est odieux. *Cic.* De senectute, c. 18. Ce passage montre que dans Montaigne le mot de mal qui précede, veut dire, peine, douleur. C.

(3) Et la moindre incommodité devient insupportable à un esprit malade. *Ovid.* de Ponto, eleg. 5, l. 1, v. 18.

(4)   Un pot fêlé se casse au moindre effort.
                     Id. trist. l. 3, eleg. 11, v. 22.

Puisque c'est le privilege de l'esprit, de se r'avoir de la vieillesse, ie luy conseille, autant que ie puis, de le faire: qu'il verdisse, qu'il fleurisse ce pendant, s'il peult, comme le guy sur un arbre mort. Ie craincts que c'est un traistre; il s'est si estroictement affretté au corps, qu'il m'abandonne, à touts coups, pour le suyvre en sa necessité : ie le flatte à part, ie le practique, pour neant ; i'ay beau essayer de le destourner de cette colligance, et luy presenter et Seneque et Catulle, et les dames et les danses royales, si son compaignon a la cholique, il semble qu'il l'ayt aussi : les puissances mesmes qui luy sont particulieres et propres ne se peuvent lors soublever, elles sentent evidemment au morfondu ; il n'y a point d'alaigresse en ses productions, s'il n'en y a quand et quand au corps. Nos maistres ont tort de quoy, cherchants les causes des eslancements extraordinaires de nostre esprit, oultre ce qu'ils en attribuent à un ravissement divin, à l'amour, à l'aspreté guerriere, à la poësie, au vin, ils n'en ont donné sa part à la santé ; une santé bouillante, vigoreuse, pleine, oysifve, telle qu'aultrefois la verdeur des ans et la securité me la fournissoient par venues : ce feu de gayeté suscite en l'esprit des eloises vifves et claires oultre nostre portee naturelle, et entre les enthousiasmes, les plus gaillards sinon les plus esperdus. Or bien, ce n'est pas merveille, si un contraire estat affaisse mon esprit, le cloue, et (a) en tire un effect contraire,

> Ad nullum consurgit opus, cum corpore languet; (1)

et veult encores que ie luy sois tenu de quoy il preste, comme il dict, beaucoup moins à ce consentement, que ne porte l'usage ordinaire des hommes. Au moins pen-

---

(a) en faict. *Exempl. corrigé* par Montaigne.
(1) Languissant avec le corps, il ne se porte sur aucun objet. *Corn. Gall.* eleg. 1, v. 125.

dant que nous avons trefve, chassons les maulx et difficultez de nostre commerce,

> Dum licet, obductâ solvatur fronte senectus: (1)

tetrica sunt amœnanda iocularibus (2). J'aime une sagesse gaye et civile, et fuys l'aspreté des mœurs et l'austerité, ayant pour suspecte toute mine rebarbatifve,

> Tristemque vultûs tetrici arrogantiam ; (3)

> Et habet tristis quoque turba cynædos. (4)

Ie crois Platon de bon cœur, qui dict Les humeurs faciles ou difficiles estre un grand preiudice à la bonté ou mauvaistié de l'ame. Socrates eut un visage constant, mais serein et riant; non [fascheusement] constant comme le vieil Crassus (a) qu'on ne veit iamais rire. La vertu est qualité plaisante et gaye.

Ie sçais bien que fort peu de gents rechigneront à la licence de mes escripts, qui n'ayent plus à rechigner à la licence de leur pensee : ie me conforme bien à leur courage; mais i'offense leurs yeulx. C'est une humeur bien ordonnee! de pincer les escripts de Platon, et couler ses negociations pretendues avecques Phedon, Dion,

---

(1) Que notre vieillesse se déride le front, tandis qu'elle en a le pouvoir. *Horat.* Epodon libro, od. 13, v. 7.

(2) Il est bon d'adoucir par l'enjouement les noirs chagrins de la vie. *Sidonius Apollinaris*, l. 1, epist. 9. *Herenio*, sub finem.

(3)   Et d'un visage refrogné
         L'orgueil severe.
Je ne sais d'où Montaigne a pris les mots latins. C.

(4)   Car ces mines austeres
   Nous cachent fort souvent des cœurs tres corrompus.
                    Martial. l. 7, epigr. 58, v. 9.

(a) Ferunt Crassum, avum Crassi in Parthis interempti, nunquam risisse; ob id Agelastum vocatum. *Plin.* Hist. nat. l. 7, c. 19, init.

Stella, Archeanassa : non pudeat dicere, quod non pudet sentire (1). Ie hais un esprit hargneux et triste, qui glisse par dessus les plaisirs de sa vie, et s'empoigne et paist aux malheurs ; comme les mouches qui ne peuvent tenir contre un corps bien poly et bien lissé, et s'attachent et reposent aux lieux scabreux et raboteux, et comme les ventouses qui ne hument et appetent que le mauvais sang. Au reste, ie me suis ordonné d'oser dire tout ce que i'ose faire ; et me desplais des pensees mesmes impubliables : la pire de mes actions et conditions ne me semble pas si laide, comme ie treuve laid et lasche de ne l'oser advouer. Chascun est discret en la confession, on le debvroit estre en l'action : la hardiesse de faillir est aulcunement compensee et bridee par la hardiesse de le confesser : qui s'obligeroit à tout dire, s'obligeroit à ne rien faire de ce qu'on est contrainct de taire. Dieu vueille que cet excez de ma licence attire nos hommes iusques à la liberté, par dessus ces vertus couardes et mineuses nees de nos imperfections ! qu'aux despens de mon immoderation, ie les attire iusques au poinct de la raison ! Il fault veoir son vice et l'estudier, pour le redire : ceulx qui le celent à aultruy, le celent ordinairement à eulx mesmes ; et ne le tiennent pas pour assez couvert, s'ils le veoyent ; ils le soubtraient et desguisent à leur propre conscience ; quare vitia sua nemo confitetur ? quia etiam nunc in illis est : somnium narrare, vigilantis est (2). Les maulx du corps s'esclaircissent en augmentant ; nous trouvons que c'est goutte, ce que nous nommions rheume ou fouleure : les maulx de l'ame s'obscurcissent en leur

---

(1) Ce qu'on pourroit paraphraser ainsi : « Eh ! messieurs, n'ayez pas honte de dire ce que vous n'avez pas honte d'approuver en vous-mêmes ». C.

(2) D'où vient que personne ne confesse ses vices ? c'est qu'il en est encore entaché. L'on est éveillé, quand on s'avise de raconter ses songes. *Senec.* epist. 53.

force, le plus malade les sent le moins; voylà pourquoy il les fault souvent remanier, au iour, d'une main impiteuse, les ouvrir, et arracher du creux de nostre poictrine. Comme en matiere de bienfaicts, de mesme en matiere de mesfaicts, c'est, par fois, satisfaction que la seule confession. Est il quelque laideur au faillir, qui nous dispense de nous en debvoir confesser? Ie souffre peine à me feindre; si que i'evite de prendre les secrets d'aultruy en garde, n'ayant pas bien le cœur de desadvouer ma science: ie puis la taire; mais la nier, ie ne puis sans effort et desplaisir: pour estre bien secret, il le fault estre par nature, non par obligation. C'est peu, au service des princes, d'estre secret, si on n'est menteur encores. Celuy, qui s'enquestoit à Thales Milesius s'il debvoit solemnellement nier d'avoir paillardé, s'il se feust addressé à moy, ie luy eusse respondu qu'il ne le debvoit pas faire; car le mentir me semble encores pire que la paillardise. Thales luy conseilla (1) tout aultrement, et qu'il iurast, pour garantir le plus, par le moins: toutesfois ce conseil n'estoit pas tant eslection de vice, que multiplication. Sur quoy disons ce mot, en passant, Qu'on faict bon marché à un homme de conscience, quand on luy propose quelque difficulté au contrepoids du vice; mais, quand on l'enferme entre deux vices, on le met à un rude chois, comme on feit Origene, ou qu'il idolastrast, ou qu'il se souffrist iouïr charnellement à un grand vilain Aethiopien qu'on luy presenta: il subit la premiere condition; et vicieusement, dict on. Pourtant ne seroient pas sans goust, selon leur er-

---

(1) Montaigne fait dire à Thalès tout le contraire de ce qu'il a dit; et cela, faute d'avoir entendu Diogene Laërce, d'où il doit avoir tiré la réponse qu'il attribue à ce sage. « Un homme qui « avoit commis adultere, dit Diogene Laërce, ayant demandé à « Thalès s'il devoit le nier par serment, Thalès lui répondit : Mais « le parjure n'est-il pas pire que l'adultere »? C.

reur, celles qui nous protestent, en ce temps, qu'elles aimeroient mieulx charger leur conscience de dix hommes, que d'une messe. Si c'est indiscretion de publier ainsi ses erreurs, il n'y a pas grand dangier qu'elle passe en exemple et usage ; car Ariston disoit que les vents que les hommes craignent le plus, sont ceulx qui les descouvrent. Il fault rebrasser ce sot haillon qui cache nos mœurs : ils envoyent leur conscience au bordel, et tiennent leur contenance en regle ; iusques aux traistres et assassins, ils espousent les loix de la cerimonie, et attachent là leur debvoir. Si n'est ce ny à l'iniustice de se plaindre de l'incivilité; ny à la malice, de l'indiscretion. C'est dommage qu'un meschant homme ne soit encores un sot, et que la decence pallie son vice : ces incrustations n'appartiennent qu'à une bonne et saine paroy, qui merite d'estre conservee ou blanchie. En faveur des huguenots qui accusent nostre confession auriculaire et privee, ie me confesse en public, religieusement et purement : sainct Augustin, Origene et Hippocrates ont publié les erreurs de leurs opinions ; moy encores, de mes mœurs. Ie suis affamé de me faire cognoistre ; et ne me chault à combien, pourveu que ce soit veritablement : ou, pour dire mieulx, ie n'ay faim de rien ; mais ie crains mortellement d'estre prins en eschange par ceulx à qui il arrive de cognoistre mon nom. Celuy qui faict tout pour l'honneur et pour la gloire, que pense il gaigner, en se produisant au monde en masque, desrobbant son vray estre à la cognoissance du peuple ? Louez un bossu de sa belle taille, il le doibt recevoir à iniure : si vous estes couard, et qu'on vous honnore pour un vaillant homme, est ce de vous qu'on parle ? on vous prend pour un aultre ; i'aimerois aussi cher que celuy là se gratifiast des bonnetades qu'on luy faict, pensant qu'il soit maistre de la troupe, luy qui est des moindres de la suitte. Archelaus, roy de Macedoine, passant par la rue, quelqu'un versa de l'eau sur luy : les assistants disoient qu'il debvoit le punir. « Ouy, mais, dict il, il n'a pas versé l'eau sur moy, mais sur celuy qu'il pensoit que ie feusse » : Socrates, à celuy qui l'advertissoit qu'on mesdisoit de luy, « Point, feit il ; il n'y a rien en moy de ce qu'ils disent ». Pour moy, qui me loueroit d'estre bon pilote, d'estre bien modeste, ou d'estre bien chaste, ie ne luy en debvrois nul grammercy ; et pareillement, qui m'appelleroit traistre, voleur, ou yvrongne, ie me tiendrois aussi peu offensé. Ceulx qui se mescognoissent, se peuvent paistre de faulses approbations ; non pas moy, qui me veois, et qui me recherche iusques aux entrailles, qui sçais bien ce qui m'appartient : il me plaist d'estre moins loué, pourveu que ie sois mieulx cogneu ; on me pourroit tenir pour sage, en telle condition de sagesse que ie tiens pour sottise. Ie m'ennuye que mes Essais servent les dames de meuble commun seulement, et de meuble de sale ; ce chapitre me fera du cabinet ; i'aime leur commerce un peu privé ; le public est sans faveur et saveur. Aux adieux, nous eschauffons, oultre l'ordinaire, l'affection envers les choses que nous abandonnons : ie prends l'extreme congé des ieux du monde ; voicy nos dernieres accolades.

Mais venons à mon theme. Qu'a faict l'action genitale aux hommes, si naturelle, si necessaire et si iuste, pour n'en oser parler sans vergongne, et pour l'exclure des propos serieux et reglez ? Nous prononceons hardiment, tuer, desrobber, trahir ; et cela, nous n'oserions qu'entre les dents. Est ce à dire que moins nous en exhalons en parole, d'autant nous avons loy d'en grossir la pensee ? car il est bon, que les mots qui sont le moins en usage, moins escripts, et mieux teus, sont les mieulx sceus et plus generalement cogneus ; nul aage, nulles mœurs l'ignorent non plus que le pain : ils s'impriment en chascun, sans estre exprimez, et sans voix et sans figure ; [et le sexe qui le faict le plus, a charge de le taire le plus.] Il est bon aussi, que c'est une action que nous avons mis en la franchise du silence, d'où c'est crime de l'arracher, non pas mesme pour l'accuser et iuger; ny n'osons la fouetter, qu'en periphrase et peincture. Grand' faveur à un criminel d'estre, si exsecrable que la iustice estime iniuste de le toucher et de le veoir, libre et sauvé par le benefice de l'aigreur de sa condamnation. N'en va il pas comme en matiere de livres, qui se rendent d'autant plus venaulx et publicques, de ce qu'ils sont supprimez? Ie m'en voys pour moy prendre au mot l'advis d'Aristote qui dict, « L'estre honteux, servir d'ornement à la ieunesse; mais de reproche à la vieillesse ». Ces vers se preschent en l'eschole ancienne; eschole à laquelle ie me tiens bien plus qu'à la moderne : ses vertus me semblent plus grandes; ses vices, moindres :

> Ceulx qui par trop fuyant Venus estrivent
> Faillent autant que ceulx qui trop la suyvent. (a)

> Tu, dea, tu rerum naturam sola gubernas,
> Nec sine te quicquam dias in luminis oras
> Exoritur, neque fit lætum nec amabile quicquam. (1)

Ie ne sçais qui a peu malmesler Pallas et les Muses avecques Venus, et les refroidir envers l'Amour : mais ie ne veois aulcunes deitéz qui s'adviennent mieulx, ny qui s'entredoibvent plus. Qui ostera aux Muses les imaginations amoureuses, leur desrobbera le plus bel entretien qu'elles ayent et la plus noble matiere de leur ouvrage; et qui fera perdre à l'Amour la communication et service de la poësie, l'affoiblira de ses meilleures

---

(a) Vers de la traduction d'Amyot, cités par Plutarque dans son traité intitulé, *Qu'il faut qu'un philosophe converse avec les princes.* c. 5. C.

(1) O déesse, c'est de toi seule que dépend la nature des choses : sans toi rien ne parvient à la divine lumiere du jour; il ne se fait rien d'aimable et de charmant sans toi. *Lucret.* l. 1, v. 22.

armes : par ainsin on charge le dieu d'accointance et de bienvueillance, et les deesses protectrices d'humanité et de iustice, du vice d'ingratitude et de mescognoissance. Ie ne suis pas de si long temps cassé de l'estat et suitte de ce dieu, que ie n'aye la memoire informee de ses forces et valeurs ;

<blockquote>agnosco veteris vestigia flammæ ; (1)</blockquote>

il y a encores quelque demourant d'esmotion et chaleur aprez la fiebvre ;

<blockquote>Nec mihi deficiat calor hic, hiemantibus annis ; (2)</blockquote>

tout asseiché que ie suis et appesanty, ie sens encores quelques tiedes restes de cette ardeur passee,

<blockquote>
Qual l' alto Egeo, perche Aquilone o Noto
Cessi, che tutto prima il volse e scosse,
Non s' accheta però ; ma 'l suono e 'l moto
Ritien dell' onde anco agitate e grosse : (3)
</blockquote>

mais, de ce que ie m'y entends, les forces et valeur de ce dieu se treuvent plus vifves et plus animees en la peincture de la poësie, qu'en leur propre essence,

<blockquote>Et versus digitos habet : (4)</blockquote>

elle represente ie ne sçais quel air plus amoureux que

---

(1)   D'un ancien feu je reconnois la trace.
Aeneid. l. 4, v. 23.

(2)   Heureux si dans le froid des ans
Ce feu me reste encore !

(3) Semblable à la mer Egée, qui après avoir été violemment agitée par les vents les plus orageux, ne se calme point dès que ces vents se sont retirés, mais retient encore le mouvement et le bruit menaçant de ses ondes irritées. *Torquato Tasso*, Gierus. liberata, c. 12, st. 63.

(4)   Et par les vers Vénus est ranimée.
Juvenal. sat. 6, v. 196.

l'Amour mesme. Venus n'est pas si belle toute nue, et vifve et haletante, comme elle est icy chez Virgile :

> Dixerat; et niveis hinc atque hinc Diva lacertis
> Cunctantem amplexu molli fovet. Ille repente
> Accepit solitam flammam; notusque medullas
> Intravit calor, et labefacta per ossa cucurrit.
> Non secus atque olim tonitru quum rupta corusco
> Ignea rima micans percurrit lumine nimbos.
> . . . . Ea verba locutus,
> Optatos dedit amplexus; placidumque petivit
> Coniugis infusus gremio per membra soporem. (1)

Ce que i'y treuve à considerer, c'est qu'il la peint un peu bien esmeue pour une Venus maritale : en ce sage marché, les appetits ne se treuvent pas si folastres; ils sont sombres et plus mousses. L'amour hait qu'on se tienne par ailleurs que par luy, et se mesle laschement aux accointances qui sont dressees et entretenues sous aultre tiltre, comme est le mariage : l'alliance, les moyens, y poisent par raison, autant où plus que les graces et la beauté. On ne se marie pas pour soy, quoy qu'on die; on se marie autant, ou plus, pour sa posterité, pour sa famille; l'usage et l'interest du mariage touche nostre race, bien loing pardelà nous : pourtant me plaist cette façon, qu'on le conduise plustost par main tierce, que par les propres, et par le sens d'aultruy, que par le sien :

---

(1) Vénus ayant cessé de parler, et Vulcain hésitant à lui accorder sa demande, la déesse le serre délicatement entre ses bras d'une blancheur éclatante : et lui, brûlant tout aussitôt d'un feu connu qui le pénetre tout entier, comme l'éclair qui d'un trait vif et brillant fend les nues et parcourt une vaste étendue du ciel; il l'embrasse avec toute l'ardeur qu'elle pouvoit desirer; et dans ce doux transport répandu sur le sein de sa divine épouse, il se livre insensiblement aux charmes d'un sommeil tranquille. *Virg. Aeneid.* l. 8, v. 387.—392, 404, 405, 406.

tout cecy, combien à l'opposite des conventions amoureuses? Aussi est ce une espece d'inceste, d'aller employer, à ce parentage venerable et sacré, les efforts et les extravagances de la licence amoureuse, comme il me semble avoir dict ailleurs : il fault, dict Aristote, toucher sa femme prudemment et severement, de peur qu'en la chatouillant trop lascifvement, le plaisir la face sortir hors des gonds de raison. Ce qu'il dict pour la conscience, les medecins le disent pour la santé : « Qu'un plaisir excessifvement chauld, voluptueux et assidu, altere la semence, et empesche la conception » : disent d'aultre part, « qu'à une congression languissante, comme celle là est de sa nature, pour la remplir d'une iuste et fertile chaleur, il s'y fault presenter rarement et à notables intervalles »,

Quò rapiat sitiens Venerem interiùsque recondat. (1)

Ie ne veois point de mariages qui faillent plustost et se troublent, que ceulx qui s'acheminent par la beauté et desirs amoureux : il y fault des fondements plus solides et plus constants, et y marcher d'aguet ; cette bouillante alaigresse n'y vault rien.

Ceulx qui pensent faire honneur au mariage, pour y ioindre l'amour, font, ce me semble, de mesme ceulx qui pour faire faveur à la vertu, tiennent que la noblesse n'est aultre chose que vertu. Ce sont choses qui ont quelque cousinage; mais il y a beaucoup de diversité : on n'a que faire de troubler leurs noms et leurs tiltres; on fait tort à l'une ou à l'aultre de les confondre. La noblesse est une belle qualité, et introduicte avecques raison; mais d'autant que c'est une qualité despendant d'aultruy, et qui peult tumber en un homme vicieux et de neant, elle est en estimation bien loing au dessoubs de

---

Virg. Georg. l. 3, v. 137. Montaigne a suffisamment expliqué ce vers avant que de le citer. C.

la vertu : c'est une vertu, si ce l'est, artificielle et visible ; despendant du temps et de la fortune ; diverse en forme, selon les contrees ; vivante, et mortelle ; sans naissance, non plus que la riviere du Nil ; genealogique et commune ; de suite et de similitude ; tiree par consequence, et consequence bien foible. La science, la force, la bonté, la beauté, la richesse, toutes aultres qualitez, tumbent en communication et en commerce ; cette cy se consomme en soy, de nulle emploite au service d'aultruy. On proposoit à l'un de nos roys le chois de deux competiteurs en une mesme charge, desquels l'un estoit gentilhomme, l'aultre ne l'estoit point : il ordonna que, sans respect de cette qualité, on choisist celuy qui auroit le plus de merite ; mais où la valeur seroit entierement pareille, qu'alors on eust respect à la noblesse : c'estoit iustement luy donner son reng. Antigonus à un ieune homme incogneu qui luy demandoit la charge de son pere, homme de valeur, qui venoit de mourir : « Mon amy, feit il, en tels bienfaicts, ie ne regarde pas tant la noblesse de mes soldats, comme ie fois leur prouesse ». De vray, il n'en doibt pas aller comme des officiers des roys de Sparte, trompettes, menestriers, cuisiniers, à qui en leur charge succedoient les enfants, pour ignorants qu'ils feussent, avant les mieulx experimentez du mestier. Ceulx de Calecut font, des nobles, une espece par dessus l'humaine : le mariage leur est interdict, et toute aultre vacation, que bellique ; de concubines, ils en peuvent avoir leur saoul, et les femmes autant de ruffiens, sans ialousie les uns des aultres : mais c'est un crime capital et irremissible de s'accoupler à personne d'aultre condition que la leur ; et se tiennent pollus, s'ils en sont seulement touchez en passant, et, comme leur noblesse en estant merveilleusement iniuriee et interessee, tuent ceulx qui seulement ont approché un peu trop prez d'eulx : de maniere que les ignobles sont tenus de crier en marchant, comme les gondoliers de Venise, au contour des rues, pour ne s'entreheurter ; et les nobles leur commandent de se iecter au quartier qu'ils veulent : ceulx cy evitent par là cette ignominie qu'ils estiment perpetuelle ; ceux là, une mort certaine. Nulle duree de temps, nulle faveur de prince, nul office, ou vertu, ou richesse, peult faire qu'un roturier devienne noble : à quoy ayde cette coustume, que les mariages sont deffendus de l'un mestier à l'aultre ; ne peult une de race courdonniere espouser un charpentier ; et sont les parents obligez de dresser les enfants à la vacation des peres, precisement, et non à aultre vacation, par où se maintient la distinction et constance de leur fortune.

Un bon mariage, s'il en est, refuse la compaignie et conditions de l'amour : il tasche à representer celles de l'amitié. C'est une doulce societé de vie, pleine de constance, de fiance, et d'un nombre infiny d'utiles et solides offices, et obligations mutuelles. Aulcune femme qui en savoure le goust,

optato quam iunxit lumine tæda, (1)

ne vouldroit tenir lieu de maistresse et d'amie à son mary : si elle est logee en son affection comme femme, elle y est bien plus honnorablement et seurement logee. Quand il fera l'esmeu ailleurs et l'empressé, qu'on luy demande pourtant lors, « à qui il aimeroit mieulx arriver une honte, ou à sa femme ou à sa maistresse ? de qui la desfortune l'affligeroit le plus ? à qui il desire plus de grandeur » ? ces demandes n'ont aulcun doubte en un mariage sain. Ce qu'il s'en veoid si peu de bons, est signe de son prix et de sa valeur. A le bien façonner et à le bien prendre, il n'est point de plus belle piece en nostre societé : nous ne nous en pouvons passer, et l'allons avilissant. Il en advient ce qui se veoid aux cages : les oiseaux

---

(1) Qui a été mariée à son gré. *Catull.* de Comâ Berenices, *Carm.* 64, v. 79.

qui en sont dehors, desesperent d'y entrer; et d'un pareil soing en sortir, ceulx qui sont au dedans. Socrates, enquis Qui estoit plus commode, prendre ou ne prendre point de femme: « Lequel des deux on face, dict il, on s'en repentira ». C'est une convention à laquelle se rapporte bien à poinct ce qu'on dict homo homini ou deus ou lupus (1): il fault le rencontre de beaucoup de qualitez à le bastir. Il se treuve en ce temps plus commode aux ames simples et populaires, où les delices, la curiosité et l'oysifveté ne le troublent pas tant: les humeurs desbauchees, comme est la mienne, qui hais toute sorte de liaison et d'obligatio, n'y sont pas si propres;

Et mihi dulce magis resoluto vivere collo. (2)

De mon desseing, i'eusse fuy d'espouser la Sagesse mesme, si elle m'eust voulu: mais, nous avons beau dire, la coustume, et l'usage de la vie commune, nous emporte; la plus part de mes actions se conduisent par exemple, non par chois: toutesfois ie ne m'y conviay pas proprement, on m'y mena, et y feus porté, par des occasions estrangieres; car non seulement les choses incommodes, mais il n'en est aulcune si laide et vicieuse et evitable, qui ne puisse devenir acceptable par quelque condition et accident: tant l'humaine posture est vaine! et y feus porté, certes plus mal preparé lors, et plus rebours, que ie ne suis à present, aprez l'avoir essayé: et tout licencieux qu'on me tient, i'ay en verité plus severement observé les loix de mariage, que ie n'avois ny promis ny esperé. Il n'est plus temps de regimber quand on s'est laissé entraver: il fault prudemment mesnager sa liberté; mais depuis qu'on s'est soubmis à l'obligation, il s'y fault tenir sous les loix du

---

(1) L'homme est à l'homme ou un dieu ou un loup.
(2) Il est plus doux pour moi d'être exempt de ce joug.
Corn. Gall. eleg. 1, v. 61.

debvoir commun, au moins s'en efforcer. Ceulx qui entreprennent ce marché pour s'y porter avecques hayne et mespris, font iniustement et incommodeement : et cette belle regle, que ie veois passer de main en main entre elles, comme un sainct oracle,

> Sers ton mary comme ton maistre,
> Et t'en garde comme d'un traistre,

qui est à dire : « Porte toy envers luy d'une reverence contraincte, ennemie et desfiante », cry de guerre et desfi, est pareillement iniurieuse et difficile. Ie suis trop mol pour desseing si espineux : A dire vray, ie ne suis pas encores arrivé à cette perfection d'habileté et galantise d'esprit, que de confondre la raison avecques l'iniustice, et mettre en risee tout ordre et regle qui n'accorde à mon appetit : pour haïr la superstition, ie ne me iecte pas incontinent à l'irreligion. Si on ne faict tousiours son debvoir, au moins le fault il tousiours aimer et recognoistre : c'est trahison de se marier sans s'espouser. Passons oultre.

Nostre poëte represente un mariage plein d'accord et de bonne convenance, auquel pourtant il n'y a pas beaucoup de loyauté. A il voulu dire qu'il ne soit pas impossible de se rendre aux efforts de l'amour, et ce neantmoins reserver quelque debvoir envers le mariage; et qu'on le peult blecer, sans le rompre tout à faict? tel valet ferre la mule au maistre qu'il ne hayt pas pourtant. La beauté, l'opportunité, la destinee (car la destinee y met aussi la main)

> fatum est in partibus illis
> Quas sinus abscondit : nam, si tibi sidera cessent,
> Nil faciet longi mensura incognita nervi, (1)

l'ont attachee à un estrangier, non pas si entiere peult

---

(1) Il y a une fatalité attachée à ces parties : car il ne vous

estre qu'il ne luy puisse rester quelque liaison par où elle tient encores à son mary. Ce sont deux desseings, qui ont des routes distinguees et non confondues : une femme se peult rendre à tel personnage que nullement elle ne vouldroit avoir espousé; ie ne dis pas pour les conditions de la fortune, mais pour celles mesme de la personne. Peu de gents ont espousé des amies, qui ne s'en soyent repentis; et, iusques en l'aultre monde, quel mauvais mesnage a faict Iupiter avecques sa femme qu'il avoit premierement practiquee et iouïe par amourettes? c'est ce qu'on dict, Chier dans le panier, pour aprez le mettre sur sa teste. I'ay veu de mon temps, en quelque bon lieu, guarir honteusement et deshonnestement l'amour par le mariage : les considerations sont trop aultres. Nous aimons, sans nous empescher, deux choses diverses et qui se contrarient : Isocrates disoit que la ville d'Athenes plaisoit, à la mode que font les dames qu'on sert par amour? chascun aimoit à s'y venir promener, et y passer son temps; nul ne l'aimoit pour l'espouser, c'est à dire, pour s'y habituer et domicilier. I'ay avecques despit veu des maris haïr leurs femmes, de ce, seulement, qu'ils leur font tort : au moins ne les fault il pas moins aimer, de nostre faulte; par repentance et compassion au moins, elles nous en debvoient estre plus cheres. Ce sont fins differentes, et pourtant compatibles, dict il, en quelque façon : Le mariage a pour sa part, l'utilité, la iustice, l'honneur et la constance; un plaisir plat, mais plus universel : L'amour se fonde au seul plaisir, et l'a, de vray, plus chatouilleux, plus vif et plus aigu; un plaisir attizé par la difficulté : il y fault de la picqueure et de la cuisson; ce n'est plus amour s'il est sans fleches et sans feu. La liberalité des

---

servira de rien d'avoir été bien traité de la nature, si le malheur vous en veut. *Juvenal.* sat. 9, v. 32.

dames est trop profuse au mariage, et esmousse la poincte de l'affection et du desir: pour fuyr à cet inconvenient, voyez la peine qu'y prennent en leurs loix Lycurgus et Platon.

Les femmes n'ont pas tort du tout, quand elles refusent les regles de vie qui sont introduictes au monde; d'autant que ce sont les hommes qui les ont faictes sans elles. Il y a naturellement de la brigue et riotte entre elles et nous; le plus estroict consentement que nous ayons avecques elles, encores est il tumultuaire et tempesteux. A l'advis de nostre aucteur, nous les traictons inconsidereement en cecy: Aprez que nous avons cogneu qu'elles sont sans comparaison plus capables et ardentes aux effects de l'amour que nous, et que ce presbtre ancien l'a ainsi tesmoigné, qui avoit esté tantost homme, tantost femme,

Venus huic erat utraque nota; (1)

et, en oultre, que nous avons apprins de leur propre bouche la preuve qu'en feirent aultrefois, en divers siecles, un empereur et une emperiere de Rome, maistres ouvriers et fameux en cette besongne; (a) luy despucela bien en une nuict dix vierges sarmates ses captifves; mais elle (b) fournit reellement, en une nuict, à vingt et cinq entreprinses, changeant de compaignie selon son besoing et son goust,

adhuc ardens rigidæ tentigine vulvæ,
Et lassata viris, nondum satiata, recessit; (2)

---

(1) Qui connoissoit les plaisirs des deux sexes. *Ovid.* metam. l. 3, fab. 3, v. 323. Ce prêtre se nommoit Tirésias.

(a) Proculus, qui s'en glorifie lui-même dans une lettre à Métianus. *Voyez* Flavius Vopiscus in Proculo, p. 735, tom. 2, Hist. August. Scrip. cum notis Varior.

(b) Messaline, femme de l'empereur Claude.

(2) Tout enflammée encore, elle se retira fatiguée sans être

et que, sur le differend advenu (a) à Cateloigne entre une femme se plaignant des efforts trop assiduels de son mary, non tant à mon advis qu'elle en feust incommodee (car ie ne crois les miracles qu'en foy,) comme pour retrencher, soubs ce pretexte, et brider, en ce mesme qui est l'action fondamentale du mariage, l'auctorité des maris envers leurs femmes, et pour montrer que leurs hergnes et leur malignité passent oultre la couche nuptiale et foulent aux pieds les graces et doulceurs mesmes de Venus; à laquelle plaincte, le mary respondoit, homme vrayement brutal et desnaturé, qu'aux iours mesme de ieusne il ne s'en sçauroit passer à moins de dix, intervint ce notable arrest de la royne d'Aragon, par lequel, aprez meure deliberation de conseil, cette bonne royne, pour donner regle et exemple, à tout temps, de la moderation et modestie requise en un iuste mariage, ordonna, pour bornes legitimes et necessaires, le nombre de six par iour, relaschant et quittant beaucoup du besoing et desir de son sexe, « pour establir, disoit elle, une forme aysee, et par consequent permanente et immuable »: en quoy s'escrient les docteurs, « quel doibt estre l'appetit et la concupiscence feminine, puisque leur raison, leur reformation et leur vertu se taille à ce prix »! considerants le divers iugement de nos appetits, et (b) que Solon, chef de l'eschole iuridique, ne taxe qu'à trois fois par mois, pour ne faillir point, cette hantise coniugale: Aprez avoir creu, dis ie, et presché cela, nous sommes allez leur donner la continence peculierement en partage, et sur peines dernieres et extremes. Il n'est passion plus pressante que cette cy, à laquelle

---

rassasiée. *Juvenal.* sat. 6, v. 128, 129.

(a) En Catalogne.

(b) Car Solon, patron de l'eschole legiste. *Edit. in-fol. de* 1595.

nous voulons qu'elles resistent seules, non simplement comme à un vice de sa mesure, mais comme à l'abomination et exsecration, plus qu'à l'irreligion et au parricide; et nous nous y rendons ce pendant, sans coulpe et reproche. Ceulx mesme d'entre nous qui ont essayé d'en venir à bout, ont assez advoué quelle difficulté, ou plustost impossibilité, il y avoit, usant de remedes materiels, à mater, affoiblir et refroidir le corps : nous, au contraire, les voulons saines, vigoreuses, en bon poinct, bien nourries, et chastes ensemble; c'est à dire, et chauldes et froides. Car le mariage que nous disons avoir charge de les empescher de brusler, leur apporte peu de refreschissement, selon nos mœurs : Si elles en prennent un à qui la vigueur de l'aage boult encores ; il fera gloire de l'espandre ailleurs ;

> Sit tandem pudor; aut eamus in ius :
> Multis mentula millibus redempta
> Non est hæc tua, Basse; vendidisti; (1)

le philosophe Polemon feut iustement appelé en iustice par sa femme, de ce qu'il alloit semant en un champ sterile le fruict deu au champ genital : Si c'est de ces aultres cassez ; les voylà, en plein mariage, de pire condition que vierges et veufves. Nous les tenons pour bien fournies, parce qu'elles ont un homme auprez, comme les Romains teindrent pour violee (a) Clodia Laeta, Vestale, que Caligula avoit approchee, encores qu'il feust averé qu'il ne l'avoit qu'approchee : mais, au rebours, on

---

(1) Aye enfin honte d'un tel procédé; ou allons en justice. Tu ne saurois disposer de ce bien, à mon préjudice. Tu me l'as vendu, Bassus : je l'ai acheté à beaux deniers comptants ; il n'est plus à toi. *Martial.* l. 12, epigr. 90, v. 10, 7, 11. Edit. Varior. 1670.

(a) Et la firent enterrer vive, comme le rapporte Xiphilin, dans l'abrégé de la vie de Caligula. C.

recharge par là leur necessité, d'autant que l'attouchement et la compaignie de quelque masle que ce soit es-
veille leur chaleur qui demeureroit plus quiete en la
solitude ; et à cette fin, comme il est vraysemblable, de
rendre par cette circonstance et consideration leur chasteté plus meritoire, Boleslaus (a) et Kinge sa femme, rois
de Poloigne, la vouerent d'un commun accord, couchez ensemble, le iour mesme de leurs nopces, et la
mainteindrent à la barbe des commoditez maritales. Nous
les dressons, dez l'enfance, aux entremises de l'amour ;
leur grace, leur attiffeure, leur science, leur parole,
toute leur instruction ne regarde qu'à ce but : leurs gou-
vernantes ne leur impriment aultre chose que le visage
de l'amour, ne feust qu'en le leur representant continuellement pour les en desgouster. Ma fille, c'est tout
ce que i'ay d'enfants, est en l'aage auquel les loix excusent les plus eschauffees de se marier ; elle est d'une
complexion tardifve, mince et molle, et a esté par sa
mere eslevee de mesme, d'une forme retiree et particuliere, si qu'elle ne commence encores qu'à se desniai-
ser de la naïfveté de l'enfance; elle lisoit un livre françois
devant moy : le mot de Fouteau, s'y rencontra, nom
d'un arbre cogneu ; la femme qu'ell' a pour sa conduicte
l'arresta tout court un peu rudement, et la feit passer
par dessus ce mauvais pas. Ie la laissay faire, pour ne
troubler leurs regles, car ie ne m'empesche aulcunement de ce gouvernement ; la police feminine a un train
mysterieux, il fault le leur quitter : mais, si ie ne me
trompe, le commerce de vingt laquays n'eust sceu imprimer en sa fantasie, de six mois, l'intelligence et usage
et toutes les consequences du son de ces syllabes scelerees, comme feit cette bonne vieille par sa reprimande
et son interdiction.

(a) Qui à cause de cela fut surnommé le *pudique*, comme on
peut voir dans Cromer, *de Rebus Polon.* l. 8, p. 204. C.

> Motus doceri gaudet ionicos
> Matura virgo, et frangitur artubus
> Iam nunc, et incestos amores
> De tenero meditatur ungui. (1)

Qu'elles se dispensent un peu de la cerimonie; qu'elles entrent en liberté de discours: nous ne sommes qu'enfants au prix d'elles en cette science. Oyez leur representer nos poursuittes et nos entretiens; elles vous font bien cognoistre que nous ne leur apportons rien qu'elles n'ayent sceu et digéré sans nous. Seroit ce, ce que dict Platon, qu'elles ayent esté garsons desbauchez aultrefois? Mon aureille se rencontra un iour en lieu où elle pouvoit desrobber aulcun des discours faicts entre elles sans souspeçons : que ne puis ie le dire? Nostre dame! (feis ie), allons à cette heure estudier des phrases d'Amadis et des registres de Boccace et de l'Aretin, pour faire les habiles : nous employons vrayement bien nostre temps! Il n'est ny parole, ny exemple, ny desmarche, qu'elles ne sçachent mieulx que nos livres : c'est une discipline qui naist dans leurs veines,

> Et mentem Venus ipsa dedit, (2)

que ces bons maistres d'eschole, nature, ieunesse et santé, leur soufflent continuellement dans l'ame; elles n'ont que faire de l'apprendre : elles l'engendrent:

---

(1) Voyez cette beauté; sous les yeux de sa mere
Elle apprend en naissant l'art dangereux de plaire,
Et d'irriter en nous de funestes penchants :
Son enfance prévient le temps d'être coupable:
Le vice trop aimable
Instruit ses premiers ans.

Horat. l. 3, od. 6, v. 21, etc. Cette traduction est de M. de Voltaire, telle qu'il la fit à l'âge de quinze ans. C.

(2) Et que Vénus elle-même leur a inspirée. *Virg. Georg.* l. 3, v. 267.

Nec tantum niveo gavisa est ulla columbo
　Compar, vel si quid dicitur improbius,
Oscula mordenti semper decerpere rostro,
　Quantum præcipuè multivola est mulier. (1)

Qui n'eust tenu un peu en bride cette naturelle violence de leur desir, par la crainte et honneur de quoy on les a pourveues, nous estions diffamez. Tout le mouvement du monde se resoult et rend à cet accouplage; c'est une matiere infuse partout; c'est un centre où toutes choses regardent. On veoid encores des ordonnances de la vieille et sage Rome, faictes pour le service de l'amour; et les preceptes de Socrates à instruire les courtisanes:

　　Necnon libelli stoïci inter sericos
　　　Iacere pulvillos amant : (2)

Zenon, parmy ses loix, regloit aussi les escarquillements et les secousses du despucelage. De quel sens estoit le livre du philosophe Strato, De la coniunction charnelle? et de quoy traictoit Theophraste, en ceulx qu'il intitula, l'un l'Amoureux, l'aultre De l'amour? de quoy Aristippus, au sien Des anciennes delices? que veulent pretendre les descriptions si estendues et vifves en Platon, des amours de son temps plus hardies? et le livre de l'Amoureux, de Demetrius Phalereus? et Clinias, ou l'Amoureux forcé, de Heraclides Ponticus? et d'Antisthenes, celuy De faire les enfants, ou des nopces : et l'aultre, du Maistre ou de l'Amant? et d'Aristo, celuy des Exercices amoureux? de Cleanthes, un de l'Amour, l'aultre de l'Art d'aimer? les Dialogues amou-

___

(1) Et jamais colombe, ou s'il y a quelque autre oiseau plus lascif, n'a pris tant de plaisir à donner sans cesse d'un bec amoureux des baisers à son cher pigeon, qu'une femme qui s'abandonne aux transports de sa tendresse. *Catull.* ad Manlium, Carm. 66, v. 125, et seqq.

(2) Et les stoïciens, malgré toute leur gravité, aiment à faire de petits livres qui soient au goût des dames les plus galantes. *Horat.* epod. lib. od. 8, v. 15, 16.

reux de Sphaerus? et la Fable de Iupiter et Iuno, de Chrysippus, eshontee au delà de toute souffrance? et ses cinquante epistres si lascifves? car il fault laisser à part ces escripts des philosophes qui ont suyvi la secte (a) epicurienne [protectrice de la volupté]. Cinquante deïtez estoient, au temps passé, asservies à cet office; et s'est trouvé nation, où, pour endormir la concupiscence de ceulx qui venoient à la devotion, on tenoit aux eglises des garses et des garsons à iouïr; et estoit acte de cerimonie de s'en servir avant venir à l'office : *nimirum propter continentiam incontinentia necessaria est; incendium ignibus* (1) *extinguitur*. En la plus part du monde, cette partie de nostre corps estoit deïfiee : en mesme province, les uns se l'escorchoient pour en offrir et consacrer un lopin; les aultres offroient et consacroient leur semence : en une aultre, les ieunes hommes se le perceoient publicquement, et ouvroient en divers lieux entre chair et cuir, et traversoient, par ces ouvertures, des brochettes, les plus longues et grosses qu'ils pouvoient souffrir; et de ces brochettes faisoient aprez du feu, pour offrande à leurs dieux; estimez peu vigoreux et peu chastes, s'ils venoient à s'estonner par la force de cette cruelle douleur : ailleurs, le plus sacré magistrat estoit reveré et recogneu par ces parties là : et en plusieurs cerimonies l'effigie en estoit portee en pompe, à l'honneur de diverses divinitez ; les dames aegyptiennes en la feste des Bacchanales, en portoient au col un de bois, exquisement formé, grand et poisant, chascune selon sa force ; oultre ce que la statue de leur dieu en representoit (b) qui surpassoit

---

(a) La secte d'Epicurus. *Edit.* de 1595.

(1) C'est que l'incontinence est nécessaire à cause de la continence, et qu'un incendie est éteint par le feu.

(b) *Herodot.* 1. 2, p. 122. *Veretrum quod non multo minus est caetero corpore.* Je ne sais pourquoi Montaigne enchérit ici sur l'extravagante exagération des Egyptiens. C.

en mesure le reste du corps. Les femmes mariees, icy prez, en forgent, de leur couvrechef, une figure sur leur front, pour se glorifier de la iouïssance qu'elles en ont; et venant à estre veufves, le couchent en arriere, et en-sepvelissent soubs leur coeffure. Les plus sages matrones à Rome estoient honorees d'offrir des fleurs et des couronnes au dieu Priapus : et sur ses parties moins honnestes faisoit on seoir les vierges, au temps de leurs nopces. Encores ne sçais ie si i'ay veu en mes iours quelque air de pareille devotion. Que vouloit dire cette ridicule piece de la chaussure de nos peres, qui se veoid encores en nos Souysses? à quoy faire la montre que nous faisons, à cette heure, de nos pieces, en forme, soubs nos gregues; et souvent, qui pis est, oultre leur grandeur naturelle, par faulseté et imposture? Il me prend envie de croire que cette sorte de vestement feut inventee aux meilleurs et plus consciencieux siecles, pour ne piper le monde, pour que chascun rendist en public compte de son faict; les nations plus simples l'ont encores aulcunement rapportant au vray : lors on instruisoit la science de l'ouvrier, comme il se faict de la mesure du bras ou du pied. Ce bon homme qui, en ma ieunesse, chastra tant de belles et antiques statues en sa grande ville, pour ne corrompre la veue, suyvant l'advis de cet aultre ancien bon homme,

Flagitii principium est nudare inter cives corpora; (1)

se debvoit adviser, comme aux mysteres de la bonne deesse toute apparence masculine en estoit forclose, que ce n'estoit rien advancer, s'il ne faisoit encores chastrer et chevaulx, et asnes, et nature enfin :

---

(1) La coutume de paroitre nud en public a introduit le déréglement parmi nous, dit Ennius, cité par Cicéron avec cette marque d'approbation : *Bene ergo Ennius : Flagitii*, etc. Tusc. quæst. l. 4, c. 33. C.

Omne adeo genus in terris, hominumque ferarumque,
Et genus æquoreum, pecudes, pictæque volucres,
 In furias ignemque ruunt. (1)

Les dieux, dict Platon (a), nous ont fourni d'un membre inobedient et tyrannique, qui, comme un animal furieux, entreprend, par la violence de son appetit, soubmettre tout à soy : de mesme aux femmes le leur, comme un animal glouton et avide, auquel, si on refuse aliments en sa saison, il forcene, impatient de delay; et, soufflant sa rage en leur corps, empesche les conduicts, arreste la respiration, causant mille sortes de maulx ; iusques à ce qu'ayant humé le fruict de la soif commune, il en aye largement arrousé et ensemencé le fond de leur matrice. Or se debvoit adviser aussi mon legislateur, qu'à l'adventure est ce un plus chaste et fructueux usage de leur faire de bonne heure cognoistre le vif, que de le leur laisser deviner selon la liberté et chaleur de leur fantasie : au lieu des parties vrayes, elles en substituent, par desir et par esperance, d'aultres extravagantes au triple ; et tel de ma cognoissance s'est perdu, pour avoir faict la descouverte des siennes en lieu où il n'estoit encores au propre de les mettre en possession de leur plus serieux usage. Quel dommage ne font ces enormes pourtraicts que les enfants vont semant aux passages et escalliers des maisons royales ? de là leur vient un cruel mespris de nostre portée naturelle. Que sçait on, si Platon, ordonnant, aprez d'aultres republicques bien instituees, que les hommes et femmes, vieux, ieunes, se presentent nuds à la veue les uns des aultres, en ses

---

(1) Car tous les animaux, les hommes, les bêtes sauvages et domestiques, les poissons, les oiseaux, tout est sujet aux emportements de l'amour. *Virg. Georg.* l. 3, v. 244, et seqq.

(a) Vers la fin du Timée, d'où a été pris tout ce que Montaigne dit ici jusqu'à la fin de la phrase. C.

gymnastiques, n'a pas regardé à cela? Les Indiennes, qui voyent les hommes à crud, ont au moins refroidy le sens de la veue : et, quoyque dient les femmes de ce grand royaume du Pegu, qui, au dessoubs de la ceincture, n'ont à se couvrir qu'un drap fendu par le devant, et si estroict que, quelque cerimonieuse decence qu'elles y cherchent, à chasque pas on les veoid toutes, que c'est une invention trouvee aux fins d'attirer les hommes à elles et les retirer des masles, à quoy cette nation est du tout abandonnee, il se pourroit dire qu'elles y perdent plus qu'elles n'advancent, et qu'une faim entiere est plus aspre que celle qu'on a rassasiee, au moins par les yeulx : aussi disoit Livia, « qu'à une femme de bien, un homme nud n'est non plus qu'une image ». Les Lacedemoniennes, plus vierges femmes que ne sont nos filles, voyoient touts les iours les ieunes hommes de leur ville despouillez en leurs exercices; peu exactes elles mesmes à couvrir leurs cuisses en marchant, s'estimant, comme dict Platon (1), assez couvertes de leur vertu sans vertugade. Mais ceulx là, desquels tesmoigne sainct Augustin, ont donné un merveilleux effort de tentation à la nudité, qui ont mis en doubte si les femmes, au iugement universel, resusciteront en leur sexe, et non plustost au nostre, pour ne nous tenter encores en ce sainct estat. On les leurre, en somme, et acharne, par touts moyens; nous eschauffons et incitons leur imagination sans cesse : et puis nous crions au ventre. Confessons le vray, il n'en est gueres d'entre nous, qui ne craigne plus la honte qui luy vient des vices de sa femme, que des siens; qui ne se soigne plus (charité esmerveillable!) de la conscience de sa bonne espouse, que de la sienne propre; qui n'aimast mieulx estre voleur et sacrilege, et que sa femme feust meurtriere et heretique, que si elle n'estoit plus

---

(1) Platon ne parle pas des femmes lacédémoniennes, mais du sexe en général. *De Republ.* l. 5, p. 457, A. C.

chaste que son mary : inique estimation de vices ! Nous et elles sommes capables de mille corruptions plus dommageables et desnaturees, que n'est la lascifveté : mais nous faisons et poisons les vices, non selon nature, mais selon nostre interest ; par où ils prennent tant de formes ineguales. L'aspreté de nos decrets rend l'application des femmes à ce vice, plus aspre et vicieuse que ne porte sa condition, et l'engage à des suittes pires que n'est leur cause : elles offriront volontiers d'aller au palais querir du gain, et, à la guerre, de la reputation, plustost que d'avoir, au milieu de l'oisifveté et des delices, à faire une si difficile garde ; voyent elles pas qu'il n'est ny marchand, ny procureur, ny soldat, qui ne quitte sa besongne pour courre à cette aultre, et le crocheteur, et le savetier, touts harassez et hallebrenez qu'ils sont de travail et de faim ?

> Num tu, quæ tenuit dives Achæmenes,
> Aut pinguis Phrygiæ mygdonias opes,
> Permutare velis crine Licinniæ,
> Plenas aut Arabum domos,
> Dum fragrantia detorquet ad oscula
> Cervicem, aut facili sævitiâ negat
> Quæ poscente magis gaudeat eripi,
> Interdum rapere occupet ? (1)

Ie ne sçais si les exploicts de Cesar et d'Alexandre surpassent en rudesse la resolution d'une belle ieune femme, nourrie en nostre façon, à la lumiere et commerce du monde, battue de tant d'exemples contraires, se main-

---

(1) Voudriez-vous acheter au prix d'un seul cheveu de Licinnie les richesses de l'Arabie, les trésors d'Achémenes et du roi Midas, dans ces doux moments que, lui donnant un baiser, elle tourne la tête vers vous, ou que, faisant semblant de le refuser, elle se fait un plaisir de vous le laisser ravir, et quelquefois de vous prévenir elle-même ? *Horat.* od. 12, l. 2, v. 21, et seqq.

tenant entiere au milieu de mille continuelles et fortes poursuittes. Il n'y a point de faire plus espineux qu'est ce non faire, ny plus actif : ie treuve plus aysé de porter une cuirasse toute sa vie, qu'un pucelage; et est le vœu de la virginité le plus noble de touts les vœux, comme estant le plus aspre : Diaboli virtus in lumbis est (1), dict sainct Ierosme. Certes le plus ardu et le plus vigoureux des humains debvoirs, nous l'avons resigné aux dames, et leur en quittons la gloire. Cela leur doibt servir d'un singulier aiguillon à s'y opiniastrer ; c'est une belle matiere à nous braver, et à fouler aux pieds cette vaine preeminence de valeur et de vertu que nous pretendons sur elles : elles trouveront, si elles s'en prennent garde, qu'elles en seront non seulement tresestimees, mais aussi plus aimees. Un galant homme n'abandonne point sa poursuitte, pour estre refusé, pourveu que ce soit un refus de chasteté, non de chois : nous avons beau iurer, et menacer, et nous plaindre, nous mentons; nous les en aimons mieulx : il n'est point de pareil leurre, que la sagesse non rude et renfrognee. C'est stupidité et lascheté, de s'opiniastrer contre la haine et le mespris ; mais contre une resolution vertueuse et constante, meslee d'une volonté recognoissante, c'est l'exercice d'une ame noble et genereuse. Elles peuvent recognoistre nos services, iusques à certaine mesure, et nous faire sentir honnestement qu'elles ne nous desdaignent pas ; car cette loi qui leur commande

---

(1) Car, selon S. Iérôme, la vertu du diable est aux roignons. Cette traduction est de Montaigne, et se trouve à la marge de l'exemplaire enrichi d'un grand nombre d'additions et de corrections toutes écrites de sa propre main. Observons néanmoins que cette traduction lui paroissant peut-être un peu libre, il a passé dessus une ligne transversale, et s'est contenté de citer le texte seul de S. Jérôme, *adversus Jovinian.* l. 2, p. 72, tom. 2, ed. Basil. 1537, N.

de nous abominer, parce que nous les adorons, et nous haïr de ce que nous les aimons, elle est certes cruelle, ne feust que de sa difficulté : pourquoy n'orront elles nos offres et nos demandes, autant qu'elles se contiennent soubs le debvoir de la modestie ? que va lon divinant qu'elles sonnent au dedans quelque sens plus libre ? Une royne de nostre temps disoit ingenieusement, « que de refuser ces abords, c'est tesmoignage de foiblesse, et accusation de sa propre facilité ; et qu'une dame non tentee ne se pouvoit vanter de sa chasteté ». Les limites de l'honneur ne sont pas retrenchez du tout si court : il a de quoy se relascher ; il peult se dispenser aulcunement, sans se forfaire ; au bout de sa frontiere il y a quelque estendue, libre, indifferente et neutre. Qui l'a peu chasser et acculer à force, iusques dans son coing et son fort, c'est un malhabile homme s'il n'est satisfaict de sa fortune : le prix de la victoire se considere par la difficulté. Voulez vous sçavoir quelle impression a faict en son cœur vostre servitude et vostre merite ? mesurez le à ses mœurs : telle peult donner plus, qui ne donne pas tant. L'obligation du bienfaict se rapporte entierement à la volonté de celuy qui donne ; les aultres circonstances qui tumbent au bien faire, sont muettes, mortes et casueles : ce peu luy couste plus à donner, qu'à sa compaigne son tout. Si en quelque chose la rareté sert d'estimation, ce doibt estre en cecy ; ne regardez pas combien peu c'est, mais combien peu l'ont : la valeur de la monnoye se change, selon le coing et la marque du lieu. Quoy que le despit et l'indiscretion d'aulcuns leur puisse faire dire sur l'excez de leur mescontentement, tousiours la vertu et la verité regaigne son advantage : i'en ay veu, desquelles la reputation a esté long temps interessee par iniure, s'estre remises en l'approbation universelle des hommes par leur seule constance, sans soing et sans artifice ; chascun se repent et se desment de ce qu'il en a creu ; de filles un peu suspectes, elles tiennent le premier reng entre les dames d'honneur. Quelqu'un disoit à Platon : « Tout le monde mesdict de vous » : « Laissez les dire, feit-il (a), ie vivray de façon que ie leur feray changer de langage ». Oultre la crainte de Dieu, et le prix d'une gloire si rare, qui les doibt inciter à se conserver, la corruption de ce siecle les y force : et si i'estois en leur place, il n'est rien que ie ne feisse plustost que de commettre ma réputation en mains si dangereuses. De mon temps le plaisir d'en conter (plaisir qui ne doibt gueres en doulceur à celuy mesme de l'effect), n'estoit permis qu'à ceulx qui avoient quelque amy fidele et unique : à présent, les entretiens ordinaires des assemblees et des tables ce sont les vanteries des faveurs receues et libéralité secrete des dames. Vrayement c'est trop d'abiection et de bassesse de cœur de laisser ainsi fierement persecuter, paistrir; et fourrager (b) ces graces tendres, à des personnes ingrates, indiscretes et si volages.

Cette nostre exasperation immoderee et illegitime contre ce vice naist de la plus vaine et tempesteuse maladie qui afflige les ames humaines, qui est la jalousie.

> Quis vetat apposito lumen de lumine sumi ?
> Dent licet assiduè, nil tamen inde perit : (1)

celle là, et l'envie sa sœur, me semblent des plus ineptes

(a) Ceci est rapporté dans les sentences recueillies par Antonius et Maximus, *serm.* 54. C.

(b) Ces tendres et mignardes doulceurs. *Edit.* de 1595.

(1) Qui est-ce qui empêche d'allumer un flambeau à la lumiere d'un autre flambeau ? elles ont beau donner, leur fonds ne diminue jamais. *Ovid. de arte amandi,* l. 3, v. 93.

Le sens du dernier vers est dans Ovide : pour les paroles, Montaigne les a prises d'une épigramme intitulée *Priapus*, in veterum poëtarum catalectis : laquelle commence ainsi,

> Obscurè poteram tibi dicere, Da mihi quod tu
> Des licet assiduè, nil tamen inde perit. C.

de la troupe. De cette cy, ie n'en puis gueres parler: cette passion qu'on peinct si forte et si puissante, n'a de sa grace aulcune addresse en moy. Quant à l'aultre, ie la cognois, au moins de veue. Les bestes en ont ressentiment: le pasteur Chratis estant tumbé en l'amour d'une chevre, son bouc, ainsi qu'il dormoit, luy veint, par ialousie, chocquer la teste, de la sienne, et la luy escraza. Nous avons monté l'excez de cette fiebvre, à l'exemple d'aulcunes nations barbares: les mieulx disciplinees en ont esté touchees; c'est raison; mais non pas transportees,

> Ense maritali nemo confossus adulter
> Purpureo stygias sanguine tinxit aquas: (1)

Lucullus, Cesar, Pompeius, Antonius, Caton, et d'aultres braves hommes, feurent cocus, et le sceurent, sans en exciter tumulte; il n'y eut, en ce temps là, qu'un sot de Lepidus (a) qui en mourut d'angoisse:

> Ah tum te miserum malique fati,
> Quem attractis pedibus, patente portà,
> Percurrent mugilesque raphanique : (2)

et le dieu de nostre poëte, quand il surprint avecques sa femme l'un de ses compaignons, se contenta de leur en faire honte,

> atque aliquis de dis non tristibus optat
> Sic fieri turpis ; (3)

et ne laisse pourtant pas de s'eschauffer des molles ca-

---

(1) Jamais un adultere percé de l'épée d'un mari n'a teint de son sang les eaux du Styx.

(a) Le pere du Triumvir. *Voyez* Plutarque, vie de Pompée, c. 5, de la version d'Amyot.

(2) Tout le pis qui peut t'arriver si tu es pris sur le fait, c'est d'être trainé par les pieds hors du logis, après avoir subi un supplice beaucoup plus infâme que funeste. *Catull.* ad Aurelium, carm. 16, v. 17, et seqq.

(3) Un des dieux les plus enjoués dit alors, qu'il seroit fort

resses qu'elle luy offre, se plaignant qu'elle soit pour cela entree en desfiance de son affection :

> Quid causas petis ex alto? fiducia cessit
> Quò tibi, diva, mei? (1)

voire, elle luy faict requeste pour un sien bastard,

> Arma rogo, genitrix, nato, (2)

qui luy est liberalement accordee ; et parle Vulcan d'Aeneas avecques honneur,

> Arma acri facienda viro, (3)

d'une humanité à la verité plus qu'humaine, et cet excez de bonté, ie consens qu'on le quitte aux dieux :

> nec divis homines componier æquum est. (4)

Quant à la confusion des enfants, oultre ce que les plus graves legislateurs l'ordonnent et l'affectent en toutes leurs republicques, elle ne touche pas les femmes, où cette passion est ie ne sais comment encores mieulx en son siege :

> Sæpè etiam Iuno, maxima cœlicolûm,
> Coniugis in culpa flagravit quotidiana. (5)

Lorsque la ialousie saisit ces pauvres ames foibles et

---

aise d'être exposé à un tel déshonneur. *Ovid.* metamorph. l. 4, fab. 5, v. 21, 22.

(1) A quoi bon tous ces grands détours pour me persuader? Pourquoi, belle déesse, vous défiez-vous de moi ? *Virg. Aeneid.* l. 8, v. 395.

(2) C'est une mere qui vous demande des armes pour son fils. *Id.* ibid. v. 383.

(3) Il s'agit de faire des armes pour un grand guerrier. *Id.* ibid. v. 441.

(4) Aussi n'est-il pas juste de comparer les hommes aux dieux. *Catull.* ad Manlium, carm. 66. v. 141.

(5) Et souvent la bile de Junon, reine du ciel, a été émue par les galanteries de son mari. *Id.* ibid. v. 138, 139.

sans resistance, c'est pitié comme elle les tirasse et tyrannise cruellement : elle s'y insinue soubs tiltre d'amitié; mais, depuis qu'elle les possede, les mesmes causes qui servoient de fondement à la bienveuillance servent de fondement de hayne capitale. C'est, des maladies d'esprit, celle à qui plus de choses servent d'aliment, et moins de choses de remede : la vertu, la santé, le merite, la reputation du mary, sont les boutefeux de leur maltalent et de leur rage :

  Nullæ sunt inimicitiæ, nisi amoris, acerbæ. (1)

Cette fiebvre laidit et corrompt tout ce qu'elles ont de bel et de bon d'ailleurs; et d'une femme ialouse, quelque chaste qu'elle soit et mesnagiere, il n'est action qui ne sente à l'aigre et à l'importun : c'est une agitation enragee, qui les reiecte à une extremité du tout contraire à sa cause. Il feut bon d'un Octavius (a) à Rome : Ayant couché avecques Pontia Posthumia, il augmenta son affection par la iouïssance, et poursuyvit à toute instance de l'espouser : ne la pouvant persuader, cet amour extreme le precipita aux effects de la plus cruelle et mortelle inimitié; il la tua. Pareillement les symptomes ordinaires de cette aultre maladie amoureuse, ce sont haines intestines, monopoles, coniurations,

  notumque furens quid fœmina possit, (2)

et une rage qui se ronge d'autant plus qu'elle est trainecte de s'excuser du pretexte de bienveuillance.

 Or le debvoir de chasteté a une grande estendue : est ce

---

(1) Il n'y a pas d'inimitiés plus fortes que celles que produit l'amour. *Propert.* eleg. 8, l. 2, v. 3.

(a) Tacite, d'où cette histoire est tirée, (*Annal.* l. 13, c. 44.) le nomme Octavius Sagitta. C.

(2) Car on sait jusqu'où va la fureur d'une femme. *Aeneid.* l. 5, v. 6.

la volonté que nous voulons qu'elles brident ? c'est une piece bien souple et actifve ; elle a beaucoup de promptitude, pour la pouvoir arrester : comment ? si les songes les engagent parfois si avant, qu'elles ne s'en puissent desdire ; il n'est pas en elles, ny à l'adventure en la Chasteté mesme, puisqu'elle est femelle, de se deffendre des concupiscences et du desirer. Si leur volonté seule nous interesse, où en sommes nous ? Imaginez la grand' presse, à qui auroit ce privilege d'estre porté, tout empenné, sans yeulx et sans langue, sur le poing de chascune qui l'accepteroit : les femmes scythes crevoient les yeulx à touts leurs esclaves et prisonniers de guerre, pour s'en servir plus librement et couvertement. Oh le furieux advantage que l'opportunité ! Qui me demanderoit la premiere partie en l'amour, ie respondrois que c'est sçavoir prendre le temps ; la seconde de mesme ; et encores la tierce : c'est un poinct qui peult tout. I'ay eu faulte de fortune souvent, mais parfois aussi d'entreprinse : Dieu gard' de mal qui peult encores s'en mocquer. Il y fault en ce siecle plus de temerité, laquelle nos ieunes gents excusent soubs pretexte de chaleur ; mais, si elles y regardoient de prez, elles trouveroient qu'elle vient plustost de mespris. Ie craignois superstitieusement d'offenser ; et respecte volontiers ce que i'aime : oultre ce, qu'en cette marchandise, qui en oste la reverence, en efface le lustre ; i'aime qu'on y face un peu l'enfant, le craintif et le serviteur. Si ce n'est du tout en cecy, i'ay, d'ailleurs, quelques airs de la sotte honte de quoy parle Plutarque, et en a esté le cours de ma vie blecé et taché diversement ; qualité bien mal advenante à ma forme universelle : qu'est il de nous aussi, que sedition et discrepance ? I'ay les yeulx tendres à soubtenir un refus, comme à refuser : et me poise tant de poiser à aultruy, que, ez occasions où le debvoir me force d'essayer la volonté de quelqu'un en chose doubteuse et qui luy couste, ie le fois maigrement et envy ; mais si c'est pour mon particulier, quoyque die véritablement Homere, « qu'à un indigent c'est une sotte vertu que la honte », i'y commets ordinairement un tiers qui rougisse en ma place : et esconduis ceulx qui m'employent, de pareille difficulté ; si qu'il m'est advenu parfois d'avoir la volonté de nier, que ie n'en avois pas la force. C'est doncques folie d'essayer à brider aux femmes un desir qui leur est si cuisant et si naturel : et quand ie les ois se vanter d'avoir leur volonté si vierge et si froide, ie me mocque d'elles ; elles se reculent trop arriere : Si c'est une vieille esdentee et decrepite, ou une ieune seiche et pulmonique ; s'il n'est du tout croyable, au moins elles ont apparence de le dire : Mais celles qui se meuvent et qui respirent encores, elles en empirent leur marché, d'autant que les excuses inconsiderees servent d'accusation ; comme un gentil homme de mes voisins, qu'on souspeçonnoit d'impuissance,

Languidior tenerâ cui pendens sicula betâ,
Nunquam se mediam sustulit ad tunicam, (1)

trois ou quatre iours aprez ses nopces, alla iurer tout hardiement, pour se iustifier, qu'il avoit faict vingt postes la nuict precedente ; de quoy on s'est servy depuis à le convaincre de pure ignorance, et à le desmarier : oultre que ce n'est rien dire qui vaille, car il n'y a ny continence ny vertu, s'il n'y a de l'effort au contraire. Il est vray, fault il dire, mais ie ne suis pas preste à me rendre : les saincts mesme parlent ainsi. S'entend, de celles qui se vantent en bon escient de leur froideur et insensibilité, et qui veulent en estre crues d'un visage serieux ; car, quand c'est d'un visage affetté, où les yeulx desmentent leurs paroles, et du iargon de leur profession qui porte coup à contrepoil, ie le treuve bon. Ie

---

(1) Et qui n'avoit jamais donné le moindre signe de vigueur. *Catull.* carm. l. 65, v. 21, 22. Edit. Maittairianæ, Lond. 1715.

suis fort serviteur de la naïfveté et de la liberté; mais il n'y a remede: si elle n'est du tout niaise ou enfantine, elle est inepte, et messeante aux dames en ce commerce; elle gauchit incontinent sur l'impudence. Leurs desguisements et leurs figures ne trompent que les sots; le mentir y est en siege d'honneur: c'est un destour qui nous conduict à la verité par une faulse porte. Si nous ne pouvons contenir leur imagination, que voulons nous d'elles? Les effects? il en est assez qui eschappent à toute communication estrangiere, par lesquels la chasteté peult estre corrompue;

> Illud sæpè facit, quod sine teste facit: (1)

et ceulx que nous craignons le moins, sont à l'adventure les plus à craindre; leurs pechez muets sont les pires:

> Offendor moechâ simpliciore minùs. (2)

Il est des effects qui peuvent perdre sans impudicité leur pudicité; et, qui plus est, sans leur sceu: obstetrix, virginis cuiusdam integritatem manu velut explorans, sive malevolentiâ, sive inscitiâ, sive casu, dum inspicit, perdidit (3); telle (a) a esdiré sa virginité, pour l'avoir cherchee; telle s'en esbattant, l'a tuee. Nous ne sçaurions leur circonscrire precisement les actions que nous leur deffendons; il fault concevoir nostre loy soubs paroles generales et

---

(1) L'on fait souvent, ce qu'on fait sans témoin.
Martial. l. 7, epigr. 62, v. 6.

(2) Je suis moins scandalisé d'une coquette de profession. *Id.* l. 6, epigr. 7, v. 6.

(3) Ces paroles qui confirment ce que Montaigne vient de dire, et qu'on ne sauroit traduire ouvertement en françois, sont de S. Augustin, *de civit. Dei*, l. 1. c. 18. C.

(a) Telle a adiré. *Edit. in-fol.* de 1595. Montaigne avoit mis ouparavant: *telle a perdu*; ce qui suffit pour expliquer le mot *esdiré* qu'il y a substitué. N.

incertaines : l'idee mesme que nous forgeons à leur chasteté est ridicule; car, entre les extremes patrons que i'en aye, c'est Fatua, femme de Faunus, qui ne se laissa veoir oncques puis ses nopces à masle quelconque; et la femme de Hieron, qui ne sentoit pas son mary punais, estimant que ce feust une qualité commune à touts hommes : Il fault qu'elles deviennent insensibles et invisibles pour nous satisfaire.

Or confessons que le nœud du iugement de ce debvoir gist principalement en la volonté : il y a eu des maris qui ont souffert cet accident, non seulement sans reproche et offense envers leurs femmes, mais avecques singuliere obligation et recommendation de leur vertu; telle, qui aimoit mieulx son honneur que sa vie, l'a prostitué à l'appetit forcené d'un mortel ennemy, pour sauver la vie à son mary, et a faict pour luy ce qu'elle n'eust aulcunement faict pour soy. Ce n'est pas icy le lieu d'estendre ces exemples; ils sont trop haults et trop riches pour estre representez en ce lustre; gardons les à un plus noble siege : mais pour des exemples de lustre plus vulgaire, est il pas touts les iours des femmes [entre nous] qui, pour la seule utilité de leurs maris, se prestent, et par leur expresse ordonnance et entremise? et anciennement Phaulius l'Argien offrit la sienne au roy Philippus par ambition; tout ainsi que par civilité ce Galba, qui avoit donné à souper à Mecenas, voyant que sa femme et lui commenceoient à complotter par œuillades et signes, se laissa couler sur son coussin, representant un homme aggravé de sommeil, pour faire espaule à leur intelligence; et l'advoua d'assez bonne grace, car, sur ce poinct, un valet ayant prins la hardiesse de porter la main sur les vases qui estoient sur la table, il luy cria (a) : « Veois tu pas, coquin, que ie ne dors que pour

---

(a) Il lui cria tout franchement : Comment, coquin, etc. *Edit. in-fol.* de 1595.

Mecenas »? Telle a les mœurs desbordees, qui a la volonté plus reformee que n'a cett' aultre qui se conduict soubs une apparence reglee. Comme nous en voyons qui se plaignent d'avoir esté vouees à chasteté, avant l'aage de cognoissance : i'en ay veu aussi se plaindre veritablement d'avoir esté vouees à la desbauche, avant l'aage de cognoissance ; le vice des parents en peult estre cause ; ou la force du besoing, qui est un rude conseiller. Aux Indes orientales, la chasteté y estant en singuliere recommendation, l'usage pourtant souffroit qu'une femme mariee se peust abandonner à qui luy presentoit un elephant ; et cela, avecques quelque gloire d'avoir esté estimee à si hault prix. Phedon le philosophe, homme de maison, aprez la prinse de son païs d'Elide, feit mestier de prostituer, autant qu'elle dura, la beauté de sa ieunesse à qui en voulut, à prix d'argent, pour en vivre (a). Et Solon feut le premier en la Grece, dict on, qui par ses loix donna liberté aux femmes, aux despens de leur pudicité, de pourveoir au besoing de leur vie : coustume que Herodote dict avoir esté receue avant luy en plusieurs polices. Et puis, quel fruict de cette penible solicitude? car, quelque iustice qu'il y ayt en cette passion, encores fauldroit il veoir si elle nous charie utilement : est il quelqu'un qui les pense boucler par son industrie ?

> Pone seram ; cohibe : sed quis custodiet ipsos
> Custodes ? cauta est, et ab illis incipit uxor : (1)

quelle commodité ne leur est suffisante, en un siecle si

(a) Il n'en fit pas métier, de son bon gré, comme Montaigne semble l'insinuer : mais étant esclave, son maître le forçoit à se prostituer. *Diog. Laerce*, l. 2, segm. 105. *Et, ut quidam scripserunt, a lenone domino puer ad merendum coactus*, dit encore Aulu-Gelle, l. 2, c. 18. C.

(1) Enferme-la sous clef, fais-la garder à vue. Mais qui gardera

sçavant? La curiosité est vicieuse partout ; mais elle est pernicieuse icy : c'est folie de vouloir s'esclaircir d'un mal auquel il n'y a point de medecine qui ne l'empire et le rengrege; duquel la honte s'augmente et se publie principalement par la ialousie; duquel la vengeance blece plus nos enfants qu'elle ne nous guarit. Vous asseichez et mourez à la queste d'une si obscure verification. Combien piteusement y sont arrivez ceulx de mon temps qui en sont venus à bout! Si l'advertisseur n'y presente quand et quand le remede et son secours, c'est un advertissement iniurieux, et qui merite mieulx un coup de poignard, que ne faict un desmentir. On ne se mocque pas moins de celuy qui est en peine d'y pourveoir, que de celuy qui l'ignore. Le charactere de la cornardise est indelebile; à qui il est une fois attaché, il l'est tousiours : le chastiement l'exprime plus que la faulte. Il faict beau veoir arracher de l'umbre et du doubte nos malheurs privez, pour les trompetter en eschaffauds tragiques; et malheurs qui ne pincent que par le rapport, car Bonne femme, et Bon mariage, se dict, non de qui l'est, mais duquel on se taist. Il fault estre ingenieux à eviter cette ennuyeuse et inutile cognoissance; et avoient les Romains en coustume, revenants de voyage, d'envoyer au devant en la maison faire sçavoir leur arrivee aux femmes, pour ne les surprendre ; et pourtant a introduict certaine nation que le presbtre ouvre le pas à l'espousee, le iour des nopces, pour oster au marié le doubte et la curiosité de cercher en ce premier essay si elle vient à lui vierge, ou blecee d'une amour estrangiere. Mais le monde en parle : ie sçais cent honnestes hommes cocus, honnestement et peu indecemment ; un galant homme en est plainct, non pas desestimé. Faites que vostre vertu estouffe vostre malheur ; que les gents de bien

---

ses gardes ? car ta femme est rusée, et c'est par les gagner eux-mêmes qu'elle commencera. *Juvenal.* sat. 6, v. 346, et seq.

en mauldissant l'occasion; que celuy qui vous offense tremble seulement à le penser. Et puis, de qui ne parle on ce sens, depuis le petit iusques au plus grand?

tot qui legionibus imperitavit,
Et melior quàm tu multis fuit, improbe, rebus: (1)

veois tu qu'on engage en ce reproche tant d'honnestes hommes en ta présence, pense qu'on ne t'espargne non plus ailleurs. Mais iusques aux dames, elles s'en mocqueront: et de quoy se mocquent elles en ce temps plus volontiers que d'un mariage paisible et bien composé? Chascun de vous a faict quelqu'un cocu: or nature est toute en pareilles, en compensation et vicissitude. La frequence de cet accident en doibt meshuy avoir moderé l'aigreur: le voilà tantost passé en coustume. Misérable passion! qui a cecy encores, d'estre incommunicable;

Fors etiam nostris invidit questibus aures. (2)

car à quel amy osez vous fier vos doleances, qui, s'il ne s'en rit, ne s'en serve d'acheminement et d'instruction pour prendre luy mesme sa part à la curee. Les aigreurs comme les doulceurs du mariage se tiennent secrettes par les sages; et, parmy les aultres importunes conditions qui se treuvent en iceluy, cette cy, à un homme languagier, comme ie suis, est des principales, que la coustume rende indecent et nuisible qu'on communique à personne tout ce qu'on en sçait et qu'on en sent. De

---

(1) D'un héros, d'un fameux général d'armée, qui par plusieurs endroits valoit mieux que toi, misérable que tu es. *Lucret.* l. 3, v. 1039, 1041. Le vers 1041, dont Montaigne cite le sens plutôt que les paroles, est ici avant le 1039. C.

(2) Car le sort nous envie même la consolation de nous plaindre à autrui de notre infortune. *Catull.* de Nuptiis Pelei, etc. carm. 62, v. 170.

leur donner mesme conseil à elles, pour les desgouster de la ialousie; ce seroit temps perdu : leur essence est si confite en souspeçon, en vanité et en curiosité, que de les guarir par voye legitime il ne fault pas l'esperer. Elles s'amendent souvent de cet inconvenient, par une forme de santé, beaucoup plus à craindre que n'est la maladie mesme; car, comme il y a des enchantements qui ne sçavent pas oster le mal qu'en le rechargeant à un aultre, elles reiectent ainsi volontiers cette fiebvre à leurs maris, quand elles la perdent. Toutesfois, à dire vray, ie ne sçais si on peult souffrir d'elles pis que la ialousie : c'est la plus dangereuse de leurs conditions; comme de leurs membres, la teste. Pittacus disoit : « que chascun avoit son default; que le sien estoit la mauvaise teste de sa femme : hors cela, il s'estimeroit de tout poinct heureux »(a). C'est un bien poisant inconvenient duquel un personnage si iuste, si sage, si vaillant, sentoit tout l'estat de sa vie alteré : que debvons nous faire, nous aultres hommenets? Le senat de Marseille eut raison (b) d'accorder la requeste à celuy qui demandoit permission de se tuer, pour s'exempter de la tempeste de sa femme; car c'est un mal qui ne s'emporte iamais qu'en emportant la piece, et qui n'a aultre composition qui vaille, que la fuyte ou la souffrance, quoyque toutes les deux tresdifficiles. Celuy là s'y entendoit, ce me semble, qui dict « qu'un bon mariage se dressoit d'une femme aveugle, avecques un mary sourd ». Regardons aussi que cette grande et violente aspreté d'obligation que nous leur enioignons, ne produise deux effects contraires à nostre fin : à sçavoir; Qu'elle aiguise les

---

(a) Plutarque, *du contentement ou repos de l'esprit*, c. 11. Le mot de *défault* dont Montaigne se sert après Amyot, signifie ici traverses, incommodité, quelque chose qui trouble notre repos, qui nous empêche d'être heureux. C.

(b) D'interiner sa requeste. *Edit. in-fol. de 1595.*

poursuyvants; Et face les femmes plus faciles à se rendre. Car, quant au premier poinct, montant le prix de la place, nous montons le prix et le desir de la conqueste. Seroit ce pas Venus mesme qui eust ainsi finement haulsé le chevet à sa marchandise par le maquerelage des loix, cognoissant combien c'est un sot deduit, qui ne le feroit valoir par fantasie et par cherté? enfin c'est toute chair de porc, que la saulse diversifie, comme disoit l'hoste de Flaminius. Cupidon est un dieu felon: il faict son ieu à luicter la devotion et la iustice: c'est sa gloire, que sa puissance chocque tout' aultre puissance, et que toutes aultres regles cedent aux siennes;

<blockquote>Materiam culpæ prosequiturque suæ. (1)</blockquote>

Et quant au second poinct: serions nous pas moins cocus, si nous craignions moins de l'estre? suyvant la complexion des femmes; car la deffense les incite et convie:

<blockquote>Ubi velis, nolunt; ubi nolis, volunt ultro: (2)
Concessâ pudet ire viâ. (3)</blockquote>

Quelle meilleure interpretation trouverions nous au faict de Messalina? Elle feit au commencement son mary cocu à cachetes, comme il se faict: mais, conduisant ses parties trop ayseement, par la stupidité qui estoit en luy, elle desdaigna soubdain cet usage; la voylà à faire l'amour à la descouverte, advouer des serviteurs, les entretenir et les favoriser à la veue d'un chascun: elle vouloit qu'il s'en ressentist. Cet animal ne se pouvant esveiller pour tout cela, et luy rendant ses plaisirs mols et fades par cette trop lasche facilité par laquelle il sembloit qu'il les auctorisast et legitimast, que feit elle?

---

(1) Il cherche incessamment matiere à ses excès.
Ovid. tristium. l. 4, eleg. 1, v. 34.

(2) Voulez-vous une chose, elles s'y opposent fortement; ne la voulez-vous point, elles s'y portent avec ardeur. *Terent.* Eunuch. act. 4, sc. 8 v. 43.

(3) Elles ont honte de suivre le chemin permis. *Lucan*, l. 2, v. 446.

Femme d'un empereur sain et vivant, et à Rome, au theatre du monde, en plein midy, en feste et cerimonie publicque, et avecques Silius, duquel elle iouïssoit long temps devant, elle se marie un iour que son mary estoit hors de la ville. Semble il pas qu'elle s'acheminast à devenir chaste, par la nonchalance de son mary? ou qu'elle cherchast un aultre mary qui luy aiguisast l'appetit par sa ialousie, et qui, en luy insistant, l'incitast? Mais la premiere difficulté qu'elle rencontra feut aussi la derniere : cette beste s'esveilla en sursault ; on a souvent pire marché de ces sourdauds endormis ; i'ay veu par experience que cette extreme souffrance, quand elle vient à se desnouer, produict des vengeances plus aspres ; car, prenant feu tout à coup, la cholere et la fureur s'emmoncelant en un, esclatte touts ses efforts à la premiere charge,

irarumque omnes effundit habenas, (1)

il la feit mourir, et grand nombre de ceulx de son intelligence ; iusques à tel (a) qui n'en pouvoit mais, et qu'elle avoit convié à son lict à coups d'escourgee.

Ce que Virgile dict de Venus et de Vulcan, Lucrece l'avoit dict plus sortablement d'une iouïssance desrobbee d'elle et de Mars :

belli fera mœnera Mavors
Armipotens regit, in gremium qui sæpe tuum se
Reiicit, æterno devinctus vulnere amoris ;...
Pascit amore avidos inhians in te, dea, visus,
Eque tuo pendet resupini spiritus ore :
Hunc tu, diva, tuo recubantem corpore sancto
Circumfusa super, suaveis ex ore loquelas
Funde. (2)

---

(1) Et ne met point de borne à ses emportements.
Aeneid. l. 12, v. 499.

(a) Mnester, comédien, et Traulus Montanus, chevalier. *Tacit.* annal. l. 11, c. 36. C.

(2) Mars, le redoutable dieu des combats, brûlant pour vous

Quand ie rumine ce reiicit, pascit, inhians, molli, fovet, medullas, labefacta, pendet, percurrit (1), et cette noble circumfusa, mere du gentil infusus; i'ay desdaing de ces menues poinctes et allusions verbales qui nasquirent depuis. A ces bonnes gents, il ne falloit d'aiguë et subtile rencontre : leur langage est tout plein, et gros d'une vigueur naturelle et constante : ils sont tout epigramme; non la queue seulement, mais la teste, l'estomach et les pieds. Il n'y a rien d'efforcé, rien de traisnant, tout y marche d'une pareille teneur : contextus totus virilis est; non sunt circa flosculos occupati (2). Ce n'est pas une eloquence molle, et seulement sans offense : elle est nerveuse et solide, qui ne plaist pas tant, comme elle remplit et ravit; et ravit le plus les plus forts esprits (a). Quand ie veois ces braves formes de s'expliquer, si vifves, si profondes, ie ne dis pas que c'est Bien dire, ie dis que c'est Bien penser. C'est la gaillardise de l'imagination qui esleve et enfle les paroles : pectus est, quod disertum

---

d'une ardeur immortelle, vient souvent se délasser dans votre sein : les yeux fixés sur vous, charmante déesse, il se repaît de regards avides et pleins de feu, et s'enivre du doux parfum qui s'exhale de votre divine bouche. Dans ces moments heureux que, livrée à ses embrassements, vous le tenez entre vos bras sacrés, employez, belle déesse, pour l'appaiser, quelques unes de ces douces paroles dont le charme est si ravissant. *Lucrèt.* l. 1, v. 33, et seqq.

(1) Tous ces mots, si naturels et si expressifs, se trouvent, les uns dans le passage de Virgile cité ci-dessus p. 318, et les autres dans ce dernier passage de Lucrece. C.

(2) Toute la contexture de leur discours est mâle : ils ne s'amusent point à l'orner de petites fleurs de rhétorique. *Senec.* epist. 33.

(a) Montaigne ajoutoit ici : « qui signifie plus qu'elle ne dict »; mais il a ensuite rayé cette addition, et l'a replacée dix-huit lignes plus bas. N.

facit (1) : nos gents appellent iugement, langage; et beaux mots, les pleines conceptions. Cette peincture est conduicte, non tant par dexterité de la main, comme pour avoir l'obiect plus vifvement empreinct en l'ame. Gallus parle simplement, parce qu'il conceoit simplement : Horace ne se contente point d'une superficielle expression, elle le trahiroit; il veoid plus clair et plus oultre dans les choses; son esprit crochette et furette tout le magasin des mots et des figures, pour se representer; et les luy fault oultre l'ordinaire, comme sa conception est oultre l'ordinaire. Plutarque dict (a) qu'il veid le langage latin par les choses : icy de mesme; le sens esclaire et produict les paroles, non plus de vent, ains de chair et d'os; elles signifient plus qu'elles ne disent. Les imbecilles sentent encores quelque image de cecy : car en Italie ie disois ce qu'il me plaisoit, en devis communs; mais aux propos roides, ie n'eusse osé me fier à un idiome que ie ne pouvois plier ny contourner oultre son allure commune : i'y veulx pouvoir quelque chose du mien. Le maniement et employte des beaux esprits donne prix à la langue; non pas l'innovant, tant, comme la remplissant de plus vigoreux et divers services, l'estirant et ployant : ils n'y apportent point de mots, mais ils enrichissent les leurs, appesantissent et enfoncent leur signification et leur usage, luy apprennent des mouvements inac-

---

(1) C'est la vigueur de l'esprit, qui rend éloquent. *Quintil.* l. 10, c. 7. Pectus est enim quod disertos facit, et vis mentis.

(a) Dans la vie de Démosthene, c. 1. « Bien tard, dict il, estant ià fort avant au decours de mon aage, i'ai commencé à prendre en main les livres latins : en quoy il m'est advenu une chose estrange, mais véritable neantmoins, c'est que ie n'ai pas tant apprins ny tant entendu les choses par les paroles, comme, par quelque usage et cognoissance que i'avois des choses, ie suis venu à entendre aulcunement les paroles ». *Version d'Amyot.* C.

coustumés, mais prudemment et ingenieusement. Et
combien peu cela soit donné à touts, il se veoid par
tant d'escrivains françois de ce siecle : ils sont assez
hardis et desdaigneux, pour ne suyvre la route commune ; mais faulte d'invention et de discretion les perd ;
il ne s'y veoid qu'une miserable affectation d'estrangeté,
des desguisements froids et absurdes qui, au lieu d'esle-
ver, abbattent la matiere : pourveu qu'ils se gorgiasent
en la nouvelleté, il ne leur chault de l'efficace ; pour
saisir un nouveau mot, ils quittent l'ordinaire, souvent
plus fort et plus nerveux. En nostre langage ie treuve
assez d'estoffe, mais un peu faulte de façon : car il n'est
rien qu'on ne feist du iargon de nos chasses et de nostre
guerre, qui est un genereux terrein à emprunter ; et les
formes de parler, comme les herbes, s'amendent et fortifient en les transplantant. Ie le treuve suffisamment
abondant, mais non pas maniant et vigoreux suffisamment ; il succombe ordinairement à une puissante conception : si vous allez tendu, vous sentez souvent qu'il
languit soubs vous, et fleschit ; et qu'à son default le
latin se presente au secours, et le grec à d'aultres. D'aulcuns de ces mots que ie viens de trier, nous en apper-
cevons plus malayseement l'energie, d'autant que l'usage
et la frequence nous en ont aulcunement avili et rendu
vulgaire la grace ; comme en nostre commun, il s'y rencontre des phrases excellentes, et des metaphores, desquelles la beauté flestrit de vieillesse, et la couleur s'est
ternie par maniement trop ordinaire : mais cela n'oste
rien du goust à ceulx qui ont bon nez, ny ne desroge
à la gloire de ces anciens aucteurs qui, comme il est vraysemblable, meirent premierement ces mots en ce lustre.
Les sciences traictent les choses trop finement, d'une
mode artificielle, et differente à la commune et naturelle : mon page faict l'amour, et l'entend ; lisez luy Leon
hebreu et Ficin ; on parle de luy, de ses pensees et de ses
actions, et si n'y entend rien. Ie ne recognois pas chez

DE MONTAIGNE, Liv. III, Chap. 5.   355

Aristote la plus part de mes mouvements ordinaires : on les a couverts et revestus d'une aultre robbe, pour l'usage de l'eschole : Dieu leur doint bien faire ! Si i'estois du mestier, ie naturaliserois l'art, autant comme ils artialisent la nature. Laissons là Bembo et Equicola.

Quand i'escris, ie me passe bien de la compaignie et souvenance des livres, de peur qu'ils n'interrompent ma forme; aussi qu'à la verité les bons aucteurs m'abbattent par trop, et rompent le courage : ie fois volontiers le tour de ce peintre, lequel, ayant miserablement representé des coqs, deffendoit à ses garsons qu'ils ne laissassent venir en sa boutique aulcun coq naturel ; et aurois plustost besoing, pour me donner un peu de lustre, de l'invention du musicien (a) Antigonydes, qui, quand il avoit à faire la musique, mettoit ordre que, devant ou aprez luy, son auditoire feust abbruvé de quelques aultres mauvais chantres. Mais ie me puis plus malayseement desfaire de Plutarque : il est si universel et si plein, qu'à toutes occasions, et quelque subiect extravagant que vous ayez prins, il s'ingere à vostre besongne, et vous tend une main liberale et inespuisable de richesses et d'embellissements. Il m'en faict despit d'estre si fort exposé au pillage de ceulx qui le hantent; ie ne le puis si peu raccointer, que ie n'en tire cuisse ou aile. Pour ce mien desseing, il me vient aussi à propos d'escrire chez moy, en païs sauvage, où personne ne m'ayde, ny me releve; où ie ne hante communement homme qui entende le latin de son patenostre, et de françois un peu moins. Ie l'eusse faict meilleur ailleurs, mais l'ouvrage eust esté moins mien : et sa

---

(a) Montaigne ou ses imprimeurs ont mis *Antinonydes* pour *Antigenidas*; car, comme le rapporte Plutarque, dans la vie de Démétrius, « Antigenidas disoit que les ieunes gens prendroient plus de plaisir à ouïr iouer un bon ioueur, aprez qu'ils en auroient ouï de mauvais ». C.

fin principale et perfection, c'est d'estre exactement mien. Ie corrigerois bien une erreur accidentale, de quoy ie suis plein, ainsi que ie cours inadvertemment; mais les imperfections qui sont en moy ordinaires et constantes, ce seroit trahison de les oster. Quand on m'a dict, ou que moy mesme me suis dict : « Tu es trop espez en figures : Voylà un mot du creu de Gascoigne : Voylà une phrase dangereuse ; (ie n'en refuis aulcune de celles qui s'usent emmy les rues françoises ; ceulx qui veulent combattre l'usage par la grammaire se mocquent) : Voylà un discours ignorant : Voylà un discours paradoxe : En voylà un trop fol : Tu te ioues souvent ; on estimera que tu dies à droict ce que tu dis à feincte ». « Ouy, fois ie; mais ie corrige les faultes d'inadvertence, non celles de coustume. Est ce pas ainsi que ie parle partout ? me represente ie pas vifvement ? suffit. I'ay faict ce que i'ay voulu : tout le monde me recognoist en mon livre, et mon livre en moy ». Or, i'ay une condition singeresse et imitatrice : quand ie me meslois de faire des vers, et n'en feis iamais que des latins, ils accusoient evidemment le poëte que ie venois dernierement de lire ; et de mes premiers Essays, aulcuns puent un peu à l'estrangier : à Paris ie parle un langage aulcunement aultre qu'à Montaigne. Qui que ie regarde avecques attention, m'imprime facilement quelque chose du sien : ce que ie considere ie l'usurpe, une sotte contenance, une desplaisante grimace, une forme de parler ridicule ; les vices plus ; d'autant qu'ils me poignent ils s'accrochent à moy, et ne s'en vont pas sans secouer. On m'a veu plus souvent iurer, par similitude, que par complexion : imitation meurtriere, comme celle des singes horribles en grandeur et en force que le roy Alexandre rencontra en certaine contree des Indes, desquels aultrement il eust esté difficile de venir à bout ; mais ils en presterent le moyen par cette leur inclination à contrefaire tout ce qu'ils voyoient faire : car, par là, les chasseurs apprindrent de se chausser des souliers à leur veue, à tout force nœuds de liens; de s'affubler d'accoustrements de teste à tout des lacs courants, et oindre, par semblant, leurs yeulx de glux. Ainsi mettoit imprudemment à mal ces pauvres bestes leur complexion singeresse : ils s'engluoient, s'enchevestroient et garrotoient d'elles (a) mesmes. Cett' aultre faculté de representer ingenieusement les gestes et paroles d'un aultre, par desseing, qui apporte souvent plaisir et admiration, n'est en moy, non plus qu'en une souche. Quand ie iure selon moy, c'est seulement, Par Dieu ! qui est le plus droict de touts les serments. Ils disent que Socrates iuroit Le chien : Zenon cette mesme interiection qui sert asture aux Italiens, Cappari (b) : Pythagoras, L'eau et L'air. Ie suis si aysé à recevoir, sans y penser, ces impressions superficielles, qu'ayant eu (c) en la bouche, Sire ou Altesse, trois iours de suitte; huict iours aprez ils m'eschappent pour Excellence ou pour Seigneurie; et ce que i'auray prins à dire en bastelant et en me mocquant, ie le diray lendemain serieusement. Parquoy, à escrire, i'accepte plus envy les arguments battus, de peur que ie les traicte aux despens d'aultruy. Tout argument m'est egualement fertile; ie les prends sur une mouche : et Dieu vueille que celuy que i'ay icy en main n'ait pas esté prins par le commandement d'une volonté autant volage ! Que ie commence par celle qu'il me plaira, car les matieres se tiennent toutes enchaisnees les unes aux aul-

---

(a) C'est la leçon de l'exemplaire corrigé par Montaigne. On sent bien qu'il auroit dû écrire *d'eulx mesmes*, puisqu'il avoit dit, *ils s'engluoient* : mais cette légere faute est une pure inadvertance qu'un éditeur exact et scrupuleux n'a pas le droit de corriger; il lui suffit d'en avertir. N.

(b) Cappari est le nom d'un arbrisseau. D'autres juroient par le chou. C.

(c) Que si j'ai eu, etc. *Edit.* de 1595, mais effacé par Montaigne dans l'exemplaire qu'il a corrigé. N.

tres. Mais mon ame me desplaist, de ce qu'elle produict ordinairement ses plus profondes resveries, plus folles et qui me plaisent le mieulx, à l'improuveu et lors que ie les cherche moins, lesquelles s'esvanouïssent soubdain, n'ayant sur le champ où les attacher; à cheval, à la table, au lict; mais plus à cheval, où sont mes plus larges entretiens. I'ay le parler un peu delicatement ialoux d'attention et de silence, si ie parle de force : qui m'interrompt, m'arreste. En voyage, la necessité mesme des chemins coupe les propos; oultre ce que ie voyage plus souvent sans compaignie propre à ces entretiens de suitte : par où ie prends tout loisir de m'entretenir moy mesme. Il m'en advient comme de mes songes : en songeant, ie les recommende à ma memoire (car ie songe volontiers que ie songe); mais, le lendemain, ie me represente bien leur couleur comme elle estoit, ou gaye, ou triste, ou estrange, mais, quels ils estoient au reste, plus i'ahanne à le trouver, plus ie l'enfonce en l'oubliance. Aussi des discours fortuites qui me tumbent en fantasie, il ne m'en reste en memoire qu'une vaine image; autant seulement qu'il m'en fault pour me faire ronger et despiter aprez leur queste, inutilement.

Or doncques, laissant les livres à part, et parlant plus materiellement et simplement, ie treuve, aprez tout, que l'Amour n'est aultre chose que la soif de cette iouïssance en un subiect desiré; ny Venus, aultre chose que le plaisir à descharger (a) ses vases, [comme le plaisir que nature nous donne à descharger d'aultres parties,] qui devient vicieux ou par immoderation ou par indiscretion : pour Socrates, l'amour est appetit de generation, par l'entremise de la beauté. Et, considerant maintefois la ridicule titillation de ce plaisir, les absurdes mouvements escervelez et estourdis de quoy il agite

---

(a) Montaigne avoit d'abord écrit *ses roignons*, mais il a substitué à ce mot celui de *vases*, comme plus décent. N.

Zenon et Cratippus, cette rage indiscrette, ce visage enflammé de fureur et de cruauté au plus doux effect de l'amour, et puis cette morgue grave, severe et ecstatique en une action si folle, et qu'on aye logé peslemesle nos delices et nos ordures ensemble, et que la supreme volupté aye du transy et du plainctif comme la douleur, ie crois qu'il est vray, ce que dict Platon, que l'homme (a) est le iouet des dieux,

quænam ista iocandi
Sævitia? (1)

et que c'est par mocquerie que nature nous a laissé la plus trouble de nos actions, la plus commune, pour nous egualer par là, et apparier les fols et les sages, et nous et les bestes. Le plus contemplatif et prudent homme, quand ie l'imagine en cette assiette, ie le tiens pour affronteur de faire le prudent et le contemplatif : ce sont les pieds du paon, qui abbattent son orgueil,

ridentem dicere verum,
Quid vetat? (2)

Ceulx qui, parmi les ieux refusent les opinions serieuses, font, dict quelqu'un, comme celuy qui craint d'adorer la statue d'un sainct, si elle est sans davantiere. Nous mangeons bien et beuvons comme les bestes : mais ce ne sont pas actions qui empeschent les offices de nostre ame, en celles là nous gardons nostre advantage sur elles; cette cy met toute aultre pensee soubs le ioug, abrutit et abestit par son imperieuse auctorité toute la theologie et philosophie qui est en Platon, et si ne s'en plainct pas. Par tout ailleurs vous pouvez garder quel-

---

(a) A esté faict par les dieux pour leur iouet. *Edit. de* 1595.

(1) Cruelle maniere de se jouer! *Claudian.* in Eutrop. l. 1, v. 24, 25.

(2) Qui est-ce qui empêche que tout en riant on ne dise la verité? *Horat.* l. 1, sat. 1, v. 24, 25.

que decence; toutes aultres operations souffrent des regles d'honnesteté : cette cy ne se peult pas seulement imaginer, que vicieuse ou ridicule; trouvez y, pour veoir, un proceder sage et discret. Alexandre disoit qu'il se cognoissoit principalement mortel par cette action et par le dormir. Le sommeil suffoque et supprime les facultez de nostre ame : la besongne les absorbe et dissipe de mesme; certes c'est une marque, non seulement de nostre corruption originelle, mais aussi de nostre vanité et desformité. D'un costé nature nous y poulse, ayant attaché à ce desir la plus noble, utile et plaisante de toutes ses operations; et la nous laisse d'aultre part accuser et fuyr comme insolente et deshonneste, en rougir et recommender l'abstinence. Sommes nous pas bien brutes, de nommer brutale l'operation qui nous faict? Les peuples, ez religions, se sont rencontrez en plusieurs convenances, comme sacrifices, luminaires, encensements, ieusnes, offrandes; et entre aultres, en la condemnation de cette action : toutes les opinions y viennent, oultre l'usage si estendu(a) du tronçonnement du prepuce, qui en est une punition. Nous avons à l'adventure raison de nous blasmer de faire une si sotte production que l'homme; d'appeller l'action, honteuse; et honteuses, les parties qui y servent : (asteure sont les miennes proprement honteuses et peneuses.) Les Esseniens, de quoy parle Pline (b), se maintenoient, sans nourrice, sans maillot, plusieurs siecles, de l'abord des estrangiers qui, suyvants cette belle humeur, se rengeoient continuellement à eulx; ayant toute une nation hazardé de s'exterminer, plustost que s'engager à un embrassement feminin, et de perdre la suitte des hommes, plustost que d'en forger un. Ils disent que Zenon n'eut affaire à

(a) Des circoncisions. *Edit. de* 1595, mais effacé par Montaigne dans l'exemplaire qu'il a corrigé. N.

(b) Hist. nat. l. 5, c. 17.

femme, qu'une fois en sa vie; et que ce feut par civilité, pour ne sembler desdaigner trop obstineement le sexe. Chascun fuyt à le veoir naistre, chascun suyt à le veoir mourir: pour le destruire, on cherche un champ spacieux, en pleine lumiere; pour le construire, on se musse dans un creux tenebreux et contrainct: c'est le debvoir, de se cacher et rougir pour le faire; et c'est gloire, et naissent plusieurs vertus, de le sçavoir desfaire: l'un est iniure, l'aultre est grace; car Aristote dict que Bonifier quelqu'un, c'est le Tuer, en certaine phrase de son païs. Les Atheniens, pour apparier la desfaveur de ces deux actions, ayants à mundifier l'isle de Delos, et se iustifier envers Apollo, deffendirent au pourpris d'icelle tout enterrement, et tout enfantement ensemble. Nostri nosmet pœnitet (1): nous estimons à vice nostre estre.

Il y a des nations qui se couvrent en mangeant. Ie sçais une dame, et des plus grandes, qui a cette mesme opinion, Que c'est une contenance desagreable de mascher, qui rabbat beaucoup de leur grace et de leur beauté; et ne se presente pas volontiers en public avecques appetit: et sçais un homme qui ne peult souffrir de veoir manger, ny qu'on le veoye, et fuyt toute assistance plus quand il s'emplit, que s'il se vuide. En l'empire du Turc, il se veoid grand nombre d'hommes qui, pour exceller sur les aultres, ne se laissent iamais veoir quand ils font leur repas; qui n'en font qu'un la sepmaine; qui se deschiquettent et descoupent la face et les membres; qui ne parlent iamais à personne : sottes gents, qui pensent honnorer leur nature en se desnaturant; qui se prisent de leur mespris, et s'amendent de leur empirement! Quel monstrueux animal, qui se fait horreur à soy mesme, à qui ses plaisirs poisent, qui se tient à malheur! il y en a qui cachent leur vie,

---

(1) *Térent.* in Phormion. act. 1, sc. 3, v. 20. Montaigne a traduit ce passage après l'avoir cité.

Exilioque domos et dulcia limina mutant, (1)

et la desrobbent de la veue des aultres hommes; qui evitent la santé et l'alaigresse, comme qualitez ennemies et dommageables : non seulement plusieurs sectes, mais plusieurs peuples, mauldissent leur naissance, et benissent leur mort : il en est où le soleil est abominé, les tenebres adorees. Nous ne sommes ingenieux qu'à nous malmener ; c'est le vray gibbier de la force de nostre esprit : dangereux util en desreglement !

O miseri ! quorum gaudia crimen habent. (2)

Hé ! pauvre homme ! tu as assez d'incommoditez necessaires, sans les augmenter par ton invention ; et es assez miserable de condition, sans l'estre par art ; tu as des laideurs reelles et essentielles, à suffisance, sans en forger d'imaginaires : trouves tu que tu sois (a) trop à ton ayse, si ton ayse ne te vient à desplaisir ? trouves tu que tu ayes rempli touts les offices necessaires à quoy nature t'engage, et qu'elle soit manque et oysifve chez toy, si tu ne t'obliges à nouveaux offices ? tu ne crains point d'offenser ses loix, universelles et indubitables ; et te picques aux tiennes, partisanes et fantastiques ; et d'autant plus qu'elles sont particulieres, incertaines et plus contredictes, d'autant plus tu fois là ton effort : les regles positifves de ton invention t'occupent et attachent, et les regles de ta paroisse ; celles de Dieu et du monde ne te touchent point. Cours un peu par les exemples de cette consideration ; ta vie en est toute.

---

(1) Et s'exilent volontairement eux-mêmes de leur chere patrie. *Virg. Georg.* l. 2, v. 511.

(2) Malheureux ! qui se font un crime de leurs plaisirs. *Cornelius Gallus*, eleg. 1, v. 180.

(a) trop à l'ayse, si la moitié de ton ayse ne te fasche ? *Edit. in-fol. de 1595.*

Les vers de ces deux poëtes, traictant ainsi reservee-ment et discrettement de la lascifveté, comme ils font, me semblent la descouvrir et esclairer de plus prez. Les dames couvrent leur sein d'un reseul, les presbtres plusieurs choses sacrees, les peintres umbragent leur ouvrage, pour luy donner plus de lustre; et dict on que le coup du soleil et du vent est plus poisant par reflexion qu'à droict fil. L'Aegyptien respondit sagement à celuy qui luy demandoit, « Que portes tu là caché soubs ton manteau »? « Il est caché soubs mon manteau, à fin que tu ne sçaches pas que c'est » : mais il y a certaines autres choses qu'on cache pour les montrer. Oyez cettuy là, plus ouvert,

> Et nudam pressi corpus ad usque meum, (1)

il me semble qu'il me chaponne; que Martial retrousse Venus à sa poste, il n'arrive pas à la faire paroistre si entiere: celuy qui dict tout, il nous saoule et nous desgouste. Celuy qui craint à s'exprimer, nous achemine à en penser plus qu'il n'en y a: il y a de la trahison en cette sorte de modestie; et, notamment, nous entr'ouvrant, comme font ceulx cy, une si belle route à l'imagination. Et l'action et la peinture doibvent sentir le larrecin. L'amour des Espaignols et des Italiens, plus respectueuse et craintifve, plus mineuse et couverte, me plaist : ie ne sçais qui, anciennement, desiroit le gosier allongé comme le col d'une grue, pour savourer plus long temps ce qu'il avalloit; ce souhait est mieulx à propos en cette volupté viste et precipiteuse, mesme à telles natures comme est la mienne, qui suis vicieux en soubdaineté. Pour arrester sa fuyte, et l'estendre en preambules, entre eulx tout sert de faveur et de recompense; une œuillade, une inclination, une parole, un signe. Qui se

---

(1) Entre mes bras je la tins nue à nud.
Ovid. amor. l. 1, eleg. 5, v. 24.

pourroit disner de la fumee du rost, feroit il pas une belle espargne? C'est une passion qui mesle, à bien peu d'essence solide, beaucoup plus de vanité et resverie fiebvreuse: il la fault payer et servir de mesme. Apprenons aux dames à se faire valoir, à s'estimer, à nous amuser et à nous piper; nous faisons nostre charge extreme la premiere, il y a tousiours de l'impetuosité françoise: fesant filer leurs faveurs, et les estalant en detail, chascun, iusques à la vieillesse misérable, y treuve quelque bout de lisiere, selon son vaillant et son merite. Qui n'a iouïssance qu'en la iouïssance, qui ne gaigne que du hault poinct, qui n'aime la chasse qu'en la prince, il ne luy appartient pas de se mesler à nostre eschole: plus il y a de marches et degrez, plus il y a de haulteur et d'honneur au dernier siege; nous nous debvrions plaire d'y estre conduicts, comme il se faict aux palais magnifiques, par divers portiques et passages, longues et plaisantes galleries, et plusieurs destours. Cette dispensation reviendroit à nostre commodité; nous y arresterions, et nous y aimerions plus long-temps: sans esperance et sans desir, nous n'allons plus qui vaille. Nostre maistrise et entiere possession leur est infiniment à craindre: depuis qu'elles sont du tout rendues à la mercy de nostre foy et constance, elles sont un peu bien hazardees, ce sont vertus rares et difficiles: soubdain qu'elles sont à nous, nous ne sommes plus à elles;

postquam cupidæ mentis satiata libido est,
Verba nihil metuere, nihil periuria curant; (1)

et Thrasonides, ieune homme grec, feut si amoureux de son amour, qu'il refusa, ayant gaigné le cœur de sa maistresse, d'en iouïr, pour n'amortir, rassasier et al-

---

(1) L'on n'a pas plutôt satisfait sa passion, qu'on compte pour rien les promesses et les serments. *Catull.* de Nuptiis Pelei et Thetidis, carm. 62, v. 147.

languir par la iouïssance cette ardeur inquiete de laquelle il se glorifioit et paissoit. La cherté donne goust à la viande : voyez combien la forme des salutations qui est particuliere à nostre nation, abastardit par sa facilité la grace des baisers, lesquels Socrates dict estre si puissants et dangereux à voler nos cœurs. C'est une desplaisante coustume, et iniurieuse aux dames, d'avoir à prester leurs levres à quiconque a trois valets à sa suitte, pour mal plaisant qu'il soit,

>Cuius livida naribus caninis
>Dependet glacies, rigetque barba...
>Centum occurrere malo cunnilingis : (1)

et nous mesme n'y gaignons gueres ; car, comme le monde se veoid party, pour trois belles il nous en fault baiser cinquante laides : et à un estomach tendre, comme sont ceulx de mon aage, un mauvais baiser en surpaye un bon. Ils font les poursuyvants en Italie, et les transis, de celles mesmes qui sont à vendre ; et se deffendent ainsi : « Qu'il y a des degrez en la iouïssance ; et que par services ils veulent obtenir pour eulx celle qui est la plus entiere : elles ne vendent que le corps ; la volonté ne peult estre mise en vente, elle est trop libre et trop sienne ». Ainsi ceulx cy disent que c'est la volonté qu'ils entreprennent : et ont raison ; c'est la volonté qu'il fault servir et practiquer. I'ay horreur d'imaginer mien, un corps privé d'affection : et me semble que cette forcenerie est voisine à celle de ce garson qui alla saillir par amour la belle image de Venus que Praxiteles avoit faicte; ou de ce furieux Aegyptien, eschauffé aprez la charongne d'une morte qu'il embaumoit et ensueroit :

---

(1) *Martial.* l. 7, epigr. 95. Il n'y a que la licence latine qui puisse se charger d'images si sales, et si grossieres. « Quædam satius est causæ detrimento tacere, quàm verecundiæ dicere ». *M. Senec.* controvers. l. 1, controvers. 2, sub finem. C.

lequel donna occasion à la loy, qui feut faicte depuis en Aegypte, que les corps des belles et ieunes femmes, et de celles de bonne maison, seroient gardez trois iours avant qu'on les meist entre les mains de ceulx qui avoient charge de pourveoir à leur enterrement. Periander feit plus merveilleusement, qui estendit l'affection coniugale (plus reglee et legitime) à la iouïssance de Melissa sa femme trespassee. Ne semble ce pas estre une humeur lunatique de la Lune, ne pouvant aultrement iouïr de Endymion son mignon, l'aller endormir pour plusieurs mois; et se paistre de la iouïssance d'un garson qui ne se remuoit qu'en songe? Ie dis pareillement qu'on aime un corps sans ame, ou sans sentiment, quand on aime un corps sans son consentement et sans son desir. Toutes iouïssances ne sont pas unes : il y a des iouïssances etiques et languissantes : mille aultres causes que la bienvueillance nous peuvent acquerir cet octroy des dames ; ce n'est suffisant tesmoignage d'affection : il y peult escheoir de la trahison, comme ailleurs : elles n'y vont par fois que d'une fesse,

Tanquam thura merumque parent:

Absentem, marmoreamve, putes : (1)

i'en sçais qui aiment mieulx prester cela que leur coche, et qui ne se communiquent que par là. Il fault regarder si vostre compaignie leur plaist pour quelque aultre fin encores, ou pour celle là seulement, comme d'un gros garson d'estable; en quel reng et à quel prix vous y estes logé,

tibi si datur uni;
Quo lapide illa diem candidiore notet : (2)

---

(1) Graves, comme si elles préparoient du vin et de l'encens pour un sacrifice :... vous diriez qu'elles sont absentes, ou changées en vraies statues de marbre. *Martial.* l. 11, epigr. 104, v. 12, et epigr. 60, v. 8.

(2) Si vous êtes le seul objet de sa tendresse ; si elle regarde

quoy, si elle mange vostre pain à la saulse d'une plus agreable imagination?

> Te tenet, absentes alios suspirat amores. (1)

Comment? avons nous pas veu quelqu'un, en nos iours, s'estre servy de cette action à l'usage d'une horrible vengeance, pour tuer par là, et empoisonner, comme il feit, une honneste femme? Ceulx qui cognoissent l'Italie ne trouveront iamais estrange si, pour ce subiect, ie ne cherche ailleurs des exemples; car cette nation se peult dire regente du reste du monde en cela. Ils ont plus communement des belles femmes, et moins de laides que nous; mais des rares et excellentes beautez, i'estime que nous allons à pair. Et en iuge autant des esprits: de ceulx de la commune façon, ils en ont beaucoup plus et evidemment; la brutalité y est sans comparaison plus rare: d'ames singulieres et du plus hault estage, nous ne leur en debvons rien. Si i'avois à estendre cette similitude, il me sembleroit pouvoir dire de la vaillance, qu'au rebours elle est, au prix d'eulx, populaire chez nous et naturelle; mais on la veoid par fois en leurs mains, si pleine et si vigoreuse, qu'elle surpasse touts les plus roides exemples que nous en ayons. Les mariages de ce païs là clochent en cecy: leur coustume donne communement la loy si rude aux femmes, et si serve, que la plus esloingnee accointance avecques l'estrangier leur est autant capitale que la plus voisine. Cette loy faict que toutes les approches se rendent necessairement substantielles; et, puisque tout leur revient à mesme compte, elles ont le chois bien aysé: et, ont elles brisé ces cloisons, croyez qu'elles font feu;

---

ce jour là comme le plus heureux pour elle. *Catull.* ad Manlium, carm. 66, v. 147.

(1) Elle vous embrasse, et soupire pour un autre dont elle est véritablement éprise. *Tibull.* eleg. 6, l. 1, v. 35.

Luxuria ipsis vinculis, sicut fera bestia, irritata deinde emissa (1). Il leur fault un peu lascher les resnes ;

> Vidi ego nuper equum, contra sua frena tenacem,
> Ore reluctanti fulminis ire modo : (2)

on allanguit le desir de la compaignie, en luy donnant quelque liberté. Nous courons à peu prez mesme fortune : ils sont trop extremes en contraincte ; nous, en licence. C'est un bel usage de nostre nation, que aux bonnes maisons, nos enfants soyent receus pour y estre nourris et eslevez pages, comme en une eschole de noblesse ; et est discourtoisie, dict on, et iniure, d'en refuser un gentilhomme : i'ay apperceu, car autant de maisons, autant de divers styles et formes, que les dames qui ont voulu donner aux filles de leur suitte les regles plus austeres, n'y ont pas eu meilleure adventure ; il y fault de la moderation, il fault laisser bonne partie de leur conduicte à leur propre discretion, car, ainsi comme ainsi, n'y a il discipline qui les sceust brider de toutes parts. Mais il est bien vray que celle qui est eschappee, bagues saufves, d'un escholage libre, apporte bien plus de fiance de soy, que celle qui sort saine d'une eschole severe et prisonniere. Nos peres dressoient la contenance de leurs filles à la honte et à la crainte (les courages et les desirs estoient pareils) ; nous, à l'asseurance : nous n'y entendons rien ; c'est (a) aux Sauromates, qui n'ont loy de coucher avecques homme, que de leurs mains elles n'en ayent tué un aultre en guerre. A moy, qui n'y ay droict que par les aureilles, suffit si elles me

---

(1) La luxure est irritée par la contrainte, comme une bête féroce qui vient à rompre ses chaînes. *Tit. Liv.* dans la harangue qu'il prête à Caton, l. 34, c. 4, à la fin.

(2) Je vis nagueres un cheval qui ne pouvant souffrir son frein, le prit aux dents, et tout furieux alloit comme la foudre. *Ovid.* amor. eleg. 4, l. 3, v. 13, 14.

(a) C'est à faire aux Sarmates. *Édit.* de 1595.

retiennent pour le conseil, suyvant le privilege de mon aage. Ie leur conseille doncques, comme à nous, l'abstinence: mais, si ce siecle en est trop ennemy, au moins la discretion et la modestie; car, comme dict le conte d'Aristippus, parlant à des ieunes gents qui rougissoient de le veoir entrer chez une courtisane, « Le vice est de n'en pas sortir, non pas d'y entrer », qui ne veult exempter sa conscience, qu'elle exempte son nom; si le fonds n'en vault gueres, que l'apparence tienne bon. Ie loue la gradation et la longueur, en la dispensation de leurs faveurs: Platon montre qu'en toute espece d'amour, la facilité et promptitude est interdicte aux tenants. C'est un traict de gourmandise, laquelle il fault qu'elles couvrent de toute leur art, de se rendre ainsi temerairement en gros et tumultuairement : se conduisant en leur dispensation ordonneement et mesureement, elles pipent bien mieulx nostre desir, et cachent le leur. Qu'elles fuyent tousiours devant nous; ie dis celles mesmes qui ont à se laisser attraper: elles nous battent mieulx en fuyant, comme les Scythes. De vray, selon la loy que nature leur donne, ce n'est pas proprement à elles de vouloir et desirer; leur roolle est souffrir, obeïr, consentir : c'est pourquoy nature leur a donné une perpetuelle capacité; à nous, rare et incertaine : elles ont tousiours leur heure, afin qu'elles soyent tousiours prestes à la nostre, pati natæ (1): et où elle a voulu que nos appetits eussent montre et declaration prominente, ell' a faict que les leurs feussent occultes et intestins, et les a fournies de pieces impropres à l'ostentation, et simplement pour la deffensifve. Il fault laisser à la licence amazoniene pareils traicts à cettuy cy: Alexandre passant par l'Hyrcanie, Thalestris royne

---

(1) Montaigne a exprimé, cinq lignes plus haut, le sens de ces deux mots tirés de Séneque (epist. 95), lorsqu'il dit des femmes : « leur roolle est souffrir, obeïr, consentir ». N.

des Amazones le veint trouver avec trois cents gents
d'armes de son sexe, bien montez et bien armez, ayant
laissé le demourant d'une grosse armee qui la suyvoit,
au delà des voisines montaignes : et luy dict tout hault,
et en public, « Que le bruit de ses victoires et de sa valeur l'avoit menee là, pour le veoir, luy offrir ses
moyens et sa puissance au secours de ses entreprinses ;
et que le trouvant si beau, ieune et vigoreux, elle, qui
estoit parfaicte en toutes ses qualitez, luy conseilloit
qu'ils couchassent ensemble, afin qu'il nasquist de la
plus vaillante femme du monde, et du plus vaillant
homme qui feust lors vivant, quelque chose de grand
et de rare pour l'advenir ». Alexandre la remercia du
reste ; mais, pour donner temps à l'accomplissement de
sa derniere demande, il arresta treize iours en ce lieu,
lesquels il festoya le plus alaigrement qu'il peut, en
faveur d'une si courageuse princesse. Nous sommes,
quasi en tout, iniques iuges de leurs actions, comme
elles sont des nostres : i'advoue la verité, lors qu'elle
me nuit, de mesme que si elle me sert. C'est un vilain
desreglement qui les poulse si souvent au change, et
les empesche de fermir leur affection en quelque subiect que ce soit; comme on veoid de cette deesse à qui
l'on donne tant de changements et d'amis : mais si est
il vray que c'est contre la nature de l'amour, s'il n'est
violent ; et contre la nature de la violence, s'il est constant. Et ceulx qui s'en estonnent, s'en escrient, et
cherchent les causes de cette maladie en elles, comme
desnaturee et incroyable, que ne veoyent ils combien
souvent ils la receoivent en eulx, sans espovantement
et sans miracle ? Il seroit à l'adventure plus estrange
d'y veoir de l'arrest ; ce n'est pas une passion simplement corporelle : si on ne treuve point de bout en
l'avarice et en l'ambition, il n'y en a non plus en la
paillardise ; elle vit encores aprez la satieté ; et ne luy
peult on prescrire ny satisfaction constante, ny fin ; elle

va tousiours oultre sa possession. Et si, l'inconstance leur est à l'adventure aulcunement plus pardonnable qu'à nous : elles peuvent alleguer, comme nous, l'inclination, qui nous est commune, à la varieté et à la nouvelleté; et alleguer secondement, sans nous, Qu'elles achetent chat en poche : Ieanne, royne de Naples, feit estrangler (a) Andreosse son premier mary, aux grilles de sa fenestre, avecques un laqs d'or et de soye, tissu de sa main propre; sur ce qu'aux corvees matrimoniales, elle ne luy trouvoit ny les parties, ny les efforts assez respondants à l'esperance qu'elle en avoit conceue à veoir sa taille, sa beauté, sa ieunesse et disposition, par où elle avoit esté prinse et abusee; Que l'action a plus d'effort que n'a la souffrance; ainsi, que de leur part tousiours au moins il est pourveu à la necessité, de nostre part il peult advenir aultrement. Platon à cette cause establit sagement par ses loix, que pour decider de l'opportunité des mariages, les iuges veoyent les garçons, qui y pretendent, tout fin nuds, et les filles nues iusqu'à la ceincture seulement. En nous essayant, elles ne nous treuvent à l'adventure pas dignes de leur chois :

>Experta latus, madidoque simillima loro
>>Inguina, nec lassâ stare coacta manu,
>Deserit imbelles thalamos. (1)

Ce n'est pas tout que la volonté charie droict; la foi-

(a) André, fils de Charles, roi de Hongrie, et qui fut marié à Jeanne I, de Naples. Les Italiens l'appellerent *Andreasso*. Sur la mort tragique de ce prince, voyez le dictionnaire de Bayle, à l'article de JEANNE I, de Naples. C.

(1) Comme l'éprouva Galla dont parle *Martial*, (l. 7, epigr. 58, v. 3, et seqq.) qui mécontente de six ou sept maris, et les ayant quittés, fut encore trompée par d'autres maris de la même trempe.

blesse et l'incapacité rompent legitimement un mariage,

> Et quærendum aliunde foret nervosius illud,
> Quod posset zonam solvere virgineam : (1)

pourquoy non ? et, selon sa mesure, une intelligence amoureuse plus licencieuse et plus actifve ;

> si blando nequeat superesse labori. (2)

Mais n'est ce pas grande impudence, d'apporter nos imperfections et foiblesses en lieu où nous desirons plaire et y laisser bonne estime de nous et recommendation ? Pour ce peu qu'il m'en fault à cette heure,

> ad unum
> Mollis opus, (3)

ie ne vouldrois importuner une personne que i'ay à reverer et craindre :

> fuge suspicari,
> Cuius undenum trepidavit ætas
> Claudere lustrum. (4)

Nature se debvoit contenter d'avoir rendu cet aage miserable, sans le rendre encores ridicule. Ie hais de le veoir, pour un poulce de chestifve vigueur qui l'eschauffe trois fois la sepmaine, s'empresser et se gendarmer de pareille aspreté comme s'il avoit quelque grande et legitime iournee dans le ventre ; un vray feu d'estoupe : et admire sa cuisson, si vifve et fretillante,

---

(1) Et il faudroit chercher ailleurs un sujet qui pût en remplir tous les devoirs. *Catull.* ad januam mœchæ cujusdam, carm. 65, v. 27, 28.

(2) Si celui qui s'en est chargé, ne peut point en venir à bout. *Virg. Georg.* l. 3, v. 127.

(3) Ne pouvant jouïr qu'une seule fois. *Horat.* epod. lib. od. 12, v. 15, 16.

(4) Ne craignez rien de la part d'un homme qui a passé son onzieme lustre. *Horat.* od. 4, l. 2, v. 12, et seqq. Il y a dans le texte *octavum*, le huitieme.

en un moment si lourdement congelee et esteincte. Cet appetit ne debvroit appartenir qu'à la fleur d'une belle ieunesse : fiez vous y, pour veoir, à seconder cett' ardeur indefatigable, pleine, constante et magnanime qui est en vous ; il vous la lairra vrayement en beau chemin : renvoyez le hardiement plustost vers quelque enfance molle, estonnee et ignorante, qui tremble encores soubs la verge, et en rougissé ;

> Indum sanguineo veluti violaverit ostro
> Si quis ebur, vel mixta rubent ubi lilia multà
> Alba rosâ. (1)

Qui peult attendre, le lendemain, sans mourir de honte, le desdaing de ces beaux yeulx consens de sa lascheté et impertinence,

> Et taciti fecere tamen convicia vultus, (2)

il n'a iamais senty le contentement et la fierté de les leur avoir battus et ternis par le vigoreux exercice d'une nuict officieuse et actifve. Quand i'en ay veu quelqu'une s'ennuyer de moy, ie n'en ay point incontinent accusé sa legereté; i'ay mis en doubte si ie n'avois pas raison de m'en prendre à nature plustost : certes elle m'a traicté illegitimement et incivilement,

> Si non longa satis, si non bene mentula crassa :
>
> Nimirum sapiunt, videntque parvam
> Matronæ quoque mentulam illibenter: (3)

et d'une lesion enormissime. Chascune de mes pieces

---

(1) De sorte que les couleurs de son teint deviennent semblables à celles d'un bel ivoire qu'on a pris plaisir à marqueter de vermillon, ou à des lis qu'on a mêlés avec des roses, *Virg.* Aeneid. l. 12, v. 67.

(2) Qu'ils ne laissent pas de lui reprocher tacitement. *Ovid.* amor. eleg. 7, l. 1, v. 21.

(3) De ces trois vers, le premier est le commencement d'une

me faict egualement moi, que toute aultre; et nulle aultre ne me faict plus proprement homme, que cette cy.

Ie doibs au public universellement mon pourtraict. La sagesse de ma leçon est en verité, en liberté, en essence, toute; desdaignant, au roolle de ses vrays debvoirs, ces petites regles, feinctes, usuelles, provinciales; naturelle toute, constante, universelle, de laquelle sont filles, mais bastardes, la civilité, la cerimonie. Nous aurons bien les vices de l'apparence, quand nous aurons eu ceulx de l'essence : quand nous aurons faict à ceulx icy, nous courrons sus aux aultres, si nous trouvons qu'il y faille courir; car il y a dangier que nous fantasions des offices nouveaux, pour excuser nostre negligence envers les naturels offices, et pour les confondre. Qu'il soit ainsin, il se veoid Qu'ez lieux où les faultes sont malefices, les malefices ne sont que faultes ; Qu'ez nations où les loix de la bienseance sont plus rares et lasches, les loix primitifves et communes sont mieulx observees : l'innumerable multitude de tant de debvoirs, suffoquant nostre soing, l'allanguissant et dissipant. L'application aux menues choses nous retire des pressantes : oh, que ces hommes superficiels prennent une route facile et plausible, au prix de la nostre ! ce sont umbrages de quoy nous nous plastrons et entrepayons; mais nous n'en payons pas, ainçois en rechargeons, nostre debte envers ce grand iuge qui trousse nos panneaux et haillons d'autour nos parties honteuses, et ne se feind point à nous veoir par tout, iusques à nos intimes et plus secretes ordures : utile decence de nostre virginale pudeur, si elle luy pouvoit interdire cette descouverte. Enfin, qui desniaiseroit l'homme d'une si scrupuleuse

---

espece d'épigramme intitulée PRIAPUS, *in veterum Poetarum Catalectis;* et les deux autres sont pris d'une des premieres épigrammes du même livre, *ad Matronas*, composée de cinq vers, dont les deux derniers sont ici parodiés par Montaigne. C.

superstition verbale, n'apporteroit pas grande perte au monde. Nostre vie est partie en folie, partie en prudence : qui n'en escript que revereement et regulierement, il en laisse en arriere plus de la moitié. Ie ne m'excuse pas envers moy; et si ie le faisois, ce seroit plustost de mes excuses que ie m'excuserois, que (a) de nulle aultre partie : ie m'excuse à certaines humeurs que ie tiens plus fortes en nombre que celles qui sont de mon costé. En leur consideration, ie diray encores cecy, car ie desire de contenter chascun (chose pourtant tresdifficile) esse unum hominem accommodatum ad tantam morum ac sermonum et voluntatum varietatem (1), Qu'ils n'ont à se prendre proprement à moy de ce que ie fois dire aux auctoritez receues et approuvees de plusieurs siecles; et Que ce n'est pas raison qu'à faulte de rime ils me refusent la dispense que mesme des hommes ecclesiastiques, des nostres, et des plus cretez, iouïssent en ce siecle : en voicy deux,

  Rimula, dispeream, ni monogramma tua est. (2)

  Un vit d'amy la contente et bien traicte.

quoy tant d'aultres? I'ayme la modestie; et n'est par iugement que i'ay choisi cette sorte de parler scandaleux : c'est nature qui l'a choisi pour moy. Ie ne le loue, non plus que toutes formes contraires à l'usage receu;

(a) D'aultre mienne faulte. *Edit.* de 1595.

(1) qu'un seul homme se conforme à cette grande variété de mœurs, de discours et de volontés. *Q. Cic.* de petitione consulatûs, c. 14.

(2) Ce vers est de Beze, et il se trouve dans une épigramme de ses *juvenilia*. Voyez la page 103, édition de Lyon, sans date, in-16. A l'égard du vers françois, cité immédiatement après, il est tiré d'un rondeau de Saint-Gelais. Voyez ses œuvres poétiques, pag. 99, édit. de Lyon, 1574, in-12. N.

mais ie l'excuse, et, par particulieres et generales circonstances, en allege l'accusation.

Suyvons. Pareillement d'où peult venir cette usurpation d'auctorité souveraine que vous prenez sur celles qui vous favorisent à leurs despens,

> Si furtiva dedit nigrâ munuscula nocte, (1)

que vous en investissez incontinent l'interest, la froideur, et une auctorité maritale? C'est une convention libre : que ne vous y prenez vous comme vous les y voulez tenir? il n'y a point de prescription sur les choses volontaires. C'est contre la forme, mais il est vray pourtant, que i'ay en mon temps conduict ce marché, selon que sa nature peult souffrir, aussi consciencieusement qu'aultre marché, et avecques quelque air de iustice; et que ie ne leur ay tesmoigné de mon affection, que ce que i'en sentois; et leur en ay representé naïfvement la decadence, la vigueur et la naissance, les accez et les remises : on n'y va pas tousiours un train. I'ay esté si espargnant à promettre, que ie pense avoir plus tenu que promis ny deu : elles y ont trouvé de la fidelité, iusques au service de leur inconstance, ie dis inconstance advouée, et par fois multipliée. Ie n'ay iamais rompu avecques elles tant que i'y tenois, ne feust que par le bout d'un filet; et, quelques occasions qu'elles m'en ayent donné, n'ay iamais rompu iusques au mespris et à la haine : car telles privautez, lors mesme qu'on les acquiert par les plus honteuses conventions, encores m'obligent elles à quelque bienvueillance. De cholere, et d'impatience un peu indiscrette, sur le poinct de leurs ruses et desfuytes, et de nos contestations, ie leur en ay faict voir par fois; car ie suis, de ma complexion, subiect à des esmotions brusques qui nuisent souvent à

---

(1) Si à la dérobée et durant une nuit obscure elle vous a accordé quelque faveur. *Catull* ad Manlium, carm. 66, v. 145.

mes marchez, quoyqu'elles soient legieres et courtes. Si elles ont voulu essayer la liberté de mon iugement, ie ne me suis pas feinct à leur donner des advis paternels et mordants, et à les pincer où il leur cuisoit. Si ie leur ay laissé à se plaindre de moy, c'est plustost d'y avoir trouvé un amour, au prix de l'usage moderne, sottement consciencieux: i'ay observé ma parole ez choses de quoy on m'eust ayseement dispensé; elles se rendoient lors parfois avec reputation, et soubs des capitulations qu'elles souffroient ayseement estre faulsees par le vainqueur : i'ay faict caler, soubs l'interest de leur honneur, le plaisir en son plus grand effort, plus d'une fois ; et où la raison me pressoit, les ay armees contre moy : si qu'elles se conduisoient plus seurement et severement par mes regles, quand elles s'y estoyent franchement remises, qu'elles n'eussent faict par les leurs propres. I'ay, autant que i'ay peu, chargé sur moy seul le hazard de nos assignations, pour les en descharger, et ay dressé nos parties tousiours par le plus aspre et inopiné, pour estre moins en souspeçon, et en oultre, par mon advis, plus accessible : ils sont ouverts principalement par les endroicts qu'ils tiennent de soy couverts ; les choses moins craintes sont moins deffendues et observees ; on peult oser plus ayseement ce que personne ne pense que vous oserez, qui devient facile par sa difficulté. Iamais homme n'eut ses approches plus impertinemment genitales (a). Cette voye d'aimer est plus selon la discipline ; mais combien elle est ridicule à nos gents, et peu effectuelle, qui le sçait mieulx que moy ? si ne m'en viendra point le repentir ; ie n'y ai plus que perdre :

(a) Montaigne avoit d'abord ajouté : « Le desseing d'engendrer doibt estre purement legitime ». Mais cette addition lui a vraisemblablement paru inutile, et il l'a rayée sur son manuscrit. J'en tiens note, pour qu'on suive mieux la liaison de ses idées. N.

me tabulâ sacer
Votivâ paries indicat uvida
Suspendisse potenti
Vestimenta maris deo : (1)

il est à cette heure temps d'en parler ouvertement. Mais, tout ainsi comme à un aultre ie dirois, à l'adventure, « Mon amy, tu resves; l'amour, de ton temps, a peu de commerce avecques la foy et la preud'hommie »;

Hæc si tu postules
Ratione certa facere, nihilo plus agas
Quàm si des operam ut cum ratione insanias : (2)

aussi, au rebours, si c'estoit à moy de recommencer, ce seroit certes le mesme train, et par mesme progrez, pour infructueux qu'il me peust estre ; l'insuffisance et la sottise est louable en une action meslouable : autant que ie m'esloingne de leur humeur en cela, ie m'approche de la mienne. Au demourant, en ce marché, ie ne me laissois pas tout aller ; ie m'y plaisois, mais ie ne m'y oubliois pas : ie reservois en son entier ce peu de sens et de discretion que nature m'a donné, pour leur service et pour le mien ; un peu d'esmotion, mais point de resverie. Ma conscience s'y engageoit aussi iusques à la desbauche et dissolution ; mais iusques à l'ingratitude, trahison, malignité et cruauté, non. Ie n'ache-

---

(1) Le tableau sacré que j'ai attaché dans le temple de Neptune fait voir à tout le monde que j'ai consacré à ce dieu mes habits, tout mouillés encore de mon naufrage. *Horat.* od. 5, l. 1, v. 13.

(2) Prétendre fixer par le secours de la raison ces choses qui sont inconstantes et incertaines de leur nature, c'est en effet se donner bien du mouvement pour allier la folie avec la raison. *Terent.* Eunuch. act. 1, sc. 1, v. 16.

tois pas le plaisir de ce vice à tout prix; et me contentois de son propre et simple coust: nullum intra se vitium est (1). Ie hais quasi à pareille mesure une oysifveté croupie et endormie, comme un embesongnement espineux et penible; l'un me pince, l'aultre m'assoupit: i'aime autant les bleceures, comme les meurtrisseures; et les coups trenchants, comme les coups orbes. I'ay trouvé en ce marché, quand i'y estois plus propre, une iuste moderation entre ces deux extremitez. L'amour est une agitation esveillee, vifve et gaye; ie n'en estois ny troublé ny affligé, mais i'en estois eschauffé et encores alteré: il s'en fault arrester là; elle n'est nuisible qu'aux fols. Un ieune homme demandoit au philosophe Panetius, S'il sieroit bien au sage d'estre amoureux: « Laissons là le sage, respondit il; mais toy et moy, qui ne le sommes pas, ne nous engageons en chose si esmeue et violente, qui nous esclave à aultruy, et nous rende contemptibles à nous ». Il disoit vray, qu'il ne fault pas fier chose de soy si precipiteuse à une ame qui n'aye de quoy en soubtenir les venues, et de quoy rabbattre par effect la parole d'Agesilaüs, « que la prudence et l'amour ne peuvent ensemble ». C'est une vaine occupation, il est vray, messeante, honteuse, et illegitime; mais, à la conduire en cette façon, ie l'estime salubre, propre à desgourdir un esprit et un corps poisant; et, comme medecin, l'ordonnerois à un homme de ma forme et condition, autant volontiers qu'aulcune aultre recepte, pour l'esveiller et tenir en force bien avant dans les ans, et le dilayer des prinses de la vieillesse.

---

(1) Nul vice n'est renfermé en lui-même. *Senec.* epist. 95, où il y a, *nullum intra se manet vitium.*

Cette sage réflexion, qui est de la derniere importance dans la morale, n'a pas échappé au celebre La Fontaine. Voyez les quatre premiers vers de la fable des deux chiens et de l'âne mort, l. 2, fab. 25. C.

Pendant que nous n'en sommes qu'aux fauxbourgs, que le pouls bat encores,

> Dum nova canities, dum prima et recta senectus,
> Dum superest Lachesi quod torqueat, et pedibus me
> Porto meis, nullo dextram subeunte bacillo, (1)

nous avons besoing d'estre sollicitez et chatouillez par quelque agitation mordicante, comme est cette cy. Voyez combien elle a rendu de ieunesse, de vigueur et de gayeté au sage Anacreon : et Socrates, plus vieil que ie ne suis, parlant d'un obiect amoureux : « M'estant, dict il (a), appuyé contre son espaule, de la mienne, et approché ma teste à la sienne, ainsi que nous regardions ensemble dans un livre, ie sentis, sans mentir, soubdain une picqueure dans l'espaule, comme de quelque morsure de beste; et feus plus de cinq iours depuis, qu'elle me fourmilloit : et m'escoula dans le cœur une demangeaison continuelle ». Un attouchement, et fortuite, et par une espaule, alloit eschauffer et alterer une ame refroidie et enervee par l'aage, et la premiere de toutes les humaines en reformation ! Pourquoy non dea ? Socrates estoit homme, et ne vouloit ny estre ny sembler aultre chose. La philosophie n'estrive point contre les voluptés naturelles, pourveu que la mesure y soit ioincte, et en presche la moderation, non la fuyte; l'effort de sa resistance s'employe contre les estrangieres et bastardes : elle dict que les appetits du corps ne doibvent pas estre augmentez par l'esprit; et nous advertit ingenieusement de ne vouloir point esveiller nostre faim par la saturité; de ne vouloir que farcir, au lieu de

---

(1) Tandis que dans les premieres approches de la vieillesse, commençant à grisonner, mais nullement courbé par l'âge, je marche fort bien sans bâton, et qu'il reste encore à la Parque de quoi filer. *Juvenal.* sat. 3, v. 26.

(a) Xenophontis Συμπος, c. 4, §. 27 et 28.

remplir, le ventre; d'eviter toute iouïssance qui nous met en disette, et toute viande et boisson qui nous altere et affame : comme, au service de l'amour, elle nous ordonne de prendre un obiect qui satisface simplement au besoing du corps; qui n'esmeuve point l'ame, laquelle n'en doibt pas faire son faict, ains suyvre nuement et assister le corps. Mais ay ie pas raison d'estimer que ces preceptes, qui ont pourtant d'ailleurs selon moy un peu de rigueur, regardent un corps qui face son office; et qu'à un corps abbattu, comme un estomach prosterné, il est excusable de le rechauffer et soubtenir par art, et, par l'entremise de la fantasie, luy faire revenir l'appetit et l'alaigresse, puisque de soy il l'a perdue?

Pouvons nous pas dire qu'il n'y a rien en nous, pendant cette prison terrestre, purement ny corporel ny spirituel, et que iniurieusement nous dessirons (a) un homme tout vif; et qu'il semble y avoir raison que nous nous portions envers l'usage du plaisir aussi favorablement au moins que nous faisons envers la douleur? Elle estoit (pour exemple) vehemente, iusques à la perfection, en l'ame des saincts, par la penitence; le corps y avoit naturellement part, par le droict de leur colligance, et si pouvoit avoir peu de part à la cause : si ne se sont ils pas contentez qu'il suyvist nuement, et assistast l'ame affligee; ils l'ont affligé luy mesme de peines atroces et propres, à fin qu'à l'envy l'un de l'aultre l'ame et le corps plongeassent l'homme dans la douleur, d'autant plus salutaire que plus aspre. En pareil cas, aux plaisirs corporels, est ce pas iniustice d'en refroidir l'ame, et dire qu'il l'y

---

(a) Montaigne avoit d'abord écrit *deschirons*, sur l'exemplaire corrigé; mais, ce qui est remarquable, il l'a rayé pour y substituer *dessirons* : orthographe conforme peut-être à la maniere dont ce mot se prouonce en Gascogne. L'édition in-fol. de 1595 porte : « nous desmembrons », qu'on trouve aussi dans l'édition in-4°. de 1588. N.

faille entraisner comme à quelque obligation et necessité contraincte et servile? c'est à elle plustost de les couver et fomenter, de s'y presenter et convier, la charge de regir luy appartenant: comme c'est aussi à mon advis à elle, aux plaisirs qui lui sont propres, d'en inspirer et infondre au corps tout le ressentiment que porte leur condition, et de s'estudier qu'ils luy soient doulx et salutaires. Car c'est bien raison, comme ils disent, que le corps ne suyve point ses appetits au dommage de l'esprit: mais pourquoy n'est ce pas aussi raison que l'esprit ne suyve pas les siens au dommage du corps? Ie n'ay point aultre passion qui me tienne en haleine: ce que l'avarice, l'ambition, les querelles, les procez, font à l'endroict des aultres, qui comme moy n'ont point de vacation assignee, l'amour le feroit plus commodeement; il me rendroit la vigilance, la sobrieté, la grace, le soing de ma personne; rasseureroit ma contenance, à ce que les grimaces de la vieillesse, ces grimaces difformes et pitoyables, ne veinssent à la corrompre; me remettroit aux estudes sains et sages, par où ie me peusse rendre plus estimé et plus aimé; ostant à mon esprit le desespoir de soy et de son usage, et, le raccointant à soy, me divertiroit de mille pensees ennuyeuses, de mille chagrins melancholiques que l'oysifveté nous charge en tel aage et le mauvais estat de nostre santé; reschaufferoit, au moins en songe, ce sang que nature abandonne; soubtiendroit le menton, et allongeroit un peu les nerfs et la vigueur et alaigresse de l'ame à ce pauvre homme qui s'en va le grand train vers sa ruyne. Mais i'entends bien que c'est une commodité bien mal aysee à recouvrer: par foiblesse et longue experience nostre goust est devenu plus tendre et plus exquis; nous demandons plus, lors que nous apportons moins; nous voulons le plus choisir, lors que nous meritons le moins d'estre acceptez; nous cognoissants tels, nous sommes moins hardis et plus desfiants; rien ne nous peult asseurer d'estre aimez, veu nostre condition et la leur. I'ay honte de me trouver parmy cette verte et bouillante ieunesse,

> Cujus in indomito constantior inguine nervus,
> Quàm nova collibus arbor inhæret : (1)

qu'irions nous presenter nostre misere parmy cette alaigresse?

> Possint ut iuvenes visere fervidi,
> Multo non sine risu,
> Dilapsam in cineres facem? (2)

Ils ont la force et la raison pour eulx; faisons leur place, nous n'avons plus que tenir : et ce germe de beauté naissante ne se laisse manier à mains si gourdes, et practiquer à moyens purs materiels; car, comme respondit ce philosophe ancien à celuy qui se mocquoit de quoy il n'avoit sceu gaigner la bonne grace d'un tendron qu'il pourchassoit, « Mon amy, le hameçon ne mord pas à du fromage si frais ». Or c'est un commerce qui a besoing de relation et de correspondance : les aultres plaisirs que nous recevons se peulvent recognoistre par recompenses de nature diverse; mais cettuy cy ne se paye que de mesme espece de monnoye. En verité, en ce deduit, le plaisir que ie fois chatouille plus doulcement mon imagination que celuy que ie sens : or cil

---

(1) Qui toujours est en état de bien faire.
Je me sers des termes de La Fontaine. Ceux qui n'entendent pas le latin, doivent se contenter de cette légere paraphrase : car Horace emploie ici des idées si grossieres, qu'il n'est pas possible de les rendre distinctement en françois. *Epod. lib.* od. 12, v. 19, 20. C.

(2) Pour les divertir à nos dépens, en leur donnant le plaisir de voir un flambeau réduit en cendre? *Horat.* od. 13, l. 4, v. 26, et seqq.

n'a rien de genereux, qui peult recevoir plaisir où il n'en donne point; c'est une vile ame, qui veult tout debvoir, et qui se plaist de nourrir de la conference avecques les personnes auxquelles il est en charge : il n'y a beauté, ny grace, ny privauté si exquise, qu'un galant homme deust desirer à ce prix. Si elles ne nous peuvent faire du bien, que par pitié; i'aime bien plus cher ne vivre point, que de vivre d'aulmosne. Ie vouldrois avoir droict de le leur demander, au style auquel i'ay veu quester en Italie : Fate ben, per voi (1); ou à la guise que Cyrus enhortoit ses soldats, « Qui s'aimera, si me suyve ». Ralliez vous, me dira lon, à celles de vostre condition que la compaignie de mesme fortune vous rendra plus aysees. Oh la sotte composition et insipide !

Nolo
Barbam vellere mortuo leoni : (2)

Xenophon employe pour obiection et accusation à l'encontre de Menon, Qu'en son amour il embesongnast des obiects passant fleur. Ie treuve plus de volupté à seulement veoir le iuste et doux meslange de deux ieunes beautés, ou à le seulement considerer par fantasie, qu'à faire moy mesme le second d'un meslange triste et informe : ie resigne cet appetit fantastique à l'empereur Galba qui ne s'addonnoit qu'aux chairs dures et vieilles (a); et à ce pauvre miserable (b),

> O ego di faciant talem te cernere possim,
> Charaque mutatis oscula ferre comis,
> Amplectique meis corpus non pingue lacertis !

---

(1) Faites du bien, pour l'amour de vous.
(2) Je ne saurois m'amuser à pincer un lion mort. *Martial.* l. 10, epigr. 90, v. 9, 10.
(a) Suétone dans la vie de Galba, §. 22.
(b) Ovide, qui accablé de chagrin et d'ennui dans le pays sau-

et entre les premieres laideurs, ie compte les beautez artificielles et forcees: Emonez, ieune gars de Chio, pensant par des beaux atours acquerir la beauté que nature luy ostoit, se présenta au philosophe Arcesilaüs, et luy demanda, si un sage se pourroit veoir amoureux: « Ouy dea; respondit l'aultre, pourveu que ce ne soit pas d'une beauté parée et sophistiquée comme la tienne ». La laideur d'une vieillesse advouee est moins vieille et moins laide à mon gré, qu'un' aultre peincte et lissée. Le diray ie? pourveu qu'on ne m'en prenne à la gorge: l'amour ne me semble proprement et naturellement en sa saison, qu'en l'aage voisin de l'enfance;

> Quem si puellarum insereres choro;
> Mille sagaces falleret hospites
> Discrimen obscurum, solutis
> Crinibus, ambiguoque vultu: (1)

et la beauté non plus, car, ce qu'Homere l'estend iusques à ce que le menton commence à s'umbrager, Platon mesme l'a remarqué pour rare; et est notoire la cause pour laquelle si plaisamment le sophiste Bion appelloit les poils folets de l'adolescence, (a) Aristogitons et Harmodiens: en la virilité, ie le treuve desia hors de son siege, non qu'en la vieillesse;

---

vage où il avoit été relégué, après avoir dit à sa femme, qu'apparemment elle a vieilli par la considération des maux qu'il endure, s'écrie: « Ah! plût aux dieux que je pusse vous voir! que, languissante, en cheveux gris, privée d'embonpoint, je pusse vous serrer tendrement entre mes bras »! *Ex Ponto*, l. 1, epist. 4, uxori, v. 49, 50. C.

(1) Lorsqu'un jeune homme parmi une troupe de filles, et coiffé en cheveux comme elles, peut passer pour fille aux yeux les plus pénétrants de mille personnes qui ne le connoissent point; tant son air tient également de l'un et de l'autre sexe. *Horat.* od. 5, l. 2, v. 21, et seqq.

(a) Voyez Plutarque au traité de l'amour. Trad. d'Amyot.

Importunus enim transvolat aridas
Quercus : (1)

et Marguerite, royne de Navarre, allonge en femme, bien loing, l'advantage des femmes, ordonnant qu'il est saison à trente ans qu'elles changent le tiltre de belles en bonnes. Plus courte possession nous luy donnons sur nostre vie, mieulx nous en valons : voyez son port ; c'est un menton puerile. Qui ne sçait, en son eschole, combien on procede au rebours de tout ordre ? l'estude, l'exercitation, l'usage, sont voyes à l'insuffisance : les novices y regentent : *Amor ordinem nescit* (2). Certes sa conduicte a plus de garbe, quand elle est meslee d'inadvertence et de trouble ; les faultes, les succez contraires, y donnent poincte et grace : pourveu qu'elle soit aspre et affamee, il chault peu qu'elle soit prudente : voyez comme il va chancellant, chopant et follastrant ; on le met aux ceps, quand on le guide par art et sagesse ; et contrainct on sa divine liberté, quand on le soubmet à ces mains barbues et calleuses. Au demourant, ie leur oys souvent peindre cette intelligence toute spirituelle, et desdaigner de mettre en consideration l'interest que les sens y ont ; tout y sert : mais ie puis dire avoir veu souvent que nous avons excusé la foiblesse de leurs esprits en faveur de leurs beautez corporelles ; mais que ie n'ay point encores veu qu'en faveur de la beauté de l'esprit, tant prudent et meur soit il, elles vueillent prester la main à un corps qui tumbe tant soit

---

(1) Car il ne s'arrête point sur des chênes arides. *Horat.* od. 13, l. 4, v. 9.

(2) L'amour ne connoit point d'ordre.

Ce passage est de saint Jérôme. Voyez la fin de sa lettre, adressée à Chromatius, tom. 1, p. 217, ed. Basil. 1537. Anacréon avoit dit long-temps auparavant, que « Bacchus, aidé de l'amour, folâtre sans regle ». od. 52, v. ult. C.

peu en decadence. Que ne prend il envie, à quelqu'une, de cette noble harde socratique du corps à l'esprit? achetant, au prix de ses cuisses, une intelligence et generation philosophique et spirituelle; le plus hault prix où elle les puisse monter? Platon ordonne, en ses loix, que celuy qui aura faict quelque signalé et utile exploict en la guerre, ne puisse estre refusé, durant l'expedition d'icelle, sans respect de sa laideur ou de son aage, de baiser, ou aultre faveur amoureuse de qui il la vueille. Ce qu'il treuve si iuste, en recommendation de la valeur militaire, ne le peult il pas estre aussi, en recommendation de quelque aultre valeur? et que ne prend il envie à une de preoccuper sur ses compaignes la gloire de cet amour chaste? chaste dis ie bien,

nam si quando ad prælia ventum est,
Ut quondam in stipulis magnus sine viribus ignis
Incassum furit: (1)

les vices qui s'estouffent en la pensee, ne sont pas des pires.

Pour finir ce notable commentaire, qui m'est eschappé d'un flux de caquet, flux impetueux par fois et nuisible,

Ut missum sponsi furtivo munere malum
Procurrit casto virginis è gremio,
Quod miseræ oblitæ molli sub veste locatum,
Dum adventu matris prosilit, excutitur,
Atque illud prono præceps agitur decursu:
Huic manat tristi conscius ore rubor, (2)

ie dis que les masles et femelles sont iectez en mesme

---

(1) Car si cet amour se trouve une fois engagé dans le combat, tous ses éclats, pareils à ceux que fait un grand feu de paille, s'en iront bientôt en fumée. *Georg.* l. 3, v. 98.

L'application que Montaigne fait ici des paroles de Virgile est fort extraordinaire, comme le verront d'abord ceux qui prendront la peine de consulter l'original. C.

(2) Comme une pomme qu'une fille a reçue de son amant à la

moule : sauf l'institution et l'usage, la difference n'y est pas grande. Platon appelle indifferemment les uns et les aultres à la societé de touts estudes, exercices, charges et vacations guerrieres et paisibles, en sa republique ; et le philosophe Antisthenes ostoit toute distinction entre leur vertu et la nostre (a). Il est bien plus aysé d'accuser l'un sexe que d'excuser l'aultre : c'est ce qu'on dict, « Le fourgon se mocque de la paele. »

---

dérobée, qui tombe de son chaste sein lorsqu'à l'arrivée de sa mere elle se leve sans se souvenir qu'elle avoit caché ce fruit sous sa robe, la pomme roule à terre ; et la rougeur qui éclate sur le visage abattu de la jeune vierge, découvre son secret. *Catull.* ad Hortalum, carm. 63, v. 19, et seqq.

(a) « La vertu de l'homme et de la femme est la même ». Mot d'Antisthene, rapporté dans sa vie par Diogene Laërce, l. 6, segm. 12. C.

TITRES
DES CHAPITRES

Contenus dans ce volume.

LIVRE SECOND.

Chap.
15. Que nostre desir s'accroist par la malaysance. Page 1.
16. De la gloire. 9.
17. De la presumption. 29.
18. Du desmentir. 73.
19. De la liberté de conscience. 79.
20. Nous ne goustons rien de pur. 85.
21. Contre la faineantise. 89.
22. Des postes. 95.
23. Des mauvais moyens employez à bonne fin. 97.
24. De la grandeur romaine. 102.
25. De ne contrefaire le malade. 104.
26. Des poulces. 107.
27. Couardise mere de la cruauté. 109.
28. Toutes choses ont leur saison. 122.
29. De la vertu. 125.
30. D'un enfant monstrueux. 136.
31. De la cholere. 138.
32. Deffense de Seneque et de Plutarque. 148.
33. L'histoire de Spurina. 156.
34. Observations sur les moyens de faire la guerre de Iulius Cesar. 166.

35. De trois bonnes femmes. Page 177.
36. Des plus excellents hommes. 187.
37. De la ressemblance des enfants aux peres. 196.

LIVRE TROISIEME.

Chap.
1. De l'utile et de l'honneste. 235.
2. Du repentir. 256.
3. De trois commerces. 275.
4. De la diversion. 291.
5. Sur des vers de Virgile. 305.

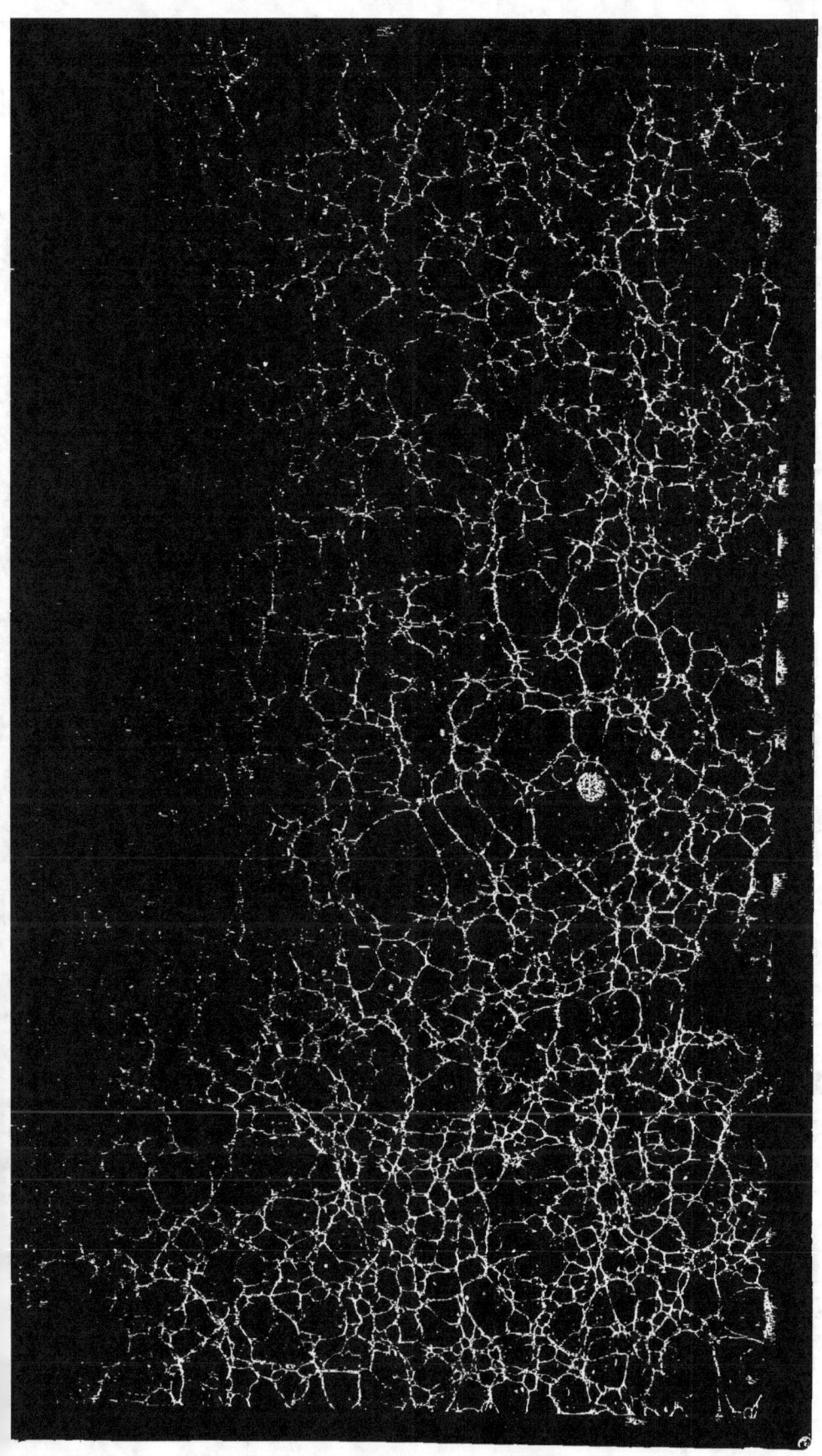

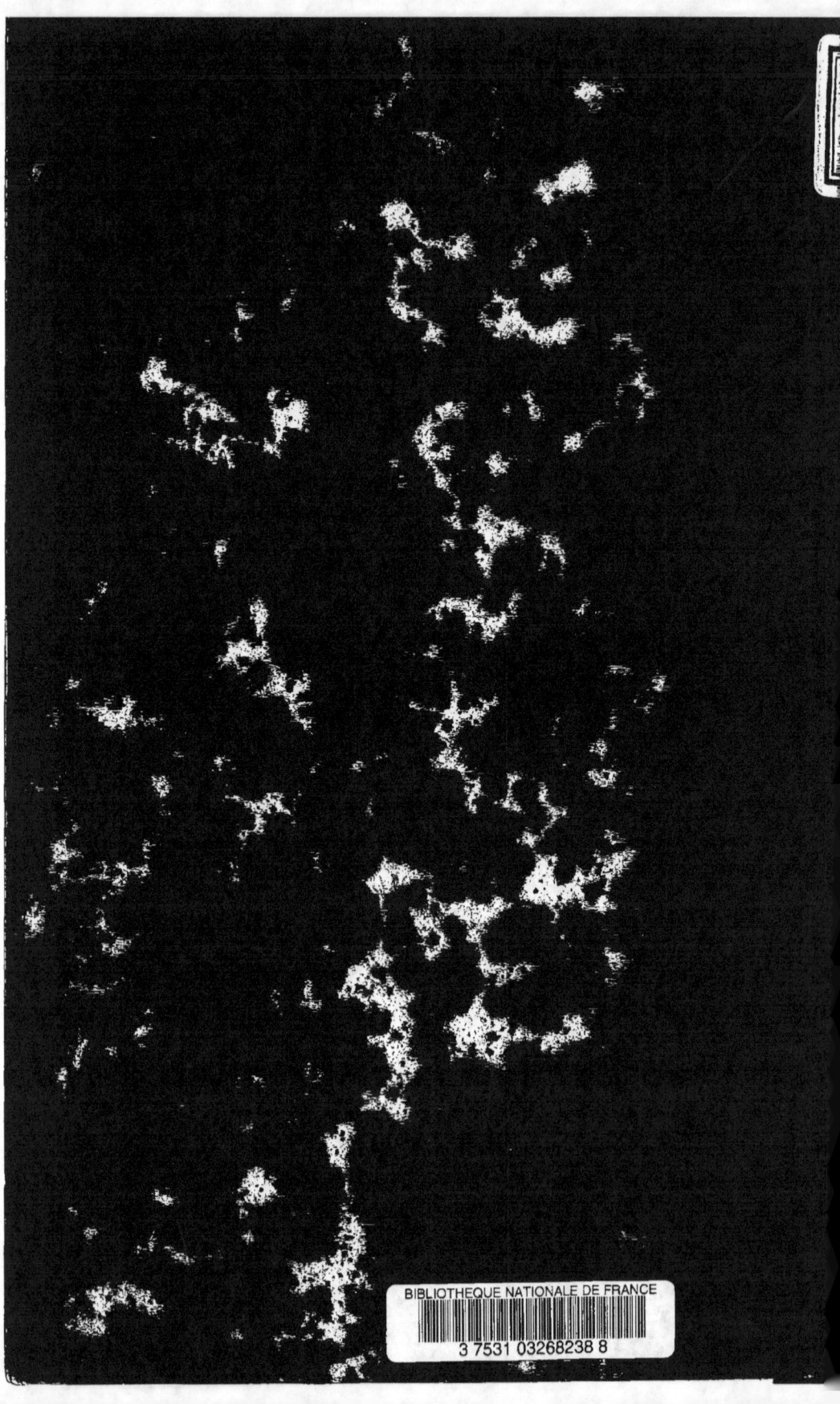

www.ingramcontent.com/pod-product-compliance
Lightning Source LLC
Chambersburg PA
CBHW071906230426
43671CB00010B/1500